北京市高等教育精品教材
中国人民大学“十三五”本科规划教材-特色教材

新编21世纪哲学系列教材

西方管理哲学

修订版

Western Management Philosophy

刘敬鲁 等 著

中国人民大学出版社
·北京·

作 者 简 介

刘敬鲁，哲学博士，中国人民大学哲学院教授，博士生导师。主要研究国家治理、管理哲学、经济哲学、现代西方哲学。1998 年 4 月—1999 年 2 月由中国-欧盟高等教育合作项目资助赴英国做访问学者，研究欧盟的决策体制。主持教育部人文社会科学基金项目"经济哲学的一般问题研究"、国家社会科学基金项目"管理哲学的主要问题研究""西方管理哲学思想史"、北京市社会科学基金项目"我国经济制度的正义完善研究"等，出版学术专著《价值视野下的国家治理》、《现代管理重大问题哲学研究》、《海德格尔人学思想研究》（修订版）、《西方管理哲学》、《经济哲学》、《人·社会·文化》等，译著《管理哲学》，在《人民日报》《光明日报》《新华文摘》《哲学研究》《哲学动态》《世界哲学》《中国人民大学学报》《复旦学报》《道德与文明》等报刊发表论文 70 余篇。

内 容 简 介

本书为北京市高等教育精品教材，中国人民大学"十三五"本科规划教材-特色教材，国内第一本西方管理哲学著作和教材。全书以对西方社会整体历史演进的把握为前提，以理论与实践的统一为基本研究方法，系统深入地阐明了西方管理哲学的发展历程、不同阶段的特点以及各位思想家的深刻智慧，并力求揭示西方管理哲学的发展规律、价值观特征和启示意义，具有显著的开创性和学术价值。

目　录

第三编 现代西方管理哲学

导论

在多学科中阐发和研究西方管理哲学

自人类社会诞生之日起，就产生了对社会及其构成单元的计划、组织、引导、协调问题，即管理问题。因此，进行正确的管理是实现社会和组织健康发展的一个关键所在。同时，自国家产生以来，政治统治就成为社会生活的支配活动，形成了国家治理的理念和实践问题，因此，也产生了管理、治理、政治等指称与国家现实活动之间的关系问题。另外，从学科形成和发展的角度看，在人类社会的不同历史阶段，人们自觉或不自觉地对管理所进行的思考，能够在不同程度上指向管理的终极问题，故而会在一定历史阶段形成管理哲学这门学科。西方管理哲学就是西方思想家自觉或不自觉地对管理进行思考的产物，形成了内容丰富、形式独特的历史演进过程，探讨了许多重要的管理哲学问题。学习西方管理哲学，需要对这些问题进行深入思考。

一、管理、治理、政治

阐发和研究西方管理哲学，首先需要了解什么是管理，它是一种什么样的活动，它在哪里存在，人们的社会生活为什么需要管理。同时，与此紧密相关的是如何理解治理和政治，以及管理与它们是否存在区别。

先看什么是管理。人们的社会生活除了建立政治、经济根本制度以外，还需要确定其他方面的具体目的和目标，如经济发展的目的和目标、社会建设的目的和目标、企业发展的目的和目标、教育组织发展的目的和目标等，也需要制订相应的行动计划，需要组织、协调人们的行动以实现所确定的目的和目标，在行动过程结束后，也会对这种过程及其取得的结果进行评价，然后开始新的行动过程。这种活动就是人们所说的管理。

管理学开创阶段的主要代表人物之一法约尔，在1916年出版的《工业管理与一般管理》一书中，从过程环节的角度定义管理，提出管理就是计划、组织、协调、控制、监督。后来的管理思想家从其他角度思考管理，提出了关于管理的不同理解。例如，巴纳德认为，管理是确定组织目的、建立合理交流方式、激励人们做出贡献，是实现组织的有效要求和效率要求的统一；福利特提出，管理是把组织建构为融合统一体的活动过程，是把人们的活动和力量结合为一个整体的活动过程；西蒙认为，管理就是决策，就是决策制定和决策实施；等等。

当今管理学更加强调协调在管理过程中的重要性，并这样定义管理：管理是协调人们的活动以有效实现目的和目标的过程。这是目前人们最广泛使用的管理定义。

那么，管理在哪里存在？实际上，整个社会层次都存在社会管理，国家治理领域有政府的行政管理，经济领域有宏观的经济管理和微观的企业管理，教育文化领域有学校管理、文化组织管理，此外，还有其他各种社会组织的管理，以及作为人们日常生活联合形式的家庭管理。由此看来，管理普遍存在于社会生活的各个领域、各种单元，管理的实体前提是各种组织或整个社会。自人类社会进入现代阶段以来，管理的两个最大分支领域是企业管理和行政管理。

从语言指称的角度看，中文“管理”一词的广泛使用虽然是在中国现代，但在中国古代晚期已经形成这一指称。国内有文献表明，中文最迟在清朝时期就开始使用“管理”一词，用在掌管三库（银库、缎匹库、颜料库）、掌管京城道路沟渠等事务的官职名称上。[①] 这也许是近代以来中国学者用“管理”一词翻译英文 management 和 administration 的一个历史依据。就英文 management 和 administration 来说，前者一般指企业管理，后者一般指行政管理，有时也用后者表示商业管理，如我们所说的工商管理硕士学位（Master of Business Administration，MBA）。

再看什么是治理。从中文概念形成的角度看，根据目前的研究，我国至少在春秋战国时期就形成了“治国”概念，然后形成了“治理”概念以及“治道”概念，其中作为名词的“治理”概念指好的、有序的、有效的国家运转和发展状态，作为动词的“治理”概念指按照国家运转发展的条理、规律来统治和管理国家。[②]

从现代翻译的角度看，中文是用“治理”一词来翻译英文 govern 或 governance 的。英文 govern 或 governance 概念的基本含义有两个方面：(1) 统治 (rule)；(2) 控制 (control) 或指导 (direct)。前者主要指对整个国家的统治，后者主要指对一个城市或国家的公共事务的管理。

近代以来，治理主要指国家治理，在现实中主要存在于整体的国家生活层次。20世纪以后，治理逐渐被扩大到更加具体的领域即社会中的各种组织领域，形成了企业治

---

① 田嘉明. 管理一词是从哪里来的. https://wenku.baidu.com/view/fddbfc2a915f804d2b16c119.html,20110608.

② 卜宪群. 中国古代“治理”探义. 政治学研究，2018 (3).

理、大学治理、狭义的社会治理等具体实践和指称。这在观念和实践上是指，对企业、大学、社会都可以像对国家那样进行结构式的治理。例如，就企业来说，大体上，股东大会和董事会相当于国家的立法机构，经理层相当于国家的行政机构，监事会相当于国家的司法机构，等等。

由此来看管理和治理的关系，可以说，在国家层次，管理是治理的一个方面，治理包括整个国家的统治和管理，是统治和管理的统一；而在现实的具体组织领域，由于管理也可以包括治理所强调的组织的结构式改变，而治理也需要通过管理所强调的协调活动来进行，所以在这一层次，无论在现实上和还是在概念上，管理和治理都没有实质区别。

最后看什么是政治。在实践上，与管理和治理密切相关的是政治。从现代社会背景和概念所指的角度看，政治有广义和狭义之分。广义的政治指国家的治理活动，狭义的政治则主要指国家的统治活动。总体看来，政治的核心是国家权力的安排和使用，或者说，政治的根本是统治，而不是管理（administration）。这也是现代一些政治学家或行政学者把政治和行政区分开来的一个重要原因。

由此看来，政治和管理的主要区别在于，政治的本质是统治，而管理的本质是协调；政治和治理的主要区别在于，政治是治理的一个方面即根本方面——统治，而不包括管理。这样，就可以如下界定三个相应的哲学分支学科：

> 管理哲学是关于协调的哲学，主要概念有管理、组织、个人、法人、协调、结构、合理、权威、激励、计划、控制、效果、效率等；
>
> 政治哲学是关于统治的哲学，主要概念有政治、社会、个人、国家、统治、制度、正当、权力、权利、公平、自由、平等、正义等；
>
> 治理哲学是关于统治与协调统一进行的哲学，主要概念有治理、统治、协调、权力、善治、稳定、和谐等。

从三个分支学科的发展来看，它们之间存在着特定的动态关系。这种关系在根本上是由社会现实中管理、政治、治理这三者之间的关系决定的。上面已经大体说明了管理、政治、治理这三者之间的区别。实际上，它们之间是相互关联、相互作用的关系。管理需要以政治为引领；政治需要以管理为辅助；管理和政治需要服从治理的整体目的与整体安排，治理需要管理和政治的各自目的与各自安排的正确实现。由此可知，管理哲学、政治哲学、治理哲学之间的动态关系主要是：管理哲学只有充分了解政治哲学的研究进展，才有可能获得根本性突破；政治哲学只有充分理解管理哲学的研究成果，才有可能实现最大限度的发展；治理哲学只有充分把握管理哲学和政治哲学的研究成果，才有可能实现整体层次的统一综合，不断向前推进自身；管理哲学和政治哲学只有充分把握治理哲学的发展状况，才有可能分别找到自己的发展方向和合理研究任务，取得实质的创造成果和进步。

二、管理哲学理论与管理哲学因素

如果把哲学理解为探究世界和社会的终极问题的学问，而终极问题包括辩证问题、价值问题、认识问题的话，那么，管理哲学就是探究管理的终极问题的学问，管理的终极问题包括管理的辩证问题、管理的价值问题、管理的认识问题。

1923年，英国的管理实践家和管理思想家谢尔登出版了历史上第一部正式以管理哲学命名的著作——《管理哲学》，第一次自觉从哲学上探讨了工业管理，第一次系统提出和探讨了管理哲学的许多重要问题。这标志着理论意义上的管理哲学的真正诞生。自此以后，“管理哲学”这个概念便时常出现在管理研究文献中，对管理和组织进行哲学或准哲学研究的成果逐渐增多。

在通常意义上，管理哲学就是管理哲学理论，是人们自觉对管理的终极问题进行系统化的理论考察所得出的纯粹理论形态的研究成果。然而，本教材所使用的管理哲学概念，不仅包括管理哲学理论，而且包括我们所指称的管理哲学因素，是对这两个方面的综合阐明。理由是，历史上的任何一个社会都存在着对社会整体以及对社会中的经济生活、政治生活、文化生活等领域的有组织的管理活动，因此，在人们对社会整体及其各个构成领域的认识所形成的社会思想、经济思想、政治思想、文化思想等思想形态中，总是经常直接或间接地包含着对管理活动的认识，在一定条件下也会包含对管理活动的某些终极问题的一定程度的认识。由于人们对管理活动的终极问题的认识存在于当时的社会思想、经济思想、政治思想、文化思想等思想形态之中，不是对它们的专门思考，没有形成系统化的理论，所以，我们把这种认识称为管理哲学因素，而不称为管理哲学理论。在管理哲学理论诞生之前的人类社会的古代和近代时期都是如此。需要注意的是，进入现代以来，管理学、政治学、经济学、社会学等学科的发展中也仍然会呈现一定程度的管理哲学因素。

回顾人类思想史的发展可以看到，在一定历史阶段，人们对社会生活的任何一个领域、任何一种实践活动的研究都可以形成具体科学和哲学这两个层次。例如，自近代以来，对社会整体的研究分为社会学和社会哲学，对历史的研究分为历史学和历史哲学，对政治生活的研究分为政治学和政治哲学，对经济生活的研究分为经济学和经济哲学，对文化生活的研究分为文化学和文化哲学，等等。另外，在一定历史阶段，在一定条件下，还可以有把具体科学和哲学结合起来的层次，同时从这两者的角度对社会生活或实践活动进行研究。对管理的研究自然也是如此。这无疑会涉及具体科学和哲学之间的关系。

人类思想史上之所以会出现这样的现象，归根到底是因为任何一种社会生活、任何一种实践活动，都是终极方面和非终极方面的统一。也就是说，它们不仅既具有自身的特殊性，又具有共同的一般性，而且特殊性和一般性是一体的；不仅既有表现于外的现象，又有深藏于内的本质，而且现象和本质是不可分割的；不仅既有历史稳定性，又有历史变动性，而且历史稳定性和历史变动性是内在统一的。另外，社会生活、社会实践的这些维度中的每个维度的两个方面在不同的阶段会有显现程度的差别。这样，在它们的特定存在状态下，在认识主体的特定条件下，主体对它们的认识就必然出现不同的结果，出现具体科学和哲学以及两者可能相互包含的复杂现象。

因此，既然我们研究管理哲学需要深入了解和借鉴以往的思想资源，那么，我们就不能仅仅研究历史上所形成的作为管理哲学纯粹形态的管理哲学理论，还必须研究历史上所形成的更加广阔的管理哲学因素。

正是由于人类历史上管理哲学的存在形式和研究特点的多维性，我们对西方管理哲学的挖掘和提升才需要在多个思想领域、基于多维视野来进行。按照这样的思路，我们从以下四个维度来探讨和阐明西方管理哲学。

第一个维度是存在于经济思想、政治思想、社会思想等具体学科领域的管理哲学因素。西方古代色诺芬以主体为原点的财产管理理论、柏拉图以至善为目标的城邦治理理论、亚里士多德以合乎本性为要求的城邦和家庭管理理论、阿奎那以神学目的论为基础的国家治理思想、马基雅维利以理性统治为取向的兴邦之术，近代斯密以人性利己假设为前提的经济自由与政府有限管理思想、欧文以公有制理想为引导的公社集体管理思想、穆勒以个人自由与财富公平分配相统一为灵魂的社会管理思想，马克思以生产方式分析为基础的管理二重性思想等，就是上述学科领域中含有管理哲学因素的杰出理论。

第二个维度是存在于一般被称作管理学这一领域的管理哲学因素。作为一门学科的管理学产生于现代，以美国学者泰勒 1911 年发表的《科学管理原理》为标志。所以，研究这一维度的管理哲学因素，就是审视现代以来相对严格意义上的各种管理学理论，确证其中是否含有比较明显的管理哲学因素。也就是说，在事实上，有的管理学理论可能没有或者只有很少的管理哲学因素，有的管理学理论可能有相当多的管理哲学因素。按照我们的判定，泰勒以劳资利益一致为预设的科学管理理论、韦伯以技术理性为取向的官僚体制学说、德鲁克以实践效果为导向的管理思想、麦格雷戈的人性假定 Y 理论、汉迪不确定性社会视野下的组织管理思想，都在一定程度上自觉或不自觉地涉及了对管理的某些终极问题的思考，包含了一定程度的管理哲学因素。

第三个维度是存在于我们称之为“管理学-哲学”研究领域的管理哲学因素。这一维度的管理哲学因素，是从管理学和哲学相结合的角度，借助某些相关学科如心理学、生物学、经济学、政治学、社会学的方法探讨管理活动而形成的。这一维度既有管理学的某些基础观念和材料，又有一定的哲学的思维方法和理论内容，与管理哲学理论比较接近。当然，这一维度也是现代的。分析现代管理思想发展过程可以看出，这一维度取得的成就比较突出，在理论发展史上产生的影响较大。梅奥以社会合作观念为主导的管理理论、巴纳德以整体视野为特征的组织管理理论、西蒙以有限理性假设为基点的决策理论、马斯洛以开明理念为原则的管理哲学思想、大内的组织思想 Z 理论、沙因以基本假定为核心的组织文化理论、拉兹洛以系统进化论为基础的管理哲学，大体上都属于此类。

第四个维度是对管理活动的终极问题的系统思考——管理哲学理论。到目前为止，这一维度取得的成果虽然有限，但富有重要的探索意义。自 20 世纪 20 年代谢尔登出版《管理哲学》之后，20 世纪 20—30 年代福利特以融合统一观念为核心的管理辩证法理论、20 世纪 70—90 年代圣吉系统辩证的组织学习理论、霍金森的人文主义管理哲学、科克比彻底规范视野下的管理哲学，都可以被看作管理哲学理论的标志性成果。另外，20 世纪 50—60 年代斯托弗、里森格尔、舍弗尔等研究者从什么是哲学、哲学的现代形态与古代形态的区别出发对管理哲学概念和管理哲学需要研究的内容所做的探讨，也是对这一领域的发展有意义的贡献。

三、西方管理哲学发展的历史阶段

根据人类社会特别是西方社会的发展历史，根据西方管理哲学发展的内在线索，我们把西方管理哲学划分为古代西方管理哲学、近代西方管理哲学、现代西方管理哲学三个历史阶段，简称为西方管理哲学的古代阶段、近代阶段、现代阶段。

古代阶段包括了公元前 6 世纪到 16 世纪末这一漫长的历史过程。其中，最具历史意义的是对城邦治理和家庭管理的探讨，主要代表是色诺芬、柏拉图、亚里士多德、阿奎那、马基雅维利。他们所探讨的管理问题主要是理性在治理中的作用问题，形成的理论包含了一定的管理哲学因素。总体看来，对社会整体治理而非纯粹管理的思考是这一时期的主要成就。究其原因，这是由于社会整体的管理活动与统治阶级的权力统治还混沌未分，管理活动还没有获得独立的形态。同时，社会整体论观点是这一时期理论成就的重要特征，这主要是因为当时社会规模不大，社会分工虽然已经形成但却并不复杂，社会生活整体维度上存在的问题十分明显。另外，这一时期的思想家大多将某种不变的灵魂人性论作为他们理论的出发点。这可能是因为这一时期人们在社会生活关系中所形成的本质虽然已经呈现出明显差别，但却没有达到充分展开的程度，所以思想家对人的本质问题还难以做出充分、合理的解释。

近代阶段从 17 世纪开始到 19 世纪末结束。在这一历史阶段，由于经济生活逐渐代替政治生活而成为社会生活的主旋律，由于资产阶级从确立政治统治逐渐向发展资本主义经济关系转变，同时由于主要探讨政治制度和个人权利问题的政治哲学开始发展为一门独立的哲学分支学科，而其中的管理哲学成分较少，因此，这一历史阶段的管理哲学形态是管理哲学因素，主要存在于人们对经济和社会的思考即经济学和社会学思想之中。所探讨的管理问题主要是经济和社会管理的必然与选择问题，一些思想家对经济和社会管理的规律以及它们对于人们的意义做出了比较深入的思考。因此，这一阶段最重要的代表人物存在于经济学和社会学研究领域，主要有斯密、欧文、穆勒、马克思。斯密对政府管理与市场经济之间关系的终极标准做出了虽然简单但却具有开创意义的探讨，欧文提出了以公有制公社为基础单元的社会改造哲学理论，穆勒则提出了以个人自由与财富公平分配相统一为灵魂的经济社会哲学思想，马克思则对生产和管理的技术-协作维度与经济关系维度进行了精辟深入的分析。

现代阶段从 20 世纪初开始直到今天。在这一历史阶段，经济生活呈现出许多新的特征。资本驱动型经济和市场经济体制开始被越来越多的国家采用，科学技术飞速发展，日益转化为社会生产力；最重要的是，具有独立主体地位的企业成为经济生活的主要构成单元和最具活力的推动力量；另外，行政管理在社会生活中的作用也日益凸显。因此，如何进行企业管理和行政管理就成为这一历史阶段思想家们关注的主题。管理学和管理哲学也先后应运而生。最重要的代表人物有泰勒、韦伯、谢尔登、福利特、梅奥、巴纳德、西蒙、德鲁克、马斯洛、麦格雷戈、大内、沙因、汉迪、拉兹洛、圣吉、霍金森、科克比。这一阶段的突出成就在于，一些管理思想家不仅自觉地提出了“管理哲学”概念，而且试图建立管理哲学的理论体系。尽管管理哲学作为一门学科还没有达到成熟，真正深刻的管理哲学理论创造才依稀可见，但管理思想家们提出了许多富有启发意义的管理哲学问题，并对其中的某些问题进行了比较深入的探讨，譬如管理的科学与人文问题、管理制度的正当性问题、管理的辩证法问题、管理的人性假设问题、管理中的价值和价值观问题、管理的社会责任问题等。

总体看来，西方管理哲学发展的三个历史阶段，所探讨的社会生活领域或侧重点存在不同，所思考的管理的终极问题存在不同，所取得的管理哲学成就各有千秋。可以说，每个阶段都有自身特有的研究视野、独特深刻的思想内容、值得借鉴的研究方法。从历史过程的角度看，这是西方管理哲学日益丰富深入、日益走向自觉的历史过程。对于我们今天的管理哲学研究来说，这是一座取之不尽、用之不竭的思想宝库。我们只要下功夫努力挖掘，以正确的方法从中吸取营养，立足于当今时代的管理实践，就有可能获得新的理论起点，续写出管理哲学的新篇章。

第一编

古代西方管理哲学

这里讨论的古代西方管理哲学，包括西方古希腊和中世纪这两个历史时期形成的管理哲学因素。

一个社会的基本生活是经济生活、政治生活、文化生活，主要制度是经济制度、政治制度、文化制度。在这些方面，西方的古希腊社会和中世纪社会与东方的古代社会如中国社会存在着显著不同。

公元前 9 世纪到公元 5 世纪末期的古希腊社会，后人一般认为是西方的奴隶社会阶段。但需要注意的是，古希腊奴隶社会有着独特的经济、政治、文化状况。所谓古希腊，并不是一个统一的社会组织或国家，而是存在着许多大小不等的、相互独立的城邦。城邦是古希腊时代人们生活的共同体，是当时典型的社会组织或政治组织。每个城邦在政治上相当于今天的一个小型国家，由城市与周围的农村组成，疆域不大，人口有限。有研究认为，大的城邦相当于我们今天的一个县，面积大约 2 000 平方公里，人口几十万，小城邦则相当于今天的一个镇。①

在古希腊社会的经济生活方面，私有制经济关系已经确立，基本形态是家庭私有制，经济生产主要是以家庭为单元进行的。所谓奴隶主占有制的经济制度，主要以奴隶主家庭庄园经济的形式存在。也就是说，家庭经济是古希腊社会的主要经济形式，家庭的主要生活是经济生活，经济管理的主要内容是家庭经济管理。从家庭成员的构成来看，古希腊的多数家庭与我们今天的家庭存在着显著不同，除了夫妻关系、父母子女关系，还包括主人和奴隶的关系，并且男性长辈是一家之主，是家庭经济生活的主人，也是家庭中宗教仪式的主持者。

古希腊社会的政治生活是以城邦为基本社会组织而展开的，政治制度是城邦内部以公民为主体的权力安排。从人员构成的角度来看，城邦人员可以分为两大类：公民与非公民。公民是自由人，一般包括奴隶主、农业和手工业生产者、商人等。非公民主要指奴隶和外邦人。奴隶的数量较多，据说一般接近一个城邦人口总数的三分之一。外邦人的数量也较多，他们没有公民资格，不能参加城邦的政治生活，但地位比奴隶高。城邦的政治权力属于公民，权力安排主要有公民大会、代表公民大会处理城邦日常公共事务的议事会（如当时雅典的500 人议事会）、掌握法律职权并具有庞大陪审团的法院，在一定时期也会有主持日常事务的执行官等。公民有权参加城邦定期举行的公民大会，决定城邦的重大事务。②

古希腊社会的文化生活也具有独特性，理性主义逐渐成为其主导的本质特征。一方面，古希腊社会的文化由原始社会末期的文化演变而来，因此崇拜宇宙自然、认为神灵支配世间万物仍然是这一文化富有生命力的构成部分，具有无限魅力的古希腊神话是这一特征的典型代表。另一方面，对家庭经济与城邦政治的深入思考，对宇宙自然的新的认识，形成了具有崭新时代意义的人文观念、社会科学思想与自然科学思想，在英雄史诗、悲喜剧、音乐、历史学、哲学等人文方面取得了后人一般难以企及的成就，经济

---

① 顾准．希腊城邦制度．北京：中国社会科学出版社，1982：16-18；乔治·霍兰·萨拜因．政治学说史：上册．托马斯·兰敦·索尔森，修订．盛葵阳，崔妙因，译．北京：商务印书馆，1986：22-23.

② 乔治·霍兰·萨拜因．政治学说史：上册．托马斯·兰敦·索尔森，修订．盛葵阳，崔妙因，译．北京：商务印书馆，1986：22-31.

学、政治学等社会学科开始萌芽，形成了初步的力学、天文学、生物学等自然科学思想。① 分析古希腊文化的这些新内容可以看出，理性至上构成了它的核心或灵魂。

古希腊社会的经济、政治、文化状况构成了这一时期管理哲学的现实背景，这决定了色诺芬、柏拉图、亚里士多德等思想家所探讨的主要内容。如何安排城邦的经济、政治制度，或者说，以什么样的方式治理城邦，使城邦成为正义和谐即至善的城邦，使公民拥有优良美好的幸福生活，是古希腊管理哲学中的根本内容；采取什么样的管理方式对家庭经济进行正当有效的管理，使家庭获得合理的财富，实现家庭生活的幸福，构成了古希腊管理哲学的一个重要内容。从本质上看，探讨如何使城邦和家庭这两类共同体成为理性支配下的健康、持久的共同体，是古希腊管理哲学的主题。

5 世纪末期到 15 世纪末期的中世纪社会，是西方的封建社会阶段。需要注意的是，人们所说的西方中世纪社会，是对西方这一历史阶段先后出现的众多帝国和城市国家的称呼。这些帝国和城市国家，既存在封建社会的一般共同性特征，也在经济、政治、文化制度等方面存在诸多差异。

这一社会阶段的经济以封建主庄园经济为主要形式。封建主不仅拥有土地，而且慢慢形成了保卫庄园经济的武装力量，并拥有了维持封建主生活的家丁，因而逐渐形成了封建主在经济和军事上各霸一方、各自为政的局面。

这一社会阶段的政治是神权教会主导的政治，教会权力统摄着世俗权力和国家生活的各个方面，世俗国王的合法性源于最高层级教会的授予。随着中世纪社会的发展，世俗权力反抗教会权力的斗争经常发生，双方的矛盾冲突经常达到非常尖锐的程度。最后的结果是，在中世纪末期，已经具有强大力量的资产阶级经过艰苦斗争最终推翻了神权教会的统治。由此开始，西方社会进入近代阶段。

这一社会阶段的思想文化是受神学支配的。神学教条或天启知识被认为从根本上高于理性知识，是最高知识，是其他一切思想文化的指南。人们必须在这一前提下思考问题，否则，就是大逆不道，会遭到严重惩罚。科学研究也是如此，哥白尼、伽利略的遭遇就是有力证明。

这一社会阶段的管理哲学主要存在于一些思想家对国家治理的思考之中。这一社会阶段的前期，人们的思考受神学支配的特征非常明显，如阿奎那以神学目的论为基础的国家治理思想。在这一社会阶段的后期，人们的思考越来越具有独立于神学的特征，如马基雅维利以理性统治为取向的兴邦之术。

从思想主题的角度看，这一社会阶段主要研究如何实现国家的和谐有序、民族的强大统一。考虑到这一社会阶段对国家治理进行思考的非独立性，本教材主要选择了阿奎那和马基雅维利这两位思想家的国家治理思想。

总体看来，在西方古希腊和中世纪社会时期，隐含在经济思想、政治思想和社会思想中的管理哲学因素是管理哲学的典型成就。它们属于管理哲学的非理论状态。这一重要特征与中国古代是相同的。

---

① 菲斯泰尔·德·古朗士. 古代城市：希腊罗马宗教、法律及制度研究. 吴晓群，译. 上海：上海人民出版社，2006；简·克斯霍姆，莉莎·迈勒斯，斯特鲁恩·里德. 探索·古希腊. 魏凤莲，译. 北京：光明日报出版社，2005.

第一章

色诺芬以主体为原点的财产管理理论

必须把色诺芬看作最早的经济学家之一。经济学这一概念就是从色诺芬关于有效管理和领导的指导性著作《经济论》得来，他的著作是一首对管理科学的颂歌。

——小罗伯特·B. 埃克伦德，罗伯特·F. 赫伯特

色诺芬（Xenophon，约公元前430—约前355或前354），出身于古希腊雅典的一个富有家庭，苏格拉底的学生，与柏拉图处于同一时期，被认为是西方历史上最早的经济管理思想家、经济学家，也是一位哲学家。在色诺芬生活的时代，军事战争是社会生活的一个十分重要的方面。不仅希腊的城邦与城邦之间经常为了各种利益而发生军事战争（如公元前431—前404年雅典与以斯巴达为首的联盟之间的伯罗奔尼撒战争），而且希腊与其他国家（特别是波斯王国）之间亦是如此。色诺芬在40岁之前参加了两次内外战争，可以说这最终导致了他后来的命运。公元前401年，他应朋友的极力邀请，参加了波斯王之次子小居鲁士与其兄长争夺王位的战争。战争失败，小居鲁士被杀，色诺芬率领剩下的大约1万希腊雇佣军，从公元前401年到公元前400年，击败波斯军队的围追堵截，在历经长途跋涉、千辛万苦之后，返回希腊本土。公元前396年，色诺芬又参加了斯巴达王阿戈西劳在小亚细亚与波斯的战争，公元前394年，他随阿戈西劳回到斯巴达，被赐予了土地、房产、战俘（作为奴隶）。这就形成了他管理家庭庄园经济的后半生。雅典公民大会因色诺芬投靠小居鲁士（后者在伯罗奔尼撒战争期间支持斯巴达）对他予以缺席审判，判处他终身放逐。

后来他从斯巴达迁居科林斯。虽然雅典最终赦免了他，但他并没有回到雅典。[①]

色诺芬著有《经济论》《雅典的收入》《居鲁士的教育》《长征记》《回忆苏格拉底》等。他立足家庭经济管理经验所写的《经济论》，对家庭财产管理进行了富有哲理的讨论。如前所说，在古希腊，家庭管理即家政（Oikonomia）就是现实的经济管理，西方后来使用的“经济”和“经济学”概念，就是从古希腊的家庭管理或家政这一概念引申而来。[②] 色诺芬的家庭经济管理思想生动具体、寓意深刻，是西方古代经济管理思想的源头，是具有重要历史地位的篇章。

正是在家庭经济管理这一框架内，色诺芬探讨了什么是财富，以及家庭分工和社会分工的必要性、有效的领导和管理方式、秩序和谐的重要性等重要内容。

一、财富的主体性质

纵观古今中外史上的人类经济生活，物质财富的创造始终是人类经济生活中最突出的事实。两千多年前的色诺芬就把增加财富作为财产管理的首要内容，他的思考尽管在内容和逻辑上都很简单，但却洞见到了人类经济生活的根本，并提出了许多值得我们深思的重要经济管理问题。

色诺芬认为，财产管理或财富管理是一门学问，是增加财产或财富的学问。这是他财产管理理论的第一个重要方面。这当然首先涉及对财产或财富的本质的理解问题。所以，他在《经济论》的第一部分就引出了什么是财产或财富的讨论。他认为，财产或财富是一个人所拥有的一切有用的东西，或者说，是一个人能够从中得到益处的东西。“财富是一个人能够从中得到利益的东西。”[③] 推而言之，对于任何人来说，凡是他能从中得到益处的东西，都是他的财产或财富；相反，凡是他不能从中得到益处的东西，即使他实际地拥有它，也不是他的财产或财富。因此，归根到底，一种东西对于一个人是不是财产或财富，要看一个人是否会使用它。色诺芬举例说，一支笛子，对于会吹它的人是财富，对于不会吹它的人则因没有任何用处而不是财富。

色诺芬首先提出，能够成为一个人的财富的有土地、金钱、朋友、敌人等。关于土地，他说，一个人耕种一块土地但结果却得不偿失，或者说，如果他耕种这块土地不仅不能维持他的生活，反而使他日渐贫困，那么这块土地对于他来说就不是财富。关于金钱，他同样认为，即使一个人掌握了相当数量的金钱，如果不会使用或使用不当，造成了金钱的损失，那么这些金钱对于他来说就不是财富。就朋友来说，他指出，如果一个人懂得借助朋友的优势，能够从朋友身上得到好处，那么这些朋友就是他的财富。他依此推论说，如果一个人能够从他的敌人身上得到好处，那么敌人也是他的财富。

---

① 色诺芬. 长征记. 崔金戎，译. 北京：商务印书馆，1985：序言 1-3.

② 小罗伯特·B. 埃克伦德，罗伯特·F. 赫伯特. 经济理论和方法史. 张凤林，译. 北京：中国人民大学出版社，2001：10.

③ 色诺芬. 经济论　雅典的收入. 张伯健，陆大年，译. 北京：商务印书馆，1961：3.

需要特别指出的是，色诺芬对家庭管理的论述还明显包含了下述思想（尽管他没有明确表达出来）：如果一个人能够利用财产管理学问来增加财产，那么财产管理学问对于他来说就是最大的财富。换句话说，财产管理学问是能够使人们获得财富的财富。即使一个人偶尔没有财富（一般意义上的财富），他也有类似家政管理学问的东西。他举了不少正反例子来说明这一点。例如，有些人花了很多钱却建造了没有多少使用价值的房子，另一些人花了不多的钱却建造了在各方面都很好的房子。又如，有些人拥有很多值钱的东西，却没有给自己带来使用的方便，另一些人却很好地做到了这一点。

进而言之，色诺芬在人的知识和资历方面提出了同样具有重要意义的看法。他认为，一个具有知识和资历的人，如果能够充分利用它们去增加自己的财产，那么知识和资历同样是他的财富；相反，知识和资历则或者是无意义的，或者是有害的。一些人虽然具有许多知识，具有很深的资历，但因不愿使用自己的知识和资历，不愿以正确的知识引导自己的人生，最终或者耗光了他们的财产而陷入困境，或者成为权力、野心、口腹之欲的奴隶，走向了堕落之途。

从色诺芬的文本中可以清楚地看到，他关于什么是财富的论述虽然简单明了，但他思想的出发点是人或管理者能否发现和实际利用对象（包括事物和他人）的益处，而不是仅仅从对象本身或对象的特性出发来规定对象是不是财富。这就实质地表明了，在人与对象的财富关系的生成中，起关键作用的是人这一主体，是人这一主体进行管理的能动性或创造性。换句话说，财产或财富说到底是相对于人而言、相对于管理者而言的，只有人或管理者把周围的人或物乃至他自身实际地用于实现自己的生存和发展，才有对于他来说的财产或财富的生成。在经济学上，他的这一思想被西方经济学说史家看作现代经济学主体效用理论的源头。① 而从哲学辩证法的角度看，他的这一思想无疑是关于财富生成的辩证法思想；同时，从管理价值论的角度看，他的这一思想显然是一种以主体为核心的管理价值论思想，即主体管理的创造或能动方面规定了对象是否具有财富价值的思想。

在当今世界，追求和创造物质财富成了人类经济生活中最耀眼、最辉煌的事业，甚至成了众多个体不懈奋斗的最终人生目的。撇开财富追求和创造的异化不谈，物质财富的生成最终离不开人或管理者的能动管理。这归根到底是人或管理者的精神力量和实践活动的创造性过程。由此来看，色诺芬把物质财富的生成归结为人或管理者的能动创造或主体性，就是一种十分深刻的经济管理哲学。

二、家庭分工和社会劳动分工的必要性

色诺芬财产管理理论的第二个重要方面是他的分工理论。在色诺芬这里，分工是管

① 小罗伯特·B. 埃克伦德，罗伯特·F. 赫伯特. 经济理论和方法史. 张凤林，译. 北京：中国人民大学出版社，2001：11.

理的主要内容之一。在他看来，财产管理的目的是不断增加财富，而不断增加财富的重要途径是分工。分工作为管理的一个重要方面，就是人们各就其位、各负其责，责权分明。从现代管理实践的角度看，分工的确是有效管理的一个重要原则。同样，色诺芬对分工的分析既包含了经济管理的维度，也包含了哲学的维度，内容涉及以下三个方面。

第一，色诺芬从男女之间的自然生理差别来说明家庭内部男女之间户外工作与户内工作的分工。色诺芬指出，人们要想取得生活必需品，就必须从事户外工作，主要是农业的耕作、种植、放牧等。收获了各种农业劳动成果之后，就需要把它们放在屋内保管，制成食物，做成衣服等，这些是户内工作。色诺芬说，神考虑到男人和女人都必须有感受与认知事物的能力，所以赋予了男人和女人同样的记忆力、注意力以及自我克制的能力。但是，神一开始就赋予了男人忍受艰难困苦的能力和更大的勇气，使他们的身心适合于户外工作；相反，神赋予了女人温柔关爱的特质和更小的胆量，使她们的身心适合于户内工作。“神从一开始就使女人的性情适宜于室内的工作，而使男人的性情适宜于室外的工作。”①

色诺芬认为，既然神分派给男女不同的责任，那么他们就应该遵守神的旨意，努力完成自己的工作。不仅如此，色诺芬还根据当时的法律规定来说明这种男外女内分工的合理性，因为在他看来，法律的根据来自神意。他说，既然神使男女有别并要求他们相互合作，那么法律也就认可男女之间的不同责任，并使男女成为家庭的合作者。法律还宣布，男女双方做神使他们各有所长的工作是光荣的。因此，对于男人来说，待在家里不如到外面工作体面；对于女人来说，待在家里要比在田野里劳动更光荣。② 就具体工作来说，家庭收入是丈夫户外劳动的结果，家庭支出主要由妻子管理。这样，在一个家庭中，男女分工有别，安排有序，双方相互合作，就会增加财产，至少不会造成财产的损失。从这样的角度看，妻子对家庭幸福的贡献和丈夫一样大。

从男女之间的自然生理差别来说明男女分工，是古希腊时期不少思想家在分工问题上的共同特点。色诺芬从男女之间的自然生理差别来说明户外工作与户内工作的分工，无疑受到了时代的经济与文化状况的限制。男女之间无疑存在着天然的或生理的差别，但这种差别是否规定了女人只适合从事户内工作而不适合从事户外工作，或者反过来说，规定了男人只适合从事户外工作而不适合从事户内工作，显然是大有疑问的，直到今天这仍然需要相关的具体科学去研究。从历史和文化的深层来看，色诺芬的“男女分工是神造使然”的观念，男人到外面工作体面、女人待在家里工作光荣的观点，极有可能在古希腊的经济状况和文化中存有某种根源：他的思想一方面产生于古希腊神话中男神宙斯起主导作用这种在当时仍然深深地渗透于人们生活的各个方面之中的观念氛围，另一方面也肯定受到了原始社会后期就已经开始的男外女内的分工状况以及相应的男权制文化的影响。人们对古希腊的历史研究表明，这种分工状况以及相应的文化，在色诺芬所处的奴隶社会仍然强有力地存在着——尽管是以新的社会组织方式存在着。色诺芬的男外女内的分工观点，应该是他那个时代所传承的经济分工状况和文化状况的写照。

---

① 色诺芬. 经济论 雅典的收入. 张伯健，陆大年，译. 北京：商务印书馆，1961：24.

② 同①25.

事实上，男外女内的这种经济分工与文化状况在西方之后的封建社会中几乎同样一直强有力地存在着，中国的奴隶社会和封建社会同样如此。即使在近代资本主义社会，类似的男权主义观念仍然以这样或那样的方式占据着主导地位。因此，色诺芬在古希腊时期提出这样的观点是可以理解的。

第二，色诺芬从每一个人能力的有限性来说明社会劳动分工的必要性。这显然属于我们今天所说的组织如何管理才能有效率的思想。色诺芬明确指出，一个人很难精通一切技艺，不可能成为精通一切技艺的专家。他在《居鲁士的教育》中说，在一个小镇，工人不仅要制造各种农业工具，而且要制造日常生活的居室用品乃至建造房子，即使这样，也不容易谋生。并且，一个人做这么多种类的工作，要想做好做精当然是不可能的。而在一个城市，一个人只从事某一种手工业甚至一种手工业的某一部分工作，就可以维持生活，而只做一种工作的人，当然会把工作做得更好乃至达到精通。

马克思认为，色诺芬的这一观念在一定程度上认识到了分工取决于市场范围。[①] 这无疑是正确的。另外，色诺芬认识到了人的能力的有限性，分工能够使人精通某种技艺，从而带来更大的经济效益。这一点与柏拉图从人的需要的多样性与每个人能力的有限性的矛盾出发规定分工是必需的[②]，在本质上是一致的。近代经济学的开山鼻祖——斯密的分工理论虽然有许多自己的创造，但其中第一个方面即分工能够提高劳动者的工作和技术的熟练程度[③]，与色诺芬的上述观点在实质上也是完全相同的。从哲学的角度看，从每个人能力的有限性来阐发经济分工的必要性，试图寻找人的存在特性与经济分工的关联，这就使色诺芬的分工理论不仅包含了经济学的内容，而且包含了哲学的内容，即试图揭示经济分工的人学根源。

第三，色诺芬反对某些有害于人的身心健康的分工，认识到了身心和谐发展的重要性。这可以说是色诺芬经济管理哲学的另一个闪光点。色诺芬说，有些粗笨的工作迫使劳动者静止地坐在室内，甚至整天待在高温炙热的火炉旁，这不仅损害了他们的身体，而且损害了他们的精神。并且，这类工作使人们没有闲暇结交朋友，没有精力关心城邦大事，因而致使他们不善于交往，也缺少保卫国家的能力。

这就是说，色诺芬根据是否合乎人的身心健康和社会能力的培养来判断分工是否有害，并反对有害的分工。这从一个特定的角度看到了人的身体与心灵和谐发展、人的自然能力与社会能力和谐发展的重要性，因而是十分深刻的管理人学思想。这在他关于农业是最幸福的行业的理论中阐明得更加具体、更加充分。

其一，他非常明确地提出，农业不仅是最易学的行业，而且是能够营造人间纯真快乐情感氛围的行业。即使“最富足的人也不能离开农业。因为从事农业在某种意义上是一种享乐”[④]。他说，什么技艺能比农业更使人们慷慨大方、热情款待客人？什么技艺能比农业更使妻子感到愉快、儿童感到欢乐、朋友感到惬意？在烈日炎炎的夏天，享受清澈透亮

---

① 卡尔·马克思．资本论：第1卷．2版．中共中央马克思恩格斯列宁斯大林著作编译局，译．北京：人民出版社，2004：424.

② 柏拉图．理想国．郭斌和，张竹明，译．北京：商务印书馆，1986：58-64.

③ 亚当·斯密．国民财富的性质和原因的研究：上卷．郭大力，王亚南，译．北京：商务印书馆，1972：5-11.

④ 色诺芬．经济论 雅典的收入．张伯健，陆大年，译．北京：商务印书馆，1961：16.

的泉水、习习吹拂的微风、浓浓摇曳的树荫，还有什么地方比乡间更可爱、更舒适？在寒风刺骨的冬天，享受熊熊燃烧的火炉、温暖的房间和浴室，还有什么地方比农场更方便？

其二，他指出，从事农业能够培养人们的正直、诚实、勇敢、刚毅等美德。就正直、诚实来说，色诺芬认为，由于你将土地耕种得越好，土地回报给你的东西就越多，所以，从事农业本身就是一种实际的正直、诚实的活动，会使农业从事者形成正直、诚实的人格。就勇敢、刚毅来说，农业的耕作、种植、收获、放牧以及狩猎等都在野外的空旷土地上进行，这自然使农业从事者习惯于夏天的酷热、冬天的严寒以及一年四季的风吹雨打，这些都有助于培养农业从事者的勇敢、刚毅美德。

其三，他认为，农业能够训练人们共同努力、团结协作、忠实于社会的公民精神。自然，色诺芬的这一看法同样是以当时主要的农业组织方式农场或庄园为背景的。当时的情况是，每个农场或庄园，除了农场主或庄园主以外，总有一定数量的劳工（自由民或奴隶）。色诺芬认为，一个成功的农场主或庄园主必定经常把劳工们组织起来，统一农业生产的步骤，使劳工们齐心合力、团结协作，以获得农业丰收，这就需要劳工们忠顺和服从于农场主。所以，一个好的农场主或庄园主必须培养和鼓励劳工们的忠顺、服从精神，使他们忠实于农场、忠实于社会。

当然，色诺芬所说的忠实或忠顺于社会存在着特定的历史局限，他还没有认识到个体的独立性、自主性对社会发展的重大意义。在一个社会中，每个个体如果不具有独立性、自主性，那么就不会具有能动性、创造性，因而社会也就没有发展活力。

正是根据农业能够带来人们身体与心灵、自然能力与社会能力的和谐发展，色诺芬认为农业是最幸福的行业。

三、有效的领导和管理方式

色诺芬财产管理理论的第三个重要方面是他对领导和管理方式的思考，包括培养被管理者的忠实和努力精神、监督和激励被管理者、管理者的指挥和表率作用等。这里需要指出的是，在色诺芬的观念中，妻子是家庭财产管理的主要承担者，也需要训练出一定的管理能力。

在培养被管理者的忠实和努力精神方面，色诺芬提出的方法主要是教育和分享快乐：既让被管理者（管家、仆人、奴隶）分享管理者的快乐和成就，也让他们分担管理者的困难；同时，使他们清楚和熟悉财产状况，训练他们以使他们热心于增进管理者的财产；另外，还通过对被管理者进行正义感的教育，指出诚实正直的人会比不诚实正直的人生活得更富足、更自由，并实际给予诚实正直的人更高的荣誉和地位。

在监督和激励被管理者方面，色诺芬以城邦的法律实施和监督为例，明确提出了对被管理者进行监督和实行奖惩激励的必要性。他指出，在秩序良好的城邦里，市民并不满足于拥有良好的法律，还要进一步选出法律的监护人，由他们奖励遵守法律的人，处罚违反法律的人。家庭经济管理也是一样。家庭经济的管理者主要是妻子，需要定期对财产增进状况进行检查，奖励那些值得受到称赞和得到荣誉的人，对那些应该受到谴责和处罚的人也绝不宽恕。①

在管理者的指挥和表率作用方面，在色诺芬看来，管理者的指挥才能和表率作用在农业、政治、战争、财产管理等行业都是共同的，管理者要以理性和正义感引导被管理者，以自己强烈的事业心和进取心为他们做榜样，以高尚的志气、饱满的热情和坚强的意志鼓舞他们，振作他们的精神，使他们坚韧不拔、自觉努力、自愿听从指挥，最终达到事业兴旺、财产增多的目的。这应当是色诺芬把对仆人进行管理的不同结果作为财产管理的重要方面的原因之所在："在有些家庭里，几乎所有的仆人都戴着镣铐，可是他们总是想逃跑，而在另一些家庭里，他们根本不受什么束缚，却高高兴兴地工作，并且情愿待在他们的岗位上。"②

应该指出，在如何对待奴隶这一问题上，色诺芬和当时的许多思想家一样，没有超出奴隶制时代的本质局限，认为奴隶不属于人，是奴隶主的工具，训练野兽的办法也是训练奴隶的有效方法。③

上述色诺芬的探讨所涉及的关于管理方式的方面，实际上是他对自己管理经验的总结。管理方式具有许多一般性的东西，色诺芬自觉或不自觉地抓住了上述的重要方面。这为之后管理思想和管理实践的发展提供了宝贵资源。可以说，自泰勒以来的现代管理思想和管理实践，有力地证明了上述色诺芬关于管理方式的深刻洞见。

四、秩序和谐的重要性

色诺芬财产管理理论的第四个重要方面是合理秩序是效率、力量和美感的重要保证的思想。这主要存在于色诺芬对物的管理的论述中。这一思想与他的分工理论存在着直接关联，但又与分工理论不同。这一点论述简单，经常被人们忽视，但实际上这是色诺芬财产管理理论中一个很有哲学意蕴的方面。

首先，色诺芬认为，要及时有效地发挥各种物品的作用，就必须把它们安排得类别明确、位置适当、井然有序，这样才能保证对物品的管理效率。他强调说："对人类来说，没有再比井然有序更好更方便的事情了。例如，合唱团是许多人组成的，如果它的团员随意行动，它就会成为混乱一团，看着毫无乐趣。"④ 同样，一支秩序井然、进退有度的军队就具有强大的战斗力，而没有秩序的军队则是一群乌合之众。因此，秩序会带来力量和效率。

其次，色诺芬明确提出，秩序井然会产生美感。例如他说，如果一个合唱团有规则、有秩序地表演与歌唱，那就既值得听又值得看。同样，一支秩序井然、进退有度的

---

① 色诺芬．经济论　雅典的收入．张伯健，陆大年，译．北京：商务印书馆，1961：31-33，41，44-45.

② 同①9-10.

③ 同①44.

④ 同①27.

军队，不仅具有强大的战斗力，而且看起来十分壮观、令人愉悦。他在讨论家庭用具的安排放置时更是明确指出，无论什么东西，只要安放整齐，都能具有一种美。色诺芬强调秩序美感，抓住了人类本性的需要，对于我们今天的管理实践来说，仍然具有鲜活的启发意义。总之，在色诺芬这里，秩序是效率的前提，是力量的保证，是美感的条件。

总体说来，色诺芬提出的财富的主体性质、分工的必要性、有效的领导和管理方式，以及秩序就是效率、力量与美感等观点，都是与经济管理直接相关的重要观点，包含了生动和比较深刻的辩证法思想，故而我们说色诺芬是西方管理思想史上第一位具有管理哲学内涵的思想家。

思考题

1. 如何评价色诺芬关于财富的主体性质的思想？
2. 你认为应该从哪些角度分析劳动分工的必要性？
3. 如何评价色诺芬有效的领导和管理方式的思想？

第二章

柏拉图以至善为目标的城邦治理理论

柏拉图的《理想国》讨论的是完善的人和完善的生活，这意味着一个完善的城邦的生活；这是一种关于自由、聪明、才智的设想，它不受习惯的约束，不受人类愚蠢行为和固执己见的限制，甚至能够指导习惯和愚蠢势力沿着通向理性生活的道路前进。

——萨拜因

柏拉图（Plato，公元前 427—前 347），古希腊和整个西方哲学史上最伟大的思想家之一，最深刻的辩证法家之一，苏格拉底（Socrates，公元前 469—前 399）的学生，亚里士多德（Aristotle，公元前 384—前 322）的老师。柏拉图一生的命运与我国古代孔子（公元前 551—前 479）的命运很有相似之处。柏拉图年轻时雄心勃勃，理想是投身政界。在公元前 5 世纪的最后 10 年（公元前 410—前 400），雅典城邦政局动荡混乱，先是民主政治被贵族寡头推翻，成立了统治城邦的最高委员会——30 人委员会（僭主委员会）。据说其中有些成员是柏拉图的亲戚和故旧。柏拉图本来认为他们会以正义代替不正义，结果他们的统治比原来的民主政权更差。这令柏拉图对僭主政治大失所望。不久，30 人委员会被民主派推翻，新上台的民主派比较温和，柏拉图又跃跃欲试想参加政治。就在这时，有势力的坏人诬告苏格拉底亵渎神灵、毒害青年，民主政权下的陪审团竟然判处苏格拉底死刑。公元前 399 年，苏格拉底被处死。这一事件严重打击了柏拉图，促使他反复思考什么样的人掌权才能实现城邦的正义。随后，他开始游历世界，先后到过埃及、北非、意大利的西西里岛等地，继续思考社会的正义问题。在游历 12 年后，柏拉图于公元前 387 年也就是他 40 岁时返回雅典，在雅典城外西北的郊区创建学园。除了公元前 367

年再次去西西里岛以实现他的政治理想之外，一直到去世，柏拉图的精力主要放在研究、传授知识、撰写著述上，他的学园逐渐成为雅典乃至整个希腊的学术中心。柏拉图留下了许多对话体著作，如《普罗泰戈拉》《美诺》《斐多》《泰阿泰德斯》《申辩》《巴门尼德》《理想国》等。[①] 这些著作内容博大，思想极为深刻，阐明的辩证理念论得到了黑格尔等后世哲学家的高度评价。他的管理哲学主要存在于他的《理想国》这一政治哲学巨著中。《理想国》的主题是探讨如何实现城邦的善的生活——城邦的健康繁荣、和谐幸福，认为正义是实现城邦的善的生活的关键之所在，而只有哲学家掌握政权，或者政治家成为哲学家，才能实现这一点。

一、城邦的分工与正义

既然城邦是古希腊人生活的共同体或社会组织，那么，如何安排城邦各个方面的生活特别是其基本经济、政治、文化制度，使城邦成为健康繁荣、和谐幸福的城邦，即幸福的城邦，就成为一些重要哲学家深入思考的问题。柏拉图是其中最重要的思考者之一。柏拉图的实质观点是，只有实现了正义的城邦才是健康繁荣、和谐幸福的城邦。用他的话说，只有在幸福的城邦里才最有可能找到正义。

柏拉图在《理想国》第一卷引入了关于什么是正义、什么是不正义的讨论，得出了一个铺垫性的、接近正义的本质内涵的观点：正义是智慧和善，不正义是愚昧无知，因而正义比不正义更强有力，无论对于城邦、家庭、军队或任何其他团体，还是对于个人，都是如此。柏拉图的思路是，既有个人的正义，也有城邦的正义，城邦的正义比个人的正义更大，所以，他先探讨城邦的正义，然后再探讨个人的正义，这叫由大见小。[②]

柏拉图指出，人们之所以建立城邦，是因为每个人都有各种需要，需要许多东西，而每个人又都不能单靠自己达到自足[③]，这就决定了各种各样的人必须生活在一起，相互作为伙伴和助手，合作互利。只有如此，才能实现大家（全体公民）的最大幸福。这也是人们建立城邦的目的之所在。

作为众多个人的结合体，城邦必然形成作为一个组织整体的共同生活的多种需要，因而必须有相应类别的人员从事相应的工作来实现。那么，建立一个城邦，或者说，城邦的共同生活，必然会有哪些需要？柏拉图认为，城邦生活的需要可以分为三类，因而相应地要有三类人来实现这三类需要。

第一类是粮食、住房、衣服、服务等方面的需要，实现这类需要，必须有三个行业

---

① 柏拉图. 理想国. 郭斌和，张竹明，译. 北京：商务印书馆，1986：译者引言I-V.

② 柏拉图. 理想国. 郭斌和，张竹明，译. 北京：商务印书馆，1986：57，157. 我们认为这是柏拉图探讨正义的逻辑思路。在这一点上，人们存在着不同观点。

③ 在柏拉图这里，“自足”是一个重要概念，意思是一个共同体能够靠自身的力量存在下去。这一概念直接影响了亚里士多德的管理思想。

的人员：首先是从事农业和手工业的农民、工匠（建筑者）、手工业者等生产者，其次是从事城邦内产品买卖、城邦与城邦之间产品交换的商人和市场管理人员，最后是从事日常生活服务等行业的人员。对于这三个行业的人员，柏拉图主要讨论了生产者、手艺人、生意人的心灵特点和品格要求。他强调，每个人专门从事一种手艺比从事多种手艺更能专精，同时也要给每个人安排适合他性格的工作，这样的话，每种东西就生产得又多又好。这三个行业的人员作为一类，柏拉图有时称之为生产者、手艺人或生意人，我们可以称之为生产服务者。柏拉图认为，这类人员是欲望的代表，他们应该具有的品德是节制。

第二类是保护人们的生命、财产安全以及城邦安全的需要，实现这类需要，必须有军人，即城邦统治者的辅助者，他们是执行或捍卫统治者的法令的。柏拉图说，军人打仗也是一种技艺，军人需要具有一些特殊品质，包括勇敢、年轻、敏锐有力、爱智慧、对自己人温和、对敌人凶狠等，其中最重要的是勇敢这一品质或品德。因此，军人应该具有的品德是勇敢，他们和统治者一样，需要更多的时间学习知识和进行训练。①

第三类是城邦治理的需要，实现这类需要，必须有统治者。成为统治者的基本要求是：年长者（相对于年轻者）中最好的人，并且愿意毕生为城邦利益效劳、始终坚持维护城邦的信念、拥有保护城邦的智慧和能力。柏拉图说，统治者应该具有的最重要的品德是智慧，即具有治理城邦的正确知识。结合柏拉图在探讨个人的正义时提出的个人的灵魂与城邦具有同样的组成部分，而个人的灵魂由理性、激情、欲望三个部分组成这一看法，可以断定，上述他所说的对统治者的基本要求实质就是理性要求，包括理性的坚定、理性的引导、获得理性知识的能力等。② 由此看来，智慧这种品德在本质上就是理性这种品德。

这样，这三类人就构成了城邦的三个等级：统治者、军人（辅助者）、生产服务者。③ 这三个等级的人员是城邦的健康成长所必不可少的，但他们在天性上存在差别，所以他们各自具有不同的任务。柏拉图用一个很早以前在世界各地流传过的腓尼基人的故事说，城邦的这些人都是地球大地的子女，因此彼此都是兄弟，但他们之间又存在特定的差别：上天在铸造他们的时候，在他们的灵魂深处，有些加了黄金，有些加了白银，有些加了铜和铁，加了黄金的人是最可贵的，是统治者，加了白银的人是军人，加了铜和铁的人是农民和其他技工等。同时，由于他们同属一类，所以又不免金父生银子、银父生金子、铜铁之父生金银之子。因此，统治者的一个重要使命就是分辨城邦各个等级的后代，看其灵魂深处究竟包含了哪种金属，按照实际情况把他们安排到不同的等级之中。如果治理者的某些后代天性低劣，就要把他们降为其他等级；如果低等级的

---

① 柏拉图关于生产服务者与军人的论述，参见：柏拉图．理想国．郭斌和，张竹明，译．北京：商务印书馆，1986：58-69。

② 柏拉图．理想国．郭斌和，张竹明，译．北京：商务印书馆，1986：124-127.

③ 从柏拉图的论述来看，他把前两个阶级统称为广义的监护者（the guardians），其中年龄大的是统治者（the rulers），比较年轻的是辅助者（the auxiliaries），即军人。（柏拉图．理想国．郭斌和，张竹明，译．北京：商务印书馆，1986：65-69，124-131，156，198-201）另外，柏拉图有时也把军人包括在统治者或治理者之中。（同前，198-199）

子孙天赋优秀，就要把他们提升到更高的等级之中。简言之，就是按照每个人的天赋分派任务，“以便大家各就各业，一个人就是一个人而不是多个人，于是整个城邦就成为统一的一个而不是分裂的多个”①。这三个等级对于城邦的生活都不可缺少，但在柏拉图看来，统治者这一等级最重要。因为这一等级承担着许多艰巨而重要的使命。

柏拉图说，这样，城邦就建立起来了。这是一个按照自然（本性）建立起来的城邦，即被正确地建立起来的城邦，那么，它应该是善的，因而具有一些相应的性质，即它一定是智慧的、勇敢的、节制的、正义的。也就是说，在柏拉图看来，善的城邦应该具有这四个方面的本质特征或美德。②

这样的城邦是智慧的，因为它有很好的谋划，而好的谋划是由于某种知识，这种知识不是用来考虑某个方面（如手工制造、农业生产）的事情的，而是用来考虑整个国家大事、改进它的对内对外关系的。这种知识存在于城邦的少数人即统治者之中。柏拉图说，这样的城邦之所以被说成智慧的，是由于统治者具有这种知识。我们认为，所谓智慧的，在柏拉图这里实质就是理性的，因为谋划的进行、知识的获得主要是理性的功能。③

这样的城邦具有勇敢的性质。这存在于保卫城邦、需要时征战沙场的那部分人——军人身上，城邦是因为这部分人的勇敢而被说成勇敢的，因为这部分人具有一种能力，即无论在什么情形下，他们都完全保持着符合法律精神的关于什么是可怕的事情、什么是不可怕的事情的信念，他们应当害怕的事情是立法者在教育中告诫的那些事情。勇敢就是这样一种保持。

这样的城邦具有节制的性质。节制是一种好秩序或对某些快乐和欲望的控制。在一个城邦里，少数优秀人物（统治者）以理性引导自己的行为，为数众多的第三等级人们的欲望被少数优秀人物（统治者）的理智、正确信念和欲望统治着，这个城邦就是有节制的。在这种情况下，节制这种性质既存在于统治者之中，也存在于被统治者之中，也就是贯穿于全体公民之中。因此，节制就是天性优秀的那部分人和天性低劣的那部分人在谁应当统治、谁应当被统治这个问题上所表现出来的一致性和协调——不管是在国家之上还是在个人之上。一句话，节制造成了和谐。

最后，这样的城邦具有正义的性质。柏拉图指出，建立城邦的一个总原则是正义，这就是每个人在城邦里执行一种最适合他天性的职务，只做自己分内的事，无论对于统治者还是对于被统治者，都是如此。这落脚到城邦三个等级的工作职务上，就是统治者、辅助者、生产服务者三个等级各司其职、各守其分、互不越位，由此而实现整个城邦的团结统一、秩序优良、和谐发展，即全体公民整体的幸福，各个等级将由此而得到

---

① 柏拉图．理想国．郭斌和，张竹明，译．北京：商务印书馆，1986：138.

② 同①152.

③ 顺便指出，在柏拉图这里，智慧实质包括了理性与理智所形成的知识。而理性与理智又是两个不同的概念，指的是两种不同的灵魂状态。这两种状态对应于可知世界的两个部分：理性对应于纯粹理念，思考方法是辩证法，形成的知识形态是哲学；理智对应于附带实物的理念，思考方法是借助实物或假设的方法，形成的知识形态是数学（算学和几何学）、天文学。柏拉图有时又把理智作为理性的一个层次。（柏拉图．理想国．郭斌和，张竹明，译．北京：商务印书馆，1986：263-278，292-302）

自己的那份幸福。这也就是城邦的至善。①

柏拉图说，如果三个等级中的生产服务者企图爬上军人等级，军人企图爬上统治者等级，或者这三个等级互相交换工具和地位，互相代替或互相干涉，就必然造成城邦的无序和混乱，这对于城邦来说是最坏的事情，因而是最不正义的事情。

在结束对城邦的正义的探讨之后，柏拉图接着探讨了个人的正义，用他自己的话说，他是把在城邦里发现的东西运用于个人。他的结论是，个人的正义与城邦的正义在实质上相同，个人的智慧、勇敢与城邦的智慧、勇敢是一样的。个人的灵魂具有与城邦同样的组成部分：理性、激情、欲望。理性是用来思考推理、引导方向的部分，激情是借以发怒的部分（军人上战场打仗对敌人要愤怒），欲望是用以感觉饿、渴、爱、钱财需要等物欲之骚动的部分。柏拉图认为，在灵魂的这三个部分中，理性是智慧的，它必须是统治者，对激情和欲望起领导作用；激情是辅助者，它服从理性的领导时就是勇敢，它的真正作用是协助理性支配欲望；欲望是被统治者。这样，一个人做到理性领导，激情和欲望服从，这样的人就是有智慧的、勇敢的、节制的，就实现了理性支配下的灵魂和谐。这就是个人的正义。这样的人也就是正义的人。

可见，正义的实质是理性支配一切，实现城邦的统一和谐、个人灵魂的统一和谐。也就是说，理性支配下的统一和谐是正义的本质内涵。应该提出来加以思考的是，所谓个人灵魂的统一和谐，所谓理性支配激情与欲望，实际上，这不是停留在一个人的灵魂内部，而是同时表现为一个人对他人和对城邦事务的行为上，尽管柏拉图没有强调地指出这一点。

柏拉图关于城邦的分工与正义内在相关的理论包含了深刻的管理哲学内涵。首先，他认识到了人们需要的多样性和个体能力的非自足性之间的矛盾，认识到了人们必须通过分工而结合起来才能生存下去，才能实现生活的幸福，这无疑是对人们存在的有限性和社会性质的真实把握，表明了城邦需要统治和管理的根本原因。其次，他把城邦的至善即健康繁荣、和谐幸福作为城邦治理的根本目标，把正义作为实现城邦至善的根本原则，抓住了城邦生活的本质内涵，这既包含了关于城邦政治的哲学思想，也包含了城邦管理的哲学思想。最后，他自觉强调从城邦整体的幸福存在来思考人们的分工安排，具有突出的整体视野和思维特征，这是管理哲学辩证法维度的重要方面。

二、城邦的公有制度及其管理

应该指出，在《理想国》中，柏拉图对财产制度的论述不是独立于政治制度的，而是把它当作政治制度框架中的一个从属部分，即是对统治者和军人生活的根本要求。也

---

① 柏拉图．理想国．郭斌和，张竹明，译．北京：商务印书馆，1986：133－157．在柏拉图的文本中，城邦的正义与至善之间的关系是一个需要研究的问题。从根本上讲，两者具有一致性，即城邦的正义的实现意味着城邦的至善的实现；不过，从理念的角度说，善比正义与美更根本，善的理念或善本身是最大的知识问题，关于正义等的知识只有从它那里演绎出来才是有用的和有益的。

就是说，财产制度和妇女、儿童的归属安排，是从属于实现城邦的至善即实现城邦的健康繁荣、和谐幸福的。城邦的至善，从城邦整体的角度说，就是团结一致、化多为一；相反，争斗分裂、化一为多就是至恶。

实现城邦的至善是城邦的统治者或立法者的根本任务。因此，怎样才能实现这一目标，成为柏拉图理论的关键之所在。三个等级各司其职、有序工作是一个基本前提。除此之外，还要做到使全体公民同甘共苦、苦乐与共、不分你我，就像一个人一样，因为当一个城邦最像一个人的时候，它就是管理得最好的城邦。柏拉图认为，做到这一点，主要取决于对城邦的统治者和军人的正确教育与合理的生活方式安排。在合理的生活方式安排方面，就是对城邦的统治者和军人实行财产公有与妇女、儿童共有的制度。

第一，除了绝对必需品，城邦的统治者和军人不得拥有私有财产、金银货币。他们应该集中生活在类似军营的环境中，同吃同住，土地、房屋、仓库公有，粮食和花费由其他公民供应，按照他们的需要，统一定量供给，不多也不少。同时，他们之所以不得拥有金银，是因为他们的灵魂深处已经从神灵处得到了金银，他们不应该让它与世俗的金银混杂在一起而受到玷污，因为心灵深处的金银是纯洁无瑕的至宝，而世俗的金银则是罪恶之源。财产的这种公有会使统治者和军人对一切财物不分你我，不会为财物产生任何纷争。柏拉图指出，必须在法律上规定财产的这种公有关系。

需要指出的是，在《理想国》中，柏拉图主要论及了对城邦的统治者和军人实行财产的公有制，而在《法律篇》中，柏拉图则明确提出，理想的、最好的即第一等好的社会是公有或共有社会。在这种社会中，没有任何私有财产，每一种可能有的东西都是大家共有之物，大家真诚地共享它们，私有观念在生活中被彻底根除。第二等好的社会是给公民分配土地和房屋，但立法者必须制定法律，使每一个得到土地的男人把这份土地看作整个城邦的公共财产，同时也要制定法律限制财富的聚敛。一则是因为巨额财富与美德水火不容，有财富而没有美德不可能成为幸福的人，而有极大的美德同时又获得巨大财富也是绝对不可能的；并且，一个靠正当手段谋生且又正当消费的人不容易变得特别富有或特别贫穷。因此，柏拉图的结论是，把财富限制在能够保持美德的范围内是必需的，非常富有不是人们的理想生活状态。国内有学者把柏拉图的这一观点用中国哲学的概念概括为“为富不仁、为仁不富”是简明准确的。二则是因为贫富悬殊是内战的根本原因，即会带来两个方面的灾难——极端富有会产生敌对或长期不合，而匮乏则几乎一定会导致奴役。由于内战是一切灾祸中的最大灾祸，所以必须防止社会的任何部分出现过大的贫富差距，立法者必须制定可接受的贫富界限。柏拉图提出的贫富界限是，以自食其力为一个衡量单位，一个人，不管他的财富来源如何，至多拥有四倍于其自食其力的财富，超过四倍的，必须交给国家。①

柏拉图还对公民个人与国家可以拥有财富的具体形式做了明确界定。他认为，公民个人的财富应该限于农产品，不容许拥有金银，只可以拥有日常生活、交换所必需的铸币，用以支付工钱、日常买卖等，而且必须限制在美德的范围内；而一个人在外邦从事活动所剩的多余外币必须交给城邦，否则将予以没收。从城邦的角度说，除了支付外邦

① 柏拉图. 法律篇. 张智仁，何勤华，译. 上海：上海人民出版社，2001：149-157.

货物所必需的以外，也没有必要拥有大量金银，并且城邦不可通过交易、收取利息等途径来获得过量的钱财，特别要禁止高利贷。说到底，这些规定是以实现人们的真正幸福为目的的，人们的努力不外乎追求灵魂的修养、身体的健康、生活的财富，而真正的幸福在于心灵美德和身体健康的实现，这需要适当的文化教育和体育，而不在于拥有多少金钱。①

第二，优秀的妇女应该归城邦优秀的男性即统治者和军人共有，他们所生的孩子也由城邦共有，由专门的管理员统一组织抚养和教育。

在对这一问题的讨论中，柏拉图首先提出了一个重要观点，就是男女天赋相同、职位机会应该平等。他认为，各种天然禀赋同样分布于男女两性，优秀的女人和优秀的男人一样，具有担任管理职务的天赋才能，男女之间的差别只是生理上的差别，男人强一些，女人弱一些，因此，管理城邦的各种职务没有专属于男人的，女人同样可以参加。当然，这不是说所有女人或所有男人都有能力参加管理城邦的事务。因为柏拉图也认为，从个性的角度说，无论在男人之间还是在女人之间，都存在个性的差别，如有的性格刚强，有的性格软弱，有的爱运动、好斗，有的不爱运动、不好斗，有的有音乐天赋，有的没有，有的爱好智慧，有的厌恶智慧，有的具有担任城邦统治者和辅助者的能力，有的则没有。所以，柏拉图提出，要挑选具有管理天赋的女人和男人，把他（她）们聚集在一起进行同样好的教育，包括文艺、体育、军事、数学、哲学等的教育，使他（她）们成为最优秀的人，也就是成为爱智和激情、温文和勇敢配合得当、和谐统一的人，共同担负治理城邦、保卫城邦的工作。

柏拉图认为，那些被挑选出来的优秀妇女应当归被挑选出来的优秀男性共有，这些人不得组成一夫一妻制家庭。在这种情况下，父母不知道谁是自己的孩子，孩子也不知道谁是自己的父母。这样，城邦的男性统治者、军人之间就不会把妇女和孩子看作财产，因而能够产生苦乐同感、不分你我、团结一致的精神。这是柏拉图主张这种共有的根本目的。另外，柏拉图提出，这样做也是保持治理者的品种纯洁、最高质量的需要。在柏拉图心目中，优秀的妇女、儿童的共有，也应该制定法律予以规定。

也就是说，在柏拉图看来，对于城邦的男性统治者和军人来说，实行财产公有和妇女、儿童共有，是事关城邦健康繁荣、和谐幸福的大事，是实现城邦的至善所必需的。由此，柏拉图明确反对私有财产制度，反对妇女、儿童的私有（一夫一妻制）。他认为，私有会激起人们的贪欲，导致人们之间的冲突。“人们之间的纠纷，都是由于财产、儿女与亲属的私有造成的。”②

从柏拉图的讨论中可以看出，他之所以强调实行财产公有制，反对财产私有制，是因为他认为，公有制最有益于城邦的至善的实现，而私有制则必然产生邪恶，因而私有制社会是最坏的社会。尽管他并没有专门系统讨论私有制社会，但他在阐明公有制的益处及其相关讨论中多次指出了这一点。

当然，就妇女共有来说，柏拉图的思想可能包含了一种深刻的矛盾：他主张男女天

---

① 柏拉图．法律篇．张智仁，何勤华，译．上海：上海人民出版社，2001：153.

② 柏拉图．理想国．郭斌和，张竹明，译．北京：商务印书馆，1986：201.

赋相同，不分男女，只要具有相应的天赋才能，就可以接受共同的教育，就可以参加城邦的管理；但同时，他又主张优秀的妇女归优秀的男性统治者和军人共有，这虽然是为了不使男性统治者和军人产生私有观念，但实际上仍然潜在地包含了男性应该支配女性、女性应该从属于男性这种不平等的背景意识或社会潜意识。也就是说，柏拉图的思想深层中可能包含了男女平等和不平等的矛盾，或者说，这也可能是他的男女平等思想与当时奴隶社会男女不平等的现实之间的深刻矛盾。

总体说来，柏拉图的财产公有和妇女、儿童共有的思想，包含了他对一个良好社会所应具有的真、善、美的性质的理解。首先，这种财产公有和妇女、儿童共有的主张特别是财产公有的主张，一方面，的确在古希腊的极少数城邦具有现实基础，如在斯巴达和克里特，在统治者中就实行财产公有、与公民同吃同住的制度，这种制度的存在可能与原始社会的公有制传统有关；另一方面，在当时的大多数城邦又没有充分的现实基础，因而明显具有追求理想的善的特点。其次，这种主张具有长远历史尺度上的真理性质，即财产公有、社会大同将是人类历史发展的必然结果。就柏拉图的具体观点来说，他对财产私有的弊端的揭示切中要害，对财产公有的益处的讨论也抓住了根本，表现了对当时希腊私有制社会的一种哲学意义上的超越，因而具有思想史的恒久价值。

三、城邦的教育管理

在柏拉图这里，与财产、妇女、儿童一样，全部教育都是公民共有的事业。他认为，正确健康的教育对于公民个人的成长，对于实现城邦的善的生活，具有不可缺少的重要意义，同时，也是当政者完成各种使命的关键之所在。

柏拉图的教育思想主要是围绕如何通过教育培养出合格的治理者而展开的，同时也包含了对一般公民特别是青少年的健康合理的教育。他教育思想的灵魂依然是理性原则，即必须进行正确健康的教育，坚决反对和主张消除不健康、消沉、格调低下的教育。他深刻论述了教育对于良好政治秩序的必要性、正确健康教育的重要意义、教育科目、教育过程的循序渐进等重要问题，今天看来仍然很有启发意义和现实意义。

柏拉图认为，抓好对公民的教育和培养，是建立和维护良好政治秩序的前提，也是统治阶级所应承担的一个根本使命。因为人们受到了良好的教育和培养，就能成为身体素质良好、通达事理、遵守法律和规矩（道德）的人。可以看到，在柏拉图这里，教育和培养比法律更重要，因为遵守法律也需要教育和培养。同时，他认为，对于城邦生活的所有方面，如市场、公安、海港以及人们日常的行为礼仪等，都制定法律，不仅是烦琐的，而且对于优秀的人也是不适合的。因此，最根本的是通过对人们的教育和培养，使人们自觉认识到建立和维护良好政治秩序的必要性：良好的政治秩序是宪法和法律设计的基础。政治秩序不良的城邦，制定宪法和法律也无济于事。

就正确健康的教育的重要性来说，柏拉图明确指出，人们接受了正确健康的教育，就能明白城邦为什么必须以至善为目的，为什么必须坚持正义，为什么必须提倡智慧、勇敢、节制等美德，为什么需要良好的分工秩序，为什么应该建立财产公有和妇女、儿童共有的制度，为什么应该追求真实的存在（理念），为什么必须以理性支配欲望。因此，在教育的实质内容方面，柏拉图坚决反对那些消极、低沉、虚假、模仿、诡辩等不正确、不健康的教育内容。①

柏拉图特别强调了对儿童进行正确健康教育的根本意义。他认为，儿童阶段是人一生中最可塑的阶段，正确健康的教育能够培养他们形成良好的道德品格和精神状态。他对两个方面的教育内容进行了重点讨论。一是提出健康适当的文艺教育能够使秩序、节奏、和谐等浸入儿童的心灵深处，使他们变得温文有礼，能够从美和善的事情中获得鼓舞、吸取营养，反感甚至谴责丑恶的东西，使自己的心灵成长得既善且美。由此，柏拉图坚决反对有可能对儿童造成不良影响的教育内容，如在游戏方面，提出必须让孩子们参加符合法律规定的正当游戏。二是指出对儿童进行道德礼仪教育非常重要，这包括尊敬长者、孝敬父母、衣着得体、举止得当等方面的教育，尽管这没有必要制定为法律规定。②

就教育科目来看，柏拉图同样坚持理性主导作用，突出强调教育科目必须健康向上，要从根本上有助于培养人们对真实（理念）、对善的追求，特别是有助于培养出合格的城邦统治者；提出必须制定法律，规定公民应该学习的科目，禁止那些不应该学习的科目。同时，柏拉图是以从低层到高层的顺序来讨论教育科目的。③

第一个层次的科目是健康质朴的文艺教育与合乎自然的、质朴的体育训练。它们是两个不可缺少而相互补充的方面，是服务于人的心灵的爱智和激情两个部分的，把它们结合好，能够使爱智和激情张弛得宜、配合得当。④ 具体说来，在文艺教育方面，柏拉图认为必须去除那些悲伤的、哀婉的音乐，特别是靡靡之音，只教和声⑤，去除那些丑恶、不合规范的故事，以善和美的故事教育人们。因此，柏拉图认为，城邦必须做出法律规定，要求故事或诗歌创造者这样做。与文艺教育相关，他反对用模仿类型的诗如悲剧诗、喜剧诗以及戏剧表演、绘画等艺术来教育人们，认为它们不仅只是模仿了事情的影子，偏离了事情的真实，而且迎合了人们心灵中较低级的那一部分（非理性部分）。⑥在体育训练方面，柏拉图认为体育训练的主要目的不在于使人健康，而在于培养人们的

---

① 柏拉图．理想国．郭斌和，张竹明，译．北京：商务印书馆，1986：70－109，138，240－243.

② 同①107－108，140.

③ 在柏拉图这里，文艺教育一般是用音乐教育来指称的，参见：柏拉图．理想国．郭斌和，张竹明，译．北京：商务印书馆，1986：70 页脚注。另外，柏拉图关于教育科目的论述分布在《理想国》的不同部分，特别是二、三、六、七、十卷，我们这里对它们做了综合。

④ 同①123.

⑤ 古希腊的诗歌一般是用来演唱的。按照柏拉图的说法，诗歌包括歌词、和声、节奏。和声是一种音调，指和谐的音调。柏拉图强调，声调与节奏必须符合歌词，好的歌词必须有好的声调与节奏，因此在演奏乐器方面必须去除那些能奏出多种音调的乐器，只保留能奏出理智和谐音调的乐器，如七弦琴、七弦竖琴、短笛等。（柏拉图．理想国．郭斌和，张竹明，译．北京：商务印书馆，1986：103－107，296，103 页中译者脚注）

⑥ 由此，柏拉图批评了荷马、埃斯库罗斯等诗人在诗中对宙斯和诸神的丑恶描写，如他们把宙斯描写成变化无常的、任意妄为的、与诸神彼此分裂互相争斗的等。在柏拉图看来，宙斯和诸神必定是尽善尽美的。（柏拉图．理想国．郭斌和，张竹明，译．北京：商务印书馆，1986：71－81，401－408）

勇敢精神，方式要合乎人体的自然规律，简单灵活。

第二个层次的科目是算学和几何学。对于培养出合格的城邦统治者来说，算学和几何学（以及下面所讨论的天文学）都是必需的。音乐教育和体育训练只是初步教育，分别针对精神的和谐和身体的变化，并不涉及对实在和善的探求。算学和几何学则不同，它们是借助实物和假设来探求理念的学科，虽然它们涉及数字和图形所代表的具体事物，但它们从根本上研究的不是现象（不是向下看），而是事物的真正实在（理念），是永恒的存在，能够把人们的灵魂引向真理（向上看）。

第三个层次的科目是天文学。在柏拉图看来，天文学与数学一样，是借助实物来探求理念的学科。他说，学习天文学不能像大多数天文学家那样，重在关注可感的天体运动的数量关系，而是要把天空的图像看成帮助我们探求实在的说明图，考察什么样的关系是和谐的，什么样的关系是不和谐的，分别是为什么。一句话，学习这门科学的根本目的在于寻求引导我们的心灵接近实在，寻求美者和善者。①

第四个层次也是最高层次的科目是哲学或辩证法。十分深刻的是，柏拉图把文艺和体育、算学和几何学、天文学学科的学习，都看作不过是学习最高、最重要的科目即哲学或辩证法的序言。辩证法是通过推理而不是知觉，以求达到每一事物的本质，并且一直坚持靠思想本身去了解善的本质，也就是引导个人灵魂的最善的部分上升到看见世界的最善的部分。

柏拉图特别强调教育要根据年龄来安排学习科目。他提出，20 岁以前学习预备学科，20 岁开始把以前分散学习的各门学科加以综合，研究它们之间的相互联系以及它们和事物的本质之间的关系。这是获得永久知识的唯一途径，也是判断有无辩证法天赋的最主要的试金石。因为能够在联系中看待事物的才是辩证法者，不然就不是。可以看到，在柏拉图这里就已经规定了辩证法是关于联系和事物本质的科学。②

柏拉图告诫说，不能过早学习哲学。哲学太艰深、太抽象，儿童时期只能学习一些简单浅显的哲学道理，30 岁时比较适合深入学习哲学，学习 5～6 年，然后安排人们负责公务和指挥战争等，接受实际锻炼，这样锻炼 15 年后，50 岁时进行实际工作和知识学习的考试，把成绩优异者选拔出来，让这些人接受最后的考验，即要求他们把灵魂的目光转向事物的原型，认识善本身，也就是使他们成为彻底的哲学家，最后让他们轮流管理国家。只要真正的哲学家（或多个人或一个人）掌握政权，就可以实现城邦的善的生活。

柏拉图强调，对于公民学习不同科目的不同年龄段也要做出规定。可以看到，柏拉图所安排的从具体学科到哲学学科的顺序是科学的，合乎从简到繁、从易到难、从低到高的学习规律。

柏拉图的教育思想得到了后人的高度评价。近代伟大哲学家卢梭甚至认为，《理想国》几乎根本就不是一部政治著作，而是前所未有的一部讨论教育问题的最伟大的作品。现代著名政治思想家萨拜因认为，《理想国》中最有特色而且最有独创性的是高等

---

① 柏拉图. 理想国. 郭斌和，张竹明，译. 北京：商务印书馆，1986：292-297.

② 同①305.

教育制度主张。[1]

四、最好的统治者：哲学家

按照柏拉图的说法，天生优秀只是成为合格统治者的天性基础，只有通过正确的教育和良好的训练，天生优秀的人才有可能成为真正合格的统治者。因此，天生最优秀而又获得最优秀教育和训练的人，才有可能成为最好的城邦统治者或管理者。

柏拉图认为，城邦的统治者有许多使命，其中有四个使命最重要。第一个也是最根本的使命是使大家分工协作、各负其责，保持城邦统一的政治秩序。第二个使命是防止贫富两极分化，因为贫富两极分化不仅会使技艺退化——富有会导致奢侈懒散，贫困则导致粗野低劣，也无钱购买工具器械，而且最终会导致贫困阶级与富有阶级的相互争斗，从而使城邦产生内乱。第三个使命是确定最佳限度的城邦规模，既不让它太小也不让它太大，让它成为一个足够大而且统一的城邦，能够保持统一是它的最佳限度。第四个使命是区分所有等级的后代优秀与否，确定他们所属的等级。如果统治者的后代天赋低劣，就要把他们降为其他等级；如果低等级的子女天赋优秀，就要把他们提升为统治者或辅助者。总之，要无一例外地按照公民天性适合做什么就派给公民做什么。

在柏拉图这里，要成为合格的统治者，必须具备三个基本条件，或者从选拔、培养统治者的角度说，需要根据三个基本要求。其一，必须是公民中最优秀的成员，即不仅天生优秀，具有高贵严肃的性格，具有敏于学习、强于记忆、机智灵敏等适合于被教育的天赋，同时还要具有进取心、豁达大度、最勇敢、最坚定等优秀品质。其二，必须具有经得住考验的高度爱国心，愿意毕生鞠躬尽瘁为国家利益效劳，终生保持维护国家的信念，无论苦乐如何，无论困难多大，在任何变故下都不会改变。这既需要对那些被选拔出来的优秀者进行教育，更要使他们接受各种实践磨炼和考验。其三，他们的灵魂有能力胜任最大的、最重要的、最高的学习，即探究万事万物的理念这样一种学习，敢于承担和热爱这种学习，特别是对善的理念的学习。柏拉图特别强调，善的理念是最大的知识问题，关于正义等的知识只有从它那里演绎出来才是有用的。善的理念比真理、正义、美更加根本，是它们存在的源泉。

什么样的人具备上述条件？哲学家。柏拉图说，除非哲学家成为城邦的王和统治者，或者那些王和统治者严肃认真地追求哲学智慧，使政治权力和哲学智慧合而为一，否则，任何法律制度都只能是空中楼阁。[2]

为什么哲学家最适合做城邦的王？这是由哲学家的本质决定的。哲学家是眼睛盯着真理的人，是能够认识事物的本质，如善本身、美本身、正义本身的人，是能够获得知

---

① 乔治·霍兰·萨拜因. 政治学说史：上册. 托马斯·兰敦·索尔森，修订. 盛葵阳，崔妙因，译. 北京：商务印书馆，1986：87，90.

② 柏拉图. 理想国. 郭斌和，张竹明，译. 北京：商务印书馆，1986：215.

识而非意见的人。就是说，哲学家最重要的品质是追求真理、热爱真理、热爱真实与永恒，既憎恶虚假，也不会迷失于现象，与智慧最近，与善最近，由此，哲学家把心灵的快乐放在比肉体的快乐更重要的位置，这表明哲学家的品质是至善的近亲。因此，只有哲学家做城邦的王，才能实现城邦的健康繁荣、和谐幸福，才能实现城邦的正义和至善。一句话，只有哲学家才是最好的城邦统治者：除非真正的哲学家获得政治权力，或者城邦中拥有权力的人由于某种奇迹变成了真正的哲学家，否则，人类中的罪恶将永远不会停止。①

上述柏拉图思想的实质是，只有哲学能够彻底洞见政治的本质，只有用哲学指导政治，或者从主体的角度说，只有哲学家成为政治家，或者政治家成为哲学家，城邦才能得到最好的治理。这无疑是十分深刻的。当然，从现实的角度看，哲学家要想成为最好的政治家或统治者，政治家要想成为哲学家，需要具备许多主客观条件。

柏拉图关于城邦治理的整个思想体系的实质内容，对后世产生了重大的历史影响。首先，他关于城邦的善高于个人的善、城邦的正义高于个人的正义的思想，显然直接影响了亚里士多德对城邦政治生活的根本原则的思考。其次，他关于理性在城邦生活中必须处于绝对支配地位的思想，应该是康德把理性绝对命令置于至高无上地位的源头，康德的这一思想又直接影响了当代罗尔斯理性正义论的形成。最后，理性与至善最近的思想，应该是海德格尔"语言是存在的家"这一观点的真正来源。

柏拉图的思想对于我们今天的管理实践和管理哲学研究具有重要的借鉴意义。(1) 他把理性看作人的灵魂的最高部分，并且突出强调理性对城邦治理具有决定意义，这对于我们今天的组织管理也具有根本的合理性。(2) 他把善或至善放在城邦组织生活的首要位置，这对于我们今天的任何组织的存在来说，都具有根本的再次启蒙和指导意义。(3) 他把正义作为实现城邦善的生活的最根本的制度原则，这对于现代的任何一个组织的管理来说，也都是适用的，而对于我国今天提倡公平、正义的治理原则，建立更加完善的政治和管理制度，也具有重要的启发意义。(4) 他把城邦的和谐统一作为正义的本质内容，并把它贯穿于关于城邦治理的整个讨论之中，因而把和谐统一作为一个社会所应追求、实现的主要价值之一，这对于我国当前建立社会主义和谐社会，显然具有不同历史视野意义上的重要参考价值。

思考题

1. 你认为应该从哪些方面探讨城邦的正义？
2. 如何评价柏拉图的城邦公有制理想？
3. 试析柏拉图城邦教育管理思想的现实意义。
4. 试析柏拉图"哲学王"观点的合理性。

---

① 苗力田．古希腊哲学．北京：中国人民大学出版社，1989：238.

第三章

亚里士多德以合乎本性为要求的城邦和家庭管理思想

在亚里士多德看来，道德理想——法律的至高无上的权威、公民的自由和平等、正当的政体、人在文明生活中的趋于完善，始终是国家应当存在以求实现的目的。他的新发现是，这些理想在实现的过程中无比复杂，从而需要做无数次的调整以适应实际的统治情况。

——*萨拜因*

亚里士多德（Aristotle，公元前 384—前 322），诞生于爱琴海北岸马其顿统治下的斯塔吉拉城，18 岁进入雅典的柏拉图学园，在学习和研究长达 20 年之后，开始了自己的游学、教学、办学生涯。从大约公元前 343 年至公元前 335 年，亚里士多德做过马其顿王国太子亚历山大的老师。此后，亚里士多德在雅典的吕克昂创办学园，这个学园被后人称为吕克昂学园，据说他乐于同学生在散步时讨论问题，所以人们又把他们的思想学派称为“漫步学派”。

亚里士多德研究的内容的确是百科全书式的，集当时各学科之大成，思想丰富，成就宏大，著作种类和数量空前，内容涉及物理学、哲学、伦理学、政治学、诗学、美学、逻辑学、生物学、天文学、语言学等，是我们今天现有的诸多学科的创始人。他的主要著作有《物理学》《形而上学》《尼各马可伦理学》《政治学》《诗学》《论灵魂》《论工具》等。亚里士多德的著作大多以实践经验为基础，以具体分析为主要特征，尽管主要是讲课用的手稿而很少是系统写成的著作，但仍然充满思想洞见，具有深刻的启发意义。所以，自近代以来，亚里士多德得到了许多伟大哲学家和思想家的最高赞誉与评价。

亚里士多德的政治学、伦理学和家政学理论中存在着许多重要的管理哲学因素。和柏拉图一样，时代条件的限制决定了亚里士多德不可能提出独立的管理哲学理论，从总体上看，他的理论是围绕如何治理城邦以实现城邦和个人的最优生活即善的生活来展开的。

一、城邦的本质与目的

古希腊时代的社会单元是城邦。大大小小种类各异的城邦构成了古希腊时代的社会共同体或政治共同体。社会的这种时代特点从根本上决定了，亚里士多德的政治学或政治哲学的关注焦点是优良城邦这种共同体的持存问题，用亚里士多德的话说，就是如何治理城邦才能实现最优良的城邦生活的问题。

亚里士多德在《政治学》第一卷开头就明确指出，所有城邦都是某种共同体，所有共同体都是为着某种善而建立的，因为人的一切行为都是为着他们所认为的善。而所有共同体中最高的并且包含了一切其他共同体的共同体，是城邦这种政治共同体。因此，它所追求的善就一定是最高的善。

亚里士多德深刻认识到了城邦产生的必然性。他认为，城邦的形成具有自然意义上的根源，即产生于人类对最优良、幸福、美好生活的追求。人们为了满足日常生活需要，最先自然形成的共同体是家庭。当多个家庭为着实现比生活必需品更多的东西如生命安全、生活富裕等而联系起来时，便产生了村落。当多个村落既为了满足生活需要，又为了生活的美好而结合成一个完全的共同体，大到自足或近于自足时，城邦就产生了。这表明城邦是自然的产物，因而人类天生是政治（社会）动物①，因为人是具有理性和语言的动物，具有利弊、善恶、公正与不公正等观念，这决定了人类必然寻求至善或最优良、最美好的生活，这是城邦或人们的共同利益。这也就是城邦生活的自足。自足是城邦的目的和至善。

尽管城邦是诸多家庭及个人的结合体，但整体必然先于或高于部分，部分离开整体就不再自足，而人类在天性中就存在着趋于共同生活的本能，所以，城邦作为人类共同生活的结合体，在本性上先于家庭和个人，家庭和个人离开城邦将不再是自足的。因此，不能共同生活或自身已经自足而无此需要者，就要么是野兽，要么是神灵，而不是城邦的构成部分。亚里士多德认为，即使仅仅为了生存本身，人类也要追求共同生活，结合成政治共同体，因为共同生存本身就包含一份自然的怡悦。因此，问题的关键是如何安排城邦的生活。

亚里士多德对此给出的回答是，合理安排城邦生活的最终根据在于城邦的本性、人性和道德、城邦的治理要求和公共开支，只有按照这些最终根据建立起以公正和法律为原则的经济、政治制度，才能实现最优良的城邦生活。

---

① 亚里士多德. 亚里士多德选集：政治学卷. 颜一，编. 北京：中国人民大学出版社，1999：4-7.

二、城邦的财产制度

亚里士多德反对柏拉图的财产公有和优秀的妇女、儿童归城邦的统治者共有的“共产主义”。除了指出柏拉图所提出的妇女、儿童共有存在许多棘手问题而无法实施之外，在城邦的财产制度方面，亚里士多德也从自己对制度建立的最终根据的看法出发，提出了总体上财产私有制有益，财产私有的数量以节制和慷慨这两种德性的统一特别是以合理的人口数量为依据，财产分配要有一定差别的思想。

在财产所有权方面，亚里士多德首先从城邦的多样化本性出发，论证财产私有对于城邦之为城邦的根本重要性。他明确反对柏拉图以苏格拉底的名义提出的整个城邦最大限度地齐一就是优良的观点，认为城邦的本性就是多样化，如果实行整齐划一，那么城邦将变成家庭，家庭将变成个人，因为家庭比城邦、个人比家庭更是“一”。同时，城邦不仅由许多个人组合而成，而且由不同种类的人组合而成，统一体之为统一体就在于其构成元素在种类上是不同的，因此，种类相同不可能产生出一个城邦。尽管无论就城邦来说还是就家庭来说，都应当存在某些方面的整齐划一，但绝不能在所有方面都实行整齐划一。如果那样（即使能够做到），其结果就必然是城邦的毁灭。“一个一味企求齐一性的城邦将不再是一个城邦。”① 所以，在财产的拥有方面，亚里士多德认为，绝不能实行财产平等划一的公有制，因为这违犯了城邦的多样化本性；除了把土地分为公有和私有两部分之外，在总体上，其他所有财产应实行私有制，使公民在财产私有方面存在差别，才合乎城邦的多样化本性。

与此同时，亚里士多德也从人性和道德的角度论证财产私有制的合理性。他指出，财产虽然在某种意义上应当公有，但一般而论则应当私有。为了人们的德性，比较可取的是财产私有而共同使用的制度。他提出，财产私有比财产公有具有更多益处。第一大益处源自每一个人都关心自己这一人的本性。“任何人最主要考虑的是私有的东西，对公共的东西则甚少顾及，如果顾及那也是与他个人相关。”② 私有分清了每个人的利益，使每个人都关心自己的事物，因而不会产生相互怨恨，并且会带来人们境况的更大改善。相比之下，共同拥有财产会由于利益不清而使人们之间经常相互争执，也必定导致懒惰。自然，在朋友之间，为了德性，可以各自拿出一些东西共同拥有、使用。从这一角度说，财产私有而共同使用的制度可能更可取。第二大益处源自人们自乐的天性，即人们一旦认为某一事物为自己所有，就会感到无比快乐。所以，财产公有特别不适于统治者和军人，因为禁止他们拥有财产和家庭，就会使他们失去个性的快乐。③ 尽管这在一定程度上会导致自私，而自私应当受到谴责，但自私并不是真正的自爱，而是爱得超

① 亚里士多德. 亚里士多德选集：政治学卷. 颜一，编. 北京：中国人民大学出版社，1999：40-41.
② 同①35.
③ 同①43.

过了应当的限度，就像贪财者对金钱的贪婪一样。第三大益处源自它有利于慷慨这一德性的形成。亚里士多德说，慷慨是利用财产做所应当做之事。他在其伦理学著作中对此做了更加详细的探讨。他说，在财富的接受和支出上，过度就是挥霍，不及则成了吝啬，财富使用的中道是慷慨，而慷慨的前提是拥有一定的财产。所以，在这一点上，财产私有也是不可缺少的前提。

当然，在土地的所有制方面，亚里士多德并不主张全部实行私有制。他认为，从城邦的治理要求和公共开支出发，有必要把土地分为公有和私有两个部分，并且每个部分再分为两个部分。公有部分的一部分用于承担祭神的开支，另一部分用于承担共餐制的费用。私有部分的一部分靠近边界，另一部分靠近城邦的中心和郊区，以立法的形式规定每位公民分得这样两份土地，这样既满足平等与公正原则，又有利于公民在遇到边界战争时团结一致。

与柏拉图财产公有的理论相对照，亚里士多德的私有财产有益论也主要是从人性和道德的角度出发的，但由于他们所持的人性观念前提不同，所以得出的结论就完全相反。撇开这一点不谈，可以认为，亚里士多德对人性自爱、自己关心自己的看法，与近代西方哲学关于人性自爱、利己理论，如霍布斯的人性自私理论、休谟的自爱与仁爱理论、斯密的人性利己与利他理论、爱尔维修的人性自利理论等，构成了关于人性的负面看法的演进谱系。

在财产私有的合理数量方面，亚里士多德指出，苏格拉底（实际指柏拉图）所说的人们拥有的财产应以他们过上有节制的生活为度这一观点过于笼统，因为一个人可以有节制地生活而悲苦窘迫，因此，应该以人们不仅能够有节制地生活而且能够慷慨地生活为度。如果将两者分开，节制就会与辛苦相连，慷慨便会与奢侈相关。节制和慷慨是与使用财产有关的两种德性。然而，在亚里士多德看来更为重要的是，限制人口数量即限制生育比限制财产更加必要。他的理由是，人口数量超过一定限度，必然会造成人们的贫困，就像在许多城邦那样，而贫困就会引起争斗和恶行。由此，亚里士多德认为，柏拉图在论述次等好的社会时提出的公民拥有的财产不应多于最低限额的四倍的观点也需要补充，即必须以限定各个家庭的孩子数目为前提，使各个家庭的孩子数目不至于超出资产的负担，否则，限制财产的法规将会由于不合实际而成为无用之物。

亚里士多德还就财产平均分配问题提出了自己的看法。他指出，财产不均的确会引发争端，因而平均财产的确是防止公民争端的方法之一，但是，这样做的效果并不明显。那些才能卓越的人必定感觉自己应该得到更多财产，认为平均财产对他们是不公平的，由此，他们会经常反叛和作乱。而且，人类的欲望是无止境的，所以，起决定性作用的不是平均财产，也不是规定适中的财产数量，而是对公民进行拥有合理财产数量的德性和法律教育。① 从亚里士多德的整个政治学文本来看，这一观点具有根本性。在《政治学》第八卷，亚里士多德突出强调，无论采取哪种政体，都应该把对公民的德性和法律教育放在首位，因为政体的良好运行以公民对政体的深入理解和认同为前提，这说到底依赖于对公民的良好教育。

---

① 亚里士多德. 亚里士多德选集：政治学卷. 颜一，编. 北京：中国人民大学出版社，1999：2.

除了上述关于公民个体财产的所有和分配的观点以外，亚里士多德还从一个城邦在与其他城邦的关系中安全生存的角度，提出了城邦作为一个整体所应当拥有的财产数量的合理限度。他指出，立法者必须清醒地认识到，一个城邦的财产数量不仅要保证内政的需要，而且要能够对付外部威胁。并且，一个城邦的财产既不应多到使更强大的邻邦觊觎的程度，也不能少到不能与力量相当的同类城邦相抗衡的程度。对于一个城邦来说，合理限度的财产数量是不过分充裕而引致最强大的邻邦发动掠夺战争，不过于稀少而无法抵御邻邦的入侵。①

三、城邦的具体管理

如果说亚里士多德关于城邦的经济制度思想主要属于经济哲学或经济管理哲学的范畴，那么他关于构成优良城邦的前提条件的观点、在城邦各种具体生活的处理中坚持公正原则的观点，则主要属于管理思想的范畴，包含了一定的管理哲学内容。

首先，在构成优良城邦的前提条件方面，亚里士多德从城邦在于自足、幸福这一基点出发，论述了合适的人口数量、公民性质、疆域特点和安全等问题。

对于人口数量，他指出，良好城邦并非必然是人口繁多的城邦，因为良好城邦必定是秩序良好优美的城邦，而秩序的良好优美产生于数量和大小的恰到好处，因此，城邦的人口数量方面存在一个恰到好处的限度：如果人口数量过小，城邦就不能实现自足，而城邦产生的目的就在于自足；反过来，如果人口数量过大，虽然可以自足，但却难以控制，难以建立起法律制度，而法律就是秩序，良好的法律就是良好的秩序。因此，一个城邦的最佳人口数量界限就是，人们在其中能够自给自足、舒适生活，同时又易于管控的最大数量。所以，亚里士多德的结论是，那些治理有方的城邦无一不对人口数量进行控制。

对于公民应该具有的品质，他以适合被立法者引向德性为标尺，认为公民既要充满生命活力，又要富于思想，两者缺一不可。他通过经验观察得出，在寒冷地带居住的人群和欧罗巴各民族的生命力旺盛，但比较缺乏思想和技术，因而生活自由散漫，没有统治能力；相反，亚细亚居民则富于思想并且精于技术，但在灵魂方面惰性过重，即缺少生命活力，故大多受人统治和奴役；而希腊各民族，正如在地域上位于中间地带一样，则一般兼具两者的特性，既生命力旺盛又富于思想，所以，既保持了自由的生活，又孕育出了最优良的政体，具有统治其他民族的能力。

在城邦的疆域大小方面，亚里士多德同样认为，疆域的大小限度是使城邦实现自足，即能够生产出一切生活必需品，使居民过上闲暇、宽裕并且有节制的生活。而疆域的地形应当是居民易出、敌人难进，易于监视、易于防卫。以上两点是城邦的疆域所应具有的主要特点。另外，同样重要的是，为了城邦的安全，为了不仅对自己的公民而且

① 亚里士多德. 亚里士多德选集：政治学卷. 颜一，编. 北京：中国人民大学出版社，1999：45，49，51.

对邻邦保持威慑力，城邦要拥有与自身财政能力相称的军事力量。①

其次，在城邦的各种具体生活，包括荣誉、财物等公共品的分配，人们之间的交往活动，商品交换等事务的处理方面，综合亚里士多德的论述，可以看出他突出地坚持公正原则。

在荣誉、财物等公共品的分配方面，他认为按照人们各自所值，即按照人们的贡献比例，进行分配是公正的，公正就是根据这种比例，不公正就是违反这种比例。这种公正被后人称为分配的公正或比例的公正。

在人们之间的交往活动方面，公正就是公平，就是为人们的交往提供是非准则；在借贷、抵押、出租等自愿的交往行为中违反契约就是不公平的，而偷盗、暗算、做伪证、抢劫、欺凌、袭击等非自愿的交往行为是对他人生命和财产的侵害，更是不公平的，这两类交往行为都要受到惩罚，使之恢复公平，即在施害人与被害人之间、在做不公平的事的人与受不公平的待遇的人之间恢复公平，使人们在交往后与交往前所得相等。这种公正被后人概括为矫正的公正或补偿的公正。

在商品交换方面，交换活动必须对等即等价，如果不存在等价，也就没有交换，而货币则是人们发明的实现等价交换的公约物。万物为货币所公约。这种公正被后人称为交换或互惠的公正。

亚里士多德认为，这三种公正在本质上都是中道，既不多也不少，既不过度也非不及。② 亚里士多德所主张的公正、中道，说到底就是合乎事情的本性（自然），而从精神的角度说，就是合乎理性或理智。也就是说，只有通过理性或理智，才能合乎事情的本性。通观亚里士多德的论述，可以说理性或理智是其思想的根本支柱。

四、家庭生活管理

在古希腊，除了色诺芬，亚里士多德也对家庭生活管理进行了专门思考。亚里士多德有三句话可以被看作家庭生活管理的总原则：家庭管理，重视人事胜过无生命的事物，重视人的德性胜过财产丰足，重视自由人的德性胜过奴隶的品行。从内容来看，亚里士多德的家庭生活管理思想可以分为家庭内部关系的管理和获取维持生计的财富的合理方式两个方面。

在家庭内部关系的管理方面，他根据当时的家庭状况指出，一个完整的家庭由三种关系构成：主奴关系、夫妻关系、亲嗣关系。

在主奴关系方面，他认为，奴隶是家庭财产的一部分，主人对奴隶的绝对支配合乎自然、天经地义。家庭管理离不开工具，工具又包括有生命的工具和无生命的工具，奴

① 关于构成优良城邦的上述条件，参见：亚里士多德．亚里士多德选集：政治学卷．颜一，编．北京：中国人民大学出版社，1999：243-250。

② 亚里士多德．亚里士多德选集：伦理学卷．苗力田，编．北京：中国人民大学出版社，1999：106-114；亚里士多德．亚里士多德选集：政治学卷．颜一，编．北京：中国人民大学出版社，1999：91，100，104.

隶就是主人所拥有的有生命的实践工具。亚里士多德认为，奴隶与主人天生具有不同的身体和灵魂，奴隶天生即在本性上不属于自己而属于他人，而且，在部分属于主人这一意义上，奴隶是主人的一部分，是主人身体之外的一部分，因而全部属于主人，而主人则是奴隶的主人，并不属于奴隶。简言之，亚里士多德的结论是，有些人天生要统治他人，而另一些人则注定被他人统治，因而一些人统治，另一些人被统治，这一原则适用于所有人类。而且，他认为这源于整个自然的本质：一切由部分构成的事物，其中都有统治元素与被统治元素的区别。无生命的事物中存在着某种为主的元素，有生命的事物中也是如此，灵魂统治肉体，理智统治欲望。因此，主人统治奴隶不仅是必需的，而且是有益的。亚里士多德的这一观点显然受到了奴隶制时代的限制，缺少历史主义的眼光。

在夫妻关系、父亲与子女这两种关系方面，亚里士多德的观点是，丈夫支配妻子、父亲支配子女。但这两种支配有所不同。就丈夫对妻子的支配来说，一方面，丈夫作为男人，比女人更适合发号施令，除非是偏离自然的偶发情况，这就像年长者比年轻者、成年人比未成年人更优秀一样；另一方面，妻子具有理性审议的能力，只是没有权威，所以丈夫对妻子的支配是共和式的。而父亲对子女的支配则是君王式的，因为这种支配既依靠敬爱又依靠年长者的尊严，恰似一种君王统治。父亲对还是儿童的子女的支配更是如此，因为儿童的理性审议能力不成熟。

在获取维持生计的财富的合理方式方面，亚里士多德认为，财富是家庭的一部分，合理获取财富的方式是家庭管理的一部分，而只有合乎自然的获取财富方式才是合理的。他指出，人们获取维持生计的财富的最普通的方式主要有耕作、畜牧、捕鱼、狩猎、掠夺等，绝大多数人通过耕作来获取生活资料，有些人则通过某两种方式来获取足够的生活品，当一种欠缺时以另一种为补充，如游牧生活常常与掠夺相结合，农耕生活常常以狩猎为补充，等等。在亚里士多德看来，这些方式的本质特点是，把自然已经提供的各种事物变为生活必需品和有用品。家庭管理者的责任就是料理自然提供的事物，其作用就好比不制造而只使用羊毛的织衣匠。① 而这样获取的物品才是财富的真正要素，这样的获取方式才是合乎自然的，因而是合理的。它在本性上是家庭管理的一部分。因为美好生活所需的财富是有限度的，而人们获取财富的客观能力即家庭或城邦所使用的工具的数量也是有限度的。结合起来，生活的必需和有用是家庭乃至城邦所应拥有财富的真正限度。②

根据财富的获取必须合乎自然这一标准，亚里士多德认为人们通常所称的致富术——通过贩卖来聚集财富的方式——是违反自然的，不是家庭管理的一部分，因为这种方式假定了财富是没有止境的。他这一观点的立足点是，事物的用途必须合乎事物本身，即合乎自然（本性）。他说，任何事物都有两种用途，一种用途合乎事物本身，另一种则不然。例如，人们做出的衣服既可以用来穿，也可以用来交换金钱。用来穿的用途合乎衣服本身，而交换金钱的用途则不然，因为衣服做出来并非为了交换金钱。当

① 亚里士多德．亚里士多德选集：政治学卷．颜一，编．北京：中国人民大学出版社，1999：17-18．
② 同①18-22．

然，在人类的野蛮阶段产生的物物交换是合乎自然的，这种交换并不是致富术的一部分。然而，在人们发明了货币以后，便发展出贩卖这种致富术，而由于从什么地方、凭借什么交易才能获利最多的情况变得复杂起来，人们最终认为致富术主要就在于如何聚集钱币，贩卖就是产生钱财，所以贩卖是不自然的，它使人们无限制地追求钱财，而不知道追求美好生活。另外，利息和高利贷也是不合乎自然的，它们以钱生钱，把交换作为积累钱财的手段，而最可恶的是高利贷，它用金钱来牟取暴利。这些都应该受到指责。

亚里士多德的政治哲学框架内所包含的管理哲学因素，总结了古希腊城邦管理的经验，具有突出的实证、具体、务实等特点，其中贯穿的一个根本要求是力求合乎事情的自然，即合乎理性的要求。城邦的财产制度要以城邦的本性、人性和道德以及城邦的治理要求和公共开支等为最终根据要求，城邦日常生活的管理应该坚持公正原则，获取财富的方式必须合理，这些思想在本质上都是合乎自然、合乎理性的。与此同时，他的思想又没有形成彻底的理性批判精神，这特别表现在他对家庭管理中奴隶的本性的看法上。

思考题

1. 对亚里士多德与柏拉图的财产制度理论做出比较和分析。
2. 分析亚里士多德关于城邦生活管理必须坚持公正原则的思想的现实意义。
3. 分析亚里士多德获取财富应当合乎自然的观点。

第四章

阿奎那以神学目的论为基础的国家治理思想

托马斯·阿奎那不仅在理论上重新引入了有别于臣民的“公民”概念，还同样以亚里士多德为基础，引入了政治学本身。对于他来说，“政治学”是关于国家之政府的知识，国家就是他所谓的公民共同体。

——厄尔曼

托马斯·阿奎那（Tommaso d'Aquino，约1225—1274），中世纪最重要的神学家、哲学家之一。他出生于意大利那不勒斯，青年时即加入基督教的多明我会（亦译多米尼克派，又译传道兄弟会）。他在哲学上最重大的贡献是发展和完善了基督教神学目的论，通过综合亚里士多德哲学和启示信仰的方式，让理性的哲学为基督教信仰服务。在这一基础上，他发展出了体系严整的神学理论，涵盖了形而上学、伦理学、政治学等诸多领域，著有《反异教大全》、《神学大全》、《论存在者与本质》、《论独一理智：驳阿维洛伊主义者》、《论君主政治》[1] 等。阿奎那的思想影响深远，直至今日，以阿奎那思想为基础的现代学派——新托马斯主义，仍然是梵蒂冈天主教会的官方哲学。

阿奎那对国家治理的探讨是在其神学目的论框架内进行的。阿奎那提出上帝治理着包括人类社会在内的整个宇宙世界，预先为世界万物设定了达到自身的完善状态这一目的，国家治理的目的就是实现国家或社会的完善状态——和平有序基础上的公共幸福。本章首先说明阿奎那对基督教天启神学和亚里士多德哲学目的论的综合，然后讨论其国家治理思想的基本内容。

---

① 按照《阿奎那政治著作选》英译本编者的说法，《论君主政治》只有一部分（第一篇和第二篇的部分）能够确定是阿奎那所写。

一、国家治理的神学目的论基础

阿奎那的国家治理思想根基于基督教的神学目的论。这种神学目的论为其国家治理思想提供了基本概念和方法论指导。同其他基督教神学思想一致，它在本体论上认定上帝是第一性的存在，在知识论上认定启示对于理性具有优先性。但与此同时，阿奎那的神学目的论并不排斥作为理性活动的哲学。亚里士多德神学中作为隐德莱希（最高形式因）、第一推动者（最高动力因）和最终目的（最高目的因）的神，被阿奎那的神学目的论理解为基督教上帝的可理解样态。阿奎那综合了基督教的天启神学和亚里士多德的哲学目的论思想，使哲学目的论从属于基督教天启神学。

为了完成这一综合，阿奎那做出了三个方面的重要论证。第一，论证神学的必要性。对神学之必要性的论证，一方面可以为神学这门学科提供存在理由，另一方面可以借此建立起神学对于哲学的优先性。由此，他首先攻击了哲学自足性思想。哲学自足性思想一般被表述为这一命题："哲学学科之外，似乎并不需要另外一种教学或学问。"① 在此，哲学指代所有理性探究。这一命题如果成立，那么就否认了一门独立于哲学之外的、奠基于启示而非理性的学科的可能性。阿奎那指出，人们提出这一命题可能是基于两种理由。第一种理由是一个规范命题，强调人不应该追求超理性的事物，而神学的对象恰恰是超理性的事物。第二种理由则从研究对象的性质入手，强调一切学问的研究对象都是存在和事物，而这些恰恰都是哲学的研究对象。从这种理由来看，在亚里士多德的理论中，神学思想并不具有独立性，而是他哲学思想的一个组成部分。

针对第一种理由，阿奎那通过分析信仰现象予以回应。在信仰现象中，人的意志指向上帝这一超理性的目的。但这一意志指向之所以可能，有赖于对这一目的的先行认识，否则，人就不能完成其意志和行为的指向活动。所以，他认为祈求得救的信徒为了获得救赎，需要依赖天启的超理性知识。那个规范命题不如被这样理解：不是不应该追求超理性的事物，而是不应该用理性去追求超理性的事物。在理性无法达到的情况下，人应该诉诸信仰。

针对第二种理由，阿奎那指出了对上帝的理性研究的两类弊端。一方面，这种理性研究的性质决定了其只能为少数人所有。因为这种理性研究需要人们付出长时间艰苦研究的代价，而且这种研究是具有可错性的。另一方面，关于上帝的或者神学的知识与人们孜孜以求的救赎密切相关。此外，除了研究对象的性质以外，研究原理和方法的不同也会导致学科性质的差异。没有理由认为，就同一种对象来说只能存在一种研究。所以，对这种知识需求的紧迫性与理性研究工具的局限性表明了启示神学的必要性。启示的神学并不是哲学的神学，它们是两个不同的学科。

而且，神学与哲学并不是一种平行并列的关系。在阿奎那看来，神学较其他各类学

① 阿奎那. 神学大全：第1册. 高旭东，陈家华，译. 台南：碧岳学社，2008：2.

问更为高贵。首先，神学兼具理论和实践两个方面，故而超越了其他学科的片面性。其次，就理论方面而言，上帝启示之光在确实性上优越于理性的自然之光，并且神学研究的神性事物优越于理性研究的属人事物。最后，就实践方面而言，高贵与否取决于目的的远大程度。神学实践的目的是永恒真福，是一切行动目的的目的，即终极目的。由此，阿奎那认为神学在理论和实践两个方面都优越于哲学，并实际上充当了哲学的尺度。

第二，从本论证上论证上帝存在，这被称作关于上帝的本体论证明。在确立神学对于哲学的优越性的过程中，阿奎那已然假定了基督教上帝的存在。但阿奎那并不是非理性主义者，他需要为"上帝存在"这一命题提供一个理性的论证。这一理性的论证分为两个部分，第一个部分讨论"上帝存在"这一命题的可证明性，第二个部分处理"上帝存在"这一命题实际的证明过程。就第一个部分而言，阿奎那既认为"上帝存在"是自明的，又认为"上帝存在"是可证明的。这乍看起来是自相矛盾的，因为自明的事物无须证明。自明的事物以自身为根据，而证明则需要引入客观的理据。为了规避这一矛盾，阿奎那对"自明"概念和"证明"概念都做了区分。自明被区分为两种，一种只就事物本身而言，另一种则就事物与人之间的认知关系而言。例如，"人是动物"是一个自明的命题，因为其谓词被包含在主词的本质中。但对于不了解"人"和"动物"这两个词之意义的人来说，这个命题并不是自明的。阿奎那强调，在"上帝存在"这一命题中，"上帝"这一主词的内涵是第一因或现实，而第一因或现实必定存在，所以，这一命题是自明的。但由于人们并不知道"上帝"一词的本质，所以这一命题对于人们而言不是自明的。这就好比人天生向往幸福，但对幸福的实质却不甚了了。

证明也被区分为两种。一种是演绎式的，由因推果；另一种是经验式的，由果推因。阿奎那认为，"上帝存在"这一命题不是基督教信仰的内容，而是基督教信仰预设的自然知识前提。所以，人们当然可以在未理解论证的情况下直接信仰，但这并不妨碍对这一命题的论证。考虑到作为有限存在物的人无法直接从在先的原理出发进行演绎，因为有待认识的恰恰是这一在先的原理，所以阿奎那为由果推因的方法进行辩护。他说："既然每一效果都依赖其原因，那么，如效果存在，原因必然先已存在。"① 毕竟没有原因，就谈不上有结果。只不过人们无法从这些结果推论出上帝的本质，但可以推论出存在着作为第一因即第一推动者的上帝。

第三，论证上帝是终极目的意义上的至善，即论证上帝是自因的第一因，亦即亚里士多德哲学中的终极目的因：不动的推动者。阿奎那对这一点的论证分为三个步骤。

首先，他论证了善本身的目的性质。因为善为万物所欲求，所以它明白无疑地具有目的性质。至于那种将目的因与形式因区别开来的意见，他认为可以通过亚里士多德的运动理论予以答复。善或者目的本身就是推动质料趋向于形式的动力，所以善或者目的虽然在过程终末才能实现，但其实已经在先存在了。

其次，他论证了具有目的性质的"善"概念是适用于上帝的。对这种观点有两种反对意见。第一种反对意见认为上帝是无限的存在，而"善"概念具有目的指向和形

① 阿奎那．神学大全：第1册．高旭东，陈家华，译．台南：碧岳学社，2008：26.

式限制，因而不适用于上帝。第二种反对意见则强调抽象的善为万物所欲求，而上帝则不然。因为上帝的本质不为所有人认知，而抽象的善则可以被等同于可欲求之物。阿奎那通过区分受造物的善和作为形成原因的善来答复第一种反对意见。上帝作为主体和形成原因，不是受限的对象而是限制的来源。受造物的善是不完满的，而上帝的善则不然，上帝的善本身即是终极尺度。关于第二种反对意见，阿奎那认为上帝的本质不是绝对不可认知。万物对自身完美的欲求是建立在作为第一因的上帝的完美性的基础上的。理性的受造物和分有了完美性的受造物都可以凭借这些相似之处认识上帝。

最后，他论证了上帝是第一因，是至善。这一论点会遭到两种反驳：第一种反驳强调至善是组合物，而上帝是单纯的；第二种反驳强调至善要求可比较性，而上帝与其他善物不属于同一类，所以不可比较。针对第一种反驳，阿奎那强调至善不是组合物。因为至善相对于其他善的优越性并不是由于其上添加了其他善所没有的东西，而是由于至善在各种善的比较关系中等级最高。至于说上帝与其他善不属于同一类，并不是指平行的类互不相属的关系，而是指上帝作为根源性的存在高于各种类，所以上帝同其他善之间满足上下比较的关系。

综上所述，阿奎那用三个方面的论证完成了对基督教天启神学和亚里士多德哲学目的论的初步综合。一方面，基督教的上帝被看作亚里士多德哲学目的论中不动的推动者；另一方面，哲学目的论得到了启示和信仰的补充。由此，阿奎那得到了其国家治理思想所需的基本概念和理论范式。上帝对现存宇宙（可感世界）的创造和治理，加上这种创造和治理的可理解性，一并成为阿奎那国家治理思想的默认前提。

二、国家治理的必要性

阿奎那对国家治理的必要性的说明，从属于他对政治制度的必要性的说明。实际上，这种逻辑思路是许多政治思想家的理论的一个重要特征。正如诺齐克在《无政府、国家与乌托邦》一书中所说的那样，在讨论何种政体最优之前，必须先讨论政体存在的必要性。① 因为政治就意味着讨论人与人之间的支配-服从关系，亦即治理与被治理的关系。如果卢梭所说的自然状态在历史上确实存在，或者无政府主义可行，那么政治生活就并不属于人类永恒的生活境况。人们首先需要考虑的不是何种政体最优，而是在政治生活与非政治生活之间进行取舍的依据是什么；或者说，人们应当首先确定有没有可能在不存在国家治理的情况下生活。

阿奎那对这一问题给出的解决方案以基督教神学目的论为根本依据，并在很大程度上发挥了亚里士多德的观念。具体说来，他对国家治理的必要性的论证分为两个步骤：首先论证人天生是社会动物，然后在此基础上论证人天生是政治动物。

---

① Robert Nozick. Anarchy，State and Utopia. Oxford：Blackwell Publisher，1974：3.

对人天生是社会动物的论证从一个区分开始。阿奎那区分了有理性的动物和无理性的存在。虽然在神学目的论的哲学视野下，所有存在物都有自己的目的，它们通过运动、变化不断趋近于自己理念的完成，但理性的存在意味着存在这样的区别：有理性的存在者可以自主地抱有某种目的，而无理性的存在者则被外力推向自己的目的。再加上人类怀有种种兴趣爱好的事实，阿奎那认定，人是具有理性并凭借理性追求自己目的的动物。然而，在有理性的动物中存在两种生存方式，即孤独的生活和社会的生活。阿奎那指出："如果人宜于按照其他许多动物的方式过一种孤独的生活，他就不需要别的指导者，而是每一个人在上帝即万王之王的管辖下，将成为他自己的君主，并且对于自己的行动，有依靠上帝所赋予的理性的启发而充分加以指挥的自由。"① 这里的描述颇类似于后来卢梭笔下的自然状态，没有被文明的科学与文艺败坏的人，在本能和良知的指引下过着独立自主的生活。虽然孤独的生存方式设定了上帝的存在，但在这种人类生活中没有国家治理存在的必要。

阿奎那反对这一观点。首先，他指出了生存方面的理由。如果考虑到理性之外的所有人类生活的必需条件，那么就不能得出人类能独立生活的结论。动物享有各种自然禀赋以摄食、御寒和自卫。人类缺乏这类自然禀赋，只能通过自己的理性能力来制造生活必需品。而且，人类个体运用理性的自我供给能力是不足以应付生存需要的。其次，他提出了理性能力的缺陷问题。动物不仅具有自然禀赋以供应和保护自身，同时还具备分辨有益与有害的生存本能，而人类的理性能力在分辨善恶方面则较为笼统。从普遍原理向具体善物的推理过程间接而易错，而且不能指望这种推理能够充分满足人类所有的认知需求。分工协作则恰好可以弥补这些缺陷。此外，阿奎那还援引人类语言和发达沟通能力的存在作为证据，强调人类的合社会性。综合这两个方面的理由可知，理性地追求目的的人类必须是社会性的存在。这也就是说，在神学目的论的视野下，人类是有限的受造物。人类被上帝创造成那种天性上需要社会生活的存在。人类如果不结合成社会，就无法维持自身的生存。

但这仅仅是关于人天生是社会动物的论证，还不能由之推出国家治理的必要性。完全可以设想一个无支配的社会，这个人类共同体在没有治理中枢的情况下存续和发展。因此，阿奎那需要进一步论证人天生是政治动物，这样才能彻底说明国家治理的必要性。他认为，国家治理的必要性奠基于公共利益与私人利益的区分之上。私人利益各种各样，容易导致冲突，而公共利益则使社会团结一致。自然界虽然充斥着形形色色的力量，但却呈现出秩序与和谐，他由此推断存在一种统一的控制力量。他用人体、动物躯体和社会做类比。人体受人类灵魂控制，人类灵魂中的情欲和血气则受理性控制。而人类社会作为理性制造的产物，乃是对上帝治理自然界的模仿。有鉴于此，阿奎那认为人类社会要想存续，就必须具备这种统一的控制力量。换言之，社会的存续预设了国家治理的存在。对于人类共同生活而言，国家治理是必要的。

但这一关于国家治理的必要性的论证引出了新的问题。阿奎那在论证人类社会需要国家治理的过程中，预设了整个世界都处于被治理的状态。换言之，他预设了上帝对自

① 阿奎那．阿奎那政治著作选．马清槐，译．北京：商务印书馆，1963：43-44．

然界的支配，并在人类社会的问题上用这一预设做了类比论证。他有这样一个推论，因为上帝治理着自然界，所以人类有必要在其社会生活中模仿这种治理。这一预设既然被用作支持国家治理的必要性的根据，就同样应该受到审查。

为了论证这一点，阿奎那回应了三种反对意见。第一种反对意见是非目的论的论证。该反对意见认为，除了有理性和意志的存在者之外，大部分自然物都是不具有目的而运动的（偶然地随机运动）。既然如此，这些自然物的活动就谈不上需要治理来指挥和协调。就这一点而言，阿奎那用前文提到的有理性的存在者与无理性的存在者的区分来予以回答。无理性的存在者并不是真的进行无目的的偶然随机运动。它们虽然不是自主地设定并追求目的，但仍然在外部推动者的作用下趋向于某种目的。因此，不能仅凭这些无理性存在者的存在来论证上帝对自然界的治理不存在。相反，恰恰由于上帝治理的存在，这些无理性存在者才能完成其运动。因为按照亚里士多德的学说，运动无非潜能向现实（目的）的实现。它们实际上具有运动的目的，只是这一目的是由外部加上的。第二种反对意见是，世界本身不运动，而固定不移的事物谈不上具有目的，没有目的的事物也就无所谓治理。阿奎那认为，不能认为世界是完全不运动的，一切受造物都包括运动的部分和不运动的部分。运动的部分当然需要治理的指导。而且，由于上帝是万物的原因，亦即万物的创造者和维系者，所以受造物中不运动的部分同样需要上帝的治理予以支持。治理的过程就是创造事物和维系事物的过程。第三种反对意见是，事物若自身限定于一，则无须治理。这里的“限定于一”指有且仅有一个目的以及达致目的的路径。大部分自然事物的活动和作用都限定于一，因此世界无须治理。阿奎那认为，这种目的和手段的单纯性并不能说明它们无须治理干预。在飞矢射靶的例子中，虽然箭矢的飞行路径和目标是确定的，但这一活动之所以发生还是因为射手的外力干预。① 因此，三种反对意见均不成立。阿奎那相信我们足以从自然界可观察的秩序中推论上帝治理的存在，否则自然界中多种力量的存在就将导致秩序的解体。而人事上的国家治理同样受到这种自然治理的支配，也需要模仿这种自然治理。简言之，治理的必要性受到神学预设的理论支持，这种理论是可以通过经验观察予以推导的。

三、国家治理的政体类型选择

阿奎那在国家治理类型的划分上遵循亚里士多德的指导，区分了国家治理的三种基本类型：由一个人进行治理称为君主政治，由少数几个人集体治理称为贵族政治，由社会上一大部分人治理称为平民政治。这里的划分标准是掌握治理权力的人数。阿奎那认为，事物被治理得好与坏，要根据这些事物趋向目的的活动被指导得正确与否来做出回答。人类社会的目的在于实现公共利益或公共幸福，因此，人们可以根据公共利益是否实现对国家治理的三种基本类型做出进一步的区分。君主政治的败坏，亦

① 阿奎那. 神学大全：第3册. 刘俊馀，译. 台南：碧岳学社，2008：338.

即治理者不根据公共利益进行的治理被称为暴君政治。与之相应，贵族政治的败坏被称为寡头政治，平民政治的败坏则是暴民政治。阿奎那把这六种政治类型看作六种政体类型。

同样是根据公共利益是否实现，阿奎那对六种治理类型进行价值排序，排序依据的是如下两个标准。

第一个是有效性标准。治理本身是手段，而被治理社会的公共幸福则是目的。治理的优劣，就要看这种治理的有效性如何。判断治理社会的有效性标准，在于观察这种治理能否维持社会的和平与安宁。阿奎那就此谈道："一个社会的幸福或繁荣就在于保全它的团结一致；或者说得更简单些，在于和平。因为如果没有和平，社会生活就会失去它的一切好处；并且由于纷扰，反而会成为一种负担。"① 和平与安宁是社会追求公共幸福的良好条件。因为如前所述，没有秩序来保障和平与安宁的社会，将陷入私利和意见的纷争之中，从而要么有解体之虞，要么陷入低效的混乱。团结一致的社会将实现和平与安宁，从而为追求公共幸福提供良好条件。用阿奎那的话说，"统一的政权比分散的政权较为有效"②。因此，依据有效性标准，较能实现团结一致、保障和平与安宁的治理是较优的治理。

第二个是完善性标准。这一标准仰赖于类比的方法。阿奎那对受上帝治理的自然界和人类社会进行了类比。自然界的活动是以最完善的方式进行的，而这种最完善的方式是由单一个体（上帝）进行的治理。这种说法的根据在于如下推论。阿奎那首先将治理规定为引导被治理者朝向目的的活动，接着将目的规定为一种善，又强调统一或和平是事物力图追求和保持的东西。换言之，统一本身是善。因为统一的反面是解体，意味着事物的消亡，所以从目的的角度看，国家治理应当趋向实现统一。在促使被治理者趋向统一这一点上，多人治理要劣于一人治理。单纯的多人治理不如统一起来的多人治理，而统一起来的多人治理不如一人治理。毕竟多人治理导致指导行为的目标数量增加，从而易于引起分歧。这一方面会导致治理者本身丧失指导的统一性，另一方面也易于在被治理者中引起纷争，所以一人治理符合自然的完善性标准。

因此，根据有效性标准和完善性标准，君主政治是最优的政体（治理体制）。不过，有效性标准和完善性标准都根基于国家治理活动维持和平与统一的能力水平。也就是说，阿奎那对国家治理有着严格的工具性价值要求。因为和平与统一这两种状态并不等同于公共利益全体，它们一方面构成了公共利益实现的必要条件（因为它们确保了社会的存在），另一方面也有助于公共利益更好地实现（因为它们减少了多种意见争执带来的阻力）。于是，从这种工具性价值要求可以得出另一个结论，即君主政体的败坏是最劣的治理体制。因为当治理者仅仅根据私人利益来行动而不考虑他所治理的人民时，一人治理的效率优势将在不正当的目标上得到体现。平民政体的败坏则因为治理者彼此之间的掣肘而会削弱其带来的不利影响。阿奎那关于各种治理类型的排序方案便由此确定：君主政体＞贵族政体＞平民政体＞暴民政体＞寡头政体＞暴君

① 阿奎那. 阿奎那政治著作选. 马清槐，译. 北京：商务印书馆，1963：48.

② 同①50.

政体。

这一治理类型的价值排序遗留了一个问题，即应当选择何种治理类型。阿奎那通过分析罗马和犹太的古代政权提出了这一问题："从一方或另一方来说，都存在着危险：无论是由于害怕暴政而丧失君主政体的种种难得的好处，还是为了求得真正的王政而使政权变为作恶多端的暴政。"① 就这一问题，阿奎那认为应当根据君主政体败坏的危险和多人治理败坏的危险所带来恶果的不同程度来予以评价。他认为前者要小于后者。乍看起来，这一说法与前述的价值排序相冲突。不过，阿奎那为这一说法进行了多方面的辩护。首先，他强调君主政体的败坏未必会转化成奴役全社会的极端形式。因为暴君要追求私利的实现，所以他未必会摧毁和平与统一这类社会生活的必要条件。其次，多人治理中只要有一人不追求公共利益，就容易引起争执。何况治理者就是都追求公共利益，也不见得意见一致。而一人治理则由于治理者势单力薄，往往需要较多顾及公共利益以换取支持和认同。再次，多人治理和一人治理一样，容易转化为暴君统治，罗马共和国向帝国的转化就表明了这一点。最后，可以采取手段来尽量阻止君主政体败坏。一方面，治理者的暴虐可以通过向公意（如罗马元老院）、长官（有权任免犹太统治者的罗马皇帝）、上帝（至高的治理者）上诉来解决；另一方面，可以通过天堂的酬报和尘世的荣誉来激励治理者为公共利益服务。正当的国家治理将同时实现治理者在此岸世界与彼岸世界的利益，而暴政则难以保持获得的此岸利益并将毁灭彼岸的幸福。在此，阿奎那的神学目的论一方面通过教义对彼岸幸福的允诺与人们对末日审判的恐惧，来弥补现实君主治理体制的缺陷，认为君主治理的败坏会受到上帝的监控和惩戒；另一方面用上帝治理自然界的模式充当国家治理的理想模板，这就使国家治理具有了积极意义上的方法指导。在教会牧养尘世生命的属灵存在之外，君主作为上帝的代言人，治理尘世生命的肉身存在。由此，阿奎那得出了他的结论：治理可以区分六种类型，其中君主政体是最自然的，也是最合意的。

四、国家治理的法律规范

国家治理活动既然是一种指导被治理者趋向于目的的活动，那就必然具有规范性的内涵。换言之，国家治理活动意味着运用权力推动或限制人类行动，使得人类行动趋向于预定的目的。因此，就有必要对这些规范性的内涵做出说明。治理的规范即法律。阿奎那指出："法律是行为的规则和尺度，据以使人做什么或不做什么。因为名词'法律'（lex）是从动词'约束'（ligare）转来的，具有强制行动的能力。"② 同时，作为规范的法律并不是随便的约束和限制，而是理性规则维度的约束和限制。阿奎那认为，法律即理性为追逐目标的人提供指导和限制，而这种理性的指导和限制所服务的终极目的是幸

① 阿奎那. 阿奎那政治著作选. 马清槐，译. 北京：商务印书馆，1963：55.

② 阿奎那. 神学大全：第6册. 刘俊馀，译. 台南：碧岳学社，2008：2.

福。换言之，理性的规范源于幸福（亦即作为形式因、目的因和动力因三者统一的至善）的要求。由于个人相对于社会来说是部分和不完美者，而部分指向整体，不完美者指向完美者，潜能（匮乏）指向现实（满足），所以法律实际真正指向的不是个体的私利，而是社会的公共幸福或者公共利益。实现公共幸福或者公共利益，则实际指向上帝造物的隐秘计划。换言之，法律规范源于或者说指向上帝为受造物设定的自然目的，这些自然目的从属于上帝的意志。

在这种神学目的论的视野下，法律可以分为四种：永恒法（lex aeterna）、自然法（lex naturalis）、人为法（lex humana）和神法（lex divina）。所谓永恒法，指上帝的法律。因为阿奎那一方面根据基督教信仰，承认《旧约》和《新约》的权威，另一方面根据由果推因的方法与亚里士多德的潜能-现实学说，推论有第一推动者存在，所以他认为整个世界都受到上帝的治理。还因为上帝的理性是超时间的理性，所以作为其规范内涵的法律也是永恒的。还因为上帝本身是终极根据（创造者）和终极目的（至善），是自因的，所以这一指导治理的永恒法律在对象上指向上帝自身。这种神圣的永恒法又可以做出进一步的区分，即分为自然法和神法，自然法及其衍生的人为法具有可理解的性质，神法则不然。

自然法本来是与人为法相对的概念，源于古希腊哲学中对自然和习俗/法律之区分的探讨。与人为法属于人为约定的产物的性质不同，自然法是那种出于存在者本性的规范。换言之，纵使没有文明的原始人，动植物也都会受到自然法的支配。但这样就会产生永恒法与自然法之间的关系问题。也就是说，阿奎那既然将上帝创造和治理世界的学说认作前提，那么事物的本性就是由上帝规定的，这样的话，永恒法与自然法就成了同一个东西。阿奎那反对这种意见。他认为，治理的规范有两种存在方式：规范要么存在于治理者之中，要么存在于被治理者之中。受上帝治理的万事万物都受永恒法的约束，所以都分有永恒法。但分有永恒法不等于占有全部永恒法。事物根据其分有的永恒法而趋向于各自专有的目的。由此可以看到永恒法与自然法的区别：永恒法是存在于上帝之中的法律，而自然法则是有理性的受造物所分有的永恒法。

与永恒法不同，人为法具有暂时的性质。但阿奎那并不想追随古希腊的智者，对法律做出习俗主义的解释。习俗主义的解释将法律仅仅视为人为约定的产物或传统的依存。作为习俗的法律，其价值标准是祖传。祖传这一范畴综合了古老和属己两项标准。[①] 但仅凭这两项标准是不足以确认事物的本性的。对于阿奎那而言，人为法并不与自然法对立，自然法虽然源于上帝对各受造物之本性的设置，但其本质却并不是自明的。虽然人对自然法天然具有模糊认识，能够确认自然法的存在，但自然法却不能直接指导人处置具体事务。就好比说，人都能意识到自己具有自利的本能，也可以按照这种本能行事，但什么事物对自己真正有益却仍然是不清楚的。因此，人为法是人运用自己的理性从自然法的原理出发，在具体的个别事物上获致的规范。这些规范不是普遍适用的，而是有限且可错的。但这并不构成人为与自然之间的对立，人为事物不过是自然分化的样态。

---

① 列奥·施特劳斯. 自然权利与历史. 彭刚，译. 北京：三联书店，2003：84.

阿奎那将自然法说成永恒法的分有状态，而人为法则是自然法的具体应用，这就导致了一个新的问题，即可以依据上面的说法提出一种泛神论学说：神即自然。自然法和人为法周延地体现了永恒的规范，如此，就不存在理性之外的启示，即自然法和人为法之外的神法。这种解释与阿奎那的基督教信仰存在直接冲突。阿奎那之所以区别于亚里士多德，正是因为他试图让亚里士多德的理性哲学从属于启示信仰。对于像他这样的理性主义基督徒来说，虽然他们用信仰寻求理解的说法在宗教中为理性的哲学活动留下了一席之地，但他们并不会同意用理性来取代信仰和天启的位置。阿奎那着意于论证神法存在的必要性。他认为神法是永恒法中不属于自然法的部分，是上帝特别制定的法律，并提出神法的存在有四种理由。理由一强调，如果人所追求的目的仅限于自然范围之内，那确实不需要神法，但人还追求自然范围之外的、属于彼岸世界的永恒幸福，因此，必定存在着超出自然范围的规范性指导——神法。理由二认为，人的判断是具有可错性的，在具体的事物上和在对原理的认识上都容易发生错谬与争执，于是人需要一种更为可靠的规范性指导，神法就是这种不会出错的可靠指导。理由三表明，人为法仅限于规范人的外在行动，无法深入人的内心，所以需要神法来治理人的心灵。理由四则援引奥古斯丁的意见，谈到人为法不能禁止和惩罚所有的罪恶，因为对所有罪恶的禁止和惩罚会破坏许多善，影响到公共利益的实现，而公共利益作为人类生存的根本需要是不能被干扰和破坏的，所以需要神法所提供的彼岸世界的报偿和惩罚来辅助有缺陷的人为法。

综上所述，阿奎那综合基督教信仰和亚里士多德哲学而形成的神学目的论，构成了其国家治理思想的理论基础。他对国家治理的必要性、国家治理的政体类型选择、国家治理的法律规范所做的理论论证，力求表明是上帝赋予了国家存在或国家治理的目的，这就是实现社会的公共幸福或者公共利益，也是国家治理的正义之所在。这一理论服务于中世纪晚期的教俗二元政治体制，是该类政治实践在理论上的集大成者。同时，这一理论的缺陷也十分明显。随着中世纪封建制度的解体和现代自然科学的兴起，他的治理理论中对君主政体的正当性说明和规范性限制都丧失了理论根基与实践效力。因为现代自然科学取代了自然哲学的目的论解释，人们不能无批判地根据自然秩序的存在来论证上帝的存在，再从上帝的律法和治理活动出发演绎人类社会的治理法则。中世纪封建制度以及建立于其上的教俗二元政治体制被新兴的资本主义生产关系和西欧各民族的君主国取代后，阿奎那的国家治理思想整体上不再适应新时代的需求。不过，这并不意味着其国家治理思想对后世的治理理论与实践没有积极影响。在当下，阿奎那的学说以新托马斯主义的形态，构成了主流实证主义和历史主义思潮的在野反对立场。它让我们注意，在国家治理的规范问题上存在目的论的自然正当学说与历史主义观点之间的争论。这表明，人们对现代实证主义和历史主义的治理思想存在不满，因为它们未能提供一个足够令人满意的价值标准来指导治理实践。我们有必要考虑，在自然科学瓦解了神学目的论的时代，如何建立起客观有效的国家治理标准和指南。在这一方面，阿奎那的国家治理思想仍旧可以给我们带来有益的启发。

思考题

1. 阿奎那对国家治理的必要性的论证有何特征？
2. 如何评价阿奎那对六种政体类型的价值排序？
3. 阿奎那关于国家治理的法律规范思想的现实意义有哪些？

第五章

马基雅维利以理性统治为取向的兴邦之术

马基雅维利是这样一位独树一帜的政治哲学家，人们通常用他的名字来指称一种政治学理论，这种理论唯一考虑的是权术，即为了达到其目的不惜采用各种手段，无论是正义的还是邪恶的、严酷的，抑或恶毒的——其目的在于其国家或祖国的扩张，但也将祖国用来为政治家、国家活动家或其党派的自我扩张服务。

——列奥·施特劳斯，约瑟夫·克罗波西

尼科洛·马基雅维利（Niccolò Machiavelli，1469—1527），意大利佛罗伦萨的政治家、外交家，同时也是一位政治哲学家。在马基雅维利生活的时代，意大利处于分裂状态，各个城邦之间彼此仇视、分庭割据，没有形成一个统一的民族国家，同时，逐步丧失了在中世纪形成的商业和贸易的领先地位，备受欧洲强国西班牙、法国和德国的欺辱。这决定了马基雅维利的政治哲学主要是讨论和指导君主的政务，强调国家统治的理性手段，其整个思想的灵魂是实现国家统一，最大特点是将政治与伦理、神学彻底分离，摆脱了从伦理道德来解释政治的传统，把取得国家统治的成功作为国家治理的根本目的。

马基雅维利的国家治理思想可以分为前期和后期，前期思想存在于《君主论》中，集中讨论通过建立中央集权的国家，实行强有力的君主制，以便结束意大利群雄割据、四分五裂的局面，实现统一和强大。他由此提出，获取和维持权力是实现这一目的的主要手段。后期思想主要存在于《论李维》中。与前期不同，他此时将权力分立和制衡的共和制作为理想的目标，探讨了共和国分权和制衡的政治体系，以及共和国公民应该具有的美德和自由。

马基雅维利的著作主要有《君主论》《论李维》《战争术》《佛罗伦萨史》等。总体看来，可以把他的国家治理思想概括为以人性恶主张为前提、以“国家理性统治”为取向的兴邦之术。

一、国家理性统治的人性论基础

人性假设是任何国家治理思想的基础。人性是善的还是恶的，是历史上许多哲学家争论的一个关于国家治理的根本前提问题。马基雅维利的国家治理理论也是如此。他认为人性是恶的，是追求物质利益、自私自利、趋利避害的。他的整个国家统治术就建立在这一判断之上。这一点与中国古代法家韩非的思想存在着很大的相似性。由此，马基雅维利采取了一种基于现实主义而非理想主义的态度来对待人性，并将这种对人性的“理性”思考作为其统治术的基础。他主张采取强制手段对人们进行管理和控制，而无须顾忌这种行为道德与否。他认为人们的行为是由物质利益决定的，任何时候只要符合物质利益，人们就将情感、恩义等抛到九霄云外。“因为关于人类，一般地可以这样说：他们是忘恩负义、容易变心的，是伪装者、冒牌货，是逃避危难、追逐利益的。”① 当君主能够满足人们的需要时，人们会为君主流血、奉献自己的财产、子女；但当人们的需要得不到满足时，人们就弃君主而去。管理者或者统治者应该充分利用人性的弱点，以物质利益诱导人们做出符合统治者要求的行为，以此为基础对人们进行管理和控制，对人们的各种不端行为进行惩罚，使人们产生畏惧但并不憎恨的心理。正因为如此，作为君主而言，“头一件事是，他务必不要碰他人的财产，因为人们忘记父亲之死比忘记遗产的丧失还来得快些”②；换言之，杀父之仇可以很快忘记，但剥夺财产之恨则永世难忘，人们一定铭记在心，并伺机报复。

马基雅维利像任何道德主义者一样，对高尚的道德行为予以表扬，而对卑鄙、龌龊的行为予以批判。然而，他并不相信德行可以导致幸福。在德行和恶行的选择上，马基雅维利认为，作为君主，如果能够实现政治目的，用任何邪恶手段都不为过。统治者需要具备的品质是目标明确、行动果敢、坚韧冷漠，做到让人畏惧而非让人爱戴。“人们爱戴君主，是基于他们自己的意志，而感到畏惧则是基于君主的意志，因此一位明智的君主应当立足在自己的意志之上，而不是立足在他人的意志之上。”③ 尽管马基雅维利相信高尚道德的存在，也褒赏此种道德，然而他更强调统治的功效、结果，如果采取的手段能够达到效果，那么手段即使不道德也是可取的。在这一点上，马基雅维利很像中国先秦时期的法家韩非，他们都强调“权术”，都主张通过威逼利诱以达到统治目的，而这些“权术”在一定程度上都是不道德的。

---

① 尼科洛·马基雅维里. 君主论. 潘汉典，译. 北京：商务印书馆，1985：80.

② 同①81.

③ 同①82.

依据以上分析，我们可以看到“人性恶”这一观点是马基雅维利以理性统治为灵魂的国家治理思想的基础。在管理思想史上，除了人性善和人性恶这两种对立的人性假设，还有很多不同的人性假设，如“经济人”假设、“社会人”假设、“复杂人”假设等。任何一种管理或者统治方式都建立在一定的人性假设的基础上。如果认为人性是善的，则可以用儒家式的道德教育方式进行管理；如果认为人性是恶的，则可以用法家的“法、术、势”作为统治之术。马基雅维利从对现实社会的观察出发，得出了人性恶的判断，因而十分重视君主的统治之术，同时强调法和军队在政治统治中的重要作用。

二、作为理性统治手段的实用权力观

“权力”是国家管理或者统治的基础，如何获取和维持权力始终是管理学讨论的重要议题之一。“强力”和“道德”始终是获取权力的两个重要的影响因素。义务论者认为道德是获取权力的基础；工具论者强调获取权力的手段是权术，而对手段、权术是否符合道德标准则置之不理。马基雅维利显然是一位工具论者，他认为，依赖道德不可能获取权力，只有采取威胁、强力、欺诈等手段才能获得成功。同样，马基雅维利对西方基督教道德也持批判态度，认为基督教把谦卑、自我的禁欲修行和蔑视尘世事物确立为至善，抛弃了异教的勇武、刚毅，使尘世变得软弱了，并使世界成为邪恶者掠夺的对象。马基雅维利希望政治能够建立在现实主义的基础上，摆脱基督教道德的限制，他认为人民的道德已经腐化，法律无法约束他们，很难维系政府治理，只有依靠君主强有力的权力才能进行统治。

政治权力的获取和维护始终是统治者的首要任务。马基雅维利认为，只要能够实现对国家的统治，无论获取权力还是维护权力，君主都可以超越道德要求而不择手段。政治斗争的本质在于获取和维护权力。首先，在获取权力的过程中，君主不必受道德的约束，因为获取权力、维护国家统治的重要性远远高于高尚的道德。无疑，一位强有力的君主屠杀市民、出卖朋友、缺乏信用、毫无恻隐之心、没有宗教信仰，是谈不上有道德的①，不过，若这样做不是为了赢得统治权，也不是为了赢得光荣，同时，如果考虑到这位君主的能力和忍受困难、克服困难的勇气，那么可以认为他比任何一个最卓越的将领都优秀。其次，在维护权力的过程中也不必讲究道德。一方面，君主必须拥有自己的军队，并且必须重视军事管理。“所谓自己的军队就是由臣民、市民或者你的属民组成的军队”②，雇佣军和援军都是不可靠的。另外，君主应该将战争、军事制度和训练作为目标，其他的一切不应作为君主的专业，“君主除了战争、军事制度和训练之外，不应该有其他的目标、其他的思想，也不应该把其他事情作为自己的专业，因为这是进行

---

① 尼科洛·马基雅维里．君主论．潘汉典，译．北京：商务印书馆，1985：40.

② 同①68.

统率的人应有的唯一的专业"①。另一方面，在统治人民这一点上，君主必须采用利益引诱和暴力威胁的双重手段。因为人们的行为是由"物质利益决定"的，他们并不遵循道德原则，君主要了解他们的利益需求，并且用此来引导他们的行为。马基雅维利由此强调，人民的力量是靠不住的，他用谚语"以人民为基础，譬如筑室于泥沙"来说明这一点。同时，他认为面对威胁到君主统治的敌对势力，不必心存善念，要坚决、刚毅地将其清除，以绝后患。另外，在维护权力方面，君主还要不断观察变化的环境，因势利导，不断改革。

马基雅维利以权力为目标的统治术，以一种理性的态度来看待政治统治和管理，没有给情感留下任何位置。他认为政治不是人与人之间温情脉脉的情感行为，而是一种尔虞我诈、充满暴力的理性"算计"行为。基于这种理解，他以现实主义而非道德主义的态度来对待国家管理，他的理论所考虑的唯一因素是"权术"，"为了达到其目的不惜采用各种手段，无论是正义的还是邪恶的、严酷的抑或恶毒的——其目的在于其国家或祖国的扩张，但是也将祖国用来为政治家、国务活动家或其党派的自我扩张服务"②。当然，马基雅维利也认为缺乏道德的暴力并不是统治国家的最好方式，这种统治术仅仅适用于意大利四分五裂的情况，君主完成国家统一后，就不再实行君主制而实行共和制，将权力交给人民，他将此称为"由人民担任君主的城邦"。

三、以国家统一为目标的君主专制治理术

马基雅维利以理性为基础的国家治理思想，一直是围绕着意大利的国家统一而展开的，这与他所处的时代背景息息相关。15世纪，昔日拥有辉煌历史的意大利四分五裂，王国、城邦、教皇国各自为政，相互斗争，并力图获得外国势力的支持。这最终在意大利本土导致了包括意大利多数城邦、英国、法国、西班牙等在内的长达60多年的战争（1494—1559）。相反，当时欧洲的其他国家如英国、法国、西班牙都在向中央集权的君主专制制度转变，地方割据和分裂的现象逐步被消除，正在变得日益强盛。因此，如何使意大利统一和强大起来，就成为马基雅维利以理性为基础的国家治理思想的主旨。他立足于当时意大利四分五裂的现实，认为君主专制是实现意大利统一和资本主义发展的最有效的选择。他寄希望于当时意大利佛罗伦萨的统治者洛伦佐·德·美第奇能够采用他的国家治理思想，以实现意大利的统一和强大。无疑，他的思想中饱含着他作为意大利民族主义者的政治情怀。

在马基雅维利看来，"从古至今，统治人类的一切国家，一切政权，不是共和国就是君主国"③。他通过理性思考认为，只有君主国才能实现意大利的统一和强大，因此，

---

① 尼科洛·马基雅维里．君主论．潘汉典，译．北京：商务印书馆，1985：69.

② 列奥·施特劳斯，约瑟夫·克罗波西．政治哲学史．李天然，等译．河北：河北人民出版社，1998：325.

③ 同①3.

他从君主国的类型、权力的获取以及统治的方式等方面展开了讨论。世袭君主国、混合君主国、市民君主国、教会君主国是主要的君主国类型。它们的权力获取方式不同，或者通过世袭获得，或者通过自己的军队武力获得，或者通过他人的军队武力获得，或者通过邪恶卑鄙的手段攫取，或者依靠同胞的帮助获得。由于权力的获取方式不同，在统治和治理手段上也存在着很大的差异。他认为世袭君主国比较容易统治，除非君主异常恶劣，惹人仇恨；而通过武力获取权力的君主国，在统治和治理上则相对困难。因为这或者需要通过武力，将旧君主国的势力灭绝；或者把军队驻扎在旧君主国；或者建立傀儡政权；同时，也需要尽可能不改变原有的法律和赋税，以使被统治的人民不至于反感和反抗。在这种情况下，统治者随时面临着被推翻、被篡夺权力的危险。

马基雅维利在理性分析新君主国面临的各种现实危险的基础上，为新君主提供了应对各种危险的详尽而具体的方法，提供了各种建立在理性分析基础上的统治手段。马基雅维利为“新君主”建言，“所谓新的君主，就是征服新领土而面临下一步该怎么做的君主”①。如果占领地是共和国，由于那里的人民原来享有更多的自由，因而对外来的占领者十分仇恨，因此，新君主“最稳妥的办法就是把他们消灭掉，或者驻在那里”②。如果占领地是君主国，则需要针对那里的不同人群采取不同的处理方法。第一类人群是那些心系旧君主的成员。他们幻想着成立流亡政府，有朝一日卷土重来，而且他们往往伪装充满善意，实质对新君主充满危险。因此，新君主对这类人群千万不能仁慈，应该赶尽杀绝，以除后患。第二类人群是在旧君主在位之时就支持新君主的人们。对于他们，新君主可以置之不理，因为不仅这里的人民已经将他们看作叛徒，而且已经被罢免的君主家族也将他们视为叛徒，他们毫无尊严可言。第三类是默认新君主、敢怒而不敢言的人。他们心存恐惧，知道失败者的下场，甚至不确定自己的性命是否可保，只知大祸旦夕将至。马基雅维利认为君主应该用心对待这类人，应该表现出王者风范，给予这类以为大祸临头的人的最大奖赏就是让他们活命，这样，他们将十分感激，拥护新君主的统治。

马基雅维利以理性为基础的君主专制治理思想建立在现实主义政治分析的基础上，其目的是实现意大利的统一和强大，这也是为了实现自身的爱国主义政治抱负，希望得到君主的任用。当然，在马基雅维利看来，君主国应该是一种权宜之计，意大利实现统一后应该实行共和制，由人民选举出君主，他将此称为“由人民担任君主的城邦”。

四、服从于理性统治要求的管理者的品质

马基雅维利认为，为了维护君主的地位和统治，君主所应具有的各种品质并非要多

① 约翰·麦克里兰．西方政治思想史．彭淮栋，译．海南：海南出版社．2003：186.

② 尼科洛·马基雅维里．君主论．潘汉典，译．北京：商务印书馆，1985：23.

么高尚。这些品质并非出于情感和道德的要求，而是出于理性的思考。他的这种观点可以说是对亚里士多德伦理学的彻底改写。他承认人们应该过一种有道德的生活，但他否认有道德的生活就是幸福的生活，或者说会导致幸福。在马基雅维利看来，人们通常把仁慈、慷慨、勇敢、和蔼可亲看作被赞誉的君主的品质，相反，把吝啬、残忍、贪得无厌、狡猾、恐怖等看作被责难的君主的品质，然而被赞誉的品质并不比被责难的品质更好，“善行如同恶行一样可以招致憎恨”①。

马基雅维利主张理性地、辩证地看待君主所应具备的品质，认为任何品质都具有两面性，善的品质也可能导致恶的结果。从慷慨和吝啬来看，慷慨是被赞誉的品质，而吝啬是被责难的品质。然而，如果君主必须运用慷慨这种品质，那么它必定会伤害他；因为假如有道德地慷慨行事，并且是按照应该运用的方式行事，那么君主就会被迫暴虐地统治臣民，以获得必需的金钱。② 也就是说，慷慨可能引起横征暴敛，增加人民的负担，从而带来统治的危险。与慷慨相反，吝啬是君主能够统治下去的恶德之一，然而，吝啬也意味着节俭和不增加他人的负担。

对于仁慈和残酷这两种品质，也应该辩证地看。君主到底被人爱戴好呢，还是被人畏惧好呢？同时既被人爱戴又被人畏惧，是十分困难的。马基雅维利认为，“如果一个人对两者必须有所取舍，那么选择被人畏惧比选择被人爱戴要强得多，因为一个人是否被人爱戴基于他人的意志，而被人畏惧则基于他自己的意志”③。君主要避免自己被臣民憎恶。马基雅维利认为有两件事情容易引起臣民的憎恶，那就是贪婪，霸占臣民的财产和侵占臣民的妻女。尤其是不能霸占臣民的财产，因为人们忘记父亲被谋杀比忘记财产的丧失要来得快。残酷无情比爱护臣民更能让人尊重，在战争中尤其如此。君主对臣民残酷无情，使得君主在他们心中既可敬又可畏，这是君主依靠道德和能力难以获得的效果。

马基雅维利认为君主应该具有双重品质特征：既要像狐狸一样精明，认识各种陷阱；又要像狮子一样凶残，使得臣民畏惧。“君主必须是一头狐狸以便认识陷阱，同时又必须是一头狮子，以便使豺狼惊骇。”④ 与此同时，他要学会伪装自己，做一个假好人和一个伪装者。从外在表现来看，君主应该伟大、英勇、严肃庄重、坚韧不拔，同时又要慈悲、笃守信义、虔诚信神、讲究人道。君主要懂得使用诡计，维护自身的权力。马基雅维利认为人类有两种斗争方式：一种是运用法律，这是人类特有的方式；另外一种是运用武力，这是野兽常用的方式。因为运用法律有很多不足，所以君主必须学会使用武力。

马基雅维利不是从道德的视角来确立君主所应具有的品质，不要求君主成为“圣人”，而是立足于对现实需要的考察，认为只要能维护君主的权力就是“好的品质”，这是一种基于实用理性的品质论。在道德意义上或者从臣民的角度讲，这些所谓有助于君

① 尼科洛·马基雅维里. 君主论. 潘汉典，译. 北京：商务印书馆，1985：93.

② 列奥·施特劳斯，约瑟夫·克罗波西. 政治哲学史. 李天然，等译. 河北：河北人民出版社，1998：329-330.

③ 同②330.

④ 同①84.

主统治的品质，如吝啬、残忍、贪得无厌、狡猾、恐怖等，并不值得赞赏，从时间持续的角度看，也不能长久地有利于君主权力的维持。

五、合乎国家长治久安目的的共和国制度

马基雅维利对君主制的推崇可以说是一种权宜之计。在他心目中，共和制才是真正的、保证国富民强和长治久安的政体。“与君主国相比，共和国有更强盛的活力、更长久的好运。”① 在马基雅维利看来，共和制与君主制是紧密联系而又相互区分的。他指出，共和国的根本优势在于，它提供了“无数个最有德行的君主”，“因为它采用选举方式，使得继位者不是两个，而是无数个最有德行的君主。在制度优良的共和国，总是存在着这种德行的传承”②。马基雅维利认为共和国比君主国有更长的寿命、更持久的运气，因为共和国能够选出公民，把公民作为君主看待，从而能够做到与时俱进。马基雅维利认为，“人民比君主更精明、更稳健，判断力更出色”③，他把共和国说成“由人民担任君主的城邦”，也就是人民当家做主的政体。同时，他认为民众爱共和制胜于爱君主制，其中的一个重要原因就是，相信自己的子孙可以因德行而成为公民意义上的“君主”。④

马基雅维利认为，亚里士多德所认为的君主制、贵族制和民主制三种“正宗政体”可以称得上良好的制度。好的政体和坏的政体是相伴而生的，好的政体很容易转化为一种坏的政体。“君主制易于蜕变为专制统治，贵族制易于蜕变成寡头制，民主制变得肆无忌惮，亦非难事。”⑤ 马基雅维利认为，如果共和国的统治者推行这三种制度中的任何一种，他的统治都不会长久，因为没有很好的办法使其不蜕变为自身的反面，所以，精明的法律实施者在认识到这些不足之后，便会避开这些制度，建立一种把君主制、贵族制和民主制的长处结合起来的混合制统治形式，这样，共和国就能长久存在下去。古罗马共和国政治实践的成功，有力地证明了这一点。⑥

马基雅维利对古罗马共和国十分推崇，认为它的强大并且维系较长时间就是由于有一套完善的权力制约和平衡制度。执政官制、元老院制和护民官制形成了一种混合政体，它们分别代表了君主、贵族和平民的统治。执政官拥有行政权、军事权，还有一些司法权。他们由民众选举或同意，元老院任命，任期较短，并且行使权力的过程受到严格的限制。元老院最早是王政时代⑦的政治机构，是国王的咨询机构，在共和国时期则

---

① 尼科洛·马基雅维里. 论李维. 冯克利，译. 上海：上海人民出版社，2005：6.

② 同①105.

③ 同①195.

④ 同①194-196.

⑤ 同①50.

⑥ 同①51-52.

⑦ 罗马王政时代是指古罗马在公元前753—前509年的罗马，又称罗马王国，伊特鲁里亚时期，也是罗马从原始社会的公社制度向国家制度过渡的时期。此时的古罗马只不过是个微不足道的小镇，尚未建立共和国。

是执政官的咨询机构。作为常设机构，元老院是整个权力运作体系的核心，具有至高无上的权力，是国家的实际决策机关。从成员上讲，主要是卸任的执政官和具有行政经验的前任高级行政长官。元老院充分体现了贵族制的特征，掌管着各级官员的任命和选举，控制着军事和外交事务，监管着国家的财产和税收，等等。在马基雅维利看来，执政官制和元老院制综合了君主制、贵族制的品质，却没有体现民主制的品质而为平民留下应得的地盘。护民官正是为了弥补君主制和贵族制的缺陷而设立的。① 护民官拥有两项职权：一是保证人们的身体不受侵犯；二是拥有否决权，不仅能否决执政官的决定，而且能否决元老院的决定。这对执政官和元老院的权力是一种有力的制衡。这种否决权被罗马人民称为“神圣的权力”，“在贵族和平民之间经历了种种的纷乱、争吵和相互中伤后，他们终于设立护民官以保障平民的安宁。他们赋予这些人显赫的地位和威望，使其今后充当平民和元老院的仲裁，阻止贵族的傲慢”②。

马基雅维利推崇共和国制度，其中的一个重要原因是共和国中执政官、元老院和护民官之间相互制约、相互合作，可以维持一种有效的权力平衡，能够有效地防止暴政和专制的出现，维护人民的自由。因为对自由最大的威胁来自权力的滥用。也就是说，共和国制度就把国家建立在多数人而不是一个天才的统治之上，既保证了统治者的权力不会过度膨胀，也保证了民众的自由不会过度放纵，因而兼顾了智者的智慧和民众的自由。

马基雅维利权力分立和制衡的观点在后来的国家治理思想史上产生了深远影响。近代的洛克、孟德斯鸠等政治哲学家提出了立法、行政、司法（或外交）三权分立同时相互制衡的思想，形成了近代以来西方社会分权和制衡的价值观念，并逐渐被许多国家落实为政治体制实践。

可以看出，马基雅维利的后期思想与前期思想的确存在很大不同。从表面上看，他的前后期思想存在矛盾，不过，深究其形成的原因，他的前后期思想又具有统一性和连贯性，因为在他的主张中，君主制是为了结束意大利的分裂而需要采取的一种政体，而共和制则是能够使国家持久兴盛的政体。简言之，马基雅维利的前后期思想都建立在现实主义政治的基础上，在他眼里，以往国家治理理论所讨论的美德、正义等，都需要服从于权力的获取和维护。

思考题

1. 试评马基雅维利的权术观。
2. 分析权力在维护国家统治中的作用。
3. 如何看待君主专制统治的历史地位？
4. 分析马基雅维利的权力分立和制衡思想对当今管理实践的借鉴意义。

---

① 尼科洛·马基雅维里. 论李维. 冯克利，译. 上海：上海人民出版社，2005：51.

② 同①54-55.

第二编

近代西方管理哲学

这里的西方近代，指西方1600—1900年这一历史阶段。这一历史阶段，既是资本主义经济、政治、文化逐步确立和迅速发展的阶段，也是资本主义社会的各种矛盾充分显现和人们努力寻求解决的阶段。

第一，资本主义制度这一新生事物逐渐成为西方国家的主导社会制度。在经济关系方面，自由、平等竞争的资本主义经济关系逐渐代替了奴役、不平等的封建主义经济关系。在经济体制形式上，市场经济体制逐步得以确立和完善。在政治生活方面，资产阶级推翻封建地主阶级的等级统治，建立起了相对民主和平等的政治制度。经济、政治制度的这种历史变革，特别是资本主义经济关系和市场经济体制的确立，不仅促进了自身独立、自负盈亏的企业市场主体的形成，带来了以利润最大化为内在动机的空前激烈的竞争，为经济发展提供了巨大动力，而且带来了日益普遍的经济交往关系，带来了生产、流通、交换、消费一体化的经济生活过程。

第二，科学技术特别是生产手段飞跃式进步，发生了历史性的工业革命，极大地促进了生产力的发展。以18世纪瓦特发明蒸汽机为主要标志，机器生产这种全新的物质生产方式，在纺织业、采矿业、制造业、运输业等领域获得了日益广泛的使用。这在宏观上突出表现为系统的机器劳动逐渐代替传统分散的人力劳动，故而提高了生产效率，创造出了巨大物质财富；在微观上突出表现为工厂组织成为主导的经济组织，工厂规模不断扩大，生产效率发生了质的变革。

第三，资本主义文化观念逐步确立，充分显示出它的本质特征和特有局限。经济生活以及政治生活的变革必然带来文化生活的变革。由于资本主义经济是一种个体主体价值取向、高度竞争、追求利润最大化的经济，由于资本主义经济在本质上要求个人权利优先的政治制度，故而它必然会催生出相应的文化特别是价值观念。个体利益至上、个体自我奋斗、个体价值优先，是这一文化价值观念的灵魂。追求合理清楚的权益划分和在相互竞争中的自由创造，是这一文化价值观念的手段理念。由此，极端个体主义、残酷竞争、金钱拜物教等，成为这一文化价值观的必然伴随物。

第四，在这一历史阶段既产生了许多尖锐的问题和矛盾，也形成了自觉解决这些问题和矛盾的巨大努力。最突出的问题和矛盾存在于经济生活之中。正如其他私有制经济关系一样，资本主义这种经济关系具有特定的历史局限，产生了尖锐的经济不平等（竞争实力分化、贫富分化等）、尖锐的阶级矛盾、间歇式的经济衰退、人力物力财力的浪费、生态和环境的严重破坏等一系列问题和矛盾。当时西方各国的政府、许多思想家兼实践家、某些阶级的代表人物试图解决上述问题和矛盾，最终采取了许多政策、措施和改革实践，取得了一定的效果，在一定程度上促进了资本主义社会的进步。

西方近代社会的这种历史变革过程，必然包含相应的全新的管理实践的形成和发展，必然产生全新的管理思想。

首先，由于以资本为核心的经济生活第一次成为社会生活的主旋律，所以，如何管理这种全新的经济生活，成为一些思想家特别是经济思想家重点关注的问题，他们对宏观经济生活的管理即政府对整个资本主义社会的经济生活的管理，与微观经济生活的管理即企业主体对自身生产经营的管理，都进行了比较深入的思考，形成了许多各具特色的经济管理思想。例如，斯密深入探讨了政府管理与市场经济的关系，萨伊思考了企业家或经理对企业发展的作用。

其次，围绕如何解决资本主义社会这一历史阶段中的问题和矛盾，出现了两种不同的理论思路。一种认为，通过改良资本主义经济、政治体制和管理制度，便能解决问题和矛盾，主要代表人物有经济学家穆勒等。另一种认为，必须改变私有制，建立公有制，才能从根本上克服资本主义社会的局限，主要代表人物有圣西门、傅立叶、欧文、马克思等。这两种理论思路中包含了立足于不同立场、不同视野的管理思想。同时，后一种理论思路中所包含的管理思想，也存在着是否通过革命来改变资本主义社会的不同主张。具体说来，马克思的管理思想包含了革命性主张，圣西门、傅立叶、欧文的管理思想则包含了渐进改变的主张。

我们认为西方近代管理哲学思想主要集中在经济学理论和社会改造理论之中，有四位代表人物即斯密、欧文、穆勒、马克思的思想中包含了丰富的管理哲学思想，他们思考的主题是经济和社会管理方式的选择与必然问题。

第六章

斯密以人性利己假设为前提的经济自由与政府有限管理思想

各个投资者管理产业的目的在于使生产物的价值达到最大程度，他们所盘算的只是自己的利益。在这一场合，像在其他许多场合一样，他们受到一只看不见的手的指导，去尽力达到一个并非他本意想要达到的目的——促进社会利益的实现。

——斯密

亚当·斯密（Adam Smith，1723—1790），一般被称为西方经济学的鼻祖，因为他第一次把经济学作为一门独立的科学来探讨，创立了一个完整的经济学体系。斯密出生于英国的苏格兰，1737 年进入格拉斯哥大学就读，主要学习逻辑学、道德哲学、拉丁语、德语、数学、自然哲学等课程，1740 年因获得牛津大学的奖学金而离开格拉斯哥大学，到牛津大学的贝列尔学院学习。在学习过程中，他发现牛津大学的教育质量并不令他满意，因而自学了许多课程，直到 1746 年返回苏格兰。从 1751 年开始，斯密任格拉斯哥大学教授，1752 年担任其道德哲学部主席，讲授修辞学、伦理学、法学、经济学等多门课程。1759 年，斯密出版了《道德情操论》，赢得了哲学家的声誉。1760—1762 年，斯密任格拉斯哥大学的校长。1764 年 1 月应当时政府秘书汤申德的邀请，离开格拉斯哥大学，担任巴克勒公爵的家庭教师，陪同公爵游历欧洲，途中见到了魁奈、伏尔泰等著名人士，游历于 1766 年 11 月结束。在随后的时间里，斯密的主要精力用于写作《国民财富的性质和原因的研究》，此著作于 1776 年出版，一出版就受到了人们的高度评价。1778 年，斯密担任海关专员，并下大力气修订《国民财富的性质和原因的研究》以及其他主要著作。1790 年，斯密于爱丁堡去世。①

斯密的经济学和伦理学体系中包含了一定的经济管理哲学因素，主要有四个方面，接下来我们分四个小节进行论述。

一、劳动分工的根源

在《国民财富的性质和原因的研究》这一巨著中，斯密首先简明论述了国民财富的性质和原因。他认为，国民财富是一个国家全年产品的交换价值的总和即商品的总和，包括生产出来用于生活必需和生活便利的各种商品。这些财富都是通过劳动创造出来的。也就是说，国民财富的源泉或原因是国民每年的劳动，国民财富的增长归根到底是劳动生产力增长的结果。

那么，劳动生产力又是如何增长的？斯密认为，劳动生产力的最大增进是分工的结果。分工包括两个层次：（1）行业内部、企业内部的劳动分工；（2）行业与行业之间的分工。无论哪个层次的分工，都会带来劳动生产力的提高，因为分工能够提高工作技巧的熟练程度，能够减少转换工作的时间损失，有利于发明简化劳动、节省劳动的方法和技术。因此，他说，在一个政治清明的社会里，造成社会各阶级普遍富裕的是各行各业由于分工而带来的产量的巨大增长。应该指出的是，在斯密这里，分工并不是各种劳动、各个行业的分割，也不只是每一个生产者、每一个企业、每一个行业分别从事各自的工作，它还是各个生产者、各个企业、各个行业之间的协作或合作。

当然，上述这些思想主要是经济学的。然而，斯密进一步对分工产生的根源的分析则建立在他对人性利己、人与人之间需要相互帮助的看法之上，具有相当程度的社会哲学内涵。

他提出，分工从根源上讲并不是人类认识的结果。尽管人类会认识到分工能产生普遍富裕，也会利用它来实现普遍富裕，但分工的根源却不在于这种认识或预见，而在于人类社会成员之间存在一种需要互通有无、物物交换、互相交易的倾向，简单地说，也就是一种相互交换的倾向。至于人类为什么会有这种倾向，或者这种倾向在本质上是什么，斯密没有直接给予回答，但他对此的进一步论述清楚地表明，这种倾向源于人类社会成员之间需要相互帮助这一现实。他论述说，由于人与人之间需要相互帮助，而这种帮助大部分不能直接获得，只有通过契约、交换、买卖才能实现，当人们在不自觉的交换中发现交换会给自己带来更大益处时，这首先导致了人们把自己消费不了的劳动生产物用于与他人交换，经过一定的历史时间以后，这最终导致了人们分别从事不同的劳动这样一种分工。所以，分工的产生需要正是源于人们相互交换这种倾向。

斯密认为，人类的这种倾向是不是不能进一步分析的本然性能，或者更确切地说，是不是理性和语言能力的必然结果，这不属于经济学的研究范围，但可以断定的是，这

---

① 马尔科姆·沃纳. 管理思想全书. 韦福祥，译. 北京：人民邮电出版社，2009：601-602.

种倾向不仅为全人类所共有，而且为人类所特有，是其他动物所没有的。

总之，斯密认为，当初分工的产生就是源于人类需要相互交换、相互帮助这种倾向。从这一观点出发，他提出，人们在不同职业上所表现出来的极不相同的才能，在大多数情况下，与其说是分工的原因，不如说是分工的结果。人类如果不需要互通有无、相互交换，每个人都亲自生产自己生活的必需品和便利品，人们的工作全无分别，那么就不会产生才能的巨大差异。“使各种职业家的才能形成极显著的差异的，是交换的倾向；使这种差异成为有用的也是这个倾向。”①

可以看出，斯密的这一观点是存在问题的，即没有认识到人类理性智慧在分工产生过程中的重要作用。显然，正是一个社会的成员能够认识到相互交换产品比亲自生产所需产品会获得更大的益处，认识到分工会带来更大的效率，才有各种分工的逐步形成。特别是，分工与交换本来就不可分割，是二而一、一而二的关系，是相互制约、相互作用的。

斯密的分工起源理论虽然并不恰当，但却具有一定的哲学意义，这就是他自觉或不自觉地提出了人类具有相互帮助的需要、相互交换劳动产品的倾向等人性方面的假定，由此出发来说明经济分工，试图发现分工与人性之间的关系。这一点无形或有形地影响了从泰勒开始的现代管理思想中自觉或不自觉的各种人性假定理论的产生。

二、人性中的同情与利己

斯密对人性的看法是多种观念的组合体。除了上面提到的相互帮助的需要、相互交换的倾向，还有更重要的内容，这就是人性中同时存在着同情与利己这两个方面。

在还未出版《国民财富的性质和原因的研究》这一著作的 17 年之前即 1759 年，斯密出版了自己系统研究道德情操的重要著作《道德情操论》。为了说明人们的行为与情感的关系，特别是它们怎样才是合宜的，他探讨了人性问题，认为人性是同情与利己、关心他人与关心自己的统一体，并且突出强调了人性之同情和关心他人的方面。

在人们的行为与情感的关系方面，他提出，情感是各种行为得以产生的根源，也是评价行为是否合宜或为善为恶所最终依赖的基础。行为的合宜与否，全在于作为行为之根源的情感对于引发情感的原因或对象是否合适，或者是否比例相称。

他认为，人的一种非常重要的感情是同情，这是人性的一个基本方面。“一个人，不管被认为是多么自私，在他的天性中总是存在着某些法则（principles），使他关心其他人的命运，并且使得其他人的幸福对于自己成为必需的。”② 在对同情的看法上，斯密继承了休谟的观点。他同休谟一样，认为同情是促使一个人关心他人的命运、对他人

① 马尔科姆·沃纳．管理思想全书．韦福祥，译．北京：人民邮电出版社，2009：15.

② Adam Smith. The Theory of Moral Sentiments. Cambridge：Cambridge University Press，2004：11.

的痛苦、快乐等情感产生共鸣的力量。这是由于心灵的想象这种机能是通过设身处地地思考而产生的。同情在情感中具有根本的重要性。是否与同情的感觉一致，是判断人们的情感合宜与否的标准。

同时，在斯密的明确观念中，人性也有首先关心自己这种天然特征或利己的方面。他在《道德情操论》中明确提出，“无疑，每一个人天生被赋予的是首先和主要关心自己，而且，由于他比任何其他人更适合关心自己，所以，他这样做是适当的和正确的”①。

在《国民财富的性质和原因的研究》中，斯密突出发挥和强调了人性的利己方面，并认为每个人都天生具有改善自己状况的愿望，这也是人性利己的重要方面。

如前所说，他认为，与其他动物不同，人类社会的每个成员几乎随时都需要他人的帮助，而这如果仅仅依靠他人的慷慨或恩惠，肯定不能普遍可行，于是就要求互相交换、互通有无，通过互利而互助。因此，他提出，要想获得他人的帮助，特别是要想获得自己生活所需要的东西，最好是激起他人的利己心，使他人认识到相互交换对双方都有利。实际上，人类社会的每个成员所需要的生活之物和相互协助，大部分正是通过这种方式获得的。“我们每天所需的食料和饮料，不是出自屠户、酿酒家或烙面师的恩惠，而是出于他们自利的打算。我们不说唤起他们利他心的话，而说唤起他们利己心的话。我们不说自己有需要，而说对他们有利。”②

斯密的这段关于人性自利的话语，是人们在论述斯密的经济理论时经常引用的经典名句。整体看来，人天生具有利己心的观点，的确可以说是斯密经济理论的一个人性论前提，或者说是他经济自由思想的基石。

从斯密的道德理论和经济理论来看，斯密对人性的看法是基于经验观察而得出的判断。有一种观点认为，斯密的这种人性既包含同情利他也包含自爱利己的观点表明他的人性观是自相矛盾的。这无疑需要进一步思考。也许在斯密看来，在道德情操的培养方面，尽管自爱利己也会起到重要作用，但发挥同情利他的天性更加根本；而在促进经济和国民财富的创造方面，发挥自爱利己的天性比发挥同情利他的天性更具有决定性的力量。由此来看，他的人性假设并不存在真正的内在矛盾。

三、经济行为人与社会利益的实现

斯密认为，正是人性的利己方面，正是人们为了自己利益最大化而进行的生产和交换，推动着国民财富的不断创造和增长。同时，由于人们还具有理性判断能力，所以，在经济生活中必然形成充分利用自己的理性判断去获得和增加财富的经济行为者。后来

① Adam Smith. The Theory of Moral Sentiments. Cambridge：Cambridge University Press，2004：96.

② 亚当·斯密．国民财富的性质和原因的研究：上卷．郭大力，王亚南，译．北京：商务印书馆，1972：14.

的一些经济学家逐渐把斯密的这些观点概括为“经济人”假设。

人们所说的斯密的“经济人”假设主要包括以下三个方面：(1) 市场中的每个经济行为主体（资本主体）都是自我经济利益者，都会努力使自己的经济收益最大化；(2) 市场中的每个经济行为主体都有理性判断、理性计算能力去实现经济收益最大化；(3) 每个经济行为主体对于获利领域和机会的判断，通常都比政府的判断更恰当。

斯密“经济人”假设的核心是人性利己观念。正是人性利己这一观念构成了斯密经济管理哲学的重要一环，因为这一观念与他“看不见的手”的理论是内在一体的。

斯密认为，每个人都天生具有改善自己状况的愿望，所以会节俭而把收入的一部分储蓄起来，从而带来资本的增加。他说：“资本增加，由于节俭；资本减少，由于奢侈与妄为。”① 资本增加的直接原因是节俭，而不是勤劳，因为，虽然未有节俭之前必须先有勤劳，节俭储蓄最终来自勤劳，但如果只有勤劳而无节俭，有所得而无所贮，则资本绝不能增大。人们之所以会节俭，正是因为每个人在一生中都不会对自己的处境完全满意，都总是力图改变自己的当前地位和条件。这是人们与生俱来的一种愿望，人们从生到死没有一刻放弃过这种愿望，也几乎没有一刻会对自身的状况完全满意，以至于不求进步、不想改良。

斯密认为，每个人最关心自己和改善自身处境的不断努力，是社会财富和私人财富所赖以产生的重大因素，并且常常强大到足以战胜政府的浪费和重大错误。

更为重要也更为深刻的是，斯密试图发现“人性利己”与“看不见的手”之间的内在关系。对于斯密来说，关键问题在于：既然每个人的经济行为一般说来都只是为了自己的利益，那么社会的公共利益如何实现？这就引出了后来不断为人们所强调、引用的斯密的“看不见的手”的理论。应该指出，这一理论是斯密在其《国民财富的性质和原因的研究》第四编第二章“论限制从外国输入国内能生产的货物”中说明在什么情况下人们会把资本投入国内产业而不是国外产业（国内外利润相差不多的情况下）时提出的，而不是建立在对人性的系统分析之上。

他提出，各个投资者都不断地努力为自己所能支配的资本找到最有利的用途。固然，他所考虑的不是社会利益而是自身利益，但他对自身利益的研究自然会或者必然会引导他选定最有利于社会的用途。第一，如果能够取得资本的普通利润或均等利润，或者能够取得比普通利润少的有限利润，那么每个人就会把自己的资本投在自己的国家，尽可能把资本用来支持国内产业，使本国尽可能多的居民获得收入和就业机会。第二，每个个人都把资本用来支持国内产业，既然以谋取利润为唯一目的，那么就必然会努力指导所投资的产业，使其生产出尽可能大的价值，即能交换最大数量的货币或其他货物。

他的论证思路是：由于每个社会的年收入，总是与其产业的全部年产物的交换价值恰好相等，或者毋宁说，和那种交换价值是同一样东西。所以，由于每个投资者都努力使自己资本生产的价值达到最大化，他就使社会的年收入最大化了，因而促进了社会利

① 亚当·斯密. 国民财富的性质和原因的研究：上卷. 郭大力，王亚南，译. 北京：商务印书馆，1972：310.

益。“确实，他通常既不打算促进公共的利益，也不知道他自己是在什么程度上促进那种利益。由于宁愿投资支持国内产业而不支持国外产业，他只是盘算他自己的安全；由于他管理产业的方式目的在于使其生产物的价值能达到最大程度，他所盘算的也只是他自己的利益。在这场合，像在其他许多场合一样，他受着一只看不见的手的指导，去尽力达到一个并非他本意想要达到的目的。也并不因为事非出于本意，就对社会有害。他追求自己的利益，往往使他能比在真正出于本意的情况下更能有效地促进社会的利益。”①

可以看出，关键问题是：在斯密的理论中，那只“看不见的手”究竟指什么？人们一般认为就是指市场经济的规律或力量，即价值规律和价格变化的引导力量。但这可能并没有阐明斯密观点的深层含义。从斯密的直接和间接说明来看，我们认为，“看不见的手”指的是他所说的造物主赋予经济生活的法则即自然法则：造物主的意愿是使社会全体成员得到幸福，而不是仅仅让某些人得到幸福。这一点我们能在斯密的《道德情操论》中找到证明。他认为，国家制定法律的根据应该是自然法，而包括人类在内的整个宇宙这架大机器，是神以其仁慈和智慧设计、制造出来的，其最终目的是使人类产生尽可能大的幸福。既然是神创造的，所以，“对宇宙这个巨大的机体的管理，对一切有理智和有知觉的生物的普遍幸福的关怀，是神的职责，而不是人的职责”②。因此，世界上的所有居民，不论哪一个阶层，都处于那个伟大、仁慈、大智、大德之神的直接关怀和保护之下，神指导着人类本性的全部行为，使人类在自己每时每刻的行动中形成尽可能大的幸福。③

我们可以把斯密所指的经济生活中的这一自然法则，也即神的意愿，称为经济生活的“个体利益→社会利益”法则，即众多个体经济利益活动的最大化自动导致社会利益实现的法则。正如国外学者所指出的，斯密的这一思想继承了重农学派的自然法则理论。重农学派认为，自然界的法则反映了造物主的意愿，即必定会形成合理和谐的秩序，在经济生活中也是如此。

可以看出，斯密的上述思想在实质上是对市场经济体制下人们从事生产经营的动力与社会利益的实现之间关系的思考，是对这一问题探讨的重要推进，包含了诸多合理内容。其中最重要的贡献应该是，认识到众多个体经济利益的最大化在一定条件下的确有可能导致整个社会经济利益的最大化。同时，上述思想也存在着根本的不足。西方国家的市场经济历史和当今我国的市场经济实践已经证明，众多个体经济利益的最大化不可能自动导致整个社会经济利益的合理实现，特别是不可能自动导致社会经济生活的整体和谐。“看得见的手”即政府对市场经济乃至整个社会经济生活的适当管理是不可缺少的。斯密之所以没有认识到这一点，直接原因是他的思维方法是非整体的，即仅仅从市场经济规律而没有从经济生活整体、社会整体的视野思考问题。

---

① 亚当·斯密. 国民财富的性质和原因的研究：下卷. 郭大力，王亚南，译. 北京：商务印书馆，1974：27.

② 亚当·斯密. 道德情操论. 蒋自强，钦北愚，朱钟棣，等译. 北京：商务印书馆，1997：306.

③ 同②202，304.

四、经济自由与政府有限管理

由此可以看到，斯密整个经济思想的灵魂实质是经济自由。尽管他对此没有很多直接的阐述，但他认为经济活动者都必定会实现自己的最大利益，并且能够在自发的活动中无意识地实现社会的最大利益，这实际已经洞见到了资本主义经济或市场经济的自由本质。只要让人们自由地进行经济活动，经济就会自动增长，全体成员的幸福就会自动实现。这一点斯密在论述资本的投资方向（用我们今天的概念说就是资源的配置）时讲得比较明确："个人的利害关系与情欲，自然会使他们把资本投在通常最有利于社会的用途。但若由于这种自然的倾向，他们把过多资本投在此等用途，那么这些用途利润的降落，和其他各用途利润的提高，立即使他们改变这错误的分配。"① 这是资本自由的本质之所在：自然而然投向利润最大化的领域或行业，任何资本都是为了实现最大增值。

这就导出了斯密的经济自由放任、无须政府管制的观点。"关于可以把资本用在什么种类的国内产业上面，其生产物能有最大价值这一问题，每一个人处在他当地的地位，显然能判断得比政治家或立法家好得多。如果政治家企图指导私人应如何运用他们的资本，那不仅是自寻烦恼地去注意最不需注意的问题，而且是僭取一种不能放心地委托给任何个人，也不能放心地委之于任何委员会或参议院的权力。"② 事实上，早在《道德情操论》中，斯密就对政府计划与社会规律的关系做出了实质相同的说明：在政府中掌权的人容易自以为非常聪明，以至于不能容忍他们所制订的计划的实施有任何偏差，对可能妨碍其计划实施的重大利益或强烈不满不做任何考虑。他们似乎认为，他们能够像摆布棋盘上的各个棋子那样摆布偌大社会中的各个成员；他们没有考虑到，棋盘上的棋子除了受手的摆布作用外，不存在其他行动原则，而人类社会的每一个成员却都有自己的行动原则。③

由此，斯密明确反对政府特意地支持或限制资本的产业投向，认为这违反了资本投资的自由。他在批判重商主义时指出，重商主义学说是通过有力的贸易差额使国家致富的学说，它在性质和实质上是一种限制资本的学说，即控制资本在国际上自由投资的学说。他以路易十四有名的大臣科尔伯特为例来分析这一学说的危害。他说，这位大臣为人正直、勤勉异常、知识渊博，而且对公共账目的管理富有经验，极其精明，但不幸的是，这位大臣抱有重商主义的一切偏见，对于一个大国的工业及商业所采用的管理方式，与管理各部门之公务的方式一样，不是让人们在平等、自由与正义的公平计划下，按照各自的路线追求各自的利益，而是给某些产业以异常的特权，给其他产业以异常的

---

① 亚当·斯密. 国民财富的性质和原因的研究：下卷. 郭大力，王亚南，译. 北京：商务印书馆，1974：199.

② 同①27-28.

③ 亚当·斯密. 道德情操论. 蒋自强，钦北愚，朱钟棣，等译. 北京：商务印书馆，1997：302.

限制，如更多鼓励城市产业，很少鼓励农村产业，甚至压抑农村产业以支持城市产业，集中体现为为了使城市居民能廉价购买食物，鼓励制造业与国外贸易，制定了完全禁止谷物输出的法令，这种禁令再加上以往限制各省间谷物运输的法规，以及各省对耕作者的横征暴敛，就使得这个国家的农业不能按照自然趋势发展，从而处于消沉萎缩状态。①

与此同时，斯密在批判与重商主义相反的重农主义的同时，指出了重农主义学说的合理之处。他说，重农主义把农业看作创造财富的唯一来源，认为只有土地所有者和生产阶级所进行的劳动才真正创造价值，而商人和制造者的劳动只是对土地原生产物的某种改变，他们所做的劳动增加等于这期间他们所消费的生活资料的价值，在根本上并没有增加土地生产物的价值，这样的看法是偏狭的，然而，这一学说认为国民财富并非由货币财富构成，而是由社会劳动每年再生产的可消费的货物构成，并认为完全自由是使每年的再生产实现最大增进的唯一有效方案，这样的观点是公正而毫无偏见的。不过，重农主义重视农业而轻视城市产业，甚至主张对制造业与国外贸易进行限制，这也违反了资本的自由，最终必然危害它所要促进的农业，与它所要达到的目的背道而驰，因为农业生产物与制造业产品之间存在着内在的交换关联。②

所以，斯密认为，任何一种学说或政策，如果违反自然趋势，特别鼓励特定产业，把社会上过多的资本拉入这种产业，或者特别限制特定产业，强迫一部分原来要投入这种产业的资本离开这种产业，实际上都和它要促进的大目的背道而驰，只能阻碍而不能促进社会走向富强，只能减少而不能增加其土地和劳动的农产物的价值。

相反，在经济实践中，一切特惠制度或限制制度，一经完全废除，最明白单纯的自然自由制度就会建立起来。每一个人，在不违反正义的法律时，都应让他完全自由，让他采用自己的方法追求自己的利益，以其劳动和资本与任何其他人或其他阶级竞争。③

在国际贸易问题上，斯密同样坚持自由至上原则，主张国际间自由贸易。他指出，政府如果强迫国内产业中任何特定工艺和制造业的产品独占国内市场，就是在某种程度上指导私人如何运用他们的资本，而这种管制必定是无用的或有害的。如果本国产业的产品在国内市场上同外国产业的产品一样低廉，那么这种管制显然是无用的；如果不一样低廉，那么一般地说，这种管制必定是有害的。如果国外产品比国内生产的同类产品便宜，那么限制从国外进口这些产品就没有益处，我们最好用自己的优势产业所生产的产品向他们购买。④

另外，斯密还深刻认识到自由竞争是避免垄断、促进经济最有效发展的手段。他认为，普遍的自由竞争势必驱使经济行为者采用良好的经营方法，包括改进技术、提高经

① 亚当·斯密．国民财富的性质和原因的研究：下卷．郭大力，王亚南，译．北京：商务印书馆，1974：229-230.

② 同①244，251.

③ 同①252.

④ 亚当·斯密．国民财富的性质和原因的研究：上卷．郭大力，王亚南，译．北京：商务印书馆，1972：28.

营效率等。而垄断是良好经营的最大敌人，只有靠普遍的自由竞争，才能确立良好的经营秩序，因此自由竞争是反对垄断的关键；同时，从社会经济生活的各个行业来说，竞争越自由、越普遍，越有利于各个行业的充分发展，从而促进整个社会的进步。①

斯密正是由于在理论上坚持资本投资自由、个人经济活动自由具有根本的合理性，所以认为国家（君主）或政府的管理作用是十分有限的，它主要有三项应尽的义务。(1) 保护社会使不受其他独立社会的侵犯，即保卫国家的主权和领土完整。履行这项义务，需要有一定的兵力，也就是需要建立和维持一定数量的军队。(2) 尽可能保护社会上的每一个个体，使之不受任何其他人的侵害和压迫。这就是说，要建立严正的司法机关。(3) 建设并维护某些公共事业和某些公共设施，包括国防方面、司法行政方面的公共设施和公共工程，便利社会商业的公共设施和公共工程，促进人民教育的公共设施和公共工程。这些事业和设施在由国家负责时其经营利润经常能够补偿所花费的成本而有剩余，但若由个人或少数人负责，就绝不能补偿所花费的成本。

斯密指出，适当履行上述三项义务，必定产生一定的费用，这需要一定的收入来承担。保护社会的费用即国防费，一般会随着社会文明的发展而逐渐增多，而司法费用以及建设并维护公共事业和某些公共设施所产生的费用，则因社会时期的不同而有变化。针对这三类费用的来源，斯密提出的原则是，由受益的最终主体承担所需费用。具体说来，保护社会的费用，以及维持一国元首的公务费用，都是为社会的一般利益而支出的，因此应该由全社会的一般贡献（各种税收）承担，而社会个人的资助又须尽可能与个人的工作能力相称。司法费用也是为全社会的利益而支出的，应由全社会的一般贡献承担，其中的司法行政费用可由当事双方或一方承担。建设并维护公共事业和公共设施中便利商业的设施所需的费用，主要是道路及交通机关费用、教育设施和宗教设施费用等，也是有利于社会全体的，可以由社会的一般收入和直接受益者担负。当然，所有有利于社会全体的公共设施或土木工程，如果直接受益者没有能力承担，或者不能全部承担，则从全社会的一般收入中支出。②

总体看来，斯密对政府管理职能的限定是以保证个人的经济自由等基本权利为前提的。从近现代思想发展历史过程的角度看，斯密之经济自由与政府有限管理的思想的确产生了巨大的影响。其一，它开创了西方经济自由主义理论的先河，构成了现代西方经济自由主义理论的灵魂。后来的穆勒、马歇尔、弗里德曼、布坎南、哈耶克等人的经济自由主义，都直接继承和发展了斯密的经济自由思想。其二，它直接构成了现代多数政府管理研究者所主张的小政府大社会理论的基石，如20世纪80年代兴起的新公共行政理论，力图取消政府在公共设施和公共工程建设中的具体操作功能，让市场发挥更大的作用。

同时，我们应该看到，斯密的政府有限管理思想主要关注的是市场经济的一般实质要求，而相对忽视了不同国家的不同历史条件或不同历史阶段对市场经济的特殊限制或

---

① 亚当·斯密．国民财富的性质和原因的研究：上卷．郭大力，王亚南，译．北京：商务印书馆，1972：140，303.

② 亚当·斯密．国民财富的性质和原因的研究：下卷．郭大力，王亚南，译．北京：商务印书馆，1974：255-284，374-375.

特殊要求。简言之，一个建立起市场经济体制的民族，其政府的管理功能是否像斯密主张的那样有限，必须结合这一民族的经济、政治条件和文化传统进行具体判定。同时，从今天的情况来看，斯密关于政府的作用的观点也忽视了一些十分重要的方面，如社会整体经济结构的战略调整、地区经济发展差距的改变、社会成员收入分配的调节特别是对贫富两极分化的预防，以及对弱势群体的全方位扶持等。这是我们需要分析和注意的。

思考题

1. 试评斯密关于分工源于人们相互交换倾向的观点。
2. 分析斯密的“经济人”观念的合理性与不足。
3. 如何评价斯密关于个人利益与社会利益之关系的观点?
4. 分析斯密经济自由思想的历史局限性。

第七章

欧文以公有制理想为引导的公社集体管理思想

劳动的政治经济学对财产的政治经济学还取得了一个更大的胜利。我们说的是合作运动，特别是由少数勇敢的“手”独立创办起来的合作工厂。对这些伟大的社会试验的意义不论给予多么高的估价都是不算过分的。工人们不是在口头上，而是用事实证明：大规模的生产，并且是按照现代科学要求进行的生产，没有那个雇用工人阶级的雇主阶级也能够进行……雇佣劳动，也像奴隶劳动和农奴劳动一样，只是一种暂时的和低级的形式，它注定要让位于带着兴奋愉快心情自愿进行的联合劳动。在英国，合作制的种子是由罗伯特·欧文播下的。*

——马克思

罗伯特·欧文（Robert Owen，1771—1858），19 世纪三大空想社会主义实践家和思想家之一，也是一位杰出的实业家和管理者。他通过自己管理工厂的实践形成了集体管理的新观念和新方法，为管理思想的发展做出了重要贡献。他在管理实践中密切关注人的活动和生存问题，并且强调对人力资源的正确应用，被后人称为现代人事管理之父。他的主要作品包括《关于新拉纳克机构的陈述》（1812）、《新社会观》（1813—1814）、《关于制度效果的观察》（1815）、《对新拉纳克的演说》（1816）、《致工业和劳动贫民救济协会委员会报告书》（1817）、《新社会观问答》（1817）、《致拉纳克郡报告》（1820）、《新道德世界书》（1836）等，这些著作详细记录了他的管理思想以及有关的社会运动，从中可以窥探他的管理哲学理念。

---

* 马克思恩格斯选集：第 3 卷. 3 版. 北京：人民出版社，2012：8-9.

欧文在很小的时候就离家而独自谋生。一开始他在林肯郡斯坦福德的麻布商詹姆斯·麦格福格手下当学徒，在这里持续工作了 3 年。15 岁的时候，欧文来到曼彻斯特，看到了由机器引发的工业重要行业——棉纺业的发展状况。18 岁的时候，欧文拿着自己借来的 100 英镑与他人合办工厂，开始管理一个大概 40 人左右的机器生产厂。后来，他成为一个棉纺业主。他的管理经验是从一点点的实践中摸索出来的，他是这样描绘初次接触管理时的感触的："我装出内行的样子巡视各个车间，虽然我实际上什么也不懂。可是由于我密切监督，事无巨细毫不遗漏，工厂在建设过程中始终有条不紊，后来工厂就在这种状态继续生存，发展得比我预料的好得多。"①

20 岁的时候，欧文为了获得更好的发展，果断卖掉自己的工厂，成为当时全国一家最现代化的棉纺织工厂的主管人员。在担任主管期间，"他不仅负责管理雇员和实际生产过程，而且全权负责处理日常财务、购买原材料、制造或购买额外的机器——事实上处理一切事务，除了产品的最后销售"②。他花了大概 6 周的时间来观察工人们的生产工作，然后推行改革措施，并运用他在麦格福格先生那里获得的管理经验，明显提高了工厂的生产效率。6 个月后，老板就决定高薪长期聘用他并且将他变为自己的合伙人，这为他推行自己的管理举措提供了更加便利的条件。这段经历为他后来的管理工作奠定了基础。从 1799 年开始，他在苏格兰的一个叫作新拉纳克（New Nalark）的小镇上开始了他长达 20 多年的改革试验，取得了突出的管理成就。1824 年，他在买下美国印第安纳州的一个叫作"和谐镇"（Harmony）的全部 3 万英亩土地之后来到美国，建立起新和谐（New Harmony）公社，全面进行社会主义制度试验。他的人本管理思想就是在这些不断的改革和管理实践中总结出来的。

一、管理的哲学基础

对人类活动的力量因素的认识是欧文管理哲学思想的前提和基础。他认为，能够支配人类的只有两个因素：善和恶。这两个因素是相互对立、无法调和的。恶的因素以没有经过人们实践经验检验、与人们所共知的一切事实相抵触的并经常变化不定的幻想为来源，它最后导致的是虚伪、不和与不幸；善的因素则源于人们所共知的始终不变的事实，它会产生真理、团结和幸福。③ 他认为，对于这两个因素，包括社会主义者和共和主义者在内的很多人都是清楚的，但他们只是感受到了恶的因素的不合理存在，缺乏把控它们的知识，故而找不到解决问题的出路。欧文认为，在管理中也是这样。管理者在制定决策的过程中固然要考虑利益目标，但也需要考虑其他重要因素，比如组织环境的好坏、组织成员的性格状况等，最重要的是要明白，管理对象不只有冷冰冰的死的机

① 玛格丽特·柯尔. 欧文传. 何世鲁，马爱农，译. 北京：商务印书馆，1995：22.

② 同①25.

③ 欧文选集：第 1 卷. 柯象峰，何光来，秦果显，译. 北京：商务印书馆，1997：8.

器，还包括可以进行调节支配的活生生的人。

欧文认为，管理活动的顺利进行，需要对现实环境中的善的因素和恶的因素做出正确的反应，特别是，需要充分调动和发挥善的因素的力量，但是现实中的管理者们却没有意识到这个问题，“他们激励人们的思想和感情并促使他们对于种种恶的作用做出敏锐的反应。但是他们还没有了解作为在大小社会中管理人们的一个完整体系的这种善的因素的原则和作用”①。的确，欧文自己正是按照这一原则开始新拉纳克试验的。正如他演讲时所说的那样，这也是他根据善和真理的原则进行社会管理的一次尝试。

欧文深刻地认识到，人与环境是不可分离的，环境中同时存在的善的因素和恶的因素都会对人的性格的形成产生重要影响。在这个方面，他发挥了18世纪启蒙思想家爱尔维修的“人是环境的产物”的观点，认为尽管人们的天生特征存在不同，但环境对于人格的形成具有决定意义。他指出，一切事实都证明，人过去是、现在是、将来也永远是他所处的好的或坏的、有益的或有害的环境的产物。每个人出生后处于什么样的环境，他就必然成为什么样的人。② 欧文把这一思想运用到工厂的生产管理中，认为人们的现实生产过程所处的内部环境和外部环境中同样既有善的因素，也有恶的因素，这两种因素都会直接或间接地影响到生产结果。因此，管理者只有看到这种客观现实，努力为工人营造一种良好的工作环境，才能从根本上提高工人的积极性，实现组织的最大利益。他在新拉纳克的管理中之所以为工人创造良好的生活条件，建设完善的基础设施，进行各种试验，都是力图创造一个“善的工厂环境”，驱逐工厂中的“恶”的因素，把工厂中的人们塑造成具有良好品质的人。为了营造良好的工作环境，欧文进行了一系列改革。

首先，通过改变环境来改变工人的个性和行为状态。欧文认为，应该考察工人的工作环境，从根本上改革旧的工厂管理制度，通过对内部环境的改革来逐步改变工人。他以他的改革实践来证明这一点：随着工人所处环境的改变，工人的行为和性格发生了变化，他们从懒惰、肮脏以及不道德等变成整洁、勤劳、有道德，他们个人能力所能达到的水平远远高于之前的情况。

其次，强调对工人的教育。欧文是最早提出要对工人进行教育的管理学家。他认为，虽然人们生活的社会环境有好坏、善恶之分，这通常不是任何个人所能决定的，但可以通过教育来改变个人的性格，因为教育能够指导个体的行为方式，赋予个人善的力量，并有助于进一步营造一种好的社会环境。“人可以经过教育而养成任何一种情感和习惯，或任何一种性格。”③ 他认为，正是由于错误的教育，有些年轻人对自己早期形成的偏见的真正原因有所误解，最终危害社会，所以对人们尤其是儿童进行合乎理性的教育非常重要。通过选拔合适的教育者对儿童进行教育，能够把儿童培养成具有理性的、正直的、善良的以及能够适应新的社会形态的人。

对于工人的个性和行为的改变来说，对他们进行良好的教育同样十分重要。这能够

① 欧文选集：第2卷. 柯象峰，何光来，秦果显，译. 北京：商务印书馆，1997：79.
② 同①1，4，71，73，84.
③ 欧文选集：第1卷. 柯象峰，何光来，秦果显，译. 北京：商务印书馆，1997：68.

把工人塑造成具有良好个性、判断力、追求美好生活的个体。欧文还建立了性格陶冶馆，力图有方向地培养工人的个性，使工人养成良好的习惯。他在新拉纳克公社试验中一直贯彻的一个原则就是："一个人的性格是外力'为他'创造的，而不是'由他'自己创造的。"①

欧文关于人类社会的善恶因素、环境与教育的作用的观点，是他公社集体管理思想的哲学基础。他将这些观点引入自己的管理实践，创造性地提出了新的管理原则，力求改变以往工厂组织对人的生存处境与自身发展的忽视，将管理的重心聚焦到如何塑造完善的个体身上，这表明他的管理思想具有鲜明的人本主义倾向，具有重要的时代意义。

二、公社集体管理的早期观念

1815—1816 年，英国工业发生生产过剩的危机，社会失业问题十分严重。1816 年夏，由英国上层社会一些知名人士组成的工业和劳动贫民救济协会集中讨论失业问题，欧文参加了这次会议，并在这次会议上发表了演讲。1817 年 3 月，欧文在这次演讲的基础上写下了《致工业和劳动贫民救济协会委员会报告书》，并提交给下议院济贫委员会。在这份报告中，欧文提出了解决失业问题的一系列计划，认为必须建立兼营工业的农业合作公社。这可以说是欧文公社集体管理思想的雏形。

欧文在报告中认为，导致当时社会贫困现象的直接原因是人的劳动不值钱。而这又是欧洲和美洲各国在工业中普遍使用机器的结果。因为机器生产使得产品大量增加而价格降低，也使得"用一种比人们过着普通生活所必不可少的费用少得多的价钱就能购买人的劳动"②，这使得人的劳动价值降低、收入减少。同时，由于形势和政策等方面的原因，大多数人的需求量不仅没有增长，反而在下降。这就必然造成生产过剩，引发社会贫困。欧文认为，当劳动阶级还未有旗鼓相当的办法与机器竞争时，政府就只能从下列三种方法中选择一种：（1）大大缩减机器的使用；（2）让机器生产保持现状，继续使千百万人民处于挨饿状态；（3）为贫民和失业者找到有益的职业，并使机器服从他们的劳动，而不是用机器代替他们的劳动。在当时的社会情况下，政府一般不会选择第一种方法。因为如果一个国家停止使用机器而其他国家继续使用的话，这个国家就会落后。第二种方法既然使得千百万人民挨饿，那么政府就不能选择。这样的话，就只能考虑最后一种方法："必须为贫民和失业劳动阶级找到有益的职业，并使机器服从他们的劳动，而不要像现在这样用机器来代替他们的劳动。"③ 这种情况的改变对社会的发展十分有益。欧文在探讨这个问题的同时，提出了自己的解决计划。

首先，要改变贫民的生活习惯和生活环境。欧文认为，贫民的大部分苦难与恶行都

---

① 欧文选集：第 2 卷. 柯象峰，何光来，秦果显，译. 北京：商务印书馆，1997：96.

② 欧文选集：第 1 卷. 柯象峰，何光来，秦果显，译. 北京：商务印书馆，1997：179-180.

③ 同②180.

是因为他们被置于一种使其表面利益与表面义务相互冲突的环境中，同时还被各种诱惑包围着。将贫民安置在一种能够把他们的真正利益与义务结合起来，并且没有各种不合理诱惑的环境中，将是贫民管理方面的一项重大改进，这会使他们改变不良的生活习惯，最终消除他们的苦难与恶行。因此，要为贫民和他们的子女提供正确的教育，为成年人提供适当的工作机会，指导他们的劳动和消费，使得他们能够做对自己和整个社会都有利的事情。

其次，要建立以工农业相结合为核心的生产生活组织。欧文认为，只有把 500～1 500 人（平均 1 000 人左右）集合在一个生产生活组织中，才能提供上面所说的良好环境。[①] 欧文在计划中详细说明了他要建立的生产生活组织的构成和规模，包括工业生产区域、农业生产区域，以及住所、厨房、食堂、讲堂、运动场、图书馆等各种生活设施和公共设施。在这个组织中，有专门从事各行各业管理的部门，同时，对不同年龄、性别、能力的人进行不同的功能安排，儿童在学校学习，成年男子从事生产劳动，妇女负责生活事务。

要建立容纳 1 000 人左右的生产生活组织，需要一定数量的费用，因此，欧文认为，他的计划的首要问题就是筹划足够的款项，以便购买或租用足够的土地，建筑工厂、农业作坊以及各种生活建筑物，购买生产工具，为人们的劳动提供报酬等。在这种明智而易行的制度下，人们的劳动能够得到适当而有节制的使用，尤其是，机器生产对于社会也将具有更大的用处，人们将采取一切办法鼓励推广机器，它不会和人的劳动竞争，而只会有利于人的劳动。

欧文认为，他提出的上述消除不良习惯和社会贫困等社会问题的计划具有许多优势。它是到他生活的时代为止所拟定的一切制度中最经济的一种，能够使一切有关方面和每个开明人士都感到满意；它简易可行，能够克服人们的愚昧与恶习，逐渐消除人与人之间产生分歧的原因，并能使人们的利益与义务普遍地统一起来，从根本上促使人们团结起来，为了共同利益而努力；它能够让人们看到自己的价值和工作会有回报。一句话，它能有效地使工业和劳动贫民摆脱当时的困难处境，提供条件增强国家的实力，社会也能从这种变化中获得实际的好处。

由于当时英国的社会现实，欧文的计划没有获得下议院济贫委员会的通过。但是通过欧文的整个计划，我们可以看到他关于公社集体管理思想的初步观念。他在后来进行的公社试验实践中进一步发展和完善了这一思想。

三、公社公有制管理思想与实践

欧文 1817 年的报告后来逐渐演变为要发展一个新的理论原则来改造整个社会，他认为公社制度是一种完全符合人的本性的制度，后来他又把公社说成一种新的社会体

① 欧文选集：第1卷. 柯象峰，何光来，秦果显，译. 北京：商务印书馆，1997：183.

系。他在1820年3月发表的《致拉纳克郡报告》中指出，“本报告的内容是一项使贫民和劳动阶级获得永久的、生产性的生产工作，从而解除公众困苦并消除不满情绪的计划”①，这就是要消灭私有制，建立以公有制为基础、以合作社为基本组织、人们共同劳动、实行民主管理的新的社会。这份报告是对他1817年关于理想社会理论的发展。

从1824年开始，欧文在美国第一次把他的公社公有制管理思想全面付诸实施，建立起财产公有、人人平等的新和谐公社。② 1825年，他在发表演讲时再次强调了他的理想，强调自己来美国的目的就是建立一个开明、平等的社会，建立一个真正洞悉人性的社会。

与新拉纳克所实行的改良式管理理念不同，在新和谐公社的管理实践过程中，欧文彻底实施了平等主义公有管理理念，提出了一系列新的管理原则，建立起了相应的管理模式。

第一，实行以公社为基本单元进行统一行动的原则。欧文把公社看作全新的人类社会组织的细胞③，人类社会整个组织的基石。④ 在这种管理实践中，欧文根据经济学原则，严格控制公社的规模，保证公社边界范围的恰当合理，将公社成员控制在一定的人数范围内。在公社的制度方面，实行全体社员地位无高下之分、人人权利平等的原则，建立人们在生活的各个方面都平等的制度，包括在供应能够满足的情况下根据人们的年龄分配同样的食物、衣服和教育，实行同样的住宅标准，等等。在工作方面，根据公社成员的年龄给他们安排不同的任务和工作。儿童在接受教育的同时，也要参加有益的社会活动和必需的劳动；青年人是公社的主要劳力，要求他们兼顾学习和发展手工技能，根据需要给他们分配不同的工作；老年群体主要是维护法律的实施和监管。公社还建立起各种基础设施，满足公社运转和社员生活的需要。“每个社会成员都要按照公社通过的章程和决议，为公社福利做出可能最大的贡献。”⑤ 总之，在公社里，全体成员各司其职、和谐共存。

第二，实行财产公有的经济制度原则，开创公平的分配方式。欧文认为，资本家或管理者追求自身的最大利益是造成社会阶级对立的重要原因，因此，需要平等地实现全社会成员的利益。这种新的经济制度原则强调，任何个体在财产和待遇上都没有高于他人的权利，应该实行一种对人人都有最大利益的、最完善的分配产品的方法。他建立的这种公社实行的就是，人们在财产上地位相同，在生产活动中具有同样的身份，在分配方面享受以满足基本需求为原则的公平分配。

为了实现这种新的原则，需要采取一系列具体措施，包括公社的不动产由公社委托办理，它的宗旨是实现公社全体成员的共同利益；一个社员逝世后，他的子女可以继续享有这方面的财产权利；任何社员都有权力退社，但需要在一周前将本人的意愿告知公

---

① 欧文选集：第1卷．柯象峰，何光来，秦果显，译．北京：商务印书馆出版，1997：303.

② 丹尼尔·A．雷恩，阿瑟·G．贝德安．管理思想史：第6版．孙健敏，黄小勇，李原，译．北京：中国人民大学出版社，2012：75.

③ 欧文选集：第2卷．柯象峰，何光来，秦果显，译．北京：商务印书馆，1997：19.

④ 同①326.

⑤ 同③190.

社；退社的人对公社的不动产将失去一切要求权，而对于他自己在公社期间购置的那部分不动产，有权要求分到应得的份额，同时，有权按照以前付出的劳务从公社产品中取得合理的报酬；社员存入公社的现金，退社时应该归还；等等。

现在看来，欧文的这种集体公社理想和管理实践无疑具有跨时代的意义。他在当时受到种种限制的社会条件下，力求把众多个人的力量联合成为集体的力量，把财产公有和公平分配作为公社运行与发展的主要动力，这为后来社会主义管理理论和管理实践的产生提供了具有重要探索意义的准备。

第三，实行全体社员共同管理、通过立法决定来行使公社权力、分工有序而各司其职的组织原则。按照《新和谐公社组织法》的规定，公社的所有权力由全体社员共有，立法权属于由年满 21 岁的社员组成的全体大会，公社的重大决定由全体大会共同讨论决定。行政权由公社内部选举的理事会行使，执行理事会执行公社内部的决策，保证公社的正常运转，并且需要每周向全体大会汇报各部门的活动以及各项活动中的收支情况；同时，建立包括农业部、工业部、机械部、文学部、家政部、一般经济部和商业部等在内的管理机构，负责领导和管理公社各个方面的工作。另外，对于是否收纳新社员和是否开除某个社员，需要经过全体大会的多数表决，不经大会同意，任何人不得擅自加入公社，或者被取消社员资格。

管理的权力问题是管理活动中不可避免的一个核心问题。欧文以统一和平等的原则来安排权力，并根据实际情况确定不同领域的领导机制。这既能最大化地发挥组织集体的管理作用，又能保证成员个体对权力的平等拥有和积极参与，是一种具有长远历史价值的革新尝试。

欧文的新和谐公社试验是他践行自己社会主义理想的显著体现。他企图通过集体的协作和分工，实现每个成员的需要，为全体成员提供同样的幸福。这在公社试验的前期取得了显著效果，吸引了很多人加入。但是，新和谐公社不可能是一个完全独立于当时社会条件的组织单元，不可能完全摆脱当时社会状况的限制和影响，因而不可能取得长时间的成功。首先，由于对加入公社的人员不加区分，任何人都能加入公社，人们具有不同的宗教信仰、民族习惯、政治主张，因而各种矛盾、分歧时有发生，有时甚至比较尖锐。其次，没有充分考虑公社运营的预算和资金周转问题，这导致欧文与他的合作人陷入争执的僵局。这些原因最终导致了新和谐公社的失败。不过，欧文并没有由此动摇自己的理想意志，他回到英国后开始转向工人阶级运动，投身于成立和开展英国全国工会等方面的活动。

四、以集体行动为动力的社会改革思想

欧文在美国的试验失败后，并未就此丧失信心、动摇意志，而是从失败中吸取教训，开始转向工人阶级运动，力图在工人阶级运动中实践自己的公社公有制思想。1829年，当欧文返回英国的时候，英国工人阶级的改革热情高涨，他们接受并推行欧文的合

作计划，使合作运动获得了蓬勃发展。19 世纪 30 年代初，欧文成为工人阶级运动的领导人。1833 年 10 月，他在伦敦主持了英国全国合作社和职工代表大会，成立了大不列颠和爱尔兰全国生产部门大联盟（实际是英国第一个全国工会组织），当选为主席。

这时欧文深刻地意识到，旧的社会制度已经过时，应该建立以实际的知识和经验为基础的新的社会制度，这需要联合人类的一切优秀力量，以集体运动为核心进行社会改造，实现从虚伪、贫困和不幸的恶劣制度向真理、富裕和幸福的优良制度的和平转变，摆脱以往社会中被人们误以为是文明的但实际是有害的社会制度。① 他认为，要完成这一转变，首先要改革社会的生产和流通这两大领域。

在生产领域，他仍然主张建立合作工厂或合作社，作为基层社会单元。为了逐步实现对社会的改造，他在改组生产计划中提出，应当在伦敦建立一个全国总机关，并设立若干州机关、郡机关和区机关。在不同的机关内设立理事会，负责机关内部事务。以全国总机关带动区联合组织，全面指导全社会的生产活动，在不同的生产部门根据实际情况实行具体的管理措施。1834 年 2 月通过的联盟章程规定："虽然联盟的目的首先在于提高工人的工资，反对工资有任何下降，要求缩短工作时间，但是联盟的主要的终极目的，应当是采取一些措施，使社会上的无知的、寄生的和无用的人实际上不可能再像现在这样由于错误的货币制度的作用而有权支配我们的劳动果实，以便确立基本的劳动权和人权。"② 可以看出，欧文认为无产阶级要想自己的劳动果实不被不劳而获的人占有，全国生产部门大联盟就应该自己掌握生产管理的权力，通过工厂改革和建立合作社，最终实现公社制度。

欧文认为，全国生产部门大联盟具有很多制度方面的优势。首先，能够保持领导者和生产者的利益一致，在全国的生产行动中以共同目标把双方联系在一起，改变以往双方之间的对立紧张关系。这样做既能提高生产效率，也能保障劳动阶级的利益，因而能消除那种为了少数人的利益而剥削大多数人的状况。其次，能够从根本上消除生产的竞争制度，这种竞争制度使得少数人掌握大量财富成为可能。全国产业联盟制度就是要清除这一弊端，使工人劳有所获，彻底消灭社会的贫困现象。最后，能够对恢复人们的理性、重建社会道德、提升社会成员的总体素质起到重要的促进作用。

在流通领域，欧文主张建立以劳动为衡量尺度的公平交换制度。在这个方面，他既受到了李嘉图的劳动价值论的影响，又在此基础上赋予了其新的内容。他提出，应该把工人在公社中一单位或一天的劳动定为价值的标准。③ 他认为存在两种价值尺度：自然价值尺度与人为价值尺度，前者即劳动尺度，后者即货币尺度包括黄金、白银、纸币等。他认为，交换应该按照包含在劳动中的价值量来确定，"人类劳动或人类所运用的体力与脑力的结合是自然的价值标准"④。欧文也由此来说明资本主义的剥削现象，认为这是人为价值尺度代替自然价值尺度，因而等价交换原则被破坏的结果。因此，他认为，需要对流通领域进行改革。

---

① 欧文选集：第 2 卷. 柯象峰，何光来，秦果显，译. 北京：商务印书馆，1997：106.

② 同①275.

③ 同①207.

④ 欧文选集：第 1 卷. 柯象峰，何光来，秦果显，译. 北京：商务印书馆，1997：309.

首先，以劳动价值尺度即自然价值尺度取代货币价值尺度，由此消除资本主义社会的剥削现象。他认为，要以劳动时间作为价值标准来确定工人的报酬，并确立平均工资水平。同时，他主张以劳动券代替货币作为主要的流通手段，因为劳动券作为流通手段有三个重要的优势：它的数量容易精确地按照实际财富的增长而增加，它的数量容易精确地按照实际财富的减少而缩减，它的价值固定不变。① 产品的内在价值决定于生产产品时所消耗的劳动与时间的数量，劳动券能够正确表示产品的这种内在价值。

其次，建立公平的劳动交换市场或者公平交易的银行。这种交易场所的主要业务是发行劳动券，办理流通纸币兑换劳动券的手续，收进和让出合作工厂以及人们的劳动产品。在交易场所内，有生产部门专门派出的代表对劳动产品进行评估定价，同时设有一定数量的监理，监督这方面的业务。为了维持这种交易场所的运行，按劳动产品交易价值量的十二分之一抽取手续费，作为市场管理费用。② 同时，定期召开全体成员大会，听取各个部门对生产状况的汇报，根据部门反馈的实际情况灵活修改、调整评估定价的方法。

总体看来，欧文在工业革命汹涌澎湃地开展、资本主义不断扩大的时代，第一次系统地将管理的目光从关注利益创造和分配转移到对创造利益的主体——人的塑造上，这应该是西方管理思想的一个重要突破。尽管欧文的社会改革运动以失败告终，但他在工业资本主义的社会背景下，超前认识到了资本主义的种种问题，提出了一种崭新的集体主义管理哲学思想，并将自己的想法付诸实践，创造了社会改造理论和实践史上的重要篇章。他从对人的成长变化规律的考察开始，看到了环境和教育对人的塑造作用，认为企业最重要的管理任务是建立良好的内部环境，把人塑造为努力向善的人。他强调有效利用人力资源，用绩效管理的方法取代以前强硬的惩罚体制，主张企业和成员同步发展。他看到了资本主义社会所造成的死的工业机器对活的人的驱逐，试图寻找一种能够真正给予人尊严、有效促进人类社会发展的实践原则和管理模式。无疑，这些思想远远超前于当时资本主义社会的现实，因而具有突出的理想特征，但对于当今人类的社会治理或国家治理具有重要的借鉴意义。

思考题

1. 如何看待欧文的社会改革运动?
2. 试析欧文的公社集体管理思想的优势和可能的不足。
3. 整体评价欧文的管理哲学思想。

---

① 欧文选集：第2卷. 柯象峰，何光来，秦果显，译. 北京：商务印书馆，1997：209.

② 同①317.

第八章

穆勒以个人自由与财富公平分配相统一为灵魂的社会管理思想

社会改良的崇高目的，应该是通过教养，使人类适应于将最大的个人自由和劳动成果的公平分配结合起来的社会状态。当智育和德育达到这一状态时，无论是某种形式的私有财产还是生产手段的共用和产品有规则的分配，是否会最有利于造成幸福环境并使人性达到最完善的地步，都必须留给那个时候的人民去解决。

——穆勒

约翰·斯图亚特·穆勒（John Stuart Mill，1806—1873），也有人将其翻译成密尔，英国古典政治经济学的集大成者，著名经济学家、哲学家、政治学家。穆勒出身于政治和知识精英家庭，从小受到深厚的文化熏陶，与老穆勒的朋友、功利主义的创始人边沁，以及英国古典经济学的最高代表李嘉图都有较深交往，早期思想受他们影响较大。随着工人运动的发展，各种社会主义思潮在英、法等国的影响越来越大，这对穆勒的思想产生了重大影响。另外，穆勒的长期亲密女友、最后成为他妻子的哈丽特·哈迪——一位极其关心劳动群众困苦和命运的女性，对穆勒的思想和政治立场的转变起到了重要作用。穆勒的主要著作有《政治经济学原理》（1848)、《论自由》（1859)、《功利主义》（1863)、《约翰·穆勒自传》（1873)。尽管穆勒认为自己已经转变为社会主义者，但从其著作中依然可以看出他思想的改良性质，他并没有对资本主义私有制和竞争制度完全丧失信心。穆勒的社会改良理想以劳资关系改良为轴心，他希望通过劳资合伙经营和劳动者合伙经营的方式，改良和最终消除雇佣劳动关系，消灭资本主义社会中存在的剥削制度。但由于穆勒反对工人革命，只是同情工人的罢工行为，所以他的思想具有空想性质。同时，穆勒还专门论述了政府管理、主动干预经济社会生活的职能，其中也包含了深刻的管理哲学因素。

一、借鉴空想社会主义长处的社会改良理想

穆勒原先信奉斯密的古典自由主义和边沁的功利主义，后来受到社会主义思潮和劳动群众的影响，在吸收、借鉴圣西门学派和傅立叶主义的社会主义理想的基础上①，提出了自己的社会改良理想——“社会结构整体改良理想”。从其经济学和政治思想的论述中可以看出，他努力要做的是在坚持斯密自由主义基本精神的前提下，吸收空想社会主义和资本主义两者的长处，因而他的思想具有明显的综合特征。

穆勒在自传中详细描述了自己从童年、青年到老年的整个思想发展历程，其中他认为最根本的一次转变是从“民主主义”转变为“社会主义”。对于这个转变过程，他阐述道：“在那个时期，对于社会结构根本性改良的可能性，我看得并不比旧政治经济学家远多少；我和他们一样都把现在所理解的私有制和遗产制视为立法中最后的词语。我只知道通过取消长子继承权和限定继承权来减少由这些制度所造成的不公平现象。除此之外，对于消除不公正现象还有其它办法的想法——因为不管不公正是否允许彻底地纠正都包含这样的一个事实，即有些人生来就是富人而大部分的人生来就是穷人；我那时认为这样的想法只是幻想，我只希望通过全民教育使人们自愿限制人口，这样穷人的生活或许还好过一点。简而言之，我那时是一位民主主义者，绝不是社会主义者。但是与那时的我相比，我们现在更不是民主主义者了，因为只要教育继续如此的不完善，我们就担心民众的无知，特别是担心民族的自私和野蛮。但是我们对社会最后改良的理想远远超过了民主主义，由此可以明确地把我们归类于通常所称的社会主义者。”②

也就是说，穆勒的思想的确发生了重大转变：要从根本上消除贫富两极分化，实现社会公平，就必须对资本主义制度进行改革。按照穆勒自己的看法，他是从古典自由主义转向了社会主义。

不过，穆勒设想的社会主义有其特定内容。他提出，“社会改良的崇高目的，应该是通过教养，使人类适应于将最大的个人自由和劳动成果的公平分配（现行的财产法规并不以公平分配为目标）结合起来的社会状态”③，“到那时，不劳动不得食的原则不仅适用于穷人，而且公平地适用于所有人；到那时，劳动产品的分配不再像现在这样如此大程度地取决于出身，而是通过商议取决于一致公认的公平原则；……我们认为未来的社会问题将是如何把个人行动的最大自由与全球共有的原料及所有人平等分享共同劳动的成果结合起来”④。可见，穆勒追求的社会理想在价值形态上具有“行动自由”与

① 约翰·穆勒. 约翰·穆勒自传. 郑晓岚，陈宝国，译. 北京：华夏出版社，2007：120-126，171-173，182；约翰·穆勒. 政治经济学原理：上卷. 赵荣潜，桑炳彦，朱泱，等译. 北京：商务印书馆，1991：228-243.

② 约翰·穆勒. 约翰·穆勒自传. 郑晓岚，陈宝国，译. 北京：华夏出版社，2007：171.

③ 约翰·穆勒. 政治经济学原理：上卷. 赵荣潜，桑炳彦，朱泱，等译. 北京：商务印书馆，1991：9.

④ 同②171-172.

“分配公平”两大特征，这实际构成了穆勒社会改良目标的灵魂或精神实质。

对于分配公平与行动自由的社会追求，穆勒在《政治经济学原理》一书中，以经济学的精确做了更为详细的刻画。他所理解的分配公平，其实不仅包括作为劳动成果的产品的分配公平，而且包括作为劳动过程的就业的分配公平。所谓“不劳动不得食”原则“公平地适用于所有人”，实际就是主张人人都应该自食其力，都应该参加劳动。在《政治经济学原理》中，他对此表达得更直接：“我认为，如果社会中有不劳动的‘阶级’，这种社会状态是不公正的，也是有害的，除了那些不能劳动的人或退休人员外，人人都应该承担人类生活的一份必要劳动。”① 穆勒理解的行动自由，也突破了古典自由主义所主张的自由创业、自由竞争和自由交换等内涵，带有反对以社会分工为基础的异化劳动对个性自由的扼杀，追求自主劳动和自由劳动的意味。他指出，“共产主义著述家们深切地感觉到在不同性质的劳动之间进行调整的难处，因而他们通常认为，必须使所有的人轮流从事各种有用的劳动。这种废止职业分工的安排会牺牲掉很多协作生产的好处，从而大大降低劳动生产率”②，但即使如此，“在一种以平等为目的的制度下，对这种事情所能作出的安排即使极不合适，极不公平，同现今的劳动分配（且不谈报酬）相比，其不平等和不公平仍是微不足道的”③。“无须将个人束缚于一种职业或特定的地方。同大部分人类目前的状况相比，共产主义的管束反为自由。英国和大多数其他国家的一般劳动者几乎没有选择职业或移动的自由。这些实际上都要取决于固定的规则和别人的意愿，和真实的奴隶制所差无几。人类的半数（译者按：指妇女）完全处于家庭的奴役之下，更不待言。”④ 应当说，穆勒对公正与自由的理解远远超越了古典自由主义的境界。像为穆勒《政治经济学原理》写导言的哈德利所认为的那样，将穆勒视为一位斯密意义上的古典自由主义者，显然是没有充分注意到穆勒思想发展中的这一巨大转变。

穆勒的社会理想发生上述转变，是有着深刻的现实原因和理论原因的。从现实的角度看，穆勒写作《政治经济学原理》的时间是 1848 年，也就是马克思恩格斯《共产党宣言》发表的那一年，那时，资本主义社会的基本矛盾开始暴露出来，工人阶级在政治上开始登上历史舞台，各种各样的社会主义思潮在欧洲广泛传播。工人阶级的政治主张不可能不对很有“同情心和敬畏心”的穆勒产生影响。实际上，这种影响非常大。同时，关心工人困苦、富有思想和同情心的哈丽特·哈迪，是促使穆勒的社会理想发生转变的重要因素。穆勒在自传中对此做了详细的披露，他不无自豪地指出，“就我目前达到精神发展的这个时期，我得到了一位女士的友谊，它是我一生的荣耀和主要幸福，也是我为人类进步努力所做的或希望以后实现的大部分事业的源泉”⑤。穆勒出身于知识和政治精英家庭，早期的教育中浸透着传统的资本主义观念。而与哈迪女士的共同思考和结合，促使他开始站在劳动群众的立场思考问题，而这种立场转变对于他的整个思想

① 约翰·穆勒．政治经济学原理：下卷．胡企林，朱泱，译．北京：商务印书馆，1991：324.
② 约翰·穆勒．政治经济学原理：上卷．赵荣潜，桑炳彦，朱泱，等译．北京：商务印书馆，1991：234.
③ 同②235.
④ 同②237.
⑤ 约翰·穆勒．约翰·穆勒自传．郑晓岚，陈宝国，译．北京：华夏出版社，2007：136.

体系的形成而言，无疑极其重要。

穆勒社会理想发生转变的理论原因，则与斯密的理论体系所隐含的“经济人”假设的缺陷和穆勒本人的新的社会哲学有重大关系。穆勒在《政治经济学定义及研究这门科学的哲学方法》一文中，一方面从内容上概括了斯密理论中所隐含的“经济行为人”观念，另一方面又对这一观念提出了质疑。可以说，穆勒社会改良目标的实现，正是建立在对“经济人”人性的教育改造基础上的。他依据现实的经济事实，对“经济人”理论进行了深刻的批评：“人类的公益精神比现今的人们所能想象的要强得多。历史已证明把许多人教育成爱公如私是可以做到的。最适合于这种感情滋长的土壤莫过于共产主义社团。因为现在努力追求各自利益的全部劲头和身心活动能力都会用于其他方面，用于追求社会的一般福利。”① 无疑，追求自我利益的“经济行为人”在某种程度上是一种社会事实，但将其夸大为不可变更的人类本性的观点是穆勒反对的。他不仅承认这种事实，而且要改变这种事实。

如果说斯密的“经济行为人”理论的缺陷为穆勒社会理想的转变提供了突破口，那么穆勒本人独特的社会哲学的形成则直接为这种社会理想奠定了哲学基础。他的社会哲学是一种具有一定辩证法内涵的朴素社会历史唯物主义思想。这一思想在方法论上具有将静态结构分析和动态历史分析结合起来的特征。对此，他难能可贵地表达得十分清楚：“我们必须在已有的均衡理论之外加上一种运动的理论，即在政治经济学的静态理论之外加上一种政治经济学的动态理论”②，来“考察这些变化是什么，变化的法则是什么，变化的基本趋势又是什么”③。用这种方法思考社会历史问题，他发现，“一国人民有时会先富起来才得到自由，有时又先自由了才富起来。一国人民的信仰和法律对他们的经济状况起很大作用，而经济状况通过对智力发展和社会关系的影响，又作用于人民的信仰和法律”④。这一思想已经隐约触及了生产力、生产关系和上层建筑之间的辩证关系。以这一思想为基础，他以社会哲学和经济学相结合的语言重新表达了自己的社会理想——社会经济发展的“静止状态”。这种“静止状态”是资本与人口的静止状态，是建立在公平分配制度、合理人口限制、自觉保护环境等基础上的人与人、人与自然的和谐状态。人们超越了为了财富相互斗争、相互倾轧的历史阶段，各种精神文化、道德和社会进步会同以前一样具有广阔的发展前景。⑤ 这些思想的形成为他实现社会理想的转变提供了理论依据。

穆勒认为社会改良主义思想可以区分为“两个主要领域：一个是最后目标的领域，其构成要素是人类生活可实现的最高理想；另一个是直接有用和实际可得的领域”⑥。尽管穆勒自认为实现了从“民主主义”向“社会主义”的转变，但这仅仅是就他所追求的终极社会理想而言的。就暂时所应采取的态度而言，他认为关键是借鉴和运用空想社

---

① 约翰·穆勒. 政治经济学原理：上卷. 赵荣潜，桑炳彦，朱泱，等译. 北京：商务印书馆，1991：233.
② 约翰·穆勒. 政治经济学原理：下卷. 胡企林，朱泱，译. 北京：商务印书馆，1991：256-257.
③ 同②256.
④ 同①13-14.
⑤ 同②321-322.
⑥ 约翰·穆勒. 约翰·穆勒自传. 郑晓岚，陈宝国，译. 北京：华夏出版社，2007：139.

会主义的合理之处，改良或改革资本主义私有制和其他社会弊端。这就体现出穆勒社会理想的典型的综合与二元特征。

穆勒的社会理想之所以呈现出上述特征，一方面在于他对现实的消极看法。他认为，“一般说来人类尚处于没有作好准备的状态，劳动阶级更是如此。他们对于要求他们具有高度的才智和道德的各种行为规则目前还很不适应”①。应当说，穆勒将新的社会人格的培养看作一个过程是有合理性的。另一方面在于，他认为尽管资本主义社会存在很多问题，但资本主义私有制在一定时期内具有合理性。

穆勒认为，人们如果能够像针对扩大私有财产原则的自然作用所造成的机会不均等那样，努力采用一切不破坏原则的办法来缓和不平等，如果立法的趋向有利于财产的分散，而不是财产的集中，那么就会发现私有财产原则与社会灾难之间并无必然联系。②尽管几乎所有社会主义者都认为私有财产与社会灾难之间存在相关性，但穆勒仍然寄希望于遗产法对财富集中的防治可以解决私有财产集中带来的问题。可以看出，他在这里夸大了法律的作用，忘记了他的社会哲学所揭示的经济关系对法律的决定作用，而不是法律决定经济关系。

基于对资本主义私有制的这种现实态度，穆勒表达了他十分确信的现实行动纲领：在相当长的一段时间内，政治经济学家主要关心的还将是，基于私有制和个人竞争原则的社会的存在与发展条件问题；在目前阶段人类进步的主要目标不是取消私有制，而是进行社会改良，使社会的每个成员都能从中得到好处。③

二、社会改良的主要领域：工业改良

在穆勒看来，社会结构整体改良是一项系统工程，必须从这个系统的内在运转规律出发展开行动。工业改良则是社会改良的“第一步”，也是决定社会结构整体改良最终能否实现的最重要的领域。从工业改良着手，他不仅阐明了工业必须改良的社会原因，而且构思了从工业改良出发所引起的整个社会变革的“多米诺骨牌”效应。他的整体改良思路与其社会哲学的特点有着直接相关性。

穆勒在《政治经济学原理》及其自传等著作中多次强调了进行社会改良的必要性和重要意义。他指出，改良是一个“广义”的概念，“改良在此处必须从广义上去理解，不仅包括新的工业发明，或原有发明的推广应用，还包括制度、教育、舆论以及一切人类事务上的改进，只要给予了生产新的刺激或新的便利，就应该包括在内”④。就工业改良来说，主要包含工业技术改良和工业制度改良两层内涵。工业技术改良虽然在资本主义条件下取得了重大成功，但却没有自然而然地带来人类生存的满意状态。这促使穆

① 约翰·穆勒. 政治经济学原理：上卷. 赵荣潜，桑炳彦，朱泱，等译. 北京：商务印书馆，1991：9.

② 同①236.

③ 同①243.

④ 同①218.

勒将工业改良的重点放在工业制度改良上。他的工业制度改良计划围绕着劳资关系展开，寄托于合作制度的发展，从而以引起所有权制度和分配制度的变革为落脚点。

他首先详细分析了影响工业技术改良的相关因素，这些相关因素包括“有利的自然条件”“较大的劳动干劲”“较高的技能和知识”“较高的社会知识水平和信任程度”“较高的安全感”“劳动联合”六大方面。他一方面从劳动工具和劳动组织方式的角度，认为“技术改良的一个主要领域是工具和机器的发明和使用”①，同时认为“劳动联合是生产力较高的一个主要原因”②；另一方面又从提高劳动者素质的角度，认为劳动者的技术知识和道德水平与劳动生产率之间具有正相关性。③ 应该说，穆勒关于技术改良的这两个方面的思想无疑具有重要的管理学意义：他从劳动工具和劳动组织方式的角度提出的观点，实际包含了重要的科学管理思想内容；他从提高劳动者技术知识和道德素质的角度提出的观点，实际就是一种朴素的企业文化管理和“人力资源管理”思想。

技术改良是资本主义生产力在很大程度上能够实现的，但这不是穆勒工业改良思想的核心。他的重心放在了劳资关系改良这个轴心上。他认为，“工业经济把社会彻底分成了两部分，一部分是工资支付者，另一部分是工资接受者，前者以千计，后者则以百万计，这种经济既不适宜于也不能够无限期地存在下去”④。因此，“工业改良的目的并不是使人们老死不相往来，而是使人们在没有依附关系的情况下，相互合作或相互服务……实际上，合伙经营推动文明和改良，以及大规模生产带来效率和节约，并不一定要把生产者分为两个集团，利益和感情相互对立，从事劳动的大多数人仅仅是奴仆，受资金供给者的驱使……如果工业改良（即使是强大的军事独裁统治也只能延缓而不能停止这种改良）发展下去，则毫无疑问，只有那些道德素质低下不适于做独立工作的人，才会沦为雇佣劳动者，雇主与工人的关系将逐渐为合伙关系所取代。这种合伙关系将采取以下两种形式中的一种：在某些情况下，是劳动者与资本家合伙经营；在另外一些情况下，而且也许最终将是劳动者之间的合伙经营”⑤。可见，穆勒主张限制和消灭雇佣劳动关系，代之以“合伙关系”。这种合伙关系包括劳资合伙经营和劳动者合伙经营两种组织方式，而劳动者合伙经营将是最终的工业组织方式。穆勒的这一思想与他的社会哲学所主张的“静止状态”有着紧密的联系。

穆勒将工业改良，特别是工业制度改良看作首要内容，这除了与他的社会哲学有关之外，还与当时的社会原因有关。这些社会原因主要包括工业技术改良的片面后果以及工人阶级文化程度、经营能力的提高等多个方面。

他指出，到当时为止，机械方面的各种发明是否减轻了人们每天繁重的劳动，仍然很值得怀疑。这些发明使更多的人过上了同样艰苦和贫困的生活，使更多的制造商和其他人得以发财致富，并提高了中产阶级的生活水平。但这些发明却未按其性质和

① 约翰·穆勒．政治经济学原理：上卷．赵荣潜，桑炳彦，朱泱，等译．北京：商务印书馆，1991：129.

② 同①138.

③ 同①130-134.

④ 约翰·穆勒．政治经济学原理：下卷．胡企林，朱泱，译．北京：商务印书馆，1991：484.

⑤ 同④334-335.

未来的发展趋势使人类的命运发生重大变化。① 技术改良的结果不是社会财富占有的共同富裕，而是越来越严重的两极分化。他以经济学家的敏感性敏锐地发现斯密的发展理论对效率问题的态度过于乐观——蛋糕做大了未必就能带来大多数人的福祉。这个问题也正是目前国际上主流经济发展理论遭到诸多质疑的重要原因之一。技术改良之所以不能自然而然地带来共同富裕，这与分配制度、人口增长等社会幸福的函数变量有关。

穆勒倾向于工业制度改良，还主要与当时工人阶级的社会态度和能力发展有关。从社会心理方面的变化来看，他认为，人们从根本上厌恶那种完全由金钱利害关系维系的社会，所以很自然，那种充满了深厚的个人感情和无私奉献精神的社会便具有某种吸引力的力量。② 从政治态度方面的变化来看，“我们可以断言，至少在较为先进的欧洲国家，工人不会再屈从于宗法式的或家长式的政治制度了。我们之所以能这样说，是因为工人现在已经认识字，能够读报纸和政论书籍，各种持不同观点的人已走到工人中间，诉诸工人的官能和感情，反对上层阶级所宣传和支持的信仰……总之，工人阶级已开始自己照管自己的利益，并正在不断向世人表明，他们的利益非但与雇主的利益不一致，而且是正相反的”③。可以说，工人阶级已经觉醒，其感情上的厌恶与政治上的反抗让穆勒看到了实现社会改良的一种活生生的促进力量。那依靠所谓“依附保护理论”来欺骗工人的时代，已一去不复返了。

然而，最终使穆勒坚定工业改良和社会改良信念的，是工人阶级合作运动与自我管理的现实成功样板。工人阶级不仅能够提出政治要求，而且为这种政治要求的实现提供了成功的途径。这是影响穆勒思想的至关重要的一环。针对西欧国家工人合作运动的成功经验，他坚定地认为，“事实表明，英法两个世界大国的社会底层有许多纯朴的工人，他们正直诚实、通情达理，能自己约束自己，而且相互信任，这些品质使以上那些宏伟试验获得了圆满成功。我们因此而对人类的未来抱有无限希望”④。穆勒是一位在理想主义与现实主义的“中间地带”寻找“过渡环节”的伟大思想家，在工人合作运动的成功案例中，他似乎找到了连接理想与现实的“过渡环节”。

沿着上述关于工人合作运动的思路，他认为，“当合作社增加到足够多时，除了最没有出息的工人外，哪个工人都不会再愿意终生仅仅为了工资而工作，无论是私人资本家还是合作社都会渐渐发觉，必须使所有劳动者都成为利润分享者。最终，在也许比人们的想象要近的将来，通过合作原则，我们也许将能变革社会。在变革后的社会中，个人的自由和独立将同集体生产在道德、智力和节约等方面的优势结合在一起，而且用不着采用暴力或掠夺方法，甚至也不突然打乱现存习惯和期望，就会结束社会分为勤劳者和懒惰者的状态……从而至少在工业部门实现民主精神的最美好志愿……随着这种变革的进行……现存资本最终将正当地、自然而然地变成所有工人的共同财产，由此而实现

---

① 约翰·穆勒．政治经济学原理：下卷．胡企林，朱泱，译．北京：商务印书馆，1991：322．
② 同①326．
③ 同①328．
④ 同①358．

转变……将是实现社会正义的最简便途径”①。对于这一社会改良工程的宏大未来，他称之为“以合作社为第一步的社会改革的趋势”②。

由上可知，穆勒经过深思熟虑，提出了一个以工业改良为首要内容的社会改良的宏大管理目标。那么，应该如何实现这个宏大目标？他的逻辑为我们提供了一个由工人阶级的独立与自我管理、资本家的人性化管理与自我革命、政府的有效干预组成的“三位一体”管理战略思想。下面我们分别阐述这三个方面的具体内容。

三、工人阶级的独立与自我管理

穆勒将工业改良看作社会改良的突破口，而又将工人合作运动看作工业改良的根本策略。因此，他的整个社会改良计划最终要围绕工人合作运动这个“关键”展开。尽管他将劳资关系作为改良的轴心，但他既不赞同工人阶级通过暴力措施直接消灭这种关系，也不把改良的主动性要素寄托于资本家的良心发现。资本家的自我革命在穆勒这里仍然是工人阶级的合作运动与自我管理最终引起的被动结果。最后剩下的唯一可能即是，将社会改良的期望寄托于工人阶级的合作运动与自我管理。也就是说，在劳资关系的两端，穆勒将改良构想的出发点放在工人阶级这一端的主动改良而非暴力革命上。

穆勒认为，“现在应该让穷人自己照管自己的命运，现代国家应懂得，人民的幸福取决于每个公民是否得到公正对待和是否具有自我管理能力……现在，各从属阶级的依附性已愈来愈小，他们已愈来愈不满意于尚存的依附性，而日益感到需要独立”③。工人阶级的独立与自我管理是人民幸福的先决条件。那么，如何才能实现这种独立与自我管理？

首先，必须消除对工人阶级所应具有的社会地位的各种社会偏见。关于工人阶级所应享有的社会地位，当时存在两种相互对立的理论。一种可以称为“依附和保护理论”，另一种就是穆勒所赞同的“自立理论”。对于依附和保护理论，穆勒进行了严肃而客观的批评。根据依附和保护理论，“穷人的命运都应受别人摆布，而不应掌握在他们自己手里……富人应是穷人的父母，像教导和管束孩子那样教导和管束穷人”④。穆勒认为，“这是那些不满意于现在而怀念过去的人，对未来所抱有的一种理想”⑤。对于这种封建家长式的经济管理主张，穆勒质问道：“在目前的社会状态下，具有正常体力和勇气的人，有什么理由要为所受到的保护表示最热烈的感激之情和最恭顺的效忠之心？今天，只要是在法律没有废弛的地方，法律就总会保护人们。”⑥ 依附和保护理论以保护为借

① 约翰·穆勒．政治经济学原理：下卷．胡企林，朱泱，译．北京：商务印书馆，1991：360-361.
② 约翰·穆勒．政治经济学原理：上卷．赵荣潜，桑炳彦，朱泱，等译．北京：商务印书馆，1991：10.
③ 同①329.
④ 同①325.
⑤ 同①326.
⑥ 同①327.

口，替富人的社会地位辩护，其实质是为维持现存的劳动雇佣关系做论证。工人阶级要真正实现独立、获得幸福，就必须戳穿所谓依附和保护理论的欺骗本质，自信地认识自身的社会历史地位。

其次，必须提高工人阶级的精神文明程度，使工人成为具有充分理性的人。在穆勒看来，工人阶级未来的幸福不是依赖于富人资本家的保护，而是"依赖于他们自己的精神文明程度"①，"取决于他们能在多大程度上成为具有理性的人"②。"我们没有理由认为劳动者成不了具有理性的人。固然这方面的进展至今一直很缓慢，而且现在仍很缓慢，但一种自发的教育运动正在人民群众中展开，这种自发的教育可以通过人为方式加以极大的促进和改进。"③ 穆勒这里所谓的"自发的教育运动"主要指"得自报纸和政治书籍的教育"④、"辩论会、演讲会、公共问题讨论会、工会、政治鼓动"⑤ 对人民大众的教育。除了这些自发的教育运动之外，穆勒还认为"在政府和个人的努力下，学校教育的质量和数量都将得到很大改进，人民大众的精神文明程度和依赖于精神文明程度的道德品质，将比过去更为迅速、更为顺利地得到提高"⑥。自发教育和学校教育的发展，最终必然使工人阶级获得更多的知识，成为一个"理性的"阶级。

随着工人阶级变得越来越理性化，其自主意识会变得越来越强烈，工人"会比现在更不愿意接受上层阶级的指引和统治，更不愿意接受上层阶级为他们指出的道路……他们会要求国会按照他们的意愿和想法进行干预，而不愿听别人指手画脚"⑦。随着工人阶级变得越来越理性化，妇女的社会地位会越来越高，相对于就业机会的人口也会自觉减少。这些最终都有利于工人阶级的独立与自我管理。

最后，必须废除雇佣劳动关系，使工人阶级可以自主组织、管理生产。应该说，相对于以前的近代经济学家而言，穆勒的这个主张是十分激进的，在他们看来肯定是大逆不道的。但这也从根本上反映出穆勒社会改良思想的相对深刻之处。在穆勒看来，雇佣劳动关系将逐渐被废除，这不仅是必要的，而且是必然的。之所以是必要的，是因为这种关系违背了公平正义原则。"这两个阶级之间的关系不仅对雇工来说是不能令人满意的，而且对雇主来说也是不能令人满意的。富人认为穷人天经地义就是他们的仆从和随从，而穷人则把富人看作捕食对象和牧场，而且他们的欲望是无止境的，会得寸进尺。无论是雇工还是雇主，在他们的相互关系中，都丝毫不尊重正义或公平。"⑧ 之所以是必然的，是因为"二者的利益和感情是敌对的"⑨，而且工人阶级已经认识到劳资关系的根本利益冲突，在"势力的扩大和人数的增加"这种客观条件和"平等思想的日益广泛传播"这种精神条件越来越具备的前提下，工人阶级会通过"对政府施加限制"或者

---

① 约翰·穆勒. 政治经济学原理：下卷. 胡企林，朱泱，译. 北京：商务印书馆，1991：329.
② 同①.
③ 同①.
④ 同①.
⑤ 同①330.
⑥ 同①330.
⑦ 同①330-331.
⑧ 同①332-333.
⑨ 同①333.

其他政治活动来实现自己的政治和经济要求。

废除雇佣劳动关系后，应该建设一种什么样的新的经济组织方式，以保证劳动群众的独立社会地位？如前所说，穆勒设想了两种组织方式，一种是资本家与劳动者合伙经营，另一种是劳动者独立自主的合伙经营。前一种是一种过渡形态，后一种才是最终的主要形态。“如果人类不断进步的话，则应该预料到，最终占统治地位的合伙经营方式，将不是作为主人的资本家和没有管理权的工人之间的合伙经营，而是劳动者自己在平等基础之上的合伙经营，即工人共同拥有企业的资本，经理由工人选举产生并可由工人罢免。”① 穆勒看到，当时，工人合伙经营这种组织方式已经不再是理论的构想，而是在工人阶级的合作运动中变为了现实。这主要存在于 1848 年法国革命后的法国工人和英国工人中。这种独立自主地占有生产、管理生产、参与生产的组织方式，使工人阶级的独立与自我管理不再是一种社会理想，而成为看得见、摸得着的社会现实。如前所言，这一现实的出现对穆勒的思想产生了决定性影响。

四、资本家的人性化管理与自我革命

穆勒将社会改良工程的根本阶级指向放在工人阶级之上，这在某种程度上体现出他对工人阶级历史使命的肯定，对他原先立足的阶级的失望。但是，这并不等于说他认为资本家在他宏大社会理想的实施中可以置身事外、无所作为。对此，他指出，“我们清楚地知道，要实现这样既有可能又合乎需要的社会变革，必须使劳动阶层中未受教育的民众和他们的绝大多数雇主的性情发生同等的变化。这两个阶层都要从实践中学会宽宏大量，或者无论如何为社会及公共的目标而劳作和联合，而不是像迄今为止这样只为狭隘的个人私利而劳作和联合”②。穆勒十分强调资本家与工人阶级之间利益上的共同性和道德上的“宽宏大量”。尽管在他看来，希望首先存在于“哑铃”的人数居多的一端，但他仍然对“哑铃”的另一端所应该做的努力进行了必要的分析。

首先，在社会改良的初始阶段，资本家应该在企业范围内对股权和分配制度进行人性化的改革，实行劳资合伙经营。穆勒认为，凡是对企业做出贡献的人，不论是用劳动做出贡献还是用金钱做出贡献，都按贡献的大小，像合伙人那样享有企业股权。在现实中，用一定百分比的利润奖励受到特别信赖的人已成为惯例；在某些情况下，当把这一原则推广、应用于体力劳动者阶级时，也获得了极大成功。③ 穆勒之所以认为“股权分置”和红利共享是一种“人性化”的改革，一方面是因为这突破了资本主义传统“平等”观的内涵，将平等从政治权利延伸到经济权利，而这种经济权利的平等化最终可以

---

① 约翰·穆勒. 政治经济学原理：下卷. 胡企林，朱泱，译. 北京：商务印书馆，1991：341.

② 约翰·穆勒. 约翰·穆勒自传. 郑晓岚，陈宝国，译. 北京：华夏出版社，2007：172.

③ 同①335.

促使政治权利平等的真正落实；另一方面是因为在他看来，这种改革是符合人性的，符合以充分实现人性趋向为宗旨的社会改良目标。

从穆勒的论述中可以看到，他的上述设想有着价值观念和现实两个方面的依据。从价值观念方面来看，他认为，不顾人口数量的无限增长是无法持续的，同时，资本家不顾社会成本、唯利是图的做法也是不值得称道的。他十分坦率地指出，“如果人民大众从人口或任何其他东西的增长中得不到丝毫好处的话，则这种增长也就没有什么重要意义。我不明白，那些已经比他人富有的人钱财增加一倍（这几乎不会或根本不会增加他们的快乐，而只是使他们能炫耀自己的富有），或每年有一些人从中产阶级上升为有钱阶级，从有事可干的富人变为无所事事的富人，这一切究竟有什么值得庆贺的。只有在落后国家，增加生产仍是一项重要目标。在最先进的国家，经济上所需要的是更好地分配财产，而要更好地分配财产便离不开更为严格地限制人口”①。穆勒的这一思想隐含着一种知识分子式的、内在超越的内涵。资本家依靠劳动人民发财致富了，他们既然已经实现了物质财富上的目标，那么就应该摆脱拜物教思想的束缚，转向更高的精神追求，而他们的财富也应该通过分配制度改革，拿出一部分来赈济穷人。这又是在内在超越基础上对原先物质财富目标的修正。社会发展的最后的“静止状态”是无法避免的，与其在环境恶化、贫穷激增的压力下被迫进行改进，不如未雨绸缪，自觉地为这种状态的到来做好各种准备。

从现实方面来看，穆勒发现劳资合伙经营已经是一种在资本家群体中客观存在，并且被资本家肯定和认同的组织方式。对于这些自觉进行改良的资本家，穆勒大加赞赏地指出，“这些大雇主这样做很值得人尊敬，他们首创的这种制度既对所雇用的职工有利，也对社会进步有利；他们说，‘可以肯定，采用这种分红方法将大大增加企业成功的因素，股东的红利不但不会减少，反而会增加’。这表明，他们对这种方法抱有充分信心”②。资本家之所以认同并自觉执行这种组织方式，主要是因为这种方式不仅会带来很好的社会效益，而且对资本家的利润也是一种有力的促进。蛋糕不仅做大了，而且大家都增加了分量。这是一种典型的帕累托改进。如果说，信念和道德上的指引对于劳资关系而言还是软弱的、空洞的，那么利益和红利上的指引则是强硬的、实在的。

其次，人性化管理只是一种过渡形式，最终的形式是由劳动者的合伙经营所导致的资本家对所有权制度和分配制度的自我革命。尽管劳资合伙经营是对原先劳动雇佣制度的一种改进，但这种组织形式只能是一种历史的过渡形式。这首先是因为随着历史的发展，工人阶级会不断提出新的历史要求。“仅就经济方面的影响来说，虽然工人阶级智力水平的提高以及公正的法律也许会使产品的分配更加有利于工人阶级，但我却认为，他们不会满足于永远处于被雇佣的地位。他们为了成为雇主，也许愿意先做雇工，但却不会愿意一辈子做雇工。”③ 就此而言，穆勒认为，从长远利益的角度看，“资本家的利益所在几乎与工人的利益所在一样，就是把工业生产活动建立在这样的基础上，使那些

---

① 约翰·穆勒. 政治经济学原理：下卷. 胡企林，朱泱，译. 北京：商务印书馆，1991：320.

② 同①341.

③ 同①332.

为他们干活的人像独立经营者那样，对工作具有同样的兴趣”①。那么，如何才能实现这种既符合资本家的长远利益，又有利于工人阶级的独立与自我管理的目标？穆勒将希望寄托于劳动者自身的合伙经营，以及这种经营所必然带来的资本家将所有权交给工人阶级。

他预测：“随着协会的增加，它们将逐渐把所有工人都吸引到自己周围，不能吸引到它们周围的仅仅是这样一些工人，这些工人由于理解力极差、道德修养极低，只知道根据狭隘的自私自利原则行事。随着这种变革的进行，资本所有人将逐渐发觉，他们的利益所在不是与最低劣的工人一起维护旧制度，而是把资本借给协会，并不断降低利率，最后甚至把资本换成定期年金。通过这种或与此类似的方式，现存资本最终将正当地、自然而然地变成所有工人的共同财产。”② 穆勒推理的逻辑出发点在于工人协会的不断增加，以及协会的增加对所有有知识、道德的工人的吸收。这种发展趋势会导致两个必然结果：一个结果是，大量有知识、有道德的工人摆脱了资本家的专制和剥削，成为独立自主的生产者和经营者，这就从根本上削弱了资本家对工人的经济统治；另一个结果是，依靠剩余的素质低下的工人进行经营的资本家的企业的效率越来越低下，在竞争中不是工人合伙企业的对手。既然效率越来越低下，那么为了保值、增值，资本家还不如“把资本借给协会”或“把资本换成定期年金”。这样做，实质上就是资本家通过信用手段出让经济权。这无疑是一种社会经济关系上的“自我革命”。通过这种自我革命，“资本最终将正当地、自然而然地变成所有工人的共同财产”。到那时，穆勒所认同的社会主义社会就可以代替资本主义社会，由社会理想转变为社会现实了。

五、政府的有效干预

实现社会改良这一系统工程，除了工人阶级的独立与自我管理以及资本家的人性化管理与自我革命之外，政府有效干预的作用也不可缺少。对于政府应该扮演的角色、应该发挥的功能，穆勒也做了重要分析。对此，他一方面从价值原则的角度，指出政府管理行为必须坚持自由和平等这两个基本维度；另一方面又在具体分析政府管理职能的基础上，揭示了政府干预经济社会生活的必要性。

（一）政府管理经济应坚持自由原则与平等原则

如前所述，穆勒关于社会改良目标的“个性自由”原则超越了古典自由主义的自由原则的内涵，这主要是因为他受到了空想社会主义思潮的影响。但他的这一社会理想同时仍旧肯定现实私有制和竞争原则的重要性。关于社会理想的保守一面，在他关于政府管理经济的思想中体现得比较突出。也就是说，他关于政府管理经济的思想更多继承了

---

① 约翰·穆勒. 政治经济学原理：下卷. 胡企林，朱泱，译. 北京：商务印书馆，1991：333.

② 同①361.

古典自由主义的思想。

他认为，政府管理经济的行为“一般应实行自由放任原则，除非某种巨大利益要求违背这一原则”①。他区分了命令式干预和非命令式干预，阐述了限定政府干预特别是命令式干预之范围的五个理由，反证政府管理坚持自由原则的必要性。

第一，干预本身总是带有强制性，这一强制性有可能是对所有个人的自由空间的最大威胁。受到家庭教育的影响，穆勒是一位反对封建专制制度的斗士。他把个人的最基本的自由看得比什么都重要。他认为，在任何情况下，都需要有足够的必要性作为前提，如此，命令式干预才是正当的；与此同时，在人类生活的很大范围内，必须毫无保留地、无条件地排除命令式干预。无论我们信奉什么样的社会联合理论，也无论我们生活在什么制度下，每个人都应享有一活动范围，这一范围是任何形式的政府都不应侵犯的，无论是一个人的政府、少数人的政府，还是多数人的政府。每一个已经成年的人，都应有一部分生活不受任何其他人或公众全体的控制。只要稍许尊重人类自由和尊严的人都不会怀疑，人类生活中确实应该有这样一种受到保护的、不受干预的神圣空间。②

第二，每增加一项政府职能，就会增加一分政府的权力，这种权力即使代表大多数人的意愿，也容易成为侵犯个人生活的自由的工具。穆勒彻底的人权思想让他认识到，政府干预的强制性本身就是对个人自由的威胁，以代表民意而存在的政府权力也不能被看作例外。“经验证明，即便是大多数人选举出来的当权者，也和寡头统治集团一样，当他们认为能够得到民众支持时，便很容易滥用权力，很容易非法侵犯个人生活的自由。”③ 因此，很容易把其狭隘的利益观、抽象观念甚至爱好作为法律强加给个人，使个人受到约束。因此，“特别需要坚决保护每个人思想、言论和行为的独立，以维护人类精神的创造性和每个人的个性，因为这种创造性和个性是所有真正进步的唯一源泉，是使人类远远优越于动物的最重要的品质”④。

第三，“每增加一项政府职能，就会给已经责任过重的政府增加一项新工作。其结果自然是，大多数事情都办得很糟”⑤。穆勒很有先见地强调了政府实现合理分工的重要性，这种分工包括中央政府和地方政府之间的合理分工、中央政府内部的合理分工、上下级之间的合理分工。他指出，尽管一个良好的政府必须具备的条件是，其行政首脑对其管辖范围内的各种利害关系具有总的、全局性的调节控制权，但是，只要行政机器运转得灵活自如，就应赋予下属和地方官吏较为广泛的行动自由，让他们具有自己决定具体事务和行使职责的权力。总之，政府职能过多的结果只会有两个，要么拖着不办，要么办得很糟。即使办得好，也很可能是以政府陷入各种琐事之中因而负担过重为代价的。

第四，私人经营因为与所经营的对象具有较大的利害关系而效率较高。尽管组织得

① 约翰·穆勒. 政治经济学原理：下卷. 胡企林，朱泱，译. 北京：商务印书馆，1991：539-540.

② 同①531.

③ 同①533.

④ 同①533.

⑤ 同①534.

较好的政府会使人们不再那么强烈地反对增加政府的职责，但即使如此，在所有较为文明的社会中，政府插手做的绝大多数事情，还是不如由让与所做之事具有最大利害关系的个人来做好。之所以如此，人们常说的一句话相当精确地道出了其中的原因：个人要比政府更了解自己的事情和利益，并能更好地照顾自己的事情和利益。①

第五，政府干预越少，越有助于人们养成共同行动的习惯。穆勒认为这是反对扩大政府干预的最强有力的理由。"即便政府能把全国最有学识和才干的人都网罗到各个部门内，很大一部分社会事务仍应该留给具有直接利害关系的人去做。生活中的事务，乃是对人民进行实际教育的最主要部分；书本和学校教育固然是极为必要的，也是极为有益的，但如果没有实际生活的教育，却不足以使人们能很好地处理事务，不足以使手段适合于目的。"②

穆勒的这一思想也表现在他对政府与工人合作运动的关系的看法上。他根据实践经验发现，那些得到政府资助的合伙公司经营得并不是很好，而那些全部依靠合伙人筹资起家的合伙公司却经营得最好。所以，他没有主张政府自觉地出来帮助工人阶级建立合伙经营企业，而只是强调从政治自由和法律保障的角度，要求政府不要限制工人阶级的这种改良运动。要改善工人阶级的境况和提高工人阶级的地位，最重要的是必须让工人享有建立合伙公司的自由。工人享有建立公司的自由的重要性并非仅仅在于树立几个成功的样板，而且还在于能让他们做不成功的尝试，失败能给人以教训，这种教训要比不是亲身经历的事情更深刻。③ "然而，几乎没有哪一个国家的法律不设置巨大的而且大都是有意的障碍，来阻止建立多人合伙公司。"④ 从这里也可以看出，穆勒的社会改良构想首先在政府管理和法律权利这里就存在巨大障碍。

穆勒关于政府管理经济的平等原则，也更多体现了他初期所具有的经济和政治思想的特征。这一平等观的实质是尽可能缩小社会成员之间收入和财富分配的差距，在一定尺度下实现经济权利特别是经济利益分配的公平。这主要涉及政府的课税行为、遗产法的制定以及建立公平的分配制度。

在政府的课税方面，穆勒强调要坚持课税的平等原则。"为什么平等应该是征税的原则？因为在一切政府事务中都应遵循平等原则。既然政府对所有的人或阶级向政府提出的要求都一视同仁，政府要求人民所作的牺牲也就应该尽量使所有的人承受同样的压力；必须指出，这正是使全体人民所作出的牺牲减至最低限度的方法……作为一项政治原则，课税平等就意味着所作出的牺牲平等。"⑤

在遗产法的制定方面，他的思想比他在信奉"民主主义"时期就已经具有的关于遗产法的态度有新的进步。在信奉"民主主义"时期，他只知道通过取消长子继承权和限定继承权来减少由这些制度所造成的不公平现象。现在，他提出了限制遗产自由赠送的两个基本条件："第一，如果遗赠人有后代生活尚不能自立而要由国家来负担，

① 约翰·穆勒. 政治经济学原理：下卷. 胡企林，朱泱，译. 北京：商务印书馆，1991：536.

② 同①537.

③ 同①492-493.

④ 同①484.

⑤ 同①376.

则应为其保留一部分遗产，数额应与国家提供的抚养费相等；第二，任何人获得的遗产都不应超过维持中等程度的自立生活所需的数额。在没有遗嘱的情况下，全部财产应归国家所有，只给财产所有者的后嗣留下正当而合理的一部分。"① 但即使是这样的要求，穆勒发现它还是"与人们当前的思维方式相距甚远"②，要切实执行还有很长一段路要走。

在财富分配方面，他论证了公平分配财富的可能性和必要性。首先，他提出，与财富生产具有自然法则的性质不同，财富分配在很大程度上是人为的，即主要取决于一个社会的法律和习惯，分配规则一般是依照统治阶级的意见和情感而形成的。当然这并不是说财富分配规则是任意制定的，因为人们的意见和情感并不是偶然产生的，而是人类本性的各种法则与当时的知识、经验、社会制度、智力和道德修养状况相结合的产物，因而财富分配规则总是具有一定的客观性质，而财富分配规则所产生的各种结果更是与有关财富生产的法则一样，具有自然法则的性质。他说，一个政府或国家虽然有权决定建立什么样的分配制度，但"却不能任意确定这些制度起作用的方式"③。政府或国家对财富分配所拥有的决定权力依赖于许多条件，如人们的观念和行动方式特点等；这些条件和自然事物的规律一样，是不以人的意志为转移的。其次，更重要的是，他把财富分配与人类进步联系起来，强调良好的、相对公平的财富分配状态对于人们健康发展的重要意义。在他看来，财产所有制是财富分配的一种基本方式。他不仅考察了财产私有制，而且考察了财产公有制，对两者进行了很有深度的对比，认为私有制与公有制这两种财产分配制度，是否其中一个比另一个更合理，难以确定。因为历史上既没有真正按公平原则产生的私有制，更没有实现公有制分配制度的先例。他强调，在当时的条件下，财富的增长最终要落脚到财富的公平分配上。可以通过建立一套有利于公平分配的制度、通过个人的远虑和节俭，使大多数劳动者工资较高并生活富裕，人们除了自己挣得和积累的财富外，不拥有其他巨额财富，同时，使人们从繁重、机械、琐碎的工作中解放出来，有充足的闲暇在身心两个方面培养高尚的生活情趣。这些观念极富启发性，是十分深刻的。

（二）政府的管理职能及干预经济社会生活的必要性

在政府与经济之间关系的看法方面，穆勒基本继承了古典自由主义思想，主张政府管理经济必须坚持自由原则，尽量限制政府对经济社会生活的干预。然而，穆勒并不像现代新自由主义所主张的那样，对政府干预行为持一种完全敌视的态度。他对政府管理职能的范围做了高屋建瓴的分析，揭示了政府干预行为的必要性。他的思考不仅是原则性的，而且是建立在对政府各种管理职能的具体分析之上的。

他将政府的管理职能区分为必要职能和任选职能或一般职能和特殊职能。必要职能是与政府这一概念密不可分的那些职能，或所有政府一向在行使而未遭到任何反对的那些职能；任选职能是那些是否应由政府行使尚有疑问的职能，也可以称为可选择的政府

---

① 约翰·穆勒. 政治经济学原理：下卷. 胡企林，朱泱，译. 北京：商务印书馆，1991：474.

② 同①.

③ 约翰·穆勒. 政治经济学原理：上卷. 赵荣潜，桑炳彦，朱泱，等译. 北京：商务印书馆，1991：34.

职能。[1] 对于必要职能和任选职能与一般职能和特殊职能这两对概念，从穆勒对“一般职能”概念的定义中可以看出，实际上是一种划分的两种不同表达。“所谓一般职能是指政府在所有社会都行使的那些职能，指大家都赞同政府行使的那些职能。”[2] 对于必要职能或一般职能，穆勒虽然分析了它们的过度实施所带来的负面影响，但整体上还是赞同政府执行这些职能。对于任选职能或特殊职能，他则提出要具体问题具体分析，有的问题需要政府干预，有的问题则必须反对政府干预。

政府干预经济社会生活的必要性的第一个方面，也是政府的第一项职能，是对人身和财产安全的保护。“人身和财产的安全得不到保障，也就等于说是人们所作出的牺牲或努力与目的的实现之间没有确定的关系。意味着播种人不一定能得到收获，生产者不一定能享用自己生产的产品，人们节俭日后不一定能享受。不仅意味着劳动和节俭不是致富之路，而且意味着暴力是致富之路。”[3] 如果劳动者的劳动与受益之间的必然关系被打破，那么劳动者就会丧失劳动的积极性，“生产阶级的成员就会一个个地投靠掠夺阶级的成员”[4]，大家都去抢，社会就乱套了。对人身和财产安全的保护，需要由政府借助立法和司法手段来进行。但政府要运作，就要有运作费用，这就催生了政府的另两项一般职能——立法和征税。穆勒认为，在政府的一般职能中，征税、立法和司法三项内容是具有“头等意义”的。政府要实现对人们人身和财产安全的保护，就必须依靠征税来维持生存。前者存在的必要性决定了后者存在的必要性。但即使对这些必要职能，他仍然认为政府权力应该有个度，过度课税和不正当、不完善的司法照样是政府应该极力避免的事情。

政府干预经济社会生活的必要性的第二个方面，主要是一些市场依靠自身机制无法解决而政府又能使效果最优的事情。穆勒以其丰富的知识做了多方面的例证。

他列举的是“消费者不能鉴别商品的各种情形”，例如教育。对于教育，他发现那些最需要提高知识和道德水平的人，却往往最不想提高知识和道德水平。依靠他们的自愿是无法解决问题的，这就需要政府依靠强制手段进行干预。除此之外，他还提到了儿童和青少年的保护、永久性契约、委托经营、规定劳动时间、出售殖民地土地、利他行为（如济贫法）、开拓殖民地和适宜私人做而没有做的许多事例，以及禁止和惩罚个人在行使自己的自由权利时明显侵害他人利益的行为。这其中，穆勒与斯密一样，明确指出政府必须承担人民或个人无力做或不愿做的重要事情，特别是支持公益事业、建设公共设施。对这些事情的分析，他坚持了政府要最大限度地增进国民的幸福、促进人民的自立和自由创造精神的确立这一根本原则。从这些分析中也可以看出，穆勒既继承了斯密等人关于政府管理经济必须坚持自由原则的思想，也增加了政府管理经济必须坚持平等原则的思想，为西方管理哲学的发展做出了新的重要贡献。

---

① 约翰·穆勒. 政治经济学原理：下卷. 胡企林，朱泱，译. 北京：商务印书馆，1991：367.

② 同①465.

③ 同①465.

④ 同①465.

思考题

1. 试评穆勒以个人自由与财富公平分配为目标的社会改良理想。
2. 结合我国现实，思考政府应如何处理经济自由与经济平等之间的关系。
3. 如何看待穆勒关于工人阶级的独立与自我管理的观点？
4. 试析穆勒关于资本家的自我革命的观点。

第九章

马克思以生产方式分析为基础的管理二重性思想

一切规模较大的直接社会劳动或共同劳动，都或多或少地需要指挥，以协调个人的活动，并执行生产总体的运动……所产生的各种一般职能。*

资本主义的管理就其内容来说是二重的，——因为它所管理的生产过程本身具有二重性：一方面是制造产品的社会劳动过程，另一方面是资本的价值增殖过程。**

——马克思

卡尔·马克思（Karl Marx，1818—1883），无产阶级革命导师，马克思主义创始人。马克思的祖父、父亲都是从事法律工作的，因此他最初学习的专业是法律，后来转学哲学和经济学。在“为人类谋福利”的社会价值观的影响下，马克思从事过学术研究、报刊编辑、革命领导等不同的工作，毕生致力于无产阶级解放和全人类进步的伟大事业。马克思生长在资本主义自由竞争时期的高级阶段，他对社会历史的观察和预见总是从他所处的这个阶段出发。在社会发展和经济学思想相互作用的历史过程中，马克思创造性地形成了以对生产方式的分析为核心内容的宏伟、丰富、深刻的思想体系，其中不仅包含了深刻的经济学哲学思想，而且包含了深刻的管理哲学思想。马克思的管理哲学思想同样贯穿了他关于生产方式的理论思路。他围绕资本主义生产方式的两个客观维度，即生产的技术-协作

---

* 卡尔·马克思. 资本论：第1卷. 2版. 中共中央马克思恩格斯列宁斯大林著作编译局，译. 北京：人民出版社，2004：384.

** 同 * 385.

方式与生产的经济关系，深刻、有力地揭示了资本主义管理制度的本质，分析了它的基本职能、属性及发展趋势。马克思的管理哲学思想不仅带有近现代的时代特征，而且揭示了管理的一般性质，在今天依然具有重大的现实意义。

一、生产方式和生产管理

马克思历史唯物主义的核心内容是生产方式理论。这一理论具有丰富、独特的思想内涵，既包含了马克思对生产方式的不同方面的指称和分析，也包含了马克思对生产方式在社会生活中的作用所提出的基本观点。

首先，马克思在继承前人对生产方式的认识的基础上，以历史主义方法分析了生产方式的每一个维度或每一种生产方式。尽管马克思没有专门对“生产方式”概念进行过内容界定，但他对“生产方式”概念的使用是明确的，分为不同的维度。当然，在不同的文本中，他对“生产方式”概念的使用经常存在差别。

在《资本论》中，马克思主要在两种含义上使用“生产方式”概念。一种指生产的技术方式，例如，他经常说资本主义大机器这种生产方式。这种方式也包括它所要求的协作劳动方式。第二种指生产的经济关系，例如，在他说资本主义大生产方式的决定动机和目的是剥削剩余价值时，就是如此。根据这一情况，同时考虑到他主要是在《资本论》中提出生产和管理的二重性思想的，我们认为，可以把他在《资本论》中所说的生产方式概括为如下指称的三个维度。第一个维度可以被称为生产的“技术-协作”方式，即技术以及由它所要求的协作劳动或协同劳动的方式，包括所使用的生产工具或技术手段，它们要求的协作方式，如大机器工具以及它所要求的系统协作劳动方式。“技术-协作”方式表明的是生产能力或生产力的状况。第二个维度可以被称为生产的经济关系或社会关系，包括生产资料的占有方式、人们在生产过程中的地位和劳动产品的分配方式，以及它们的具体实现所需要的中介方式，如产品交换、商品交换等。经济关系表明的是人们在生产过程中的地位和关系。第三个维度可以被称为“技术-协作”方式与经济关系的统一，或者说是生产的协作劳动方式与生产的经济关系的统一。[①]

其次，马克思认为，生产方式的技术-协作方式和经济关系这两个维度是相互作用、相互制约的矛盾运动过程。由于“技术-协作”方式直接是自然性质的，而经济关系是人们之间的社会经济利益关系，所以，与经济关系相比，“技术-协作”方式更活跃、更易发展，它发展到一定程度，必然与原有经济关系发生矛盾，从而导致原有经济关系的变革和新经济关系的建立。因此，任何一种新经济关系的产生都是历史上“技术-协作”方式的产物，而新的合理的经济关系建立之后，在一定时期内能够有力地促进“技术-

---

① 分析马克思主义的著名代表、英国哲学家 G. A. 科恩认为，马克思的“生产方式”概念分别指物质方式、社会方式以及两者的结合。我们这里既借鉴了他的观点，又与其存在不同。我们把第一种含义概括为“技术-协作”方式，把第二种含义概括为经济关系，因为马克思的“社会”概念经常指技术协作。关于科恩的思想，参见：G. A. 科恩. 卡尔·马克思的历史理论——一种辩护. 段忠桥，译. 北京：高等教育出版社，2008：98-105。

协作”方式的发展。

最后，生产方式在人类社会生活中具有决定意义，从根本上制约着社会的政治生活、精神生活、日常生活。一旦社会的生产方式发生变革，社会的政治生活、精神生活、日常生活就必然或早或迟地发生变革。

马克思的管理哲学思想，就是在生产的“技术-协作”方式与经济关系这两个维度上进行论述的。由于生产方式总是意味着特定的生产过程或生产劳动过程，所以生产方式的两个维度就是生产过程的两个方面，而这两个方面都内在地要求管理，或者说这两个方面只有通过管理才能实现。

对于生产过程的第一个方面即“技术-协作”方式维度的劳动，马克思又称作协同劳动、共同劳动、结合的劳动、社会劳动。① 协作劳动的本质在于协作。所谓协作，指许多人在同一生产过程中，或在不同的但相互联合的生产过程中，有计划地一起协同劳动。协作劳动的最大优势在于，它能创造出根本不同于分散的个体劳动之总和的集体生产力。一个骑兵连或一个步兵团的抵抗力量，与骑兵或步兵单个分散展开的抵抗力量的总和有本质差别；同样，单个劳动者的力量的机械总和，与许多人同时共同完成统一不可分割的操作所发挥的社会力量有本质差别。在这里，协作劳动的效果要么是个人劳动根本不可能达到的，要么是个体劳动只能在较长的时间内或只能在很小的规模上达到。协作劳动不仅提高了个人生产力，而且创造了新的生产力——集体生产力。

协作劳动或共同劳动本身就意味着管理。协作劳动的优势正是通过管理而实现的。换句话说，任何协作劳动都需要管理，这是一个普遍规律。“一切规模较大的直接社会劳动或共同劳动，都或多或少地需要指挥，以协调个人的活动，并执行生产总体的运动——不同于这一总体的独立器官的运动——所产生的各种一般职能。一个单独的提琴手是自己指挥自己，一个乐队就需要一个乐队指挥。”② 这个普遍规律存在于协同劳动形成以来的整个人类历史之中。而人类一旦产生，就是社会动物③，因此管理活动是人类社会形成以来一直存在并将继续存在的社会现象。这种普遍性在资本主义社会中自然是具体地、历史地保存着的：“起初资本指挥劳动只是表现为这样一个事实的形式上的结果：工人不是为自己劳动，而是为资本家，因而是在资本家的支配下劳动。随着许多雇佣工人的协作，资本的指挥发展为劳动过程所必需的条件，成为实际的生产条件。现在，在生产场所不能缺少资本家的命令，就像在战场上不能缺少将军的命令一样。”④

协作劳动是以创造规模效益或“社会劳动的生产力”为宗旨的。协同劳动产生管理，管理又反过来提高协同劳动的生产效率。那么，管理是如何提高协同劳动的生产效

① 卡尔·马克思. 资本论：第1卷. 2版. 中共中央马克思恩格斯列宁斯大林著作编译局，译. 北京：人民出版社，2004：378-389. 需要注意的是，马克思对“社会的”这一概念有两种不同的用法：一种表示共同的、协作的、联合的，另一种表示经济关系的、经济形式的。

② 卡尔·马克思. 资本论：第1卷. 2版. 中共中央马克思恩格斯列宁斯大林著作编译局，译. 北京：人民出版社，2004：384.

③ 同②379.

④ 同②383-384.

率的？马克思指出，协同劳动形成了结合的工作日，而结合的工作日可以由于以下每一种原因或同时由于多种原因而提高生产力：由于提高了劳动的机械力，由于扩大了这种力量在空间上的作用范围，由于与生产规模相比相对在空间上缩小了生产场所，由于紧急时期在短时间内动用了大量劳动，由于激发了个人的竞争心和集中了他们的精力，由于使许多人的同种作业具有连续性和多面性，由于同时进行不同的操作，由于共同使用生产资料而达到节约，由于使个人劳动具有社会平均劳动的性质。“在所有这些情形下，结合工作日的特殊生产力都是社会的劳动生产力或社会劳动的生产力。这种生产力是由协作本身产生的。劳动者在有计划地同别人共同工作中，摆脱了他的个人局限，并发挥出他的种属能力。”①

可以看出，上述九种情况无一不是通过管理而实现的。这种管理包括协调诸多个人的劳动、统一安排工作空间和生产规模、集中人力物力完成任务、激励人们的创造和竞争精神、结合不同操作于一体、使整个生产合理有机地运转等。简言之，管理是提高生产效率的一个主导性要素。

对于生产过程的第二个方面即经济关系的实现或再生产过程，马克思认为，它所需要的管理本质上体现了生产过程的社会性质。在原始社会，氏族平等共享的公有制经济关系的实现过程所要求的管理是氏族首领对经济生活的统一管理，而在以后的奴隶社会、封建社会、资本主义社会，私有制经济关系的实现过程所要求的管理则是由生产资料所有者和单纯的劳动者的对立所规定的强制性管理。马克思说，凡是建立在作为直接生产者的劳动者和生产资料所有者之对立上的生产方式，其中都必然产生这种强制性的管理（指挥劳动和监督劳动）。这种对立越严重，这种管理所起的作用就越大。因此，它在奴隶制下所起的作用达到了最大限度，它在资本主义生产方式下也是不可缺少的，因为资本主义生产过程也是消费和剥削劳动力的过程。这一点与奴隶社会、封建社会的政府对经济生活的管理在本质上是相同的。在后两种社会中，政府监督劳动和全面干涉包括两个方面：执行由一切社会的性质所产生的各种公共事务，执行由政府和大众相对立而产生的各种特殊职能。②

二、资本主义生产和管理的二重性

就资本主义社会这个具体的社会历史形态来看，它的生产方式是两个客观维度的统一。在技术-协作方式上，是社会化大生产的协同劳动方式；在经济关系上，是资本这种经济关系的支配地位，即资本家占有生产资料、支配工人劳动、榨取工人劳动所创造的剩余价值，并以商品交换为中介而获得实现的过程。在整体上，资本主义生产方式是

① 卡尔·马克思．资本论：第1卷．2版．中共中央马克思恩格斯列宁斯大林著作编译局，译．北京：人民出版社，2004：382．

② 卡尔·马克思．资本论：第3卷．2版．中共中央马克思恩格斯列宁斯大林著作编译局，译．北京：人民出版社，2004：431-432．

上述两个方面的统一。因此，资本主义生产过程是具有上述二重性质的过程，它的管理内容必然相应地具有二重性，即“共同的劳动过程的性质产生的管理职能”和“资本主义的、从而对抗的性质产生的管理职能”①。

一方面，资本主义生产过程是以日益先进的物质技术方式为手段而社会化不断扩大的协同劳动过程，是大规模制造产品或使用价值的共同劳动过程，这突出表现在以下两个维度。

第一个维度是以工厂为主要组织形式而进行生产。从生成论的角度看，资本主义生产是在同一资本雇佣较多的工人，因而劳动过程扩大了规模并生产出较大量的产品时开始的。较多的工人在同一时间、同一空间或同一劳动场所，为了生产同一种商品，在同一资本家的指挥下工作，这在历史上和逻辑上都是资本主义生产的起点。同时，使用较多的工人，看上去是一种很简单的劳动现象，但它本身就会引起劳动过程的物质条件的革命：需要容纳许多工人做工的厂房、储藏原料的仓库、供许多人同时使用的工具和器具等，一句话，共同使用的生产资料的规模会增大，因而会带来生产资料的惊人节约。

第二个维度是以机器为主要生产手段而进行生产。无疑，在资本主义经济关系产生后的一段时间内，并没有产生机器这种生产手段。然而，资本主义经济关系对利润的巨大追求必然导致机器的发明，导致以蒸汽机发明为起点的机器生产。与过去以手工工具为生产手段的生产相比，机器生产是标准化、流程化、一体化的生产，要求操作规范、技术统一、秩序合理。

资本主义生产过程的上述两个物质技术方面，意味着一种全新的生产劳动方式，一种空前规模化、空前社会化的生产劳动方式，所以必然要求全新的生产劳动管理，这就是标准化管理、规范化管理、系统化管理，一句话，科学管理。

另一方面，资本主义生产过程又是资本的价值增殖过程，是剥削工人的共同劳动的社会关系的形成过程。这是资本主义生产方式的经济关系特征。

其一，资本主义生产的主导性生产是商品生产，或者说，商品的性质是资本主义生产产品的主导性质。用马克思的话说，使资本主义生产方式和其他生产方式相区别的，“不在于生产商品，而在于，成为商品是它的产品的占统治地位的、决定的性质”②。这首先意味着工人自己也只是表现为商品的出卖者，因而表现为自由的雇佣工人，他们的劳动是雇佣劳动。因此，资本和雇佣劳动的关系决定着资本主义生产方式的全部性质，资本家和工人作为这种生产方式的当事人，不过是资本和雇佣劳动的体现者、人格化。

其二，剩余价值的生产是资本主义生产的直接目的和决定动机。资本在本质上是生产资本的，但只有生产剩余价值，它才生产资本。这一本质特征同样是资本主义生产方式所特有的。它是劳动社会生产力发展到一定历史阶段的产物，不过，这种劳动社会生

---

① 卡尔·马克思. 资本论：第1卷. 2版. 中共中央马克思恩格斯列宁斯大林著作编译局，译. 北京：人民出版社，2004：386.

② 卡尔·马克思. 资本论：第3卷. 2版. 中共中央马克思恩格斯列宁斯大林著作编译局，译. 北京：人民出版社，2004：995-996.

产力是与工人相对立的资本的独立力量，因而直接与工人本身的发展相对立。① 资本主义生产作为剩余价值的生产，包含着一种不断起作用的趋势，即把生产商品所必需的劳动时间也就是商品的价值缩减到当时的社会平均水平以下，把成本价格缩减到最低限度。这成为资本主义社会提高劳动生产力的最有力的杠杆。当然，在这里，劳动生产力的不断提高表现为资本生产力的不断提高。

资本主义生产方式的上述经济关系特征，从微观和宏观两个方面决定着资本主义管理方式的特征，要求资本主义经济管理必须从微观上加强劳动强度和监督、采用先进技术，必须从宏观上协调产业结构和供求结构，减少资本主义生产的盲目性、重复性，减少经济危机的破坏性。

首先是榨取剩余价值对微观管理的需要。既然资本主义生产过程的动机和根本目的，是尽可能多地生产剩余价值，因而，“资本家的管理不仅是一种由社会劳动过程的性质产生并属于社会劳动过程的特殊职能，它同时也是剥削一种社会劳动过程的职能，因而也是由剥削者和他所剥削的原料之间不可避免的对抗决定的。同样，随着作为他人的财产同雇佣工人相对立的生产资料的规模的增大，对这些生产资料的合理使用进行监督的必要性也增加了”②。同时，“雇佣工人的协作只是资本同时使用他们的结果。他们的职能上的联系和他们作为生产总体所形成的统一，存在于他们之外，存在于把他们集合和联结在一起的资本之中。因此，他们的劳动的联系，在观念上作为资本家的计划，在实践中作为资本家的权威，作为他人意志——他们的活动必须服从这个意志的目的——的权力，而和他们相对立”③。因此，“一旦从属于资本的劳动成为协作劳动，这种管理、监督和调节的职能就成为资本的职能。这种管理的职能作为资本的特殊职能取得了特殊的性质”④。

为了实现这种最大化地追求剩余价值的目的，资本家在不同的发展阶段采取了不同的管理策略。在自由竞争资本主义初级阶段，资本家采取了延长劳动时间、加强劳动强度、获取绝对剩余价值的方式；但这种方式存在时间局限性，并且容易激化阶级矛盾，于是资本家又通过采用先进技术，提高单个企业的生产效率，从而获取超额利润这种相对剩余价值的方式。随着自由竞争资本主义发展为私人垄断资本主义，资本家则采取了加强对市场和原料的独占、对银行资本的渗透，并且瓜分超额垄断利润来获得剩余价值的方式。在私人垄断资本主义阶段，股份制作为一种新的经济组织方式开始形成。随着私人垄断资本主义发展为国家垄断资本主义和国际垄断资本主义，资本家追求剩余价值的范围开始超出国界，向其他国家延伸。同时，资本家加强了与其政府和国际垄断同盟的内在关联。简言之，榨取剩余价值需要资本家的管理，而资本家的管理最终也保证了这个目的的不断实现。

---

① 卡尔·马克思. 资本论：第3卷. 2版. 中共中央马克思恩格斯列宁斯大林著作编译局，译. 北京：人民出版社，2004：997.

② 卡尔·马克思. 资本论：第1卷. 2版. 中共中央马克思恩格斯列宁斯大林著作编译局，译. 北京：人民出版社，2004：384-385.

③ 同②385.

④ 同②384.

资本主义生产的占有方式必然表现为资本家的价值观。从这一角度看，资本家为榨取剩余价值而采取的各种管理策略，不过是资本家的经济价值观的行为表现。资本家的价值观被马克思称为“为生产而生产”的生产拜物教思想。为生产而生产，实际就是为赚钱而生产，为榨取剩余价值而生产。这种价值观就是资本主义企业的文化。无疑，以这种文化为精神内核的资本主义生产具有一定的历史合理性，这就是在较短的历史阶段创造了较大的生产力。但它也有历史局限性，这主要表现在两个方面：一是带来了生产劳动对人的奴役即异化劳动，造成了企业对自身本应承担的社会责任的冷漠；二是带来了经济管理的微观理性与宏观不理性之间的冲突。为了克服这两个方面的历史局限性，需要加强对整个社会经济的宏观调控管理。

其次是商品生产基础上的社会化大生产对宏观管理的需要。资本主义生产的微观层面已经蕴含着宏观管理的需要，因为微观竞争需要法则，而这只能是由国家提供的公共产品。但这种意义上的宏观管理是最初的“守夜人”意义上的管理。随着资本主义生产由工场手工业发展为机械化大生产，国家的宏观管理越来越成为具有丰富内涵的行为。对于社会化大生产背景下的经济管理，马克思从产业结构调整与供求结构调整两个方面做了详细分析。

在产业结构方面，马克思立足于社会再生产的可持续性，把整个社会经济区分为两大部类，即生产生产资料的部门和生产消费资料的部门。马克思从简单再生产与扩大再生产两个方面，揭示了两大部类之间必要的数量比例关系。他发现，生产资料的生产既要满足本部类对消耗掉的生产资料的补偿，也要保证两大部类扩大生产规模后对追加生产资料的需求。消费资料的生产则既要满足两大部类劳动者的个人消费和社会消费，也要满足扩大生产规模后对追加消费资料的需求。如果这种数量比例关系不能满足，那么不仅简单再生产无法实现，扩大再生产更是无从谈起。如果这种数量比例关系不能满足，轻则导致生产资料和消费资料的浪费，重则导致生产相对过剩的经济危机。社会再生产对这种数量比例关系的需求，就是宏观经济管理产生的第一个方面的原因。这种数量比例关系的打破最终是通过供求关系的失衡来实现的，因此，这里涉及供求结构这个更为根本的因素。社会再生产对保持供求关系平衡的需求，就是宏观经济管理产生的第二个方面的原因。

资本主义生产过剩的经济危机是一种经济失范现象，因此必然要求加强对经济的宏观管理。生产过剩的经济危机直接体现为生产的大量供给与有效需求的相对不足之间的矛盾。有效需求不足则主要由两个原因导致，一个就是上面提到的产业结构失衡，再一个就是资本家对劳动者的过分剥削。占消费人口数量最大部分的劳动者，尽管有强烈的消费需求，但手中没有必要的货币，所以只好眼睁睁地看着过剩的商品被浪费。为了消除这种有效需求不足的现象，就需要国家自觉地进行宏观经济调控。

对于如何具体解决有效需求不足的问题，马克思开出的药方是制度变革。这无疑是治本之策。这种方式在苏联和其他社会主义国家的计划管理社会实践中得到了有力证明。与马克思不同，凯恩斯为了解决有效需求不足的问题，提出了以刺激消费为核心的“需求管理”理论。应该说，凯恩斯的需求管理理论是对马克思的宏观管理思想的必要补充，他提出的具体的财政政策与货币政策，也是为美、英等国所证明的，可以在一定范围内继续延续资本寿命的管理策略。但凯恩斯的宏观管理理论只能治标不能治本，因此，在实践上，它经常让位于传统自由主义的放任管理理论。

总之，资本主义管理既有与生产力、社会化大生产这种共同的劳动方式相关的自然属性，又有与经济关系、阶级对抗性质相关的社会属性，这就决定了资本主义生产和管理必然具有上述两种性质或两种职能，而后一种性质或职能必定带有强迫特征。“如果说资本主义的管理就其内容来说是二重的，——因为它所管理的生产过程本身具有二重性：一方面是制造产品的社会劳动过程，另一方面是资本的价值增殖过程，——那么，资本主义的管理就其形式来说是专制的”①。由于这两种性质或职能是结合在一起的，所以，必须阐明它们的不同根源和不同本质，而绝不能把它们混为一谈。

三、资本主义生产和管理的二重性的发展结果

在马克思的逻辑中，矛盾分析与历史分析是内在同一的。资本主义生产和管理的二重性发展到一定历史阶段，必然导致资本所有权与经营权的分离，导致协作劳动维度上的管理职能的独立存在，导致执行这一管理职能的独立经理阶层的产生，最终导致协作规模的不断扩大所代表的整个社会生产力的巨大发展，因而致使资本主义私有经济关系无法容纳这种生产力的继续发展。

马克思指出，随着大规模协作的发展，随着管理和监督成为独立的职能，资本家就开始雇佣“特种工人”即经理人员来从事管理和监督工作。“正如起初当资本家的资本一达到开始真正的资本主义生产所需要的最低限额时，他便摆脱体力劳动一样，现在他把直接和经常监督单个工人和工人小组的职能交给了特种的雇佣工人。正如军队需要军官和军士一样，在同一资本指挥下共同工作的大量工人也需要工业上的军官（经理）和军士（监工），在劳动过程中以资本的名义进行指挥。”②

这样，一种具有历史意义的结果——资本的所有权与经营权的分离就逐渐随之产生了。“资本主义生产本身已经使那种完全同资本所有权分离的指挥劳动比比皆是。因此，这种指挥劳动就无须资本家亲自进行了。”③ 这就如乐队指挥完全不必是乐队乐器的所有者一样。马克思认为，合作工厂提供了一个实例，证明资本家作为生产上的管理人员成为多余。只要这种管理是由作为共同劳动的劳动所引起的，是由许多人为了达到共同结果而形成的结合与协作所引起的，而不是由资本主义经济关系、由剥削他人的劳动所引起的，那么，这种管理就不会随着资本的消失而消失。在合作工厂，经理人员的工资是由工人支付的，他不再代表资本与工人相对立，所以管理或监督劳动的对立性质就不

---

① 卡尔·马克思. 资本论：第1卷. 2版. 中共中央马克思恩格斯列宁斯大林著作编译局，译. 北京：人民出版社，2004：385.

② 同①.

③ 卡尔·马克思. 资本论：第3卷. 2版. 中共中央马克思恩格斯列宁斯大林著作编译局，译. 北京：人民出版社，2004：434.

复存在。

同样，在与信用事业一起发展的股份制企业中，也存在着使管理劳动作为一种职能越来越同自有资本或借入资本的所有权相分离的趋势。一方面，因为执行职能的资本家即产业资本家与资本的单纯所有者即货币资本家相对立，并且随着信用事业的发展，这种货币资本便取得了一种社会性质，集中于银行并由银行贷出而不是由它的所有者直接贷出；另一方面，因为那些既不能用借贷也不能用别的方式占有资本的单纯的经理人员执行着应由执行职能的资本家担任的现实职能，所以，留下来的只有管理人员，资本家作为多余的人从生产和管理过程中消失了。

资本家从管理行为中的“退出”，是资本主义经济关系内在裂变的体现。资本主义经济关系最初是所有权与控制权（或经营权）内在统一的，因此资本家同时也是工业军官。此时，资本主义管理的二重性是内在统一的。但资本家的本性不是做工业军官，而是榨取剩余价值。因此，随着工业的发展，资本家在特定的历史阶段从生产管理行为中完全退了出来，成为名副其实的“资本家”。

因此，我们说资本家是先进生产力的代表，这是特定历史阶段的事情。从马克思的理论来看，资本家从生产和管理过程中逐步消失，体现了大规模协作劳动方式的发展与资本主义经济关系这种外壳之间的矛盾冲突，即日益扩大的社会化生产力与生产资料的资本家私人占有之间的矛盾冲突。当它发展到尖锐激烈的程度，就必然出现前者要求彻底改变后者的形势。这时候，代表先进生产力的无产阶级必定起来首先推翻资产阶级的政治统治，然后建立社会主义公有经济制度。这样，资本主义社会就彻底完成了它的历史使命。

我们知道，科学管理理论与人本管理理论是现代管理思想史上的两大基本流派，这两大流派在今天依然影响深远。如果立足马克思的管理二重性哲学思想来看，那么这两大流派都是片面的范式。科学管理理论实际上主要抓住了管理的自然属性，从生产力和生产效率的角度思考问题，认为蛋糕做大了，人与人之间的利益冲突就自然得到了解决。这种思路曾经有力地推动了经济的发展，但在今天看来，显然是一种过分乐观和简单化的思路。人本管理理论则主要抓住了管理的某些社会属性，从最直接的劳资关系、利益关系、心理关系的角度思考问题，但没有涉及最根本的生产资料所有制关系。这两大流派各执一词，无法更好地与对方对话，更谈不上寻找两者之间由此及彼、内在统一的桥梁——深入思考生产方式的二重性问题。

与之比较，马克思的管理哲学思想更加深刻，抓住了资本家的管理活动的经济关系本质。马克思指出，资本家之所以是资本家，不是因为他是工业的领导人或司令官；相反，资本家之所以是工业的领导人或司令官，是因为他是资本家。因此，马克思不是从原子式的定量化、标准化工作的角度思考效率问题，而是从生产协作方式及其历史发展的角度思考生产力的提高；不是从抽象的人的心理变化的角度思考人的发展，而是从人的现实本质——社会经济关系的角度来分析人的发展；不是从效率与公平非此即彼的二元论角度分析问题，而是将两者内在统一起来，从一个更为根本的要素——生产方式的发展角度分析问题。可见，马克思的管理哲学思想，放在今天来看，依然是伟大的思想。

四、马克思管理哲学思想的现实意义

马克思的管理哲学思想，从生产方式不同维度的普遍性与一般性、共时性与历史性等不同角度展开逻辑体系，为我们全面地、辩证地、历史地分析管理行为提供了一个典范，对于我们今天分析国内外的管理方式和管理问题具有重要的指导意义。

第一，从社会关系的角度审视企业的效率问题，对于分析今天的资本经济仍然是适用的。在马克思生活的时代，效率问题集中体现为人们对先进机器和技术的态度问题。先进机器和技术可以提高生产效率，但因为先进手段被资本家占有，从属于资本家追求剩余价值的目的，所以造成了“机器排斥人”的现象。但马克思并没有为这种表面现象所迷惑，并不赞成工人破坏机器的盲目行为。相反，他要求工人将机器与机器的社会使用方式区分开来，指出“工人要学会把机器和机器的资本主义应用区别开来，从而学会把自己的攻击从物质生产资料本身转向物质生产资料的社会使用形式”①。那么，机器为什么能带来高效率？这一方面与机器本身的高效率有关，另一方面也与机器带来的社会化大生产的分工协作有关。分工协作可以提高效率，这在斯密的《国富论》中就有详细的分析。马克思在斯密的基础上进一步做了详细分析，从劳动时间和劳动空间这两个方面分析了效率提高的原因。从劳动时间的角度看，“如果劳动过程是复杂的，只要有大量的人共同劳动，就可以把不同的操作分给不同的人，因而可以同时进行这些操作，这样，就可以缩短制造总产品所必要的劳动时间”②。“和同样数量的单干的个人工作日的总和比较起来，结合工作日可以生产更多的使用价值，因而可以减少生产一定效用所必要的劳动时间。”③ 从劳动空间的角度看，分工协作一方面“可以扩大劳动的空间范围”，另一方面“可以与生产规模相比相对地在空间上缩小生产领域……会节约非生产费用”④。正因为资本主义组织管理方式在非常短的历史阶段创造了非常高的生产效率和非常多的物质财富，马克思才把迅速发展生产力看作资本主义的“伟大历史使命”。

然而，马克思对生产效率问题的态度并不是无原则的效率至上主义。马克思既不无原则地肯定提高生产效率的合理性，也不无原则地否定提高生产效率的合理性。马克思对生产效率的态度是以对历史必然规律的正确认识为尺度，以人的发展与合理的制度建设相统一为实践指向的。

第二，从经济关系的历史重构和变革的角度思考某些重要管理问题的解决，仍然适用于国内外的管理现实。管理思想史上的“社会人”学派推翻了李嘉图的群氓假设，重

---

① 卡尔·马克思. 资本论：第1卷. 2版. 中共中央马克思恩格斯列宁斯大林著作编译局，译. 北京：人民出版社，2004：493.

② 同①380.

③ 同①382.

④ 同①381.

新提出了合作在组织中的重要作用。但与“社会人”学派相比，马克思所强调的社会经济关系不仅是企业内部经理人与员工之间的监督、控制关系，也不仅是企业员工之间的非正式的团体关系，而且是广义的生产关系。这种广义的生产关系包括生产资料和生产成果的占有、分配关系，以及不同企业之间的交换、竞争、合作关系。马克思认为，在这些不同方面的社会经济关系中，生产资料的占有关系是核心关系。这些不同方面的社会经济关系集中体现在劳资关系这个轴心关系上。这些社会经济关系之间矛盾的解决，不能依靠内部调查与谈话，而只能依靠社会关系的变革。应该说，马克思的经济关系思想比“社会人”学派深刻得多，它揭示了资本主义管理形成的阶级根源，揭示了资本主义管理的社会本质。

仅仅从“社会人”学派所理解的社会关系来处理资本主义管理问题，显然没有抓住问题的要害。只有立足劳资关系，从劳资利益冲突与合作的角度解决资本主义管理问题，才能更有效地达到目的。为了更好地处理劳资矛盾，马克思认为劳动者必须以组织的形式联合起来，通过谈判、参与选举等改良方式以及阶级斗争等革命方式来解决问题。2007 下半年至 2009 年西方国家发生的金融危机再次有力地证明，在资本这种经济关系处于主导地位的社会条件下，很难从根本上解决企业管理的利润最大化即对资本增殖的最大化追求的问题。

第三，从马克思的管理的二重性思想出发，可以进一步推出企业管理的两个不可分割的责任——经济责任和社会责任。既然企业管理不仅包括组织生产力的自然性活动，而且包括协调人们经济关系的社会性活动，那么管理行为的责任范围就不仅关涉到能否有效组织生产力的自然性范围，而且关涉到能否合理协调经济关系的社会性范围。换句话，既然管理不仅是一种以生产力发展为目标的经济行为，而且是一种以经济关系和谐为目标的社会行为，那么管理就不仅应当承担经济责任，而且应当承担社会责任。经济目标追求和社会目标追求，是管理活动内在包含的两个目标，是管理活动所负责任的两个维度。

第四，重视经济价值观的重大作用，同样是值得我们今天高度重视的理论视角。西方传统管理哲学是以“经济人”或经过修正的“经济人”为出发点的。这里所讲的“经济人”，主要指企业家或资本家。与之类似，马克思肯定资本家以追求自我利益最大化为目标的价值观的重要性，并且上升到哲学的高度，从观念上层建筑对经济基础的反作用的高度，从资本家个人自由对封建专制的历史合理性的高度，肯定资本家这种价值观的历史作用。但与之不同的是，马克思对这种价值观的肯定，不是站在资本家发财致富的立场上给出的，而是站在历史发展的立场上，站在劳动者和整个人类解放的立场上给出的。他不是将这种价值观看作抽象的人性的产物，而是将这种价值观看作资本主义生产方式、生产关系的产物。在《资本论》中，马克思将为交换而生产和为剩余价值而生产这两个目的、两种动机看作资本主义生产方式的两个主体性特征。正是因为不顾一切地追求剩余价值成为统治资本家头脑的主流价值观念，资本家才真正成为资本的人格化，成为迅速创造大量财富的人格代表。正是因为为生产而生产，资本家才在创造了新的异化的基础上创造了扬弃异化的可能性空间。马克思虽然绝不用玫瑰色描绘资本家的面貌，但却从历史的角度肯定了资本家价值观的必然性与合理性。

第五，从人的解放和自由发展的历史主义角度分析管理，具有长久的方法论价值。马克思虽然强调管理的效率价值，但效率价值在马克思这里并不是终极价值，马克思对效率的强调是以对历史发展和人类解放的分析为基础的。马克思虽然承认资本家的剥削价值观的历史合理性，但并不是从资本家的主观动机出发来看的，而是从资本家追求自我利润所导致的客观历史趋势来看的。所以，马克思对管理的效率价值、资本主义生产管理的作用以及资本家价值观的重要性的分析，都是从历史发展的角度做出的，都是以人类的最终解放和自由发展为终极目标的。所以，历史主义与以人为本是马克思分析资本主义生产方式及其管理本质的两个根本参照系。这两个参照系对于今天的管理思想建设，依然是十分重要的基本原则。

例如，联系当下中国的企业管理，强调以人为本的管理原则有着更加重要的现实意义。这就是说，以人为本的管理不是一个空口号，它在现阶段要求企业管理者重视劳动者的身心健康和基本保障，重视自然环境，积极履行社会责任，而不是以追求自我利润为借口逃避内外责任。以人为本应当是管理思想和管理哲学永恒的话题，不仅从当下来看如此，而且用历史主义的分析眼光来看也是如此。

思考题

1. 如何评价马克思从生产方式出发分析生产和管理的理论思路?
2. 分析马克思的资本主义生产和管理的二重性理论的现实价值。
3. 结合马克思的观点，思考我国国有资源所有权与管理权分离的合理界限。

第三编

现代西方管理哲学

我们把从1900年即20世纪开始以来的历史阶段，看作西方社会发展的现代阶段。与近代西方社会相比，现代西方社会具有许多崭新的内容和特点。

首先，两次新的科技革命的产生和经济的飞速发展，是现代西方社会历史过程的最鲜明的标志。从19世纪末开始，在工业化进程仍然继续扩展的同时，发生了以电力革命为核心的第二次科技革命。从20世纪中叶开始，又发生了以计算机科学、电子科学、新材料科学、生命科学、新能源科学等新兴学科的产生与运用为标志的第三次科技革命。这两次科技革命，特别是电力和计算机的发明与运用，极大地推动了生产力的发展，深刻地改变了社会生活的基本面貌。

其次，资本主义经济关系、市场体制以及阶级关系，也在矛盾运动中不断获得调整。股份制逐渐成为主导的产权制度，公平的市场规则和市场秩序逐渐完善，政府对市场的宏观调控政策和管理机制，也经历了从放任自由到加强干预再到放松干预而试图实现合理平衡的不同阶段。同时，由于生产力的提高等原因，分配关系发生了重大改变，人们的经济收入和生活水平大幅度提高。由此，阶级关系也发生了重大变化，中产阶级成为人数最多的阶级，构成社会经济生活以及政治生活的重要力量。

再次，现代西方社会的文化也经历了新的变化过程。一方面，西方近代以来的科学理性精神在现代历史阶段得到了空前发展。众所周知，科学理性精神的基本特点是实证分析、精确论证、实际检验、合理有效。这一精神首先产生于近代自然科学技术领域，随后在经济学、社会学、法学、政治学等社会科学研究领域得到了日益广泛的应用，使它们变得日益实证化。而且，更加重要的是，这种精神也逐渐对人们的各种实际生活领域，特别是经济实践、法律实践、政治实践、管理实践等，产生了日益扩大的影响。从这一角度看，泰勒科学管理理论的提出，正是西方近代以来科学理性精神不断发展的一个必然结果。另一方面，人们的价值观经历了迷茫、摇摆和再确认的历史过程。两次世界大战的发生及其残酷性，间歇式发生的经济衰退或经济危机，以及社会主义与资本主义两大阵营的对立冲突等重大事件，使人们对生存的意义、价值、命运、社会的未来前景等感到彷徨。生命哲学、意志主义、存在主义的产生，可以说是这一时代人们的价值观特点在哲学上的反映。

最后，自20世纪中叶以来，经济全球化进程开始加快，各个民族之间的经济生活、文化生活越来越成为一个整体。全球市场真正形成，各国金融相互影响。文化交流空前频繁，文化碰撞和冲突时常发生。跨国公司遍布世界各地，跨文化管理成为突出的管理问题。

总之，伴随着现代西方社会在经济、政治、文化、交往方面的这些崭新特点的出现，管理实践也发生了历史性创新，西方管理学和管理哲学的发展进入到一个新阶段。20世纪初叶，美国管理实践家和思想家泰勒所出版的《科学管理原理》，在管理思想史上第一次把物质产品的最大创造、效率的最大化作为管理的根本任务或根本价值追求，是管理学产生的基本标志。20世纪20年代初，英国管理实践家和思想家谢尔登所出版的《管理哲学》，则历史性地宣告了管理哲学这门学科的诞生。

第十章

泰勒以劳资利益一致为预设的科学管理理论

在管理思想的发展中，泰勒对一个以寻求效率和系统化为特点的时代的出现起到了主要的推动作用。在美国工业从企业家、管理者拥有的企业向大规模、综合性公司的转型过程中，泰勒增加了管理思想的可信度。

——雷恩

弗雷德里克·温斯洛·泰勒（Frederick Winslow Taylor，1856—1915），科学管理理论的创始人，也是现代管理学的奠基人之一。1856 年出身于美国宾夕法尼亚州杰曼顿的一个有名的律师家庭，儿童时期主要受到母亲的教育，1872 年进入新罕布什尔州的埃克塞斯寄宿学校学习，毕业时考入哈佛大学法学院。但由于在中学时努力学习严重损害了视力健康，他不得不离开法学院。1873 年美国经济大萧条之后，泰勒到费城的一家水泵制造公司当模型制造学徒工。1878 年学徒期满后，他到费城的米德维尔钢铁厂做机械车间工人，这是他职业生涯快速进步的时期，先后被提为车间管理员、机械工、车床班组长、车间领班、研究经理，最后到总工程师。他在此工厂一直工作到 1890 年，在此工作期间是他探索有效管理、进行科学管理试验、形成科学管理观念的时期。其间，他在新泽西州的史蒂文森技术学院参加夜校学习，于 1883 年获得机械工程学位。从 1890 年到 1893 年，他任费城的机械制造投资公司的总经理，1893 年辞职，自己独立从事管理咨询工作。1898 年，他承担了伯利恒钢铁公司的咨询项目，被聘到伯利恒钢铁公司推行科学管理。他进行了一系列改革和试验，结果遭到了公司管理层的强烈反对，于 1901 年离开。自此以后，他开始总结管理实践经验，进行演讲，宣传科学管理思想。1906 年，被宾夕法尼亚大学授予理学荣誉博士学位，同年，开始任美国机械工程师协会主席。之后，他多年在哈佛大学、达茅沃斯学院讲课，进一步阐释和宣传他的思想。[①]

泰勒的主要著述有：《计件工资制》(1895)、《车间管理》(1903)、《科学管理原理》(1911)、《在美国国会的证词》(1912)。

泰勒在管理思想史上的最大贡献是第一次系统地创立了科学管理论，提出了一种以雇主和雇员及整个社会的兴旺为目的、以生产力或效率最大化为根本手段、以雇主和雇员双方通力合作与科学管理为实现途径的全新的管理理念，因而成为管理学的开创者。从管理思想的角度看，他的贡献可以概括为三个方面。

一、科学管理的基本原理

泰勒的科学管理理论首先论述的是科学管理的基本原理 (fundamentals)，然后论述了科学管理的原则 (principles)。从泰勒对这两者的论述来看，它们在实质内容上是相通的，但也存在明显不同。大体上，前者指科学管理的基础理念、灵魂或根本前提，而后者指以前者为前提或运用前者所形成的科学管理的具体指导方针。由此来看，前者应该比后者更重要。[②]

概括泰勒的论述，可以把科学管理的基本原理概括为以下五个方面[③]：

第一，管理的主要目标是同时实现雇主和雇员双方的最大限度的兴旺 (the maximum prosperity)。[④] 雇主的兴旺与雇员的兴旺是管理的两个牵头目的，这是不言而喻的。泰勒说，他是在广义上使用"最大限度的兴旺"这个词组的。它不仅意味着为公司或所有者取得巨额红利，而且意味着把各行各业发展到最好状态，以便使兴旺持久存在。同时，对于雇员来说，最大限度的兴旺，不仅意味着他能比其他同级别的人取得更高的工资，更重要的是，还意味着能使每个人充分发挥最大能力，做出最大限度的工作量。

第二，相信雇主和雇员双方的根本利益并不是必然对立的，而是一致的、不可分割的。除非雇员也一样兴旺起来，否则，雇主的兴旺是不会长久的，反之亦然。给工人以他最需要的高工资，和给雇主以他所需要的最高产量和低劳工费用，也是完全可能的。然而，在整个工业界，无论雇员的组织还是雇主的组织，大部分都是为了斗争而

---

① 丹尼尔·A. 雷恩. 管理思想的演变. 赵睿，等译. 北京：中国社会科学出版社，1997：138-140.

② 泰勒自己使用这两个概念时也不十分严格，时常用 principles 指代 fundamentals，所以人们对这两个概念容易引起误解。考虑到这种情况，同时考虑到在中文中"原则"与"原理"也经常通用，所以，把泰勒的 *The Principles of Scientific Management* 翻译为《科学管理原理》是恰当的。这里，中文"原理"包括泰勒所说的 fundamentals 和 principles 这两个维度。

③ F. W. 泰罗. 科学管理原理. 胡隆昶，冼子恩，曹丽顺，译. 北京：中国社会科学出版社，1984：157-165.

④ 在泰勒的文本中，雇主、资方、管理方这三个概念一般指同一主体，而他更多使用的是管理方，包括雇主、董事会、厂长、工长等。(F. W. 泰罗. 科学管理原理. 胡隆昶，冼子恩，曹丽顺，译. 北京：中国社会科学出版社，1984：163，164，238)

不是为了和平，每一方的绝大多数人也都不相信他们的相互关系有可能协调到利益均等的地步。泰勒认为，这样的斗争和看法从根本上是不正确的，严重损害了他们双方的利益。

第三，实现雇主和雇员双方最大限度兴旺的根本途径是，最大限度地发挥人与物的生产力。就任何一个个体来说，只有当他达到最佳的工作效率时，即当他做出最大限度的日产量时，才会有最大的兴旺。就一个企业整体来说，只有企业的人力和其他各种资源发挥出最大的生产力，只有企业做到以最小量的综合支出完成各种工作，才能实现雇主和雇员双方的最大限度的兴旺。然而，当时的情况却完全相反，企业工人在工作中存在着相当普遍的磨洋工现象。泰勒指出，出现磨洋工现象的原因有很多：长期以来工人中流传着一种观念，即增加物质产量会导致一部分甚至大量工人失业；管理制度存在缺陷，没有明确指出工人做出最佳工作对自己的根本益处；各行各业仍在沿用单凭经验进行工作的低效率方法。因此，只要真正制止各种形式的磨洋工现象，调整雇主和雇员之间的关系，使每个工人愿意尽他的最佳能力和最佳速度去工作，再加上管理人员与工人之间的亲密协作，就必然使每个人和每部机器的产量翻番。泰勒认为，在国家讨论的众多问题中，没有什么其他措施会比这种措施在促进富裕、消除贫困和减轻痛苦方面所给予的贡献更大，但这一点并没有引起人们的足够注意。

第四，用科学方法代替经验方法是实现最大生产力的一个重要途径。在任何行业中，都有可能通过排除人们在劳动中的不必要动作，以快速有效的动作代替缓慢无效的动作，从而节约时间、提高产量。这就要求对所有行业中工人的所有工作方法进行观察、分析、研究，特别是进行精确的动作研究和工时研究，找出做同一种工作的最佳方法和最佳工具，最终以科学的管理方法代替单凭经验的方法。显然，最佳的管理是一门科学，是以明确规定的规则和原则为基础的科学。泰勒进行了许多劳动动作和工时研究的试验，如搬生铁块试验、车床操作试验、铲掘各种物料的试验、切割金属试验等。这突出表现了泰勒研究管理实践的科学精神或科学理性精神。

第五，管理体制比个人因素更重要，其中最重要的是明确管理方与工人的不同责任，实现双方的密切协作。泰勒提出，改变低效率的方法在于系统化管理，在于实行雇主或管理方负最后责任的制度，而不在于收罗某些独特或非凡的人。雇主或管理方的责任在于发展管理的科学，并用之指导和协助工人完成工作。也就是说，管理部门必须对工作方式、劳动结果负主要责任。工人能够创造出多少劳动产品，不在于工人自己，而在于管理部门的管理。这就要改变过去许多工厂中存在的陷入任何一个极端的状况：一个极端是工人受尽老板的驱使和压迫；另一个极端是老板对工人听之任之，不提供指导，让工人按自己的想法工作。

简言之，管理部门和工人的密切协作是现代科学管理或责任管理的精髓。泰勒认为，与传统管理相比，这是一个决定性的转变。

泰勒科学管理的基本原理可以概括为如下公式：在认为雇主和雇员双方利益一致的前提下，管理的目的＝雇主和雇员双方的兴旺＝人和物的最大生产力＝科学管理方法＋管理方的责任及其与工人的密切协作。

二、科学管理的原则与益处

泰勒明确指出，科学管理是一门真正的科学，其建立在明确规定的法则、规则和原则之基础上。正是由于这样的原因，科学管理的原则适用于人类的一切行为，从最简单的个人行为到大公司的业务运行，从家庭管理到农场管理，从商业管理到教育管理，从各种社会团体的内部管理到政府各部门的业务管理。①

泰勒通过把科学管理与旧式管理中最佳的管理方式即积极性加刺激性的管理方式进行对比，来说明科学管理的优越性，说明科学管理在本质上与旧式管理方式不同。首先，旧式管理方式是单凭经验进行管理，没有把管理上升到科学高度，没有形成统一的管理规则；相反，科学管理则把各种相关的经验知识汇集起来进行分类、列表、分析，上升为科学合理的知识，使之变成科学统一的规章制度。其次，在旧式管理方式下，管理方或资方遇到的最大问题是如何发挥每个工人的积极性，但除非依靠各种刺激手段，如提拔升迁、提高工资和津贴或红利、提供更好的工作条件，并结合对工人真心实意的关心、照顾，它没有完整的办法做到这一点，因而在实际情况中，如果不能保证提供上述刺激手段，那么赢得工人积极性的情况就是罕见的，即使能够提供上述刺激手段，所提高的生产效率也是有限的；与之不同，在科学管理中，物质刺激手段只是一个从属要素，它有一套完整的体系来发挥工人的积极性，实现生产劳动的最大效率。最后，在旧式管理方式下，企业要求每个工人对具体工作计划承担全部职责，如每天完成多少工作任务，以什么样的工作方式完成，各个生产环节之间如何安排，等等，全都让工人自己决定和实施；相反，科学管理要求管理方承担制订工作计划、安排工作任务、制定工作标准和其他各种规章制度等新的管理责任。

科学管理与旧式管理的这些不同，最终集中体现在管理方承担了四个方面的新职责：（1）对工人操作的每个动作进行科学研究，用以代替旧的单凭经验的方法；（2）科学地挑选工人，并对他们进行培训和教育，使他们成为合格的工人；（3）与工人密切协作，以保证一切工作都按已确立起来的科学原则办事，泰勒把这一条也称作使科学与工人相结合；（4）管理方或资方承担了比工人更胜任的工作和职责，这就是前面所说的制订工作计划、安排工作任务、制定工作标准和其他各种规章制度等。

这四个方面也就是科学管理的四个原则。泰勒说，这四个方面中的前三个方面，在很多情况下以一种较小和初步的形式存在于“积极性加刺激性”等旧式管理中，但所起的作用不大，而在科学管理中，它们则是整个系统的中心环节。②

在阐述管理方这四个方面的职责时，泰勒特别强调了第四个方面中的任务观念

---

① F. W. 泰罗. 科学管理原理. 胡隆昶，冼子恩，曹丽顺，译. 北京：中国社会科学出版社，1984：155-156.

② 同①169-170.

(the task idea)。泰勒认为，他进行各种实验、探索有效管理所发现的最重要的规律之一就是，任务观念会对工人的工作效率产生极大影响。就他所发现的各种规律与科学管理的关系来说，任务观念是最重要的，因而科学管理被许多人认为就是任务管理。"现代科学管理中最突出的独一无二的因素看来是任务观念。"① 每个工人的工作至少在前一天就由管理方安排好了，在大多数情况下给予每个工人书面指示，详细说明应该完成的工作任务、操作方法和确切时间。这些任务的定额都是精心计划出来的，既要求工作过程迅速、仔细，又要求不损害工人的身体健康。② 科学管理在很大程度上是在为这种预先计划的任务做准备，并使之落实。

应该说，在泰勒这里，任务观念在本质上与计划观念不可分割。计划室或计划部门是泰勒科学管理制度中的重要部门或构成要素。

科学管理由于具有这些崭新特点，就能在更大的范围内、以绝对的一致性去争得工人的积极性，包括工人的努力工作、真心善意、发挥聪明才智等。所谓"更大的范围"，指的是管理方的计划所涉及的工人的所有工作、每一工作的所有方面。所谓"绝对的一致性"，指的是工人按照科学规则制度，以一般代替个别，进行科学劳动，以及管理方和工人的协调一致。

泰勒坚信，尽管当时科学管理理论的作用才刚刚被认识到，但管理实践本身已经在逐渐演化，在美国一家接着一家的公司逐步从通常的管理转变为更加科学的管理，已有5万工人受雇于这样的管理体制；事实证明，各类企业一旦采用科学管理的上述原则，就会获得更大的生产力增长，实现更大的物质收益。

泰勒认为，当时的社会之所以取得了更大的物质收益，的确是由于人们的各种努力，包括各种发明特别是蒸汽机、电气的发明和使用，科学与教育的进步，个人技巧的提高，等等，然而，这些方面的因素最终必须落脚到个人生产力的增长上。而采用科学管理的直接结果就是个人生产力的显著增长。在已经采用科学管理的许多美国工厂中，每个工人都或多或少地增加了产量，平均产量增加了1倍。生产力的这种增长，无论对于企业的劳资双方来说，还是对于企业整体和整个国家来说，都会产生重要的积极影响。

首先，对于企业的劳资双方来说，这种增长使双方获得了最大的物质收益，不仅使资方获得了更多的利润，而且使工人获得了从未有过的工资收入（增加30%～100%）。而对于双方更加重要的也是最大的利益收获则是，消除了双方之间的纷争与不和，工资不再是一个引起纷争的因素，同时，什么是合理的工作日也不再是一个需要谈判、讨价还价的问题，而是一个科学调查和研究的问题。由此，双方能够密切协作，以往的利益根本对立即磨洋工现象将不复存在。其次，对于企业来说，产量的成倍增长带来了生产成本的大幅度下降，因而使企业更富竞争力，使它们的市场得以扩大，能够在一般情况下保持生产状态和盈利状态，为实现持久的发展提供了基本条件。最后，对于整个国家

① F. W. 泰罗. 科学管理原理. 胡隆昶，冼子恩，曹丽顺，译. 北京：中国社会科学出版社，1984：171，212.

② 泰勒说，所要求的工作速度是胜任这种工作的工人能够常年工作的速度，这种速度只会有助于工人的身体健康，使他们感到身心愉快，而不是劳累过度。他的这一判定是否确实，可能需要进一步考证。

和社会来说，这种产量的成倍增长和成本的大幅度下降必然使产品的价格下降，因而使社会的全体公众受益，人们所需的必需品和奢侈品的成倍增长有了实现的可能，获得教育、文化和娱乐生活的机会将大大增加，整个社会将获得空前的进步。

泰勒的结论是，从长远来看，科学管理必然获得普遍推广，因而必将显著提高人们的物质文化生活水平，必将为全世界带来最高的收益和最大的繁荣。

三、科学管理的整体与实质

泰勒突出强调科学管理的整体性。从他的论述来看，科学管理不只是最大的产量和最高的效率，不只是管理方的合理责任、管理的科学方法，不只是工人劳动的任务定额、操作规章，也不只是劳资双方的密切协作，它是所有这些方面组成的有机整体。通过深入思考泰勒的文本可以断定，科学管理实际是他阐述的两大部分内容——科学管理原理和科学管理原则两个方面内容的实质精神的统一。所以，他说，科学管理不是任何一种单一的要素，而是多种要素的结合体：

> 科学，而不是单凭经验的方法；
> 和谐，而不是不和；
> 合作，而不是个人主义；
> 最大的产量，取代有限的产量；
> 发挥每个人的最大效率，实现每个人的最大兴旺。①

可以看出，上述要素中的科学与合作两个方面，是泰勒的科学管理原理与科学管理原则所共有的，而其他三个要素，虽然在科学管理的基本原理中做了集中强调，但也存在于他对科学管理原则的论证中。

泰勒在《在美国国会的证词》中进一步阐明了他的科学管理思想，特别是科学管理的实质。

泰勒指出，科学管理是一种节约劳动的手段，必将使工人取得比现在高得多的效率，因此，不管遇到什么样的反对，不管遇到哪个阶级的反对，不管世界上的工人如何反对，它最终都会取得胜利。因为节约劳动、提高效率是创造财富的最重要的来源。世界上的财富有两个来源，一个是土地，另一个是人们所生产的产品。大量增加生产的意义就是增加财富。这是真实的财富，因为它是对人们最有用的东西，是人们日常生活的繁荣、快乐和舒适所必需的，而科学管理正是节约劳动、提高效率、增加社会财富的最有效的手段。

科学管理之所以能够实现这一点，泰勒认为，是因为科学管理在实质上是人们精神观念的根本改变。他说，科学管理不是任何一种效率措施，不是一批或一组取得效率的

---

① F. W. 泰罗. 科学管理原理. 胡隆昶，冼子恩，曹丽顺，译. 北京：中国社会科学出版社，1984：221.

措施，不是一种新的成本核算制度，不是一种新的工资制度、分红制度、奖金制度、报酬方式，也不是时间研究、动作研究。这些方面都只是科学管理的有用附件，因而也是其他管理制度的有用附件。

科学管理的实质是劳资双方（管理方和工人）对待责任、同事、对方的一次完全的思想革命。没有这一革命，科学管理就不会存在。这一革命具有两个方面的内容。(1) 劳资双方不再把注意力放在盈余的分配上，而是放在如何增加盈余的数量上，把盈余增加到使如何分配盈余的争论成为不必要。双方将会明白，当停止相互对抗，转为向同一方向前进时，双方的共同努力所创造出来的盈余将会大得惊人，完全可以做到既增加工人的工资，也增加资方的利润。用和平代替斗争，用全心全意的合作代替争吵和冲突，向同一方向努力而不是背道而驰，用相互信任代替相互猜疑，这是构成科学管理伟大思想革命的第一步。(2) 无论工人还是管理方，都必须承认对工厂内的一切事情都要用准确的科学研究和知识代替旧式的个人判断和个人意见，即用科学代替经验。离开这一点，就谈不上科学管理。这两个方面的革命，是科学管理绝对需要具备的两个要素。①

可以看出，泰勒在《在美国国会的证词》中所强调指出的科学管理在实质上的思想革命，已经包含在他的《科学管理原理》这一著作中，只不过这一革命的第一方面没有这里阐述得十分鲜明。

从长远来看，也就是从西方社会后来的发展来看，在一定历史时期内，有效增加盈余的数量和劳资双方停止斗争而通力合作，是一个互为前提、相互促进的环形过程。一方面，有效增加盈余的数量的确会减少劳资双方的斗争；另一方面，劳资双方和谐合作又会创造更高的生产率，大大增加盈余的数量。从这一角度来看，泰勒关于第一方面革命的观点无疑具有一定的历史主义眼光。同时，也需要看到，只要所有制没有改变，只要雇员没有具备与雇主同样的产权条件，双方在财富分配问题上产生对立的可能性就永远存在。

四、科学管理理论的哲学因素

人们把泰勒的科学管理理论作为现代管理思想的开端，无疑是对泰勒科学管理理论的正确历史定位。泰勒的科学管理理论之所以具有重要意义，除了理论内容具有管理学维度的合理性以外，还由于他的理论自觉或不自觉地包含了一些管理哲学因素。

第一，泰勒的科学管理理论在管理思想发展史上催生了一种相对新颖的思维观念和思维方式，这就是从实现劳资双方整体的兴旺、企业整体的生产力增长、社会整体的繁荣的角度来看待管理实践和管理制度的作用，并强调通过企业生产运营的系统管理来实

---

① F. W. 泰罗. 科学管理原理. 胡隆昶，冼子恩，曹丽顺，译. 北京：中国社会科学出版社，1984：237-240.

现兴旺繁荣的目标。显然，这种思维观念和思维方式具有一定程度的动态性、整体性特征。也许，泰勒在研究和试验的开始阶段主要是从实现劳资双方整体的兴旺、企业整体的繁荣的角度来探索科学管理的，但他最终还是达到了从提高整个民族乃至全世界的生产效率、实现资源节约、实现全社会乃至全世界的财富增长这一高度来看待科学管理；或者反过来说，他认识到了实行科学管理对于整个美国乃至全世界减少由低效、管理不当等原因所造成的资源浪费，实现物质富裕增长的重要意义。他最终也认为，科学管理的根本原则适用于一切社会行为的管理。他在 1911 年出版的《科学管理原理》以及稍后在美国国会所做的证词中，就明确把成本下降、效率提高而带来的财富增加落脚到从长远的角度减少社会贫困、促进全体人民的生活富足繁荣上，甚至落脚到全世界的繁荣昌盛上。①

第二，泰勒的科学管理理论在劳资双方即工人和管理方的利益关系方面，认识到了双方利益具有相互依存、不可分割的一面，这一思想具有一定的辩证法因素。从较长的历史发展来看，劳资双方即工人和管理方的利益，的确包含了相互影响、互相促进的一面。在当时劳资双方关系尖锐对立的情况下，泰勒不仅在认识上强调双方利益的一致，而且一直坚定地把这一观念付诸实践，这表现了一定的科学求真精神。这也是科学管理制度所具有的一个主要合理之处。“一种管理制度或方案，如果从长远的眼光来看，不能使劳资双方都满意，如果不能表明他们的最高利益是彼此一致的，如果不能给双方带来彻底而诚挚的合作，使他们同心协力而不是分道扬镳，那么这种管理制度就不值一顾。”② 泰勒还特别地论证了劳资双方利益一致的具体内容，这就是低成本与高工资的结合。这些都是值得充分肯定的。

第三，泰勒的科学管理思想内在地隐含了他对工人、企业、民族的主要价值追求的看法，即他把对物质利益或经济利益价值的追求看作上述三类主体的最根本的追求，这在一定历史时期内具有基本的合理性。因为人类从物质利益价值的实践追求中获得自由是一个漫长的历史过程，现代以来虽然进入了一个崭新的阶段，即以资本为经济关系、以市场经济体制为具体方式的历史阶段，然而直到今天，离在根本上获得这种自由还相距甚远。即使在今天的西方社会，在很大程度上也仍然如此，更不要说在今天那些生产力还比较落后的发展中国家了。这实际也是我国在相当长的一段历史时期内必须把大力发展生产力、把经济建设放在首位的根本原因。

当然，泰勒的问题在于强调事情的这一方面而忽视了事情的另一方面，即自人类近代以来，无论企业、企业员工，还是世界上的各个民族，除了物质利益价值追求以外，还有各种日益突出的精神价值和社会价值追求，如理性自尊、情感真诚、意志自由、相互支持、平等共存等。个体和民族的存在都是多维需要的统一整体，尽管不同的需要具有不同的地位，而且是随着历史条件的变化而不断变化的，但只有它们都得到合理的实现，才有个体或民族的正常和健康发展。泰勒没有深刻认识到这一点，在很大程度上把

---

① F. W. 泰罗. 科学管理原理. 胡隆昶，冼子恩，曹丽顺，译. 北京：中国社会科学出版社，1984：222-223.

② 同①33-34.

个体或民族的物质利益价值追求与精神价值和社会价值追求分割开了。例如，当他为了获得最大效率而确定头等工人与其他一般工人的工资差别时，那些最适合的工人经常不愿合作的一个重要原因就是，他们不愿让其他同胞的工作和生存受到威胁。这就表明，泰勒忽视了他们之间互助共存意义上的社会关联性质。因此，他在推行科学管理时必然遇到巨大的挑战和阻碍。工人的反对、工会的强烈阻挠、各种各样的误解甚至谩骂、国会的听证调查都是有力的证明。除了历史上已经形成的种种传统观念的巨大惯性阻力，以及近代以来西方经济学和人们的价值观念把物质利益追求看作企业成员的决定性价值追求以外，他科学管理理论的上述不足应该是一个重要原因。这也正是后来巴纳德、梅奥等人提出管理的“精神人”理论、“社会人”理论的重要原因。

第四，泰勒的科学管理思想中工人劳动的科学管理、管理方的科学管理责任、管理方与工人的合理合作等，作为实现生产效率最大化、物质财富创造最大化的根本手段，无疑体现了泰勒对企业管理的客体维度的规律性方面，也就是管理的科学方面的正确认识，体现了一种实证的科学理性精神。实际上，这是西方近代以来不断发展的科学精神在管理学领域不断渗透的结果。因此，泰勒的这一科学思想既具有客观可行的特征，也具有人们经常没有认识到甚至泰勒自己也没有意识到的历史意义。

这当然也决定了泰勒在手段这一环节的确把管理所涉及的人文方面放到了次要位置，也就是说，重视客体规律或由对这种规律的认识所形成的理性要求，而相对忽视主体的情感和意志或情感和意志在社会人际关系中的表现——情感归属、自尊自由的要求。尽管他多次指出，推行科学管理不能采取强硬方式，要平等地和工人交流意见，要重视工人的情感和态度，要取得工人的理解和支持，但是由于他的根本手段理念的限制，人们在尝试科学管理的实践过程中，不可避免地导致把情感和意志完全从属于客体规律或客体管理的科学要求。

总体看来，在资本经济关系和市场经济条件下，泰勒的科学管理理论的核心观念具有相当的合理性，所以他的理论和实践能够在越来越大的范围内取得成功。国外有研究指出，根据劳动生产率的数据，当时完全推行泰勒制科学管理方式的大多数工厂的确大幅度提高了生产效率，而科学管理方式的精髓及其在泰勒之后的不断被完善，更是历史性地提高了西方国家的生产力。正是由于这一原因，著名的管理大师德鲁克把科学管理评价为生产力发展的一次巨大革命。①

思考题

1. 如何看待泰勒的劳资双方利益根本一致、不可分割的观点？
2. 试从管理思想史的角度对科学管理理论做出总体评价。
3. 试析泰勒关于科学管理的实质是劳资双方的一场思想革命的观点。

---

① 达尔·尼夫. 知识经济. 樊春良，冷民，等译. 珠海：珠海出版社，1998：48-55.

第十一章

韦伯以技术理性为取向的官僚体制理论

韦伯是一位重要的、对经济管理产生了重大影响的社会理论家，他的最大贡献是提出了理性化理论。这个理论对于分析现代企业组织、官僚体制、资本主义市场、就业与经济具有十分重要的意义。

——瑞兹

马克斯·韦伯（Max Weber，1864—1920），现代德国著名社会学家、政治思想家、官僚体制理论的创始人。韦伯出身于德国爱尔福特的一个富裕家庭。1882 年在海德堡大学学习法律，并学习了经济学、历史、神学等课程。从 1884 年秋天开始，韦伯主要在柏林大学学习。1891 年以中世纪贸易公司史研究的论文获得博士学位。从 1892 年起，韦伯先后在柏林大学、弗赖堡大学、海德堡大学教授政治经济学、社会学、法学等课程。从 1900 年开始，由于失眠症，韦伯不再从事教学工作，1903 年辞去教授职位，专门从事社会、宗教、经济等方面的研究。1904 年赴美国参加信仰社会学的会议，并对美国资本主义的发展程度和特点进行了考察，力图从本质上把握资本主义的创新和竞争精神。这时他看到，美国工业的各个主要领域的大规模企业普遍发展，并且仍然高效运转，而德国则只是在化工、冶金和机械制造业领域存在少量大规模企业。这可能是促使韦伯对一个大型组织采取什么样的管理方式才能最有效运转进行思考的一个重要原因。[①] 在第一次世界大战前，他写出了《经济与社会制度及权力》的绝大多数篇章，这是他主持编辑的多部社会学丛书《社会经济学概论》第三部《经济与社会》的第一部分。第一次世界大战期间，他在政府部门担任行

① 丹尼尔·A. 雷恩. 管理思想的演变. 赵睿，等译. 北京：中国社会科学出版社，1997：253.

政工作。第一次世界大战结束后，他在维也纳大学、慕尼黑大学执教，并在慕尼黑大学建立了德国的第一个社会学系。

韦伯的主要著作有《新教伦理与资本主义精神》(1905)，以及他逝世后由他的夫人玛丽亚娜对《经济与社会制度及权力》进行整理而出版的《经济与社会》(1922)。①

韦伯的管理哲学思想主要存在于他的官僚体制理论之中，其内容的阐述是在社会学或社会学—经济学—政治学的框架内展开的。为了了解他的官僚体制理论在他的整个社会学思想中的位置，这里将先阐述他的社会行为理论，然后由此说明他的统治理论和官僚体制理论。

一、社会行为及其类型

韦伯对社会行为有着特定的理解，是相对于非社会行为而言的。他提出，社会行为是行为者在意向上以他人的期望为取向并关联到他人的行为。一种社会行为的主体既可以是个人，也可以是由多人组成的群体。例如，生产者以消费者的喜好或偏好为取向来生产产品是一种社会行为；卖方接受买方的货币也是社会行为，因为卖方以将来人们在交换时会乐意接受货币这一期望为取向。

因此，社会行为有两个主要特点：(1) 它是有意向原因或动机原因的行为，因而是可以解释、理解、研究的行为；(2) 它是考虑到他人的期望并关联到他人、对他人有影响的行为。相反，非社会行为则是不以他人的意愿、期望为取向因而并不关联到他人的行为。例如，一个人以静坐的方式修身养性，天下雨时很多行人同时打开雨伞。社会学就是研究社会行为的科学，研究社会行为的意向、过程、影响等。

从动机或意向的角度看，社会行为的产生和非社会行为一样，可以由以下四种动机的一种或多种决定，由此形成社会行为的四种类型或四种社会行为。

其一，目的合理的行为。后来的英语翻译者们一般把这种行为翻译为工具合理的行为 (instrumentally rational action)。因为它强调手段的最大合理性。在微观经济领域，目的合理的行为的最典型事例就是，一个企业总是力求确定正确的利润产值目标，并力求设计最有效的制度、战略、策略去实现这个目标。这种社会行为以取得合理追求与估算的成果为目的，并期待把环境中的对象以及他人作为手段而去实现目的。也就是说，这种社会行为把目的、手段和附带后果一并加以考虑和衡量，或者说，是以对目的、手段和附带后果以及它们的相互权重的考虑为取向的。这涉及考虑如下三种因素：对于目的的可替代的手段、目的与附带后果的关系、多种不同可能目的的相对重要性。

其二，价值合理的行为 (value-rational action)。这是由有意识地对伦理、美学、宗教等维度之价值的无条件的纯粹信仰决定的行为，而不管这种行为能否取得成就。这

---

① 参见约翰内斯·温克尔曼为《经济与社会》第5版和第4版所写的前言：马克斯·韦伯. 经济与社会：上卷. 林荣远，译. 北京：商务印书馆，1997：1-33。

种行为的意向不在于能否有所成就，而在于“应该如此”，即作为义务，相信这种行为本身的内在意义。可以看到，韦伯所说的这种社会行为在本质上类似于康德所说的以绝对命令为引导的行为。例如，伦理维度上的无功利、无条件地帮助他人的行为，美学维度上的由对美、崇高、和谐这些价值的热情坚持而产生的相应行为，宗教维度的由对众生平等、博爱、善行等价值的坚持决定的行为，等等。

其三，由感情情绪决定的行为，特别是由当时的情感状况决定的行为。例如，一位演说家以其特有的热情引发听众的热烈情绪的行为。

其四，由传统的或约定俗成的习惯决定的行为。例如，特定的结婚风俗，特定的祭祀程序行为，等等。

可以看出，韦伯的社会行为理论试图对社会行为产生的原因和类型进行说明。在他的思想系统中，这是进一步分析统治这种社会行为是否具有正当性的根本依据。

这种说明无疑是社会问题意识性质的，它阐明了上述四种社会行为的不同特征，特别是深刻觉察到了现代社会中前两种行为的根本重要性，以及它们之间经常发生的尖锐矛盾。从理论影响来看，他对前两种行为的概念命名成为后来社会学、政治学、管理学、哲学等学科分析社会现象的重要框架。

二、统治的重要性及正当性

韦伯认为，统治是共同体行为的最重要因素之一①，共同体行为的其他一切领域都受到统治实体的深刻影响。在大多数情况下，只有统治及其实施的方式，才能使一种没有定型的共同体行为转变为理性的社会化行为；而在还没有形成共同体行为的情况下，只有建立起统治的结构，才能产生共同体的行为，特别是从根本上使共同体明确地建立一个目标。封建社会和资本主义社会是两种在经济上十分重要的社会形态，在前者的领主制度和后者的大企业中，“统治”的存在起着决定性作用。②

那么，究竟什么是统治？它对于共同体中人们的行为究竟意味着什么？从“统治”概念的广义角度看，现实中存在着无数的统治类型，人们对统治的理解也存在不同。在最广泛、最笼统的意义上，统治与广义的权力——能够把自己的意志强加给他人、对他人进行支配这样的意义相同。在这样的意义上，统治可能以形形色色的、十分不同的形式出现。韦伯认为，对统治的这种广泛理解难以使它成为科学上普遍适用的范畴。因此，他首先抓住统治的两种尖锐对立的类型进行分析：依仗经济利益状况的统治特别是依仗垄断地位的统治，和依仗权威命令的统治即通过命令的权力和听从的义务所进行的统治。简言之，前者是经济利益性质的统治，后者是权威命令性质的统治。如果从广义

① “Herrschaft”这一德文概念的意思是统治、控制。1947 年 A. M. 亨德森和塔尔科特·帕森斯编辑的英译本《经济与社会》把它翻译为 imperative control，可作为参考。国内也有翻译为“支配”的，也可作为参考。

② 马克斯·韦伯. 经济与社会：下卷. 林荣远，译. 北京：商务印书馆，1997：263.

权力的角度来指称它们的话，那么，前一种统治是由财产占有产生的权力，后一种统治则是由无条件的权威产生的权力。前者最典型的类型是市场上垄断者的统治，后者最典型的类型是官职的或王公的统治。前者仅仅建立在依仗对财产的占有而对被统治者的行为所施加的影响之上，后者则建立在一种要求被统治者不管一切动机和利益而无条件顺从的义务之上。依仗经济利益状况的统治和依仗权威命令的统治很容易交织在一起，特别是，前者在一定条件下容易转变为后者。①

韦伯认为，从概念的角度把统治限定在狭义的理解上，即限定在权威命令的统治这一意义上，能够从根本上阐明实际存在的统治，因而能够把对统治的研究变为一种科学。从这样的思路出发，韦伯把统治界定为，在一个特定的群体里让命令得到服从的机会。② 因此，不是任何形式的对别人实施“权力”和“影响”的机会都是统治。我们可以从统治者和被统治者双方的内在关联来理解韦伯对统治的这种界定：统治意味着统治者做出命令的权力和被统治者对命令的服从。任何一种真正的统治关系都包含着一种特定的最低限度的服从愿望，这是为了从服从中获得外在或内在利益的愿望。

在这样的意义上，统治就不完全等同于权力，而是权力的特殊情况，是统治者通过公开宣布的意志（“命令”）而影响被统治者行为的机会，而权力则是把自己的意志强加给他人的机会。

因此，统治这种权力形式与经济权力形式不同。统治权力的拥有者绝不会仅仅依仗权力来追求经济利益，特别是不会把追求经济财物的丰裕作为唯一目的，哪怕是经常性的目的。自然，支配经济财物即经济权力是统治的一种经常性结果，同时也常常是统治的一种重要手段；然而，并非任何经济权力都表现为统治，而且，并非任何统治都是通过经济手段来建立和维持的。不过，经济与统治之间的确存在着相互作用，在绝大多数的统治形式包括那些最重要的统治形式中，利用经济手段的方式决定性地影响着统治结构，而统治结构也是影响经济生活的至关重要的因素。

需要注意的是，在韦伯这里，统治是相对于不同的统治主体而言的，统治者是相对于被统治者而界定的。统治者可以是一个人，也可以是一个团体；与此相应，统治主体和统治范围也就有所不同。例如，在一个国家的最高元首与他的行政管理班子之间，最高元首个人是统治者，他的行政管理班子是被统治者；而在一个国家的最高元首及其行政管理班子与其他公民之间，则最高元首及其行政管理班子作为一个团体是统治者，其他公民则是被统治者。在后一种情况下，“一般的统治团体本身也是一种行政管理团体”③。这两种情况构成了统治的不同范围。

韦伯认为，统治需要确立起自身的正当性，这就是统治获得了被统治者的认同和服从。

从来源看，统治的正当性建立在被统治者服从统治者的统治这种动机的基础上。对于被统治者来说，这种服从可能出于下列四种动机中的一种或多种：出于纯粹的习俗或模

① 马克斯·韦伯. 经济与社会：下卷. 林荣远，译. 北京：商务印书馆，1997：265-268.

② 马克斯·韦伯. 经济与社会：上卷. 林荣远，译. 北京：商务印书馆，1997：238.

③ 同②82.

糊的习以为常，由于情绪或情感，受到物质利害关系的制约（目的合理性），受到绝对应该如此这种动机的支配（价值合理性）。这些动机或其中的每一种动机都能赋予一种统治或制度（惯例和法律）正当性。但仅仅依靠这些动机还不足以形成一种统治的可靠基础。①

韦伯说，所有经验表明，没有任何一种统治仅仅自愿地满足于以上述动机作为其持续存在的机会，毋宁说，任何统治都企图唤起并维持对它的正当性的信仰。上面已经表明，正当性是分为不同种类的。由于实际统治所要求的正当性的种类不同，因而服从的类型以及实施统治的特点也不同。

需要指出的是，正当性这个概念在韦伯这里十分重要，它主要针对的是统治或制度的正当性，实质意思指在特定的历史条件下被人们所遵从。下面会看到，正当性与合乎法律的意思并不等同，合乎法律只是正当性的一种。

三、正当性统治的三种类型

根据实际统治所要求的正当性种类的不同，从纯粹或一般理论抽象的角度，韦伯把正当性的统治区分为三种类型。

第一种类型是合理型统治或法律权威型统治。② 这种统治的正当性或有效性建立在人们对各种规则的法律性质，以及对统治者具有按照这样的规则发布命令的权利的信仰之上。统治者是依照规则进行统治的，即他们是被合法授命进行统治的。从服从者的角度说，服从者只是在法律规则正式规定的范围内具有服从义务。

合理型统治建立在五个相互关联的观念之上。其一，无论协议商定的法律还是强加的任何法律，都尽可能以理性为取向，以目的理性或价值理性为取向，或同时以两者为取向，并要求团体的成员必须尊重和遵守。韦伯的这一观念强调了法律的合理性，这是这种统治的根本合理性之所在。其二，任何法律按其本质都是一些抽象规则的总体，司法是把这些规则运用于个案，行政管理则是在法律规则的界限内并根据一些普遍标明的原则合理地维护团体制度所规定的利益。其三，统治者即上级也要服从非个人的制度，他的号令是以这种制度为根据、为取向的。其四，服从者仅仅作为团体的成员服从统治，并且仅仅服从法律。无论作为协会的成员、社区的成员、教会的成员，还是作为国家的公民，都是如此。其五，团体的成员服从统治者，并非服从统治者个人，而是服从非个人的制度，因此仅仅在制度规定的范围内服从统治者。

第二种类型是传统型统治。这种统治的正当性或有效性是以人们相信承传下来的习惯秩序和统治权力的神圣性为基础的，统治者是依照传统规则而被指定的，也是受传统

---

① 马克斯·韦伯．经济与社会：上卷．林荣远，译．北京：商务印书馆，1997：238-239.

② Max Weber. The Theory of Social and Economic Organization. A. M. Henderson, Talcott Parsons, trans. New York: Oxford University Press, 1947: 329；马克斯·韦伯．经济与社会：上卷．林荣远，译．北京：商务印书馆，1997：241，243.

约束的，被统治者服从统治者，是由于传统赋予了统治者尊严。

在纯粹的传统型统治中，不可能有意通过新章程，或“重新”制定法律和管理原则。所谓重新立法，只能被视为历来就适用，只能通过对先例和判例的确认而取得合法地位。

传统型统治又分为设有行政管理班子和不设行政管理班子两种类型。在设有行政管理班子的类型中，统治者与行政管理班子的决定性关系不是事务职责关系，而是主人和仆从的关系，仆从必须对主人忠诚。行政管理人员服从的不是规则，而是根据传统占据统治位置或根据传统被选出来占据统治位置的个人。在这种情况下，统治者的命令，特别是对其行政管理班子的任命，在以下两种情况下是正当的：部分依据传统，由于传统明确决定着命令的内容，所以，在传统所信仰的意义上和范围内是正当性的，如果试图超越它们或动摇它们，就可能对统治者的地位构成危险；部分依据统治者的任意专断，因为传统赋予了这种任意专断一定的回旋余地。统治者命令的这两种正当性情况，构成了统治者行为受传统约束和不受传统约束的双重王国。①

传统型统治中不设行政管理班子的类型是传统型统治的原始类型，一般又有两种情况：老年人政治——在一个团体里，最老的人作为最了解神圣传统的行家来实施统治；家长制——在一个群体内，经常是在经济的和家庭的（家族）的群体内，由一个根据继承规则而确定的个人进行统治。另外，老年人政治和家长制并存的情况也不罕见。极其重要的是，在这两种情况中，虽然统治权力都是由传统赋予的，但在实质上却是作为一个整体的群体的权力，必须为了群体成员的利益而实施，统治者个人不得自由占有这种权力。因此，统治者的统治在很大程度上取决于群体成员的服从愿望，群体成员是统治者的“同志”，而不是“臣仆”。群体成员仅仅按照传统服从统治者，而统治者也受到传统的严格约束。不过，这两种情况的传统型统治，随着统治者的行政管理班子的产生，都倾向于走向世袭制度，这时，作为同志的群体成员便成为臣仆。大体上，韦伯所指的世袭制度是奴隶社会的天子世袭制度和封建社会的皇权世袭制度。

第三种类型是魅力型统治。这种统治的正当性建立在群众非凡献身于一个人的魅力特质的基础之上，即建立在他的特殊性、非同寻常的神圣性、英雄气概、楷模性质以及他所展示或创立的规范性行动方式之上。也就是说，一般群众相信和服从的是具有魅力性质的领袖个人。这种个人或者是超自然的，或者具有任何其他人都无法企及的素质和力量，或者被视为神灵差遣的代表。

魅力型统治的存在也以被统治者的承认为保证，而这种承认是由实际的考验（起初总是由奇迹）所维持的。如果实际考验不能持久，则表明原先具有魅力的个人已经被上帝遗弃，或者表明他已经丧失了自己的魅力或英雄力量。如果他长时间没有取得成就，特别是没有给被统治者以幸福安康，那么他的魅力权威的机会就会消失。

同时，从韦伯的论述中可以看出，魅力型统治也具有突出的感情色彩。魅力型统治者对他的行政管理班子人员的任命，也是从自己的直觉出发、按照被召唤者的魅力品质来选择的。这种统治没有规章和法律原则，没有真正的等级制度，对于行政管理班子人员来说，不存在资历和升迁，没有严格的职务范围和权力界限。

① 马克斯·韦伯. 经济与社会：上卷. 林荣远，译. 北京：商务印书馆，1997：252.

纯粹的魅力型统治对经济非常陌生。它强调的是天职或作为使命的本分，因而鄙视合理的日常经济，鄙视通过有目的的、持续的经济行为去获得正常的收入。因此，从合理的经济角度看，它是一种“非经济的”典型政权。它主要依靠资助、掠夺、暴力榨取或顺手牵羊等手段来获得偶然的、不稳定的经济收益。

魅力型统治是非凡型统治。它既与合理型的尤其是现代官僚体制的统治尖锐对立，也与传统型的尤其是家长制、世袭制、等级制的统治尖锐对立。从本质上说，合理型和传统型这两种统治是平凡型统治。现代官僚体制的统治依靠理性规则约束，因而特别合理；传统型统治受到传统惯例的约束，因而在本质上也受规则约束。相反，魅力型统治没有规则，因而特别不合理。①

在一个受传统束缚的社会，由于魅力的产生是与传统尖锐对立的，因而魅力与理性一样，经常是一种巨大的革命力量。与理性在一般情况下重在改变外部生活环境和生活问题有所不同，魅力经常是一种发自内心的改造，意味着改变最重要的思想和行动方向。当然，在前理性主义时代，社会的整个行为几乎或者由传统支配，或者由魅力支配。通过思考韦伯的阐述，我们可以看出三种统治类型的根本区别之所在：是否以理性规则进行统治，以及以理性进行统治的程度如何。

韦伯指出，历史上很少真正存在上述三种正当性统治的纯粹类型，历史上实际存在的是接近于某种类型，同时伴随着同样非纯粹的其他类型。首先，纯粹的合理型统治一般难以产生，因为人们的正当性信念总是受到约定成俗即传统观念的制约。其次，纯粹的传统型共同体可能存在过，但绝不会长久存在，同时，它大多伴随着具有魅力的最高领导层。最后，纯粹的魅力型统治也绝对罕见，相反，在魅力主导下，经常直接产生出官僚制度，或者伴随着深厚传统的封建机构。因此，社会学的分类只是提供一种一般性的概括和一般性的概念，为进一步的思考提供准备。

四、合理型统治的纯粹类型：现代官僚体制

任何统治一旦与行政管理结合起来，就都表现为行政管理，并且作为行政管理发挥其职能；反过来，任何行政管理都在某种方式上需要统治，因为行政管理总是必须把某种命令置于某个人手中。

合理型或法律权威型统治的纯粹类型是那种借助于行政管理班子进行的统治。从韦伯的前后重复也并非完全准确的论述来看，这种纯粹类型主要指现代官僚体制。所谓纯粹，是说它是最合乎理性的。②

现代官僚体制在本质上是以等级和任命为基础的集权制，有着特定的运作方式和官

① 马克斯·韦伯．经济与社会：上卷．林荣远，译．北京：商务印书馆，1997：269-273.

② 马克斯·韦伯．经济与社会：上卷．林荣远，译．北京：商务印书馆，1997：245；马克斯·韦伯．经济与社会：下卷．林荣远，译．北京：商务印书馆，1998：278．韦伯认为，关于这些规则的知识是一种特殊学问，如行政管理理论、商务学等。

员任职特点。综合韦伯的论述，可以将之概括为以下十一个方面：

1. 存在着固定的、通过法律或行政规则而安排有序的机关和职务的权限原则，包括职务和义务的分工、所需要的命令权力的界定和强制手段的赋予，以及有计划地招聘合格人员。

2. 存在着职务等级原则，即整个机构是上下级安排固定有序的体系，下级服从上级，上级监督下级，同时，有明确规定的下级机关向上级机关汇报的途径。

3. 官员的职务是根据契约受命，即建立在自由选择之上。

4. 职务的任命不是通过选举，而是根据专业业务资格进行的，职务工作特别是一切专门化的职务工作，一般都以深入的职业培训为前提。

5. 官员个人拥有明确固定的权限，仅仅在事务上有服从官职的义务。

6. 职务工作要求官员把自己的职务视为唯一的或主要的职业，在职位得到充分发展时，要求官员投入自己的整个劳动力。

7. 官员职务的执行是根据一般的、相对固定的、经常详尽加以说明的因而可以学会的规则进行的。

8. 职务的执行建立在文件和档案之上，因而建立在各种各样的相关常设官员和文书班子的基础之上，由此设有专门的机构或办公室。

9. 职务升迁根据年资或政绩，或两者兼而有之，这当然取决于上司的评价。

10. 官员在工作中完全与行政管理所涉及的物资分开，个人不得把职位占为己有。

11. 官员接受严格的、统一的纪律和监督。①

作为合理型统治的纯粹类型，现代官僚体制包含了所有合理型或法律权威型统治的各种一般方面或一般原则。② 因此，它对于现代社会的各种组织具有普遍可用性：在以盈利为目的的企业里，在追求思想目的或物质目的的企事业单位里，以及在政治团体、宗教团体、慈善机构中，都是可以运用的。

可以看出，在上述各个方面中，通过法律或行政规则而安排有序的机关和职务的权限原则，是现代官僚体制的灵魂或基础，即它表明了这种体制的理性本质。在剩下的其他方面中，最主要的是以下四个方面：一是等级制或集权制，这是现代官僚体制的结构特征；二是任命制，韦伯说，在任命官员的原则纯粹占支配地位的地方，官僚体制的统治也就最纯粹地得到了贯彻；三是契约任命即自由选择，这是现代官僚体制的契约特点；四是职务的专业性，专业资格的范围在现代官僚体制中正在日益扩大。③

官僚体制行政管理的突出优势是，它在技术上具有最大的合理性。根据全部经验，纯粹的官僚体制行政管理，即集权主义的、采用档案制度的行政管理，具有精确、稳定、有纪律、严肃、紧张、可靠的优点，意思就是，对于统治者来说，这种体制可信、劳动强度大、范围广，形式上可以适用于一切任务，纯粹从技术上看，可以达到最高的完善程度，是实施统治的最合理的形式。

---

① 马克斯·韦伯. 经济与社会：上卷. 林荣远，译. 北京：商务印书馆，1997：246；马克斯·韦伯. 经济与社会：下卷. 林荣远译. 北京：商务印书馆，1998：278-281.

② 马克斯·韦伯. 经济与社会：上卷. 林荣远，译. 北京：商务印书馆，1997：242-245.

③ 同②245-247.

同时，除了技术上的完善，还由于根据专业知识而运转是这种体制拥有优越性的强大手段，所以它能获得稳定可靠的效率，这是它的合理性的最重要的体现或结果。所以，韦伯指出，官僚体制对于群众性的行政管理（人事管理或事务管理）是不可缺少的。人们只能在行政管理的官僚体制化和外行化之间进行选择。就现代社会来说，无论资本主义的生产组织，还是社会主义的生产组织，要实现最合理的技术效率，都只能极大地提高官僚体制的作用。①

韦伯指出，一定程度的甚至相当发展的官僚体制，在古代社会特别是封建社会的许多国家中已经存在，如在古代埃及、晚期罗马帝国、秦始皇以后的中国等国家中就是如此。然而，现代官僚体制的产生和发展还是需要一定的历史条件。

其一，货币经济得到了比较充分的发展。这是纯粹的官僚体制产生的一般前提。在古代社会，一些国家的官僚体制，由于受到自然经济的制约，在很大程度上是建立在对官员的实物报酬之上的。然而，即使不是要建立纯粹的官僚体制，古代的官僚体制要维持下去，也需要货币经济的一定程度的发展。从现代开始的资本主义经济的发展，为现代官僚体制的产生提供了合理的经济基础，提供了必要的货币支持。

其二，行政管理任务有大量增加。如在政治方面，现代的大国家和群众性政党的形成经常是官僚体制化的典型基础。在古代，真正庞大的国家的产生并非必然带来官僚体制行政管理。但是在现代，越是大国家或正在变为大国的国家，越是走上依靠官僚体制进行管理的道路。同时，现代社会所产生的群众性政党本身就日益成为官僚体制化的组织。

其三，行政管理任务的强度和质量空前扩大。这是产生现代官僚体制的有力诱因。资本主义社会各个生活领域的迅速发展，创造了对持久、稳定、严肃、紧张和可计划的行政管理的需要。如统筹和调节全国性或地方性工程建设的需要，财政制度发展的需要，日益增长的文化需要，对秩序和保护的日益增大的需要，都要求产生和发展官僚体制行政管理；而现代交往技术手段的发达，特别是铁路、电报、邮政的产生，则为现代官僚体制的产生和发展提供了重要的技术条件。

现代官僚体制之所以取得广泛传播和扩展，决定性的原因是它纯技术的优势超过了任何其他形式的现代管理体制。正因为这样的原因，社会主义社会的管理也不得不接受这种体制，并对之加以提升。

韦伯还对实行现代官僚体制所可能产生的社会意义进行了分析，所提出的观点切中要害、十分深刻。(1) 现代官僚体制尽管以等级为重要的运转原则，但它倾向于拉平社会的等级。因为它普遍从专业业务上最有资格的人群中招募人才。任何社会成员只要业务突出，就有机会进入它的系统。(2) 由于需要长时间的、普遍的、深入的专业培训，现代官僚体制倾向于导致专业化的统治。(3) 由于现代官僚体制是完全以规则为依据的非人格化运转体制，所以，处在这种体制中的人们在一般义务的压力下工作，一切按照形式规则办事，对事不对人，慢慢会变得失去个性，没有激情和憎恨，没有爱和狂热。

总体说来，韦伯认为，现代合理的官僚体制具有两个突出的一般精神特征。一是形

---

① 马克斯·韦伯. 经济与社会：上卷. 林荣远，译. 北京：商务印书馆，1997：248-249.

式主义，这是它履行使命和完成任务的最有力途径。这也是形形色色的对保障个人生活机会感兴趣的人所要求的。因为，如果不是这样，其结果将是任性专断。二是功利主义，官员们实质上倾向于功利主义地对待他们的行政管理任务，以报效需要取悦的统治者。

美国著名管理思想家雷恩认为，从历史的角度看，韦伯的思想反映了以传统和家庭为基础的德国旧的企业体系的瓦解和大企业的迅速兴起。韦伯提出的途径是使组织合理化，以规则和能力代替个人与偏爱，使管理实践和组织朝着符合逻辑的方向发展，以便为一个新的资本主义国家提供所需的效率。雷恩的评价在这一角度上是正确的。①

同时，我们认为，韦伯创立的现代官僚体制理论，也是以当时西方官僚体制的现实为蓝本的。他深刻认识到了现代官僚体制产生的历史必然性，深入分析了这种管理体制的本质特点和优势，形成了一种系统而充满洞见的管理理论，在现代西方管理思想史上具有重要的创新意义。从管理哲学的角度看，贯穿韦伯理论的内容和思维方法的灵魂是客观性的理性主义，因而理性、合理性、正当性构成了这一理论的核心范畴。从深层来看，韦伯的理论实际继承了德国文化的强大理性主义传统，以自觉或不自觉的方式再次彰显了理性主义的无形力量。

具体从价值判断标准的角度看，韦伯是以技术理性作为评价现代官僚体制的根本标准的，因而他看到了现代官僚体制在技术上的完善、最大的稳定和效率；同时，也正是由于这样的原因，他和泰勒一样，相对忽视了管理所必然涉及的人们的意志自由、情感互助、人格独立等人文理性维度。特别是，他的理论存在着一个根本缺陷，这就是他的思维方法缺少真正意义上的批判精神。这些不足导致了他没有深入分析现代官僚体制的局限。当然，他并非对这一点毫无认识，而是从作为官僚体制运转之机械部件的职员的角度表达了自己的深深担忧："一想到有一天这个世界除了满是那些致力于微不足道的工作、一心想奋斗成为大人物的小人物，其他一无所有，就让人不寒而栗……这种对官僚集权的情绪，足以让一个人绝望。"②

思考题

1. 结合中外历史，分析统治在一个社会中的重要性。
2. 根据当今一些国家的情况，说明统治怎样才能具有坚实的正当性。
3. 试论韦伯官僚体制理论的适用范围与限度。

---

① 丹尼尔·A. 雷恩. 管理思想的演变. 赵睿，等译. 北京：中国社会科学出版社，1997：258.
② 同①.

第十二章

谢尔登以人性和社会性判定为引领的管理哲学理论

谢尔登探讨了良好管理的那些原则，并且认为企业有一个灵魂。企业不是肮脏的机械事物，而是社会有机体的活的有价值的部分。它本身并不是一种目的，而是达到目的的一种手段，而这个目的就是整个共同体的福祉。任何没有考虑企业中每一个人的个性和共同体福祉的机械效率，都需要自我谴责。

——朗特里

奥利弗·谢尔登（Oliver Sheldon，1894—1951），英国现代管理实践家，管理思想史上第一位真正意义上的管理哲学家。他于 1923 年出版的《管理哲学》，是管理思想史上第一部自觉以管理哲学命名、第一次以真正的哲学意识对工业管理活动进行审视、第一次系统提出和探讨管理哲学许多重要问题的著作，因而使他成为管理哲学当之无愧的创始人之一。

谢尔登出生于英国的柴郡，毕业于牛津大学默顿学院，获得文科学士学位。第一次世界大战期间服过兵役，之后主要在英国朗特里巧克力制品公司工作，先后担任过公司经理、董事会董事等职。他以自己的管理经验为基础，以西方社会的工业管理为反思对象，创立了独到深刻的管理哲学理论。遗憾的是，当今国内外管理学和管理思想史的研究者，主要强调谢尔登关于企业应该承担管理的社会责任的思想，而对他的整个管理哲学理论没有给予应有的高度评价。

一、现代社会的特征及其对工业管理的影响

谢尔登的管理哲学理论主要是对工业管理的终极问题的追问。他认为，工业管理是现代工业的核心部分，而工业又是以现代社会为基础的，是现代社会的一个组成部分，同时，现代社会有着不同于以往社会的根本特征，它们必然直接或间接地影响着工业和工业管理，但是人们并没有自觉或深刻地认识到这些特征的重要意义。①

第一个深远影响工业的现代社会的根本特征是，19 世纪 70 年代以来关于工业的一般知识的惊人发展，使公众广泛熟悉了工业事务或工业内部的运转。第一次世界大战巩固了这一趋势，而公众智力的长期发展更是为公众对工业事务的兴趣的增长提供了根本条件。这一特征如此内在地存在于人们的生活之中，以至于人们忽视了它，然而它却是根本的。实际上，不仅工业中的工人对工业事务已经具有更好的了解，工业之外不同行业的人民大众也是如此。至少 30％的现代报纸投入到了对工业方面的仲裁、会议、罢工、发明、立法和理论等事务的报道中。远比以前更大比例的人们成为工业的股东，他们在其中自然获取利益。绝大多数的人们，作为纳税人越来越关注工业和商业的复兴。而作为消费者，他们关注工业产品价格的降低，由此期待恢复社会的平衡。

简言之，工业行为不再是董事和经理的“交易秘密”。公众通过议会、市政府、新闻媒体和自我教育团体等渠道，正呈现出对工业行为的极大兴趣和热情，呈现出对控制他们劳动力使用的那些政策、道德、方法和组织的公开关注，因而对工业行为的责任的要求更加强烈。这已经对工业管理实践产生了深远影响，也必将逐渐改变工业和共同体之间的原有关系，改变工业的整体行为和根本面貌。

第二个直接影响工业的现代社会的根本特征是，人们特别是工人对自我发展的意识和期望不断增长。这一点与人们所形成的关于工作的新的哲学理念是一致的。人们的理念正从为了单纯获利而工作，转移为从兴趣出发而工作。工人开始意识到，工作仅仅是生活的次要部分，为了兴趣而工作更加吸引人的追求，文化上的发展对他们具有更加重要的意义。这不是说，他们渴望更少运用他们的能力，而是说他们希望这样做而不把生计建立在其上。同时，由于获利这一动力的失效，特别是由于对娱乐的社会价值的承认，工人对使自我发展成为可能的闲暇时间的需求赫然出现，这是比普遍认为的更为近期的发展。

于是，工业管理就面临着这样一个选择：要么控制工人的兴趣，要么允许工人有更多的闲暇时间进行他们感兴趣的活动。无论怎样选择，都会加给工业管理以必须付出最大努力才能承担的职责。

第三个深远影响工业的现代社会的根本特征是，广泛传播的联合精神。联合，不是

---

① Oliver Sheldon. The Philosophy of Management. London：Routledge，2003：4－15.

一种自然意义上人类冲动的那种联合，而是有意识、有目的的个体间的结合。这些个体对许多事情的看法可能存在很大不同，但却拥有一两个共同的观点。

早在整个 19 世纪，联合精神就在社会生活的各个领域繁盛起来。贸易联盟、合作型团体、友谊团体、政治俱乐部、体育俱乐部、慈善机构和宗教团体等，都在 19 世纪形成。各种团体与联合体的形成导致了多样化的而非单纯的统一。形成联合的原因众多，而且相互分离，以至于个人可能同时属于不同的多个团体。在这一意义上，联合精神不是将人民大众统一成一个整体，而是倾向于把社会分割为大量建立在不同信仰、忠诚和兴趣之上的群体。

在工业中，联合精神开始取得明显发展，这是对工业之外联合精神发展的反映。工业管理被赋予了使工厂成为联合的基础的机会。在社会生活中那些大规模联合出现失败的地方，每一个工厂所能提供的联合有可能填补这个沟壑。因为，对于非常明确的目的，大规模联合是必需的，然而这很少是自发形成的；由于工业生活更加紧凑，所以它极有可能在审慎、明智的管理下为自发的联合提供真正的基础。

第四个明确影响工业的现代社会的根本特征是，通常以“科学”来定义的分析和批判精神的增长。谢尔登认为，我们正生活在一个科学的时代——一个把信念和行动建立在确定与已证实的根据上而非信仰、传统或者习惯上的时代。这个时代的一个突出特征是探索精神和批判精神。它正在迅速对工业中的工人和管理者产生深刻影响。工人正在质疑目前工业结构的道德正当性和管理方法的合理性。他们已经建立了自己的研究队伍，以便使自己的诉求直接建立在不可辩驳的事实基础上。管理方也正在质疑自己的方法，开始倾向于在管理的所有领域采用科学的分析和综合方法，包括建立新的分支机构去测验和分析工业事实（人和物两个方面的事实），把管理政策建立在确定的信息之上，根据对工作的科学分析来建立管理组织，根据由准确的探究和精确的测量而形成的标准来控制生产制造等。

谢尔登说，科学精神这一时代特征，正在促使我们为所有共同活动的每一个分支形成一门科学。我们正在发展工程科学、宗教科学、家政学和社会科学。与此相应，工业管理科学是时代发展的自然结果。这正是泰勒的科学管理思想得以产生并在美、英、法等国迅速扩展，使这些国家的工业管理和企业管理在科学维度上大步向前、劳动生产率显著提高的重要原因。

可以看出，在判定和分析现代社会的根本特征时，谢尔登是从现代社会的构成主体——人民大众特别是工人大众的角度入手的。他特别突出地分析了工人大众的精神状况，深刻指出了工人大众自我觉醒的本质内容——对自我发展的价值和实现条件的明确意识。他指出，从根本上说，工人渴望更加平等的社会机会的分配，他们的要求不只是为了获得物质上的平等，不是为了财富而不考虑获得财富的手段，而是为了自身的道德权利而要求打开一条自我实现的道路；同时，他们对更好的社会地位和工作条件、更高的工资的要求，在本质上同样是伦理的，所针对的是建立在权利要求基础上的伦理公正问题。一句话，工人已经形成了相当自觉的人文精神和社会合作精神。

由于工业中的管理很大程度上是对工人的管理，所以，除非理解工人的思想状态，否则，管理就不可能发挥有效作用。因此，工业必须证明自身道德上的合理性，工业管理必须满足工人的正当伦理要求、人文与社会要求。①

二、工业管理的基本原理

应该明确指出，谢尔登在《管理哲学》中讨论的“管理”（management）②，指的是包括企业管理在内的、作为一个整体的工业管理，而不仅仅是有限的企业管理。这是《管理哲学》一书的明确对象。而工业管理的主体则包括政府相关部门和企业内部的“行政”组织。他在书名中之所以使用管理这一概念，是因为人们通常理解的管理涵盖了工业中公司政策的制定与执行、组织的设计与应用。谢尔登认为，管理的这种一般意义归根到底是人类联合性质的实践不断发展的结果。“不管在工业中、家庭中还是在国家中，涵盖行政和组织的管理，都是人们联合的自然结果。”③ 无论何处，人们为了一个共同目的而聚集在一起，都需要有领导来制定政策，确定权力范围，对人们的努力进行组织和控制。在这个方面，工业与教会、行会、城市、军队、大学是完全相同的。正如一支管弦乐队需要指挥者一样，一项被人们的各种力量的联合努力所促进的社会事业也需要指导、调节和协调。因此，管理不是强加给工业、外在于工业的，而是内在于工业、由工业自身的发展要求决定的。

从理论内容来看，管理或工业管理的基本原理是谢尔登管理哲学理论的核心内容之一。从谢尔登的论述来看，可以概括为以下三个方面。

第一，管理在本质上是一门实践艺术或一种具有人文要求的实践。从管理过程或管理对象的角度看，管理过程必然既涉及非人的因素或事的因素（物质事物、技术、职能工作），也涉及人的因素或人们的行为因素，对非人的因素的管理需要科学，而对人的因素的管理则需要广义的艺术，即理解、耐心、鼓励，特别是同情。虽然科学可以阐明计划工作的各种原则，可以使工作的每个部分都获得准确的结论，因而能够普遍适用，但是它必定做出这样的保留：这些原则是服从于人的因素的变化莫测的。换句话说，在管理所处理的物质事物范围内，其方法可归纳为科学原则概念；但在管理所处理的人的范围内，科学原则就只能在他们都愿意接受的情况下才能运用。在这一意义上，管理是对科学原则的人性化运用。

从管理所需运用和调动的能力来看，管理者的管理不仅需要运用自己的心灵能力，这只有在他们的心灵能力是健康合理的情况下才能正常实现，而且需要调动非管理者的

---

① Oliver Sheldon. The Philosophy of Management. London：Routledge，2003：16-23.

② 根据谢尔登的界定，我们认为把 administration、management、organization 分别翻译为行政、管理、组织比较恰当。行政是工业中关于公司政策的制定，财政、生产和销售的协调，组织界限的确定，政策执行的最终控制的功能。管理是工业中关于在行政所确定的范围内执行政策，以及为了实现特定目标而使用组织的功能。组织是把众多个人或众多群体必须从事的工作与从事工作所需要的才能结合起来，以至于有效、系统、积极、协调地运用人们的努力的过程。（Oliver Sheldon. The Philosophy of Management. London：Routledge，2003：32）

③ 同①33.

各种能力，以结合的方式运用非管理者的各种能力，这就只有通过发挥管理的艺术维度的作用才能实现。

目前，科学管理的努力在于使管理变得日益科学，但这不意味着科学知识的每一种扩展都必定限制管理的艺术。即使管理科学同医学一样详尽，正如医生需要行医的艺术一样，管理者需要管理的艺术。因此，从这种意义上说，管理实践作为决策和实施决策的活动，作为组织设计和实施设计的活动，在本质上是一门艺术。事实上，如果管理仅仅是一门科学的话，那就不会有关于人的哲学。对于管理的艺术来说，科学知识只是一种本质意义的准备，而不是管理艺术本身。因此，掌握了管理的科学知识，并不能保证具有管理的才能。

总之，管理实践中存在着包括非管理者与管理者双方在内的人的因素，这是管理的科学无法解释的另一个领域。现在，人们已经意识到这一点，开始致力于部分地以科学、部分地以艺术为基础而进行管理，但显然还远远不够。

第二，管理的确包含了科学的维度，是运用诸多科学知识的一种实践。这可以从以下三个方面来分析。首先，管理是包含着客观规律的过程，它已经发现存在着它必须服从的诸多规律，这是管理之所以必须成为科学的根本原因。工业或企业的运转包含了特定的物质过程、技术过程，管理实践包含了财务、行政、任务执行等职能，也就是说，工业管理可以被分为若干部分；同时，管理的职能需要相应的能力如决策能力、行政能力、执行能力、服务能力。在这些维度上，依靠事实的积累也能形成工业管理工作的标准内容。其次，管理能够通过科学手段或科学方法来进行。也就是说，管理将不再是老板的独裁和鞭子，而是探究经验和依赖于事实的过程。管理的领导以知识而不是以权力为基础。管理的任务不再仅仅是“使工作得到完成”，相反，在管理的大多数活动里，需要通过运用由调查和解决问题的训练所获得的能力来进行工作。最后，掌握管理的科学维度是成为管理者的基本素质或资格要求之一。管理正在成为一门有着特定科学要求的职业。管理的实践不能托付给不称职的人，而是必须托付给那些拥有较高能力和完备知识、在职业上合格从而可以被委以管理实践所要求的重任的人。

因此，管理在上述维度上无疑是一门科学。这也正是泰勒等人开创的“科学管理”事业所努力要达到的目标。虽然管理还不成熟，但它已经成为工业有体机的具有明确功能的活动，已经成为任何事业的一种内在需要，正在变成一种专业性的工作。同时，现代社会空前增长的分析和批判精神正在日益进入管理的实践中。因此，随着现代管理的发展，管理几乎无意识地变得越来越科学。

第三，需要建构管理的艺术维度的决定性与管理的科学维度的辅助性之间的统一。从文本来看，谢尔登没有专门列出这一点来进行说明，但他对这两个维度的讨论清楚地表明了这一点。可以认为，这应是谢尔登关于工业管理的整体性和根本性原理。

由于对人的管理是决定性的，所以需要把管理的艺术维度置于决定地位。由于对物或事的管理是从属的，所以需要把管理的科学维度置于次要地位。管理的艺术维度和科学维度必须统一，因为双方都必然存在，故而都不可缺少。

三、工业管理所承担的双重性质

当谢尔登在20世纪20年代对管理活动进行哲学思考时，泰勒的科学管理思想正在有力扩展，带来了工业管理的巨大进步。同时，泰勒重视物质价值追求而忽视其他社会价值追求、重视科学分析而忽视人文考量的局限也明显暴露出来。这是谢尔登从哲学的观点对工业管理和企业管理进行审视的根本原因。

谢尔登指出，工业中的管理正处于充满活力、蓬勃发展的时期，同时，人们对管理实践，也正在既从科学的角度又从伦理或哲学的角度进行审视，对管理的成绩也既根据科学分析的标准又根据已经恢复元气的社会良心的标准进行衡量。同时，作为一种生产性的事业和一种社会信托，管理正在发现需要攀登的新高度，希望发现可以遵循的新途径。

对于现在的管理来说，它所造成的危险在于只见树木而不见森林。人们仅仅强调管理的科学维度，而没有认识到或忽视了管理的伦理或哲学维度。从具体内容来看，管理的确是一种精致的计划系统，包括成本核算、员工雇用措施、福利计划、工时研究、其他研究活动等；对这些活动过程的物质和技术维度的分析，构成了管理的科学维度。同时，这些活动又都是能量的支出，既然是能量的支出，就必须有一个根本目的作为指导方向，必须形成对支撑这些活动的终极原因的理解。显然，这对于上述各种活动是本质性的，正是管理为什么会有哲学问题、为什么需要哲学的原因之所在。

哲学是一种终极追问。它把日常事务的问题变为相对的无，它要求我们用终极原则或终极法则指导我们的实践，而不是抓住那些变化的细节不放。因此，对管理进行哲学审视，就必须追问管理的终极目的和本性。针对当时科学管理所带来的新发展，谢尔登指出，必须把这些发展放在某种根本的信念之下，根据某种终极目的来审视这些发展；否则，管理就只能是纯粹机会主义的。

谢尔登认为，工业的方向——这是由管理的职能确定的——主要是科学原则和伦理原则的问题，而运用这些原则所产生的细节问题则是第二位的。因此，他说，他所做的探讨不是对管理的任何特殊分支的探讨，而是试图确定管理的本性、终极目的、成长路线以及各种原则，它们将支配作为一个整体的管理实践。

从谢尔登的整个文本来看，他对这些问题提供的答案是：管理在本性上是对人、对具有社会合作性质的组织的管理，它既是一种包含科学要求的实践，更是一种包含人文要求的实践；管理的终极目的是实现人性的要求和社会共同体的福祉；管理的成长路线是日益成为被公众合理控制的活动过程；管理的主要原则是人高于物、物从属于人的原则，人文维度的原则高于科学维度的原则，对工业内外、企业内外的社会必须承担合理责任的原则。

正是立足于追问管理的终极目的和本性，谢尔登具体阐明了工业管理所承担的人性与社会性的双重性质。

第一，工业不是一种机器，而是人们合作的复杂形式，工业绝不仅仅是追求效率的，而是具有人性的；工业机体不是机器和技术过程的结合，而是人的结合体，不是材料的复合物，而是人性的复合体，是放大了的神经系统。一句话，它不是通过非人的力量而是通过人的力量来完成它的功能的。说到底，人们的思想、目的、理想在其中发挥着重要作用。因此，对它的过去和现在的真正解读应该是从人的角度所进行的解读——从人们的思想、目标和理想的角度而不是从机械系统的角度所进行的解读。对工业的真正理解就是理解它当中的那些思想。科学的进步和对效率的推崇已经倾向于模糊了工业的根本人性。我们已经在很大程度上支付了工业应用科学的学费，但是在对人的理解上我们几乎是亏空的。同时，工业的物质方面有它的位置，但那只是从属的。

概言之，如果工业的根本性问题可以归结为一个问题，那么这就是：在以人为核心的前提下，怎样能够最好地实现和保持生产中物的方面（机器、建筑、物质资料、系统）与人的方面（工人、工头、经理和股东）之间的适当平衡？谢尔登认为，这一问题是工业管理全部问题之根基处的问题。如果这个基本问题没有被认识到，那么工业就不可能是有效率的。

目前工业上的“困境”正是由于对人性的背离。当工业日益变为科学时，人们忽视了自己人性的努力成果，逐渐使人的因素从属于物的因素，在追求物的过程中忽视了人，没有使对人的领导、理解以及合作的艺术同步保持前进。在我们的工业变得越来越科学时，我们就被自己的劳动成果所否定了。在追求物质时，我们就已经忽视了人。在从机器那里赢得效率时，我们就已经丧失了工人的效率。目前工业的发展所需要的，是人们对人性理解的飞跃。

因此，一个被设计出来满足我们生活需要的工业——满足身体上、精神上和道德上的需要的工业，一定是充满活力的。管理的目的必须是使工业变得更富成效地人道——人们更真实地共同努力，为了一个共同目标团结起来，被激励于同一个动机。为了达到这个目的，我们首先需要一个动机和一个理想，其次需要领导和协调，最后需要工作和合作。所有这些因素都是相互作用的。

第二，工业又是社会性的，是整个社会的一部分，由整个社会的要求所产生，与整个社会不可分割，而管理是工业的主导力量，因而承担着特定的社会性质。工业组织本身就是人们的社会合作形式，它的每个成员本身就是社会性质的，具有不同的社会背景、家庭背景、教育背景以及利益追求，因此工业组织是承担着各种不同社会关系的成员的结合体。

同时，工业的背景不只是由那些存在于其中的各种思想和利益构成，而且同时由为了维持自身而与工业相关的共同体的整体精神构成，因此，工业的任何进步都由共同体整体的进步所支配。工业发展的任何一种巨大规划，除非被有力的公共情感、明达的公共舆论、坚强的公共意志所支持，否则，就不可能得到实现。谢尔登明确指出，解决当时工业动荡、混乱、骚动等问题，重建工业的良好秩序，实现工业的繁荣，需要整个共同体统一的、长期不懈的努力。工业的重新确定方向，需要关于政治和社会事业的复兴——一种政治和社会的一致与理解的巨大复兴。没有集中起来的（统一的）思想的实施，没有对共同目的的坚定不移的追求，没有共同体各阶层、各阶级的长期不懈努力，持续的重建就没有希望，有秩序的进步就不可能取得。

当时的工业背景存在着严重问题。它是一种混合性思想。这种思想由于从以往各种不同的哲学观念中衍生出来，并被战争的风暴席卷得到处都是，因而变得分散并失去了目标。这一代人尤其是工业管理者的责任就是巩固并重新引导它，以便工业能够走上一条通向新纪元的大道。

概言之，谢尔登是从人性的角度、社会整体的角度思考工业和工业管理问题的。工业归根到底是处于其中的人的活动，人具有不同于物的特殊性质；同时，工业又是社会整体的一部分，社会整体的状况对于工业具有根本的主导意义。这两点就规定了工业管理必须承担相应的社会责任。

四、工业管理的社会责任

由于工业的社会存在涉及两个方面，所以工业管理的社会方面包括两个广阔的分支：(1) 管理是工业的构成性的和直接的力量，与一般共同体有一种社会关联，管理在这个方面承担的是作为一个整体的工业的责任；(2) 管理与那些进入工业的人的因素具有密切的关系，管理在这个方面承担的是为他们提供自我发展的条件的责任。

首先，在对共同体的责任方面，管理是作为一个整体的工业的代表，对共同体承担着正确地服务于共同体的需要的责任。谢尔登说，管理层是驾驶在风浪之中、驶向公共目的一个巨大帆船的舵手，其进行管理的根本目的就是引导工业沿着正确的方向前进。这个正确的方向并不是单纯由管理本身或管理所引导的工业规定的，而是由管理所引导的工业“对共同体的服务”关系规定的。“服务于共同体”应是工业的主要动机和根本基础。因为对工业产品的价值进行评价的不是工业本身或管理本身，而是整个共同体。

因此，工业的目标不是商品的纯粹生产，而是从共同体的角度来看有某种价值的商品的生产。管理层既然控制着这样的生产，那么就必须按照工业对共同体的这种责任关系来进行管理。谢尔登指出，在这一点上，在工人也被咨询、提供建议和技艺甚至明确愿意坚持生产这样的范围内，工人与管理者承担着同样的责任。

同时，共同体还要求工业应该按共同体成员能够负担得起的价格生产商品，合理地满足共同体成员对商品的需要，这归根到底是要求有效率的生产，通过有效率的管理、经营、组织，以及熟练的工艺技术、适当的利润、合法的工资等手段降低成本。

谢尔登指出，在根本上，在一种经济的意义上，工业特别是工业管理在任何情况下都从属于共同体。这是把服务于共同体作为工业的动机和根本基础这一理论的基石。在工业的动机是服务这一范围内，这种动机绝不整个地是经济的。因为，任何服务，只要把个人或共同体的善放在服务者所取得的利益之上，就绝不完全是经济的或物质的。人们从来没有怀疑工业为共同体提供经济服务这一点，然而，新的哲学坚持认为，由这种服务所促进的善，而非经济利润，是工业存在的决定性因素。事实上，服务的完美理想是使财富的创造与分配从属于共同体的福祉的高层次要求。由于工业领导的精神在一个民族的各种理想中占有重要地位，所以，如果工业领导只是追求物质目的，那么这个民族的各种理想也就趋向于遵循相似的目的。

因此，工业产品的价值，并不像经济学家宣布的那样，完全是它们的交换价值。可以设想，商品可以具有一种伦理的价值，这种价值不能根据它们经济价值的大小进行评价。如果需要对工业的活动方式进行经济和伦理的双重评价，那么管理就需要重新调整视野。长远的理想要求长远的视野。也就是说，它不能把工业现存结构的维持作为它本身的一种目的，而要致力于创造一种在其中每个个体都能做出自己的最大贡献、表现自己个性的工业结构；同时，使企业有机会对于共同体贡献出自己的最大能力。①

其次，在对进入工业的工人的责任方面，谢尔登同样从工业、工业管理服务于共同体这一总的观点出发来思考问题，并且以对工人的社会性质的分析为立论前提。他说，服务于共同体，不仅在于为共同体提供它为实现物质生存而要求的商品，而且在于为共同体提供能够使它前进的公民。因此，工业中的工人不只是商品生产的手段，而且是社会进步的代表；他们的职能不只是工业的，而且是共同体的；任何一个工人都不只是一个工人，而且是一个（社会）个体。因此，工人不是工业自己拥有的便利品，而是被借给工业去实现共同体福祉的个体。同时，工人与工厂的经济联系并不是工人生活中必然发生的唯一联系，工人还有家庭的、社会的、贸易的、国家的、宗教的等各种联系，因此，没有理由断定经济的联系具有一种优先权。工人与管理者之间的经济联系也不能取消工人的其他联系。简言之，管理的重要义务是把工人作为社会个体、社会单元来对待。

谢尔登进一步论证说，工人既是工厂内的一员即工人个体，也是在工厂外生活中的一个社会单元。不可能把一个工人在工厂外的生活与工厂内的生活分开，外部生活与内部生活不可分割地交织在一起。工人既是工厂内的工人，也是家庭的成员、政治生活中的投票者、具有法律规定权利的公民。由于个体的存在是连续的，一种生活必然对另一种生活产生影响，所以，管理对于工人的责任就必然延伸到生产领域之外。这样，管理对工人个体所施加的影响就必然对工人的其他方面的能力产生影响，管理对工人所倡导的精神就必然影响到工人作为双亲、投票者和公民的精神。而且，考虑到工人的工作占据了他们白天的大部分时间，因此，管理就具有塑造人们或毁灭人们、提升人们或遗弃人们的巨大作用。简言之，商品生产只是管理报答共同体的一种服务。

就工业中工人自身的目的和个性特点来说，工人不仅为了生存而工作，而且为了工业之外的生活而工作，他们具有各种各样的利益、无限多样的脾性、适合于不同领域的不同程度的工作能力，能够对外部影响做出不同的反应，能够把热情和积极行为结合起来而创造出大量惊人的成就。因此，把如此复杂的人们集中到一个共同的任务上，主要是管理者（领导者）的职责。更进一步说，管理者有义务最大限度地开发工人个体的潜能或才能，根据工人个体的品性安排工作，按照职业能力表现提升工人的职位，为工人提供最好的工作环境和充分发挥个性、能力的空间。②

① Oliver Sheldon. The Philosophy of Management. London: Routledge, 2003: 74-79.

② 同①82-83，86.

另外，管理对于工业中工人的责任还有一个重要方面，就是按照共同体的要求，为工人提供一定的生活标准和最低限度的闲暇。这两个方面紧密相连，因为如果没有有效利用闲暇的物质手段，闲暇就是一种空洞的礼物。两者同等地是社会关切的重要之事。

谢尔登的深刻之处在于，他总是从社会的角度思考问题。他指出，从社会的观点看，共同体的生活标准并不是纯粹的物质标准，相反，它应该是古希腊哲学意义上的好的生活，即健康与美德的结合、生活优越与个性发展的结合。在现代条件下，高水平的道德、智力标准在很大程度上依赖于一种最低限度的物质生活标准。尽管道德、智力标准和物质生活标准实际处于完全不同的平台，但较低的物质生活标准即使不会妨碍较高的道德、智力标准的实现，对它们也是一种抑制力量。另外，高水平的物质生活标准，如果没有一定的闲暇相伴随，那么对于实现道德、智力标准也很难发生作用。同时，所有这三个方面益处的实现和扩大，都依赖于工业生产率的提高和能够保证每一个工人获得维持较高物质生活标准所需的足够工资。在这一点上，谢尔登特别强调效率与平等分配的关系，明确认为，除非效率带来的收益被平等地分配，否则，效率就没有道德的正当性。因此，付给工人以现代社会条件所要求的足够工资，必须作为工业的首要付出。

在适当的闲暇问题上，谢尔登认为，适当的闲暇是高水平物质生活标准因而归根到底是高水平的生产率的必然结果，而适当的闲暇则是人们实现舒适、获得尊严以及生活享受的必要条件。关键是管理者如何为共同体成员提供闲暇。谢尔登认为，工作时间的减少具有决定意义。只有工作时间减少，才能使人们从单调、紧张、疲劳中摆脱出来，有时间进行学习、娱乐、社会交往等使身心得到健康发展的活动。因此，工作时间的减少是社会进步的重要标志。①

五、劳动力管理与生产管理的伦理要求

在企业管理方面，谢尔登主要讨论了劳动力管理与生产管理问题，他的讨论仍然是以人性与社会为出发点的。

在劳动力管理方面，谢尔登提出，工业中产生了一种新的精神，即认为人性比财富更重要，人与人之间需要建立通力合作的关系，这是人们精神状态的改变。这种新的精神与采取铁腕政策的旧的精神是完全相反的。在劳动力管理的主要领域，包括工资、人事、保障和福利、合作等，都要运用这种新的精神。

工资是工业收益中支付给劳动者的那一部分。这又不可避免地涉及以利息形式付给资本的另一部分。因此，要按照公正的尺度分配利润，从而对工业的公正感的发展有所贡献。从伦理优先于经济的角度考虑，必须设定最低工资，即使经济代价很高也要这样做。最低工资是文明社会中一个普通公民的权利，这能够保证每个人按照社会的一般标准过上普通生活，使每个人都有机会发展才能，因而能够凝聚而不是分裂社会。同时，

---

① Oliver Sheldon. The Philosophy of Management. London: Routledge, 2003: 91-94.

设定最低工资不仅会提高工人的所得，激励工人的生产积极性，而且会促进贸易增长。当然，我们也要提高生产率，使得雇主不需要承担经济风险也可以给工人提供满意的工资。总之，在设定最低工资问题上，需要将社会利益放在雇主的暂时利益之上。

人事工作涉及人员的流动——工人的招录、维持、调整、离职等，其任务是使用和维持有效的劳动力。这主要是人事部门承担的工作。人事工作同样需要体现工业中人优先于机器、人力资本优先于物力资本的原则，体现基本的人文精神。对人力部门的基本要求就是，必须代表工厂中所有人性的因素，紧密联系福利工作，不断地讨论管理政策在员工中引起的人性效果，照看好工厂的生命。要尽可能确保工人的稳定性，尽可能不让工人离职，因为离职会带来浪费，在不得不解雇工人时，需要建立公正的原则和标准。总体说来，人事工作一方面要挖掘工人的能力，提高效率；另一方面要创造基于公正的努力奉献精神，使工厂更加人性化。

保障和福利是企业必须履行的义务。从有效生产和责任的角度看，要尽力减少失业，对失业人员必须承担相应的责任，根据失业的领域和失业者的身份给予一定的保障金。保障和福利工作，像人事工作一样，不仅仅是钱的问题，不能实行唯利是图、金钱至上的原则。最重要的是，要关注工人的心灵和道德，维护正义、提高士气，给工人更多的自由并使其承担相应的责任，在部门内建立起通力合作的情感纽带。

合作是劳动力管理的一个重要方面。谢尔登认为，集体精神是人类最基本的天性。在工业领域，联合的动机多种多样，工业内部毫无凝聚力是因为劳资双方互不信任，因此，需要形成能够把所有成员凝聚为一个整体的动机。这就要扩大工人对管理的参与，激发工人自身的高尚动机，最终将工厂意识铸造成集体精神和兄弟情谊。这种为理想而产生的一致动机，能够引导工人抛弃唯利是图的想法，抛弃利己主义而怀有共同的理想。由此，未来的管理者必将改头换面。管理者的首要资质不再是技术、约束力、精确度和可靠性，而是能够与人合作、使他人紧密联合起来的能力。

在生产管理方面，除了要坚持人高于物的原则，还要坚持真正有益于消费者、服务于社会的原则。

生产活动需要人的因素与物的因素、人的因素与非人的因素的配合。应更多通过更有效地使用物资的因素或非人的因素来提高生产效率。这首先需要对操作过程和材料使用的标准化、劳动力布局的合理性、支出的节约、工作计划等方面进行研究，然后进行改善。

生产管理的最终目的不在于增加生产，而在于实现公众的消费。如果消费能力不增长的话，那么增加生产是没有价值的，生产出不被消费的产品会直接导致滞销。因此，增加生产必须伴随着生产节约，生产的支出要足够低，使得产品价格降低而销路畅通。同时，不仅应该生产更多、更便宜的产品，而且应该生产更好、质量更高的产品。缺少任何一个都不能说给社会提供了最好的服务，这才是企业的功能之所在。

生产管理的一个重要任务是避免和杜绝浪费。生产中一般有四种浪费：人员浪费、操作方法上的浪费、机械中材料的浪费和布置上的浪费。这需要把企业生产的总体效率而不是部门效率放在首位，并对生产的各个方面、各个环节进行深入研究，对生产做出科学安排。这主要包括：研究人员使用的节约规律，合理安排人们的工作；研究操作过程和材料使用等方面的标准，按照标准进行生产；研究生产的合理支出问题，建立良好的支出系统；制订有效的工作计划，让工人在操作之前了解操作内容、操作方式、操作时间，知道目标细节。

六、谢尔登管理哲学理论的思想贡献与现实意义

回顾现代西方整个管理哲学思想的发展史可以看出，在理论上，谢尔登的管理哲学理论提供了一种创造性的贡献。

第一，谢尔登在人类管理哲学思想史上第一次创立了系统和深刻的管理哲学理论，明确提出了“管理哲学”概念，基本阐明了管理的本性、目的、原则等终极问题，提出和深入研究了管理哲学的许多重要问题，历史性地开创了管理哲学研究的实质起点。回顾整个人类的管理哲学思想史，可以看到，无论西方的还是东方的，在谢尔登生活的时代之前，都没有出现过这样自觉意义上的管理哲学理论。由此来看，谢尔登的管理哲学具有空前的历史地位，对之值得做出合乎其重大贡献的高度评价。

第二，谢尔登第一次明确提出和深入论述了管理的人文或艺术维度，阐明了管理需要以人文要求为主导、以科学要求为辅助而实现两种要求统一的观点。这在实质上提出了管理的人本原则和科学原则，尽管他对管理的人文或艺术要求并没有直接使用后来人们所使用的人本概念，但却对此做出了奠基性质的贡献。显然，这在西方管理哲学思想史上具有里程碑式的意义。深入地思考可以断定，直到今天，这仍然是发展管理哲学理论需要深入思考的重要问题之一。

众所周知，在谢尔登之前，主要有三位重要的管理思想家——泰勒、法约尔、韦伯。他们的主要贡献是对管理的科学问题的研究。泰勒的科学管理理论，重在探讨包括生产过程的动作、工时、流程等方面在内的生产管理的科学效率要求，很少触及生产管理的人文问题。法约尔的工业管理和一般管理理论，主要强调企业管理的科学维度和效率目的，很少讨论管理的人文问题。韦伯的科层制理论，在阐发科层制组织管理的科学与人文问题方面无疑做出了贡献。一方面，他剖析了科层制这种管理方式的工具理性本质，指出了它的技术合理性、效率稳定性等优势，认为现代科层制的出现是现代大工业经济和国家的复杂行政管理形势的需要；另一方面，他也指出了科层制对人们的价值理性的严重漠视，对人们的情感信任和意志自由要求的严重压抑等突出问题，这些问题在实质上属于管理的人文方面的问题。不过，韦伯在这个方面的思考不仅不突出，而且缺乏系统性，分析深度不够。

第三，谢尔登第一次提出了管理具有科学与伦理两个维度，突出表明了管理中伦理问题的头等重要性，对管理的善目的、工人的伦理诉求、工业经济的伦理意义、工业产品的伦理价值、劳动力管理和生产管理的伦理要求等一系列问题进行了有说服力的独特分析，第一次充分展示了管理的丰富伦理内涵。而且，他还第一次明确提出了“企业伦理”（business ethics，或译为商业伦理）概念，并把企业伦理作为工业教育和培训的必

修课程，在实质上开启了企业伦理或商业伦理研究的先河。

相比之下，泰勒、法约尔、韦伯的理论，由于思考主题或研究任务等方面的原因，或者没有思考管理的伦理问题，或者所做的思考比较简单。泰勒的理论基本没有讨论生产管理的伦理问题。法约尔的理论虽然涉及了个人利益服从整体利益、公正等伦理问题，但所进行的说明非常简单。韦伯的科层制理论，如前所说，主要强调的是管理的工具理性或技术理性，以及对人文的有限思考，因而对管理的伦理问题分析得很少。相比之下，谢尔登不仅明确提出了管理的伦理维度，而且指出了它与管理的科学维度具有同等的重要性。

第四，谢尔登以整体优先的视野和历史主义方法，从人性和社会要求的角度对管理的社会责任的阐明，在西方管理哲学思想史上第一次创建了管理的社会责任理论，形成了 20 世纪中叶以后企业社会责任理论的思想源头，在理论内容上具有相当的全面性和深刻性，具有重要的历时性思想价值，对于我们今天进一步探讨管理的社会责任问题具有深刻的启示意义。从现代管理思想的发展历史来看，这一理论的开创性质的历史地位是显而易见的。

一方面，可以明确判定，谢尔登之前的管理思想家都没有直接、专门研究管理的社会责任问题。例如，泰勒关于工厂管理的根本目的就是实现产量和效率最大化，实现资方和劳方乃至全社会的共同繁荣的观点①，虽然涉及了工厂管理与工厂内外成员、与整个社会的目的的关系，但他不是在专门探讨管理的社会责任问题。又如，法约尔提出，管理是任何社会组织的手段和工具，由于管理从根本上是对人的管理，是一种塑造与控制人的艺术，所以，“为了人类的幸福，恰当地使用人的体力、脑力与精神方面的才能与合理利用我们的矿产宝藏具有同等重要的意义”②。他的这一观点表明他认识到了管理与共同利益、人类幸福的关联，但他不是为了讨论管理的社会责任问题。再如，韦伯在研究科层制这种管理制度的作用和后果时，考察了这种制度的出现所需要的经济发展和管理任务方面的基础条件，认识到了它对于维持统治的可靠意义，认为它是统治关系“社会化”的工具，是“头等的权力手段”③，但他也没有专门思考科层制管理的社会责任问题。

另一方面，同样可以明确判定，谢尔登之后特别是 20 世纪中叶以后管理学关于企业的社会责任的思考，基本上没有超出谢尔登的思路框架。对此，这一时期有两位思想家的观点可以证明。一是德鲁克对企业社会责任的论述。德鲁克在 1954 年出版的《管理的实践》这一著作中，明确讨论了企业管理的社会责任问题。他的思考虽然增加了具体性，但其根本出发点依然是把企业作为社会的一个器官来看，由此得出企业管理的各种社会责任，包括为社会创造利润、对决策所产生的影响负责、增强社会的信念和

---

① F. W. 泰罗. 科学管理原理. 胡隆昶，冼子恩，曹丽顺，译. 北京：中国社会科学出版社，1984：154-157.

② H. 法约尔. 工业管理与一般管理. 周安华，林宗锦，展学仲，等译. 北京：中国社会科学出版社，1998：23.

③ 马克斯·韦伯. 经济与社会：上卷. 林荣远，译. 北京：商务印书馆，1997：248-249；马克斯·韦伯. 经济与社会：下卷. 林荣远，译. 北京：商务印书馆，1998：291，309.

凝聚力等。① 可以看到，德鲁克所说的企业是社会的一个部分的观点，与谢尔登的观点是完全相同的。二是弗里曼的利益相关者理论。弗里曼于 1984 年出版了《战略管理：利益相关者方法》一书，提出企业的存在和发展来自企业内外各种利益相关者的贡献，因而企业管理不能仅仅为了实现企业组织的利益，同时也必须为了实现各种利益相关者的利益。从广义的社会概念来看，弗里曼所说的企业内外的各种利益相关者都是不同的社会单元。因此，他的理论在实质上包含了企业需要依照企业内外的利益相关者所做的贡献而承担相应的社会责任的思想。从这一角度来看，他从企业内外这两个角度思考企业管理的利益责任的思路，与谢尔登从工业内外思考管理的社会责任的思路是一致的。

在现实意义方面，联系我国改革开放以来社会生活各个领域管理的改革与发展所取得的成就和所存在的问题，可以认为，谢尔登的上述思想具有重要的参照和指导意义。

首先，在处理管理的科学要求与人文要求的关系方面，自改革开放以来，我国在行政、企业、事业等组织的管理体制的改革过程中大力推行科学化要求，制定和实施了大量的科学规则。但是，一方面，这些管理体制诸多方面的科学管理的程度仍然没有达到事情本身的要求；另一方面，这些管理体制又在很大程度上忽视了管理的人文要求，使人们成为实现效率的工具，缺少有利于发展人们的独立自主、自由创造能力的制度建构。因此，在社会生活各个领域的管理中实现科学要求与人文要求的统一，是我国当前改革和完善各种管理体制的一个关键任务。显然，在这个方面，谢尔登关于管理的科学要求与人文要求相互平衡的观点具有基本合理的参照意义。

其次，在处理管理的科学维度与伦理维度的关系问题上，由于我国的改革过程在经济方面主要是引入市场竞争体制，在政治与管理方面主要是引入效率机制，所以，我们在管理的科学维度取得了巨大进展，而在管理的伦理维度的努力则明显不足，由此出现了许多迫切需要解决的重要伦理问题。在宏观社会层次上，存在不同的社会生活领域应当遵循什么样的道德原则的自觉意识不突出，分配方面管理体制的公正程度有待完善，某些管理政策的制定过程的正当性依据不充分，管理者与非管理者之间的相互信任不够，管理者的道德素质没有达到要求等问题。在微观组织层次上，许多组织的管理者对于自身组织的使命和目的、组织的存在过程、组织提供的服务等方面的伦理维度缺乏深入的认识。

在这一点上，谢尔登提出的对管理进行充分的伦理审视，管理必须服从于共同体的福祉，管理的制度结构必须在道德上正当，管理的过程和结果需要合乎伦理精神的观点，都是基本适用的，值得我们认真思考和充分借鉴。

最后，在管理的社会责任问题上，我们各个领域中组织的管理无疑越来越意识到承担社会责任的必要性和重要意义，但在一些管理者那里，也还存在着认识上不充分、实践上不自觉等问题。这里，主要以我国的企业为对象做一点讨论。

当前我国企业在对社会责任的认识和承担方面存在着三个比较突出的问题，这些问题在很大程度上都可以从谢尔登关于管理的社会责任思想中找到解决方案。

---

① 彼得·德鲁克. 管理的实践. 齐若兰，译. 北京：机械工业出版社，2011：2-4，14-22.

第一个突出问题是，除了少数管理者认识到企业是社会的一个组成部分，由社会整体发展的特定历史条件所产生，因而需要自觉为社会服务这一根本理念以外，多数企业的管理者并没有深刻认识到这一点，更谈不上按照这一理念去管理企业。要解决这一问题，一个可行的基本途径就是结合我国的实际，用谢尔登关于管理需要承担社会责任的理念去教育和引导这些管理者。

第二个突出问题是，不少企业的管理者完全为了利润而管理，或者肆意污染环境、破坏生态，导致了对自然环境的严重损害，或者生产质量低劣、安全隐患严重的产品，严重危害了人民群众的生命安全。显然，这些管理行为与谢尔登所倡导的管理的社会责任思想是背道而驰的。自然，对于这样的企业管理者，依照法律规章进行惩罚是必要的，但与此同时，对他们进行社会责任观念方面的教育也至少同样重要。在这个方面，谢尔登的思想无疑具有重要的应用价值。

第三个突出问题是，即使对于那些自觉承担社会责任的企业管理者来说，在企业究竟应当承担哪些社会责任、应当如何承担社会责任等方面，所持的认识也不够清楚。我们认为，在承担哪些社会责任方面，谢尔登所做的社会维度和个人维度的区分简明、合理、可行，完全可以作为基本的认知和实践框架。这包括在社会维度上为大众生产物美价廉的产品，为实现全社会的较高物质生活水平而努力，在个人维度上为工人提供发挥个性的工作环境，为公民提供健康发展、实现自身价值的闲暇时间等。至于如何承担社会责任，则可以根据谢尔登所说的社会责任的性质来加以确定。例如，对于物质方面的社会责任，需要在提高效率、降低成本、提高生产率方面进行努力；而对于实现个性发展方面的社会责任，则需要在改善工作条件、公平地分配利润、缩短工作时间等方面进行努力。在这些方面，谢尔登的理论都有比较明确的说明，只要自觉、认真地思考和行动，就会取得良好的效果。

思考题

1. 如何分析现代社会的根本特征对管理的影响？
2. 如何理解管理在本质上是一门艺术的观点？
3. 评价谢尔登关于管理的科学维度与伦理维度的观点。
4. 如何看待工业管理所承担的人性与社会性？
5. 结合我国现实，思考企业管理的社会责任。

第十三章

福利特以融合统一观念为核心的管理辩证法理论

今天的管理者们所关注的如此之多的问题，福利特早已进行了评论。贯穿她的所有著作的主题，就是联系在组织中的重要性。她的观点非常具有现实意义，并且富于洞察力。站在她的思想的肩膀上，我们可以把管理者的任务看得更清楚，对完善组织的可能性有更加深远的认识。也许，每个时代的人都有必要重新认识福利特。

——坎特

玛丽·帕克·福利特（Mary Parker Follett，1868—1933），美国和中外历史上少有的女政治哲学家、著名的企业管理哲学家，考虑到她和谢尔登的管理哲学思想处于同一时期，可以说她是管理哲学的创始人之一。福利特生于美国马萨诸塞州的昆西，临近波士顿。她的童年并不是很幸福，母亲的神智不是很健全，父亲在她十几岁时撒手人寰。但她受到了良好的教育，先在美国的雷德克利夫学院学习（此学院后来成为哈佛大学的一部分），由于母亲去世而中断学习，几年后重返学校，最后在1898年获得文科学士学位。她在政治学、管理学、经济学、法律和哲学方面的成就最为突出。

福利特一生的突出特点是学术研究和社会实践相统一。她是著名的社会工作者和社会革新家，做过很多工作，提出过诸多建议，如建立职业指导中心，参加各种仲裁委员会、最低工资委员会，做过许多企业与政府机构的高级顾问，为区域性组织、全国性组织提供指导意见，提出学校在课堂结束后继续开放设施、在晚会中心设置写字台等具体建议。

福利特的许多关于企业管理的思想首先是以演讲的方式公之于众的。其中，在美国管理协会、纽约人事管理局、伦敦经济学院新建的企业管理系所做的企业管理演讲，构成了她企业管理思想的主要内容。

她的主要著作有《新国家》(1918)、《创造性的经验》(1924)，以及在她去世后由亨利·麦特卡夫和林达尔·厄威克编辑出版的演讲文集《动态管理》(1942)、厄威克编辑出版的演讲文集《自由与协调》(1949)。她的管理哲学思想充分借鉴和利用了当时哲学、社会心理学、政治学、经济学、社会学、生物学、生理学等学科的发展成就。一般认为，她的思想经历了从政治哲学研究到企业管理哲学研究的转变过程。可以看出，她的政治哲学观点构成了她企业管理哲学思想的理念和方法论基础。因此，这里将把她的思想作为一个整体进行阐述。

一、个体、群体与社会

在《新国家》一书中，福利特研究了政治民主的基础，认为政治民主的实现必须有一种技术，这种技术必须建立在新的社会心理学的基础之上，即建立在对人们如何共同行动、人们联系的规律的正确认识之上。因为任何个体都是群体和社会中的个体。

首先，个体是群体中的个体，与群体和其他个体处于不可分割的相互作用之中。

人总是处于联系中的人，任何个体都不能与世隔绝地独立生活，而是与其他个体结合在一起生活的。这就是说，任何个体总是处于某个或某些群体之中，是由群体内部的相互作用、群体之间的相互作用创造的。所谓群体，就是在相互渗透、相互影响规律下联系着的人们。联系的规律首先是群体的规律。

对于每个个体来说，他的社会首先是他存在于其中的许多群体。因为社会是各种群体的复杂的统一体，包含着许许多多的意志。个体对团结统一的渴望是通过群体生活、群体与群体的不断扩大的统一来实现的。在这样的意义上，可以说，不存在“个体”这样的事物，也不存在“社会”这样的事物，存在的只有群体以及群体的构成单元——社会的个体。

所以，从对群体的分析中必然可以得到对群体思想、群体情感、共同意志与一致行动的真正理解，对自由的真实性质、人们之间的本质的统一、爱国主义的意义的真正理解，对进步的全部秘密、对作为一种真正相互渗透的生活的全部秘密的真正理解。

我们的创造力量如何，首先在于我们形成了什么样的群体。真正的创造力量，只有通过联合起来形成一个新的整体、一个活生生的群体才能获得。我们的进步速度如何，我们在多大程度上实现了完善的民主制度，都取决于我们对如何才能形成群体创造力量的理解。这是关于群体存在的一条重要原则。

因此，一种政治的科学只有建立在群体心理学所获得关于人们联系规律的认识之上，才是可靠的。研究群体心理学的根本原因就是：没有人会给我们民主，我们必须学习和研究民主；作为一个民主人士，关键是要学会如何与他人一起共同生活。①

其次，个体是社会中的个体，与社会不可分割，社会过程是个体的生命源泉。

个体既是社会的因素又是社会的产物。与其说个体是社会的一个单元，不如说个体是社会中的一个点。个体与社会之间不是作用与反作用的关系，而是无限地相互作用，通过这种无限地相互作用，个体与社会成了同一产物。既不能说个体作用于社会，也不能说社会作用于个体，因为这种表达暗示了双方是给定的、完成了的实体，没有理解到两者之间完整的内在联系，以及一方脱离了另一方就变得毫无价值而不复存在。

所谓个体的存在，就是在社会整体中发现自我的位置。一方面，个体是不完整的，他追求完整，追求将自己与他人联系起来。这种对完整和联系的追求在人们的绝大部分意愿甚至全部意愿中都存在着。这种精神追求是社会进步的发动机。实现这种精神追求的过程不是越来越多地为自己索取，而是越来越多地奉献自己。个体发展的规律不是占有和侵吞，而是贡献和奉献。另一方面，个体本身又是社会整体，因为他的作用就在于联系，且他的联系又是无限的，社会整体渗透和充盈着他的全部身心，他的成功也是通过社会整体的联系来实现的，所以个体在一个点上就是社会整体。个体生命的充实、成功不是通过他的成就的大小来衡量的，也不是通过他遇到的人数的多少来衡量的，而是通过在多大程度上、多大的整体通过他来实现而衡量的，他所实现的整体越大，他所实现的联合统一越大，他的生命就越丰富、越充实、越成功。对于社会整体来说，也是如此。

因此，个体与社会是相互作用、相互创造的过程。一方面，个体是由社会过程创造的，个体每天的呼吸都来自社会，每天都从社会过程中吸取营养，他的生命是为社会而付出的，没有所谓自我制作的个体；另一方面，每个个体在与其他个体的相互关联、相互作用中活动、追求和奋斗，也影响和改变着社会整体。

值得注意的是，福利特认为，个体与社会之间的相互作用在本质上是精神力量起作用的过程。个体不是一个单元，而是各种力量（向心力和离心力）的一个中心；同样，社会也不是个体单元的集合体，而是一个有着发散和收敛的、交叉和再交叉能量的复合体。这意味着社会是一种精神过程。社会的基础不是个体的数量，而是精神的力量；社会联系归根到底是精神上的联系。这是社会与生物有机体的重要区别之一。人们的相互作用归根到底是各种精神力量的相互渗透、相互交织，同时社会整体的精神也存在于人们精神力量的相互作用之中。②

最后，社会作为一种统一的、整体的运动过程，是人们的思想与行动相互作用的过程。

社会过程是人们思想与行动的统一，思想与行动之间不存在谁优谁劣的问题，双方都在这一过程中不断发展。任何一种思想、意愿都是这一过程的产物或总结，都是人们在现实生活中创造出来的。例如，就民主来说，除非我们有机会将民主理想付诸行动，而这种行动又将反作用于我们的理想，否则，民主理想不可能得到实现和发展，不可能

---

① 葆琳·格雷汉姆. 管理学的先知. 向桢，译. 北京：经济日报出版社，1998：237-241.

② 同①267-275.

形成它的完善形式。

正是在社会过程的这种统一运动中产生了权利与义务、目的、忠诚。

就权利与义务来说，由于社会本身就是人们的思想与行动相统一的创造过程，所以人们不仅服从权利，而且创造权利，人们不仅承担义务，而且创造义务，权利与义务最终来自生活本身，是随着生活创造的变化、环境的变化而变化的。因此，人们不只是忠实于权利与义务，而且忠实于引发权利与义务的生活本身，权利与义务都不是针对他人的，而是针对社会整体的。

同样，就目的来说，也不是先存在一个目的，而是目的是在社会生活这个统一的行动过程中产生出来的，人们的相互作用创造了真正的目的。人们需要发展，然而发展的目的首先必须发展它自己。

就忠诚来说，是人们创造生活、创造群体的过程唤醒了忠诚。不要去寻找某种原因来唤起我们的忠诚，而是在我们自己建设我们的共同体、完整充分地实现和享受我们的生活的过程中，忠诚便产生了。忠诚意味着人们对于统一体的觉悟，意味着人们已经充分认识到，不论成功还是失败，他们都一起沉浮与共，一起被挽救或被咒骂。所以，忠诚是对群体思想的忠诚，是对整体联系的忠诚，不存在个体的觉悟，存在的是社会的觉悟。

福利特的这些关于个体、群体与社会的思想，实质上是强调社会整体的优先性、人们之间的相互作用，其中充满了个体与社会相互渗透、相互生成的深刻辩证法思想。

二、行为与环境

福利特在借鉴当时社会心理学、完形心理学等学派所取得的研究进展的基础上，分析了人们的行为与外部环境的不可分割性，提出人们的行为是人们与外部环境相互联系、相互作用的结果，论证了人们的行为是包括环境因素在内的过程。

首先，人们的行为过程是人们与环境之间的环形反应的整体，人们的行为过程是内部决定与外部决定、主体与环境、主观与客观相互影响、相互作用的结果。也就是说，内部条件与外部条件同等重要，它们构成了相互联系、不可分割的环形整体，人们的行为是一种环形行为或环形反应（circular response）。

其次，人们的任何行为反应都是对一种联系的反应，反作用是对一种联系的反作用。在人类关系中，所谓我对你的行为做出的反应，实际上是对你和我之间联系的反应，反过来也是如此。从作用的角度说，我的行为反应实际上既包括对你的反作用，也包括对我自己的反作用，归根到底是对你和我之间联系的反作用。所谓我影响你，是因为你已经影响了我，反过来也是如此。在相遇、相处的过程中，并且正是通过这种过程，我们都发生了变化。我的变化发展着的活动是对另一个也在变化发展着的活动的反应，同时，我的活动的变化部分地是由与我有关的那个活动的变化引起的，反之亦然。我的反应不过是对过去的、已经形成的活动进行反应的结果，同时，我的反应又作用于自己的活动与另一个活动之间的联系。

最后，就行为与环境的关系来说，反应是对不断发展变化的环境的反应，而环境的这种变化正是由我与环境之间的活动所引起的；任何对环境的行为反应都反作用于行为与环境的已有联系，同时反作用于行为与环境双方，这个过程不断地进行和修正，就会形成关联的增加值。“一种动态的心理学带给我们的是正价物，而不是等价物。”①

福利特的这种观点无疑是对当时各种思想的概括和总结。“在最近的思想中，最重要的事情是在不同领域中和不同层次上的各种思想的一致。哲学很早以前就教给了我们经验上的统一性。”② 各种层次上的经验都是相互关联的，在其中，关联的活动改变着关联条件和关联本身。这就是永远的统一规律。福利特举例说，有些人主张应当赋予工人权利，使他们充分参与实现工厂目标的活动，而没有看到这同时意味着要使工人参与工厂目标的制定。

福利特对人们行为与环境之间关系的阐发，可以说彻底呈现了这种关系的辩证法，十分透彻、非常深刻，这在以往的管理思想史上还从未见到过。

三、企业管理的目标：融合的统一体

福利特自觉应用当时的心理学研究成果来探讨企业管理，以她所论证的关于群体的原则为出发点，提出了使企业成为一种融合的统一体是企业管理的根本目标的深刻观点。

她说，对企业管理或工业组织管理的首要测验是，看其各个部分是否协调，是否在紧密交织和不断调整的活动中共同前进，是否相互有机关联，形成一个运转的单元，即各种功能的统一体或融合的统一体（integrative unity）。这代表了一条深奥的哲学和心理学原则，是一条能够从本质上帮助我们找到组织实践方法的原则。因为它适用于人们之间的关系、社会的服务机构之间的关系、企业部门之间的关系，而最后一种关系恰恰是许多企业的最大不足之一。因为在现代企业中，没有一件事情仅仅是一个部门的问题。

那么，如何使企业成为一个融合的统一体就成了企业管理的关键问题。在福利特看来，这需要处理好企业管理所遇到的以下三个方面的问题。

第一，消除资方与劳方、管理者与工人之间的斗争态度，以协商代替斗争，同时，需要正确处理管理者之间的分歧。对于资方与劳方来说，要么选择斗争，要么选择团结。福利特认为，当时的工会把企业中资方与劳方之间的关系划定为尖锐对立的关系，极力坚持劳方对资方的斗争，这是不正确的，因为斗争并不足以改变资方与劳方之间关系的本质。只有消除这种斗争态度，消除双方的对立局面，做到团结一致，才是实现劳

① Mary Parker Follett. Creative Experience. Bristol：Thoemmes Press，2001：73.

② 同①74.

方永久繁荣的唯一途径。因此，在管理者与工人之间的任何会议中，工人代表所提出的代表工人的观点都应是对于作为整体的工厂来说最好的观点。

从资方或管理者的角度说，无论劳方在什么时候形成了不同立场，都要及时对它们进行考察：它们是斗争的立场，还是融合的立场？是针对剥削所做的反抗和自我保护，还是本身就是功能性统一体的构成部分？

另外，在董事会成员之间、经理之间、在工厂任何委员会的内部成员之间，也会产生各种各样的分歧。

怎样才能正确解决劳资双方之间的矛盾以及管理者之间的分歧，使企业成为一个融合的整体？答案就是无门派地审视形势，弄清事实真相，尽可能形成共识。这其中的一个最重要的步骤是找到整个形势的构成部分，分别考察不同的立场。①

第二，突出集体责任，调和集权与分权。即使在最低程度上，工厂也总是一个整体。因此，工厂内所发生的各种重要责任，如技术责任、安全责任等，在多数情况下都是集体性的责任。就劳资双方来说，两者有许多共同的责任、工厂整体的责任。尽管在工厂的部门主管、工厂委员会、领班、一般工人之间分派责任是必要的，但最关键的是要使不同的责任相互贯通。这在很大程度上决定着企业的成功与否。

强调集体责任并不意味着不实行分权。福利特说，没有人比她更崇尚分权，但不能把分散的权力与集中的权力对立起来，也不是寻找一条两者之间的中庸道路，而是必须把分权与集权、把分散的责任与集体责任一起实施，因为它们是同一事情的组成部分，两者对于企业的存在都是必需的。

由此，福利特深刻区分了对企业作为职能整体的责任与对企业中各个职能部门的责任。前者来自企业整体存在的要求，后者则基于职能的分工。两者是不同的，企业应该让每个人感受到企业前一个方面的责任即集体责任。然而，尽管人们长期以来把创造个体对集体的责任感作为企业管理的一项基本原则，因而很多人倾向于实行职工代表制，但实际上人们还没有真正接受集体责任的观念，也没有找出实施它的方法。

福利特提出，使人们接受和实施集体责任，应该从使人们接受和实施团体责任即部门组织的责任开始，因为部门组织形式是统一企业的最有效方法，通过部门责任，能够进一步上升到企业的集体责任。②

第三，分析管理者与工人各自的职能，在他们之间重新分配管理的职能。从形成融合的统一体是企业存在的根本这一观点出发，福利特进一步提出，对企业管理中任何一个部分的首要测验都是，它在多大程度上有助于形成融合的统一体。就管理本身来说，管理者与被管理者之间是相互贯通的，两者之间的区别正在减弱，有越来越多的管理工作是由工人完成的。例如，工作的计划与实施之间不可能绝对分离，因为并非所有的管理工作都是由管理者或资方完成的，工人对于如何合理地实施工作计划，必须依靠自己的判断力。只要工人在接到任务后被赋予自行决定如何完成的主动权，工人就在进行管理。

---

① 玛丽·福列特. 福列特论管理. 吴晓波，郭京京，詹也，译. 北京：机械工业出版社，2007：2-5.

② 同①7-11.

从管理能力来看，每个人都或多或少地具备一些管理能力，如主动性、想象力、组织能力、执行能力等，他们都应获得机会，在工作中实践自己的能力。因此，应该对每个工人的工作进行分析，弄清楚哪一部分属于管理，让工人意识到自己也在做一些管理工作；同时，也要对管理者的工作进行分析，看看工人能否对之做出贡献。即使原来被认为是专属于管理者的职能，如协调销售部门与生产部门、购买原材料、协调原材料在工厂中的流转等，工人也能做出某种贡献。

福利特强调说，工人在管理方面的作用不应含混不清、模棱两可，而应清楚地划定。就是说，管理职能的重新分配，只有依靠公正而鲜明的划定，才能获得成功。

管理职能的重新划定和分配具有许多重要意义。这不仅会极大地增加工人的自尊和对工作的自豪感，而且会直接影响工作氛围的改善，促进生产的增长，还会间接地影响到行业组织或政府组织对企业政策的制定过程。①

四、处理企业人事冲突的建设性方法

福利特的企业管理哲学所探讨的一个重要内容是如何处理企业中的冲突，特别是企业中的人事冲突。

首先，福利特提出了她关于冲突之客观性和建设性的观点，指出人类世界处处充满着冲突或分歧，冲突是生活的本质，这是我们无法回避的，所以，我们真正要做的就是正视冲突、解决冲突，为我们的生活所用。也就是说，我们在遇到冲突时，不要带着伦理的先入之见来看待它，而要以它既不好也不坏这样的态度来看待它，特别是，不要把冲突看作斗争、战争，而应看作分歧的表现形式——观念分歧、利益分歧的表现形式。冲突是分歧显现和集中的时刻，用现代心理学的话说，是许多愿望之间相互作用的时刻。所以，我们必须建设性地看待冲突，建设性地处理冲突。这样做，冲突就成了建设性的冲突。

其次，福利特在吸收德国古典哲学的冲突学说的基础上，讨论了处理企业人事冲突的三种主要方法——支配、妥协、融合，认为融合是处理企业人事冲突的一种建设性方法。

支配：就是一方胜过另一方，一方克服另一方，这是解决冲突的最简单的方法。从暂时的角度看，这种方法简单易行；但从长远的角度看，却并不总是成功，因为这种方法带有强势、强迫的性质。用我们中国人的话说，这种解决方法叫作不是东风压倒西风，就是西风压倒东风。

妥协：就是双方各做出一些让步，使被冲突打断的活动继续下去。这是人们在处理冲突时运用得最多的方法。这种方法也不是最成功、最具建设性的方法，因为没有任何一方会真正地愿意妥协退让，那样毕竟是对某些东西的放弃。

① 玛丽·福列特. 福列特论管理. 吴晓波，郭京京，詹也，译. 北京：机械工业出版社，2007：11-15.

融合：就是使冲突双方的愿望融合起来，使双方的愿望都得以实现，而没有任何一方需要被迫做出任何牺牲。福利特举了一些例子来说明这种方法。例如，在工厂委员会的会议应该在工厂内举行还是在工厂外举行这一问题上，经常会形成对立意见。一种意见主张在工厂内召开会议，理由是工厂内方便；另一种意见则主张出去召开会议，理由是为了避开公司对会议可能产生的影响。有一个工厂的解决方法是，找到了工厂附属场地中的单独的工人俱乐部召开会议。

福利特说，这种解决方法融合了双方的目标，创造了新的东西，是处理冲突或分歧的最有效途径。这种方法要求，尊重别人的观点就像尊重自己的观点一样。应该指出，福利特对这种解决方法的讨论表现了她思考问题的全面性，她认为并不是在任何情况下都能做到融合，有些冲突属于非此即彼的冲突，是无法调和的，只有二选一才能解决。例如，两个男人争夺一个女子，都想娶她为妻；又如，两个儿子都非要完整地得到祖传老屋。这样的冲突通常无法调和。

找到融合这种解决方法的关键是，双方以开诚布公、坦诚相待、解决问题的态度把分歧摆在桌面上，弄清分歧，然后把双方的愿望放到同一视野下，认真考察和评价这些愿望，共同观察、互相比较、互相调整、互为方向，最后找到能够融合双方愿望的解决方法。

阻碍找到融合这种解决方法的因素有很多：当事者双方缺少公正无私的精神，特别是领导者经常偏袒不公；很多人习惯于享受统治的快乐；当事者双方缺少足够的智慧、敏锐的观察力、非凡的创造力；当事者双方缺少融合统一的训练。

五、管理者与员工的权力共在

福利特深刻认识到了权力实施、权力渴望、权力争夺的广泛存在。她指出，不论权力是善的还是恶的，也不论追求权力是为了达到某种目的，还是权力本身就是追求的目的，在现实生活中，绝大多数人都在追求权力。① 至于人们对权力的欲望究竟是人的本性所具有的，还是后天生成的，福利特说这还无法断定。在她看来，最重要的是权力安排的合理方式。她的基本观点是，限制权力支配和权力强制，发展权力共在、权力共有。

尽管权力通常意味着支配、强制，意味着某些人或集团对另一些人或集团的支配、强制，仍然可能发展出人们之间的权力共在的方式。权力共在是一种共同发展、协力行动的权力，而不是一种强制的权力。福利特举的例子是，你对奴隶拥有的权力是一种强制的权力，但对服务员，你却没有强制的权力，而是和他共同拥有权力。②

---

① 葆琳·格雷汉姆. 管理学的先知. 向桢，译. 北京：经济日报出版社，1998：82.

② Mary Parker Follett. Dynamic Administration: The Collected Papers of Mary Parker Follett. Henry C. Metcalf, L. Urwick, ed. New York and London: Harper & Brothers Publisher, 1942: 101.

在管理者与工人、雇主与雇员之间，除了经常发生其他矛盾之外，也经常围绕权力或者为了权力而发生斗争，而问题在于，如果双方坚持斗争，那么无论哪一方在斗争中获胜，都意味着权力支配或强制。根据管理者或雇主一般掌握着绝大多数权力而工人或雇员很少有权力，实现权力共在的一般原则是限制管理者或雇主的权力支配、权力强制，同时，也要限制工人或雇员对权力的可能的过分要求。限制的重要方法之一仍然是找到实现双方权力愿望的解决办法，达到双方愿望的融合统一，由此形成双方相互促进的过程——环形行为。

福利特分析了发布命令这种实施权力的方式。她指出，组织的存在的确离不开控制，但控制的方式是随着时代和形势的变化而变化的，必须找到真正合理的控制方式。过去那种通过独断的、专断的命令进行控制的方式正在变得过时，已不再普遍有效，因为它存在着许多缺点，如失去可能从被命令的人那里得到的贡献，忽视人们独立主宰自己生活的愿望这一天性，忽视员工对自己工作的自豪感这一巨大资产，削弱员工的责任感，所以要学会不发布命令而达到控制的目的。

对此，福利特提出了发布命令的四种方法或原则：(1) 使问题客观化，使命令变得客观、非人格化，即找到并服从"形势的规律"；(2) 对员工进行工作和职业的教育培训，使工作成为员工的技艺和自觉行动；(3) 必要时说明发布命令的理由，代替专断的命令，使人们不是盲从而是更加理智、更加愉快地工作；(4) 让所有人了解组织的目的——所有指示背后的深层目的，使大家成为感受共同责任、承担共同事业的合作者。其中最重要的是第一种方法或原则。

具体说，就是组织有关人员研究形势，看看这种形势究竟要求什么，即这种形势的规律是什么，然后大家共同服从。发布命令与执行命令的双方都接受了形势的需要，命令以人们的活动为基础，根据并服从于人们的活动，命令来自工作的形势，而不是工作的形势来自命令。因此，主要问题不是让人们服从命令，而是设计出能够使人们最有效地发现命令应该是什么的方法。如果命令是形势所需即"形势的规律"的要求，那么就可以把命令变成工作规则或标准操作，雇主与雇员可以相互做出指示，这样，命令就变得轻松而自然。对于服从来说，它不是消极的，而是工作过程中的一个时刻。这样，命令也就是有分量的、真正有效的。发布命令与执行命令只是分工的不同罢了。

福利特强调指出，上述发布命令的四种方法或原则在本质上可以归结为一点，这就是发布命令者要把接受命令者带入组织形势的同一个场景中，而不是使他们处于形势之外，这样就会使他们设身处地地意识到大家是在干同一件事情，只不过一方的工作是解释和告知标准，另一方的工作是执行，双方的工作都不可缺少并且同样重要。

从这一角度来说，对领导或管理者的要求就是把形势理解为一个整体，看到它的所有组成部分之间的内在联系，带领大家发现和服从"形势的规律"。这样，控制就不是对别人的控制，而是对整个形势的控制，权力也就成为共同的和共享的权力。由此，福利特明确指出了批评责备、强迫别人盲目服从的危害性，认为这样会破坏创新精神、打击自立意识、挫伤自尊心，因而后果是灾难性的。

六、作为协调的控制

由于组织存在和权力实施过程的一个重要方面是控制，所以福利特进一步探讨了控制的本质。她认为，控制的基础是协调，或者说，控制从根本上是一种协调过程。可以看出，她对控制的解释与传统理解完全不同。

福利特指出，在管理得最好的企业或产业里，控制的内容正在发生根本性改变，呈现出全新的特征：控制越来越多地意味着对事实的控制，而不再是对人的控制；集中控制越来越多地意味着许多控制的相互关系，而不再是由上面强加实施的控制。前者意味着对人的控制正在明显减弱，对存货、成本、预算等方面的事实控制成为控制的主要内容。后者意味着控制不再是从中心发出的一个辐射点，而是存在于企业或产业中所有地方的许多控制的集结，因为现代企业或产业的分支业务太多，组织过程非常复杂，出现的问题非常难以处理，所以，通过最高层的命令来进行直接管理已不再可能。因此，真正的控制就是对一定形势中的事实和相互关系的控制。①

这样的控制所应遵守的基本原则有哪些？福利特认为，控制的原则也就是组织的原则，而组织的原则归根到底是协调原则。组织的基本协调原则有以下四条：

第一，在组织整体的协调层次上，必须把协调作为一定形势所有因素的相互关联过程。一个组织的所有因素都是相互影响、相互作用的，因而，协调的根本任务就是发现它们相互影响、相互作用的规律，使它们相互调整、相互适应，成为一个相互联系、相互贯通、相互促进的整体。这样的整体才是统一的本质之所在，它具有真正的整体相关性质。例如，企业管理所面对的形势，就是由生产设备、技术水平、工人的态度、信用条件等因素构成的，只有使它们合理地联系起来，才能形成一个真正意义上的统一整体。福利特认为，这是近年来进步的企业思想家和某些科学家、哲学家的最重要的发现。哲学家怀特海、生物学家哈尔登、生理学家谢灵顿都告诉我们，统一的根本存在于各种要素的相互作用中。福利特强调，这种相互关联、协调统一作为一种过程，并不需要个人和部门做出牺牲，而是使个人自觉地与他人、每个部门自觉地与其他部门统一起来，为组织的整体做出贡献。

第二，在组织的各个部门、各个层次负责人之间的协调层次上，必须通过相关负责人之间的直接接触来进行协调，而不是由总裁负责和进行所有的协调工作。因为这些相关负责人最了解他们的工作，通过他们之间的直接接触，包括交流、讨论等，能够使他们实现相互的自我调整、自我控制，从而达到不同部门、不同层次之间的统一。

第三，在协调的启动时机上，必须在事情过程的早期阶段进行协调。这意味着在决策前就要把对所要进行的决策给予各个部门、各个层次的负责人甚至一般员工，使他们了解和进行讨论，提出意见，从而最终把决策过程与决策实施贯通起来。简言之，只要

① Mary Parker Follett. Freedom and Co-ordination. London: Management Publications Trust Ltd., 1949: 77-78.

存在需要协作的地方，就要在事情的早期开始有关各方面的协调，而不是把最终确定的计划摆在下级和员工面前。这样，才更有可能形成一种成功的合作关系。

第四，在协调的时间维度上，必须使协调成为一个连续的过程。协调必须时时刻刻进行，这需要建立起使协调持续的机制。这样做会产生一种更大的激励作用，使人们努力寻找那些可以为将来类似事情提供指导和借鉴的原则，同时也会使人们保持从计划到行动、从行动到新的计划之间的联系，以适应不断被调整、不断发生变化的形势。

福利特指出，组织的这四条基本协调原则表明了控制的基础，表明了控制的过程，表明控制是使各个部分相互交织、自动生成的过程。由此可以得出，相互关联的程度是衡量控制程度的标准，相互关联的越充分、越彻底，控制就越充分、越彻底。①

因此，在福利特这里，控制从根本上不是强迫，而是协调，控制或协调的目的是实现各种因素的统一。通过统一，一个企业可以获得前进的力量。

福利特认为，这种类型的控制还没有被充分理解，这充分表现在人们对自由放任与集中计划这两种方式的看法上。的确，自由放任的时代已经结束，但自由放任的对立面是协调而不是强迫。在当今时代，为了掌握自己的命运，成为自由的人，我们必须学习并实践这种作为协调的控制。这样，我们就会创造事实、创造未来。

七、领导活动对领导者的根本要求

福利特是现代西方管理思想史上最早研究领导问题的思想家之一。在提出了命令从根本上来自“形势的规律”、职权是一种来自工作的权力这些基本观点之后，她进一步探讨了领导活动对领导者的根本要求。与对其他问题的思考一样，她对这一问题的思考也突出立足于企业管理实践的现代发展。她认为，以往长期以来被人们接受的旧的领导理论并不适合现代企业的领导实践，无法为之提供有效的理论指导。例如，旧的领导理论把领导者看作具有鲜明个性、可以把自己的意志强加于他人、让他人为自己做事的人，把进攻性、支配倾向与领导能力看作同义语。实际上，这些并不是领导能力所必备的品质；相反，它们往往会阻碍领导能力的形成。现实中的许多实例证明了这一点。无论通过好支配或主人般的个性，还是通过一种善于游说、能言善辩的个性来达到支配的目的，这些做法都正在变得日渐过时。②

福利特认为，领导活动是一种特定的工作，因而它对领导者的能力和其他方面的要求从根本上不在于人们的个性特征，而在于领导工作的特点。③

首先，从事领导工作要求领导者透彻掌握领导工作的知识。对于今天企业的领导活动来说，尤其如此。因为经营正在成为一种职业、企业管理正在成为一门科学，只有通

① Mary Parker Follett. Freedom and Co-ordination. London: Management Publications Trust Ltd.，1949：86.

② 葆琳·格雷汉姆. 管理学的先知. 向桢，译. 北京：经济日报出版社，1998：159－162.

③ 同①50.

过学习、训练，人们才能成为企业各个管理层的领导者。即使不在领导职位上，掌握了关于领导活动的知识、技巧，也经常会实际地发挥领导者的作用。

因此，必须破除长期以来许多人信奉的一种迷信观点：领导者都是天生的而非后天造就的，领导能力是一种不能后天获得的能力。这是非常片面的观点。领导能力可以部分地通过学习而获得。在实际中，一个人只有相信这一点才有可能脱颖而出，尽管他也许永远不会成为一个组织的最高领导人。

其次，从事领导工作要求领导者具备把握整体形势的能力。这是对领导工作的最重要的能力要求。领导能力完全依赖于个性特征的观点之所以错误，就在于把领导工作看作对人的领导，而没有看作对整体形势的领导。整体形势包括现在的事实和潜在的事实，包括组织的目标、目的和人们。作为领导者，必须能够在一大堆杂乱的事实、经验、愿望、目标中找到联系的线索，必须能够看到形势的整体而不是一个由纯粹的碎片所组成的万花筒，必须能够看到整体形势中所有不同因素之间的关系。越高层的领导者，越需要具备这样的能力。

因此，领导者是能够组织集体经验因而能够发挥集体力量的人，不论这个集体是基层集体，还是部门集体，抑或是整个工厂。也就是说，领导者能够造就队伍。显然，这种调动组织的全部力量、使它们服务于共同目的的能力，是领导者所需具备的决定性品质。具有这种能力的领导者创造了一种集体的力量，而不是显示了个人的力量。他们洞悉各种力量之间的微妙关系，并且调动起所有这些力量，最有效地实现已经确立的各种目的。

领导者不能仅仅代表自己所处的那个集体的知识和经验，不能仅仅是集体智慧的汇集处，而应当远远超越这一点。当领导活动达到创造的水平时，它就有了转化的力量，有了把经验转化为力量的力量。伟大的创造者既创造力量，又指挥力量。领导活动的本质是创造控制。当今世界所需要的，正是对较小组织的形势或我们生活世界的形势的控制。

形势是不断变化、发展的。领导者的智慧和判断不是被运用于一个静态的形势，而是被运用于一个时时刻刻处于变化之中的形势。企业的领导者在决策时必须对形势的发展做出预期。因此，最高水平的决策并非一定与当前的形势相关。相反，正是一个决策中所遗留下的东西，才赋予这一决策最大的价值，它使形势按照我们所希望的方向发展。这是领导者的任务之所以艰巨、伟大的领导者之所以需要具备伟大素质的原因之所在。所以，领导者应当具有开拓新道路的先锋精神、看到可能的新方法的洞察力、敢于尝试新道路的勇气、衡量自己工作结果的判断力。

最后，领导工作需要正确发挥跟随者的作用。在领导活动的情景中，跟随者绝不是被动地跟随，而是可以起到积极作用，那就是使领导者保持对形势的控制。实际上，真正能够使领导者和跟随者团结一致、努力奋斗的，是组织的正确的共同目标。共同目标是领导者和跟随者的共同领导者，是无形的也是能够发挥双方作用的领导者。最好的领导者会把这个共同目标清楚地摆在整个集体面前。尽管领导活动需要对信念的坚定执着以及由此产生的力量，但同时还必须具有与他人分享这种信念的能力、明确制定组织的共同目标的能力。无论我们的理论是什么，我们都应该按照这个无形的领导者的权力而行动。

这样，跟随者的服从就不是被动的、消极的服从，而是自愿的、积极的服从。因此，最优秀的领导者可以使人们心悦诚服地服从命令，因为领导者也服从这个命令；最优秀的领导者会努力培养他们的跟随者或下属的领导能力，尽可能使他们也成为领导者；最优秀的领导者不需要对自己俯首帖耳、对自己无思想地服从的人。因此，对于领导者来说，忠诚、正直是比进取心更重要的品质。

总之，必须从对领导活动的本质把握中来分析它所要求的能力。从历史发展的角度看，有三种领导方式：职位的领导、人格的领导、功能性的领导。对于现代企业来说，功能性的领导正趋于占据主导地位，其他两种领导方式的重要性正在明显降低，开始有越来越多的对企业形势具有最广泛的知识、能够抓住并组织起企业形势的本质要素、能够理解企业形势的全部重要性、能够洞悉企业形势的广度和深度的人走向领导岗位。①

总体看来，福利特的管理思想揭示了组织生活特别是企业管理的深刻辩证法，可以说是对德国哲学辩证法的灵活运用。她的基本思想是正确的、合理的，对后世产生了重要影响。例如，矛盾双方的目标相互融合的方法，预示甚至直接影响了麦格雷戈目标融合理论的提出和明茨伯格对加拿大 20 世纪 90 年代初政治生活的分析。② 又如，她把组织看作由内外因素相互作用而不断变化的思想，也直接启发了巴纳德关于组织的动态特征的分析③，而且至今仍然具有重要价值。而她对当时的哲学、社会心理学、政治学、经济学、社会学、生物学、生理学等学科之研究成果的借鉴和提升，更是为哲学如何获得发展的源泉提供了极其深刻的启示。

思考题

1. 你认为应该如何理解个体、群体、社会之间的关系？
2. 试论福利特企业应该成为融合的统一体的观点的现实意义。
3. 如何评价福利特处理企业人事冲突的建设性方法的观点？
4. 试析福利特关于管理者与员工权力共在观点的现实可行性。
5. 试对福利特的管理思想做出整体评价。

① 葆琳·格雷汉姆. 管理学的先知. 向桢，译. 北京：经济日报出版社，1998：171.
② 同①174，200-203.
③ C.I.巴纳德. 经理人员的职能. 孙耀君，等译. 北京：中国社会科学出版社，1997：97.

第十四章

梅奥以社会合作观念为主导的管理理论

梅奥试图把社会科学和精神病学的知识应用到组织与管理实践中。他的主要贡献在于强调管理者必须考虑工作场所的人性维度和社会维度，而不能沉迷于对组织技术工作的控制。他和他同事的著作创立了人际关系理论的基础，并对20世纪四五十年代的管理理论和实践产生了深远影响。

——吉斯勒皮

乔治·埃尔顿·梅奥（George Elton Mayo，1880—1949），美国心理学家、社会学家、行为学家。梅奥生于澳大利亚，1889年在阿德雷德大学获得哲学硕士学位，1911—1922年在澳大利亚昆士兰大学教授哲学、逻辑学。在此期间，曾到英国爱丁堡研究精神病理学。1922年，获得美国洛克菲勒基金会的资助，移居美国，1923—1926年在宾夕法尼亚大学沃顿管理学院研究工业心理学，并对费城一家纺织厂的生产率、工人流动率进行了研究。1926年，任哈佛大学工商管理学院工业研究室副教授，从事工业研究。1928—1932年，应邀参加了西方电气公司从1924年就已经在其下属霍桑工厂进行的、旨在提高生产效率的实验。1929—1947年，一直任哈佛大学工商管理学院工业研究室教授。梅奥在管理思想史上的最大贡献就是，通过对霍桑实验过程的反思研究，指出工业文明虽然取得了技术和物质的巨大进步，但却忽视了人的精神和社会要求。这也就是他1933年出版的《工业文明的人的问题》和1945年出版的《工业文明的社会问题》的主题。他由于集中探讨了社会条件、已经形成的人际关系和精神状况对人们工作行为的根本影响，所以被后人称为行为科学家、人际关系理论的创始人。

一、工业文明条件下工人的非正常状态

梅奥在1933年出版的《工业文明的人的问题》一书中指出，在刚刚过去的50年中，工业中人的因素发生了很大变化。尽管我们在很大程度上仍然不知道这些变化的性质和范围，但它们的重要性是无可争议的，但直到现在人们才开始意识到，清晰地陈述特定情况下人的问题，对于每一位企业管理者和经济学专家的有效思考来说都是必需的。在19世纪，人们无根据地希望能够发现一些治疗工业疾病的政治疗法，现在这种希望已经逝去。自1918年第一次世界大战结束以来，尽管政治形势和民族制度都发生了很大变化，但无论在莫斯科、伦敦、罗马还是在巴黎、纽约，作为工业文明发展的典型城市，都存在着人的问题，特别是工人的非正常状态问题。因此，我们迫切需要对此做出研究。

梅奥在霍桑实验以及对其他工厂的调查中发现，工厂中的工人突出地存在着疲劳感和单调感明显、士气低下、无名的抱怨和怒火、对监工或工头持敌视态度、有意限制产量等问题。他通过研究认为，这些现象并不是纯粹心理学或生理学意义上的现象，而是工业文明迅速发展所带来的人们在工作、生活、人际关系、社会合作等方面巨大变动的结果。这种变动造成了人们信念的彷徨、情绪的失落、社会合作的失衡、命运的无能为力，因而必然表现为上述各种看上去难以解释的现象。

对于工作的疲劳感和单调感问题，梅奥总结了第一次世界大战期间及战后英、美两国尤其是英国工业疲劳研究委员会10多年所指导的研究结果，阐发了这些研究所得出的实质观点，认为人们的工作只能在一种生理的稳定状态中进行，而生理的稳定状态则并不是纯粹的生理现象。

就生理疲劳来说，它对工作的影响是有限的；在任何平常的工业条件下，对工作的打断都不是来自体力的耗尽，而是来自具有某种外部条件性质的干扰。因此，对于某些个体来说，这种干扰造成了个体的实际的机体失衡，从而使个体的努力不可能持续下去。因此，疲劳并不是一个独立存在的事物，而只是一个描述多种现象的方便词语。疲劳是由复杂形势中多种因素的作用造成的，发现机体失衡的性质和外部干扰的性质尤为重要。① 人们的一个共同错误是把疲劳看作一种明确事物，这已经成为许多混淆的根源。

就对于工作的单调感或厌倦感来说，梅奥赞同当时许多研究专家的观点，认为单调感或厌倦感取决于个人的背景因素与现代工业的客观因素。在个性因素方面，如智力较高的工人对工作比较容易产生厌倦感。在客观因素方面，如大量的重复性操作会使工人对工作产生厌倦感，从而导致工作速度下降，如工作时段内单一的工作形式、孤立的个

---

① Elton Mayo. The Human Problems of an Industrial Civilization. New York: The Macmillan Company, 1933: 23-25.

人单独工作、在工作时段内缺少适当休息等，都会引起厌倦。

依此来看，与“疲劳感”一样，“单调感”所表明的是不同条件下的各种各样的个人情况，是一个用来表示工作环境对工人身体所造成的某种失衡的词语。这种失衡或者使工人无法继续工作，或者使工人只能在一个较低的行为状态下继续工作。不同的个体在不同的环境下存在着多种失衡的可能性。因此，对这种失衡的真正客观的研究，既需要寻找个体本身的因素，也需要寻找某一或某些外部的因素。用坎农的话说，这种失衡既是内生的，又是外生的；个体内部存在着失衡，个体与他的工作之间也存在着失衡。工人的悲观主义和愤怒情绪，首先是由工人的工作环境引起的。但无论工人还是他们的上级，都没有详细说明起作用的外部条件。

在工人士气低下的问题上，梅奥进一步深入研究了引起工人士气低下的个人背景、工厂内的关系、工业组织状况等社会原因，并且特别强调交流和面谈方式的头等重要性。

首先，每个人都有自己的家庭关系状况、不同的成长历史、不同的教育背景、不同的人际关系，甚至不同的民族和地区特点。这些背景情况是工人从工厂外携带到工厂内的，经常是看不见的，并且一般会形成每个人所特有的先入之见（preoccupation），这直接影响到他们对工作、管理、监工的看法，直接影响到他们的精神状态和士气。一个由于家庭不幸而感到忧郁的个体，可能陷入一种恶性循环，把遇到的每一件事情都理解为增加不幸和不公正待遇的事情。因此，不了解他的历史、家庭处境、思想方式和相应态度、个性特征、优点以及不足，就很难适当地管理他。

其次，工厂组织内部的关系状况，主要是工人与工作之间、与同事之间、与公司政策之间的常规关系状况，从根本上决定了工人的士气状况，对生产效率或产量有着直接的重要影响。例如，工人之间是否形成了良好的工作伙伴关系、相互合作关系，工人与管理者之间是否平等，工人是否有权对工厂的生产、管理、工作条件等提出意见，甚至在一定程度上参与工厂的管理，工作氛围是否轻松、自由，等等，都是关系到工人士气的重要因素，对生产效率有着直接影响。冷淡的监督方式、同事之间的不友善、单调或重复的工作，这些都将引起工人对工厂管理措施和工作条件的一种曲解、一种不理智的反应。

所谓“社会失调”在一定群体中的高发生率，可能正是同特定群体人员与工作、同事、公司政策的常规关系有关，而不是同这些人员的一些个体的、原始的非理性有关。因为一个工作部门中的工人个体不只是个体，而是构成了一种群体。研究者们已经注意到，一个不是特别有能力，或者并不能很好地调节社会关系的人，当他在一个适合并支持他的群体中工作时，他可能表现得有能力且很正常；相反，一个特别有能力而且正常的人，当他在一个不合适的群体中工作时，他可能表现得既无能力也不正常。

由此看来，尽管对工作部门中工人个体进行心理学的研究非常重要，但却是远远不够的，只能触及事情的边缘。对人的问题的真正深入研究，既需要研究个性、个人的历史，更需要研究工业状况本身。这正是霍桑研究发展到最后阶段所进行的工作。由此，人们得出了令人没有预料到的重要结论：

不存在机械劳动或程序劳动会使人们麻木呆滞的有力证据，而文学批评家正是把这一点看作机器时代的主要问题。同时，也没有理由认为监督者的个人或人性素质在本质上有缺陷；相反，是许多“冲突的、相互矛盾的力量和态度”在起作用。这使得“工人和他的工作”之间的有效关系还没有建立起来，工人群体没有能够建立起一种整体行为，并且在一定程度上陷入了一种无法理解或控制的混乱。

因此，对于工厂的管理者来说，仅有开明的公司政策、关于生产的详细计划和蓝图是不够的。停留在这一点上，以不容讨价还价的态度来管理工人和执行生产计划，不管这种管理多么有逻辑，都不会使工人真正发挥自觉的积极性。工人如果不能对自己的工作情况有足够的了解，那么就只能以与自己相对立的方式工作。因为一个人在不能看清工作结果的情况下坚持工作是很困难的。实际上，愿意合作是人类的基本特性。凡是出现了“限制产量”这种情况的地方，工人个体都突出地表现出某种无名的愤怒或一种无用感。不管工人是否承认敷衍，他们都表现出了对那些看上去无形“强加给”他们的抑制情况的反感。显然，公司政策越明智，越有必要找到一种与工人进行彻底交流而相互理解的方法，并且这种交流方法必须包括访谈；就是说，它必须了解并有效应对工人亲身经历和表达出来的真实困难，而且必须考虑工人无用感的背后根源。

那么，“强加给”工人的那些抑制来自何处？梅奥认为，它们来自工业时代生产的强大的经济逻辑。在原始社会和前现代社会，人类为了自身的长久存在而在工作中进行的合作，一直依赖于一种非逻辑性质的社会规范的发展，这种非逻辑性质的社会规范调节着人们与他们的态度之间的关系。相反，现代社会对生产的经济逻辑的单纯坚持干扰了这种规范的发展，并随之在群体内引起一种人性挫败感。对于工业和个人来说，这种经验所导致的后果都是极其严重的。

二、工业文明条件下社会能力对技术能力的滞后

梅奥于 1945 年出版了《工业文明的社会问题》，集中讨论了工业文明的技术急剧发展所造成的社会能力对技术能力的滞后和如何解决人们的社会合作的问题。无疑，梅奥对工业文明的社会问题的探讨与对工业文明的人的问题的探讨，在内容侧重点上存在差别：一个侧重于社会合作能力滞后的状况，另一个侧重于工人的非正常状态。同时应该看到，他对这两个方面的探讨所得出的主要结论在实质上是一致的，这就是工业文明的技术和物质进步打乱了人们原有的社会联系，带来了一系列失衡问题。

他指出，19 世纪的人们相信，科学技术和工业的进步及其所带来的人类对环境的征服，对人类是真实的、有益的，意味着人类终于成为自己命运的主人，但他们却没有认识到这种进步也伴随着严重的负面问题，如人们精神信念的退化，广泛的社会不安和混乱，肮脏的贫民窟，丧失责任感的、孤独的、犯罪的人群，等等。梅奥引证了 19 世纪末至 20 世纪初的一些艺术家、工程师，特别是社会学家对现代工业社会的观察和批评，认为现代工业社会具有分裂或瓦解的两个征候：(1) 不幸福的人数增加了，人们不再自觉地承担直接或真正的社会责任，而只是专注于自己的问题，成为不愉快的和放不

下自我的俘虏，人们是自爱的，同时也是悲惨的。（2）社会中各式各样的群体成立以后，不仅并不急于全心全意地与其他群体合作，而且相互戒备、相互敌视。在这样的情况下，社会陷入了组织停滞的状态，合作水平甚至比那些简单的社会还低，而那些压力集团和有权集团的混乱争斗更是人类进入灾难社会的先兆。

梅奥同意 19 世纪法国工程师勒普莱特别是随后法国社会学家迪尔凯姆的观点，即现代社会科技和工业的迅速发展，把个人对群体的一致感和对工作的满足感取消了：各种各样组织中充满了混乱，社会规范失去了权威，家庭关系、亲属关系的纽带大大削弱，人们为了工作被迫离开已经习惯的团体，和平安定的能力被销蚀，人与人之间、群体与群体之间的有效了解消失了，具有危险性的社会分化正在发生，个体间的合作或社会的合作的希望日渐减少。简言之，现代文明世界的根本问题是，急速的科技和工业进步把历史上所形成的一切社会的和私人的关系都破坏了，却没有发展出任何补偿的组织，尽管经济生产大步前进，物质生活水平逐步提高，但人们活着的意义却一步步地受到了破坏。

梅奥强调指出，尽管勒普莱和迪尔凯姆的理论倾向于怀念过去比较单纯的共同体，甚至倾向于认为除了返璞归真就不可能恢复有效合作，这无疑是不可能的，但他们所做的研究却具有十分重要的价值，这就是清楚地揭示出工业社会的问题和人们应该努力的方向：工业社会在人们的合作方面出现了失调、混乱、争斗等严重问题，无论在政治机构还是在工业单位，这些问题在很大程度上都被忽视了，人们必须自觉、认真地解决这些问题，而不是听命于偶然，否则，就会带来社会瓦解和巨大灾难等严重后果。

由此出发，他提出无论处于什么文化水平，每个社会群体在管理上都必须面对两个永远存在和反复呈现的问题：一是必须使它的成员的物质需要或经济需要得到满足，二是必须使它的成员在组织整体中的自发合作得到保持。

正确解决这两个问题，是一个社会群体实现持续健康存在的关键之所在。现代工业社会突出的片面性在于，它的管理方法全针对物质的有效供给，没有针对人们合作的保持。这在第二次世界大战时期表现得尤为突出。技术的惊人成就表明，我们知道如何组织以获得物质效率，但是对于缺勤、转业、投机取巧、罢工等问题，我们却不知道怎样解决，不知道如何实现自发的合作。

无疑，合作问题，在工业社会中比在一个单纯或原始的共同体中要复杂得多、难解决得多。工业社会的急剧变动特征，决定了我们的研究必须对过去关于社会组织和社会纪律的观念进行重新厘定。

工业社会是一种新的社会，与传统社会相比，它具有完全不同的组织原则。梅奥借鉴同时代管理思想家巴纳德和罗斯利斯伯格、历史学家道逊、医学家珍妮特等人对工业社会组织特点的研究成果，提出在迄今为止的人类社会历史中有两种不同类型的社会，它们分别要求不同的组织原则。

一种类型的社会是定型化的社会，它的突出特点是很少变化，人们的工作和职业选择机会很少，年轻时就由学徒制决定了一生从事什么样的职业和工作，人们在共同的学徒过程中既获得了运用物质事物进行工具操作的技术能力，又获得了与伙伴相处，即了解别人的态度和观念、对之做出正确的反应、与别人成功交往的社会能力，因而他们的这两种能力是平衡的。这种类型的社会所要求的组织原则是，保持稳定、重复原有的秩序。在最低水平上，如澳大利亚的土著人组织，以刻板的、固定的、系统的仪式维持群体的生存；在较高水平上，如美国新英格兰早期的手工业，19 世纪 80 年代澳大利亚的小城镇等，也通过世代相传的工作方式和生活方式维持存在。

另一种类型的社会是“变化-适应”型的社会，这就是现代工业社会，它的突出特点是变化迅速。这种变化是由物理、化学和技术的发展引起的。每一种生产制造的技术过程、每一种工业生产都在不断地追求变化。不仅生产的方法在改变，而且生产所用的原料也在改变。这种类型的社会所要求的组织原则是，动态地、及时地适应技术、科学、生产的迅速变化，形成相应的社会合作和社会交往能力。现在，工业所需要的专门技能已经分化为两个极端。一方面是高层次的技能，即以充分的科学和工程知识为基础的技能，这种技能是可以改变的、具有创造性的；另一方面是机器的实际操作技能，这种技能变得日益简单，人已经变成机器的照料者而不是技工。撇开第二个方面的变化是否合乎人们的意愿、第一个方面的变化是否值得称赞不谈，尤其需要关注的是人们的社会合作和社会交往能力并没有获得相应的发展，远远落后于技术能力的发展，与之失去了平衡。

梅奥认为，现代社会已经超越了靠定型化的日常关系来维持有效交往与合作的阶段，进入了“变化-适应”型的阶段。这带来了无数没有预见到的新问题，对于工人和管理者来说尤其如此。一方面，工人在实际生活中、在思想意识中失去了安全感和稳定感，不可避免地感觉到一无所有、紧张无力，而这是任何金钱收益和职业保证都无法补偿的；另一方面，现场管理者必须亲自管理这样的工人个体，必须与聚散无常的、陌生的工人个体打交道，故而所遇到的困难是前所未有的。

社会类型的这种转变是人类必须经历的过程。因为一个社会的结构状况是多种因素共同作用的结果，现代文明的社会结构是由科学、工程技术、工业发展等因素决定的。补救的办法不可能是返回到简单的学徒制和原始的定型化社会，而只能是深入研究新型社会的特点，发展人们的社会合作能力。

梅奥看到了能力与一般知识的不同。能力是从处理事物，或从与人打交道，或从处理两者的经验中得到的操作技巧。一门学问如果不能表明和培养这种独特的能力，就不能算作一门科学。他认为，当时的化学、物理学、生理学等已经在培养相应的能力方面取得了明显成就，而社会学、政治学、经济学等社会科学以及心理学则主要鼓励学生无休止地谈论所谓社会问题，缺少关于直接有用的能力训练的内容。例如，社会学这门学科已经获得了相当的发展，但它主要是一种使学生获得学问的练习，它的内容大多是教学生如何写书、如何谈论别人的书等，没有关于实际生活、关于在人与人之间如何建立密切关系的内容。

这实际也是大学教育的根本缺陷。大学教育已经偏向于甚至过分地强调培养人们的技术能力和发展这些能力所依赖的科学基础，而忽视了对人们的社会能力的研究，只是教授学生怎样进行合乎逻辑的思考，怎样清楚地表达思想，没有教授学生怎样同别人交往的艺术，包括在实际生活中怎样理解和接受他人，怎样对他人表达自己的观念和感情，怎样理解他人的态度和观念，等等。这种教育带来的一个必然结果是，那些名列前茅的大学毕业生虽然在智力上的成就很高，具有处理复杂逻辑的能力，甚至掌握了深奥的社会哲学观念，但却不了解现实的社会生活，不了解人们的实际情况，没有处理复杂社会事务的能力，不能很好地把社会混乱变为合理的秩序。

人们的社会能力主要指社会交往能力，它表现在个体和群体这两个层次上。在个体层次上，是一个个体把自己的信息、感情、态度和观念传达给他人，从他人那里接收信息、感情、态度和观念并做出正确反应的能力；在群体层次上，是群体之间相互传达各自的信息、感情、态度和观念并做出正确反应的能力。这些社会交往艺术虽然不一定完全合乎逻辑，但却是人们的社会生活所必需的。正是由于社会交往能力是促进共同事业所不可缺少的，所以它应该是社会研究的出发点。

梅奥认为，处理人事活动的社会能力和处理物质过程的技术能力之间严重失衡，已经造成了灾难性的后果，这就是第二次世界大战的发生。他一再坚持的观点是，如果人类以往的社会能力与技术能力保持同步前进的话，就不会造成第二次世界大战的发生。①

三、社会合作的人性基础

梅奥吸收、借鉴了20世纪以来经济学研究的新成果，批判了英国古典经济学特别是李嘉图关于人类自然状态和利益个体的理论假定，提出人们的社会合作并非偶然，而是具有深刻的人性基础，这就是联合的本能（human instinct of association）。

梅奥认为，李嘉图的经济理论和逻辑建立在三个有限的假定之上：（1）自然状态的社会由一群没有组织的个体构成；（2）每个个体按照保证自我保存或自我利益的打算而行动；（3）每个个体为了这个目的都尽最大能力进行逻辑思考。在梅奥看来，这三个假定虽然不能说全无根据，但从根本上是站不住脚的。

第一个假定实际继承了霍布斯、卢梭等人的理论特别是他们的社会契约论，在实质上等于把人类看作一群乌合之众。对于李嘉图和他同时代的人来说，的确有种种理由支持这一观点，而且这一观点也的确适合于一个社会的合作被紧急事变所打破的状态，但现在的研究已经证明，它在根本上不过是对原始社会的一种夸大的虚构，是无法成立的。

这一假定已经造成了相当大的危害。连续几个世纪，它以这种或那种方式迷惑了人们对法律、政府、经济学的思考，人们从中引申出了社会需要秩序、权力、强大国家这样的信念，这就造成了人们很难明确地区分自由主义者的观点与希特勒的“国家社会主义”。

梅奥引用了20世纪初法国历史学家菲吉斯的观点，指出李嘉图所继承的假定并不符合事实。人类世界并非一方面是强大的国家，另一方面是一堆没有联系的、孤

---

① 梅欧. 工业文明的社会问题. 费孝通，译. 北京：商务印书馆，1964：37.

立的个人，而是一种由数量众多的联盟组成的集合体；一个人一开始就是一个单位的成员，他的人格只有在社会中才能得到发展，他也总是这样或那样地体现着社会制度。①

李嘉图的第二、第三个假定把个人对自己利益的追求作为动机，把逻辑思考作为手段，并不是对通常的工业事实的特点的反映，而是基于对非正常情况下的人类行为的研究，或者基于对一般情况下非正常的人类行为的研究所得出的结论，因而它主要适用于在社会关系上处于正常状态以下的人，而不是处于正常状态以上的人。这些人没有形成与他人的正常的社会关系，没有形成正常的交往能力。因此，李嘉图等人的经济学更像研究人的疾病的病理学，而不是研究人的正常机体运转的生理学。霍桑实验以及其他工业研究已经证明，这种观点是错误的。

实际上，在人类的生活中存在着一种极其强烈的与同伴良好相处的愿望，即结合或合作的本能，它很容易超过单纯的个人利益追求和以此为中心的逻辑思考。仔细观察工业社会中工人或大学里的学生可以看到，那种被精心考虑的自我利益动机所驱使的人的比例是很小的。这些人之所以陷入自我利益的泥潭，是由于社会结合已经抛弃了他们，或者社会处于解体状态、缺乏组织。

梅奥充分肯定了巴纳德关于古典经济理论过分夸大经济因素在人类行为中的作用的观点，发挥和进一步论证了巴纳德的持续合作对人们的共同生活、对文明秩序具有根本重要性的结论。他认为，巴纳德在说任何特定的组织都必须既要实现这个组织系统的目标又要满足个人的动机时，是在说明一个可以广泛适用于任何作为一个整体的社会的原则。任何社会组织都必须既保证成员的物质需要的满足，又保证成员在完成许多不同社会功能的过程中相互合作。一般说来，两者都是重要的，没有主次之分。但考察一下原始社会的文化可以看出，后者即持续合作的需要对于共同生活更具决定意义。每个原始部落的仪式几乎完全是为了促进合作的和谐，为了工作中团结一致的纪律。显然，原始部落已经不言自明地认为，如果合作能够得到保证，那么群体成员的物质需要就必然得到满足。

归根到底，如果没有组织存在，就不可能有合作，合作只能存在于组织之中。任何工业组织，都一方面是一种工作方式，即必须在技术上是熟练的和有效的，另一方面又必须是许多人的一种生活方式，即一种必须有效率的、令人满意的合作体系。现代工业组织虽然在物质和技术上取得了巨大成就，但在合作体系方面却是完全失败的。

究其原因，这与以往经济学和政治学的错误观念或假定直接相关。梅奥说，我们不仅不能保证一个民族内或民族间的持续合作，而且我们还信奉充其量不过是在有限范围内适用的、可疑的经济理论和政治理论，一方面是假定一群没有组织的乌合之众为稀缺的物品进行竞争的经济学，另一方面是假定由众多个人组成的共同体需要一个强大国家进行统治的政治学；这两种学说阻碍了我们对社会组织事实的调查，搞乱了整个民主的进程，使我们屈从于作为20世纪特点的竞争性的、破坏性的无政府状态，最终给我们

① 梅欧. 工业文明的社会问题. 费孝通，译. 北京：商务印书馆，1964：59-60.

带来了希特勒和墨索里尼。

在政治生活的层次上，梅奥的结论是，仅有议会制和定期选举等民主形式是不够的，即使民主国家也没有排除在政治上出现暴君的可能性，必须更加积极地发展人们的社会合作能力和洞察力。[①]

四、梅奥管理理论的思想影响与现实影响

管理思想史上有一个说法：泰勒发现了工作，福特创造出大规模的流水线生产方式，斯隆将工作组织起来，只有梅奥发现是“人”在工作。[②] 梅奥以“社会人”为假设、以社会合作或社会团结为目的的管理理论，第一次给予组织中的人“公正、体面的对待”，代表着泰勒首创科学管理理论以来管理思想发展的第二个重要阶段——“社会人”时代或人际关系时代。梅奥以参加霍桑实验为基础所提出的人际关系与社会合作理论，对现代管理思想和管理实践乃至工业文明发展都产生了重要影响。

（一）对现代管理思想的影响

在管理思想层面，梅奥的理论代表着现代管理思想从科学管理向人性管理、人的行为管理转变的起点，成为现代管理“理论丛林”中行为科学、社会系统等管理理论的奠基者，对现代管理理论产生了多方面的重要影响。

第一，在对组织性质的认知方面，引发了人们从把组织作为经济-技术系统到作为社会系统的转变，即人们开始认识到，组织不只是一个遵循效率逻辑、追求物质利益的经济性、技术性组织，还是一个体现情感逻辑、需要人际合作的社会性组织。在“绕线观察室”“限制产量”等研究中，梅奥发现了“非正式组织”的存在以及工人的情感、心理等社会需要，表明组织首先是一个“社会系统”，“用管理技术系统的严格效率逻辑不可避免地会失败，因为它忽略了一个组织的社会系统中的各种情绪以及非逻辑部分”[③]。正是在由梅奥开始的管理思想转变的基础上，巴纳德明确地把组织定义为有意识地协调人与人之间关系的社会协作系统，创立了社会协作学派。

第二，在对组织中人们的人性认知方面，开始了从把人理解为“经济人”向理解为“社会人”的转变；也就是说，组织中的个体行为不仅受到物质利益的诱导，而且受到各种不同的社会心理因素的激励。管理可以通过满足人们的情感、交往、参与等社会心理需要来激发人们工作的积极性。正是沿着梅奥奠基的尊重人性、注重情感、满足需求等管理的新方向，现代管理理论在个体行为、团队行为、领导行为等“组织行为”领域建立起不同的理论模式，如马斯洛的人本管理理论、赫茨伯格的双因素理论、利克特的领导风格理论等，这些都已成为现代管理理论的重要组成部分，并且仍然在不断地被人

---

① 梅欧. 工业文明的社会问题. 费孝通，译. 北京：商务印书馆，1964：72-73.

② 斯图尔特·克雷纳. 管理百年. 邱琼，钟秀斌，陈遨芳，译. 海南：海南出版社，2003：68.

③ 丹尼尔·A. 雷恩，阿瑟·G. 贝德安. 管理思想史：第6版. 孙健敏，黄小勇，李原，译. 北京：中国人民大学出版社，2012：226.

们丰富和发展。

第三，梅奥的人际关系-社会合作理论确立起组织发展与组织管理中"人"这一主体要素的地位和作用，并使之成为与机器、厂房等物质资本并列的生产要素，为20世纪50年代以后产生的"人力资本"理论、"人力资源第一"观念提供了理论基点。1954年，德鲁克在《管理的实践》中明确认为人是管理所处理的最根本的元素，强调人力资源作为企业首要资源是唯一能够扩大的资源。之后，人力资源管理理论逐渐成为现代管理理论的重要内容。

第四，在方法论上，梅奥主导的类似人类学田野调查的观察、访谈、群体实验等研究方法，实际是当代管理研究中流行的质性方法的扎根理论的前身或早期应用，对现代管理研究方法产生了直接影响。与19世纪末至20世纪初由工程师主导的科学管理运动不一样，人际关系-社会合作理论主要来自社会学家、心理学家和人类学家的贡献，他们将这些社会科学知识用于阐释人类的组织行为与合作行为，因而产生出与用自然科学知识理解组织十分不同的研究方法论。

（二）对现代管理实践的影响

在现实层面，梅奥的人际关系-社会合作理论在管理实践和工业文明发展方面都产生了深远影响。

首先，在管理实践层面，一是梅奥的这一理论促进了管理方式的根本转变，开启了人性化管理的新篇章。无论"非正式组织"作用观念的落地，还是关于组织成员满意度、参与感的激励实践，都使领导活动和管理方式从"独裁"方式向"民主"方式转变，从科学技术理性主导下的自上而下的权威控制向尊重人性、沟通情感、工作参与的主体共同行动转变，这大大提升了组织成员的"士气"，标志着一个新的人性化管理时代的来临。后来出现的"参与式管理""目标管理""工作内容丰富化"等常见管理方式，都可以被看成梅奥人际关系-社会合作理论的扩展与深化。1937年，比尔·休利特和大卫·帕卡德在加利福尼亚帕罗亚托一个租来的车库里创办了惠普公司，他们一开始确立的经营理念即"惠普之道"就是"人，人，人"，使得那个车库不仅成为现代硅谷的发源地，而且成为更为分权、更加人性化管理的诞生地。① 二是梅奥在理论上对管理的社会能力或人际交往技能的强调，为此后管理者的培养和训练提供了新的方向。就是说，管理者不仅需要具备广泛的技术能力，而且需要具备情感交流、信息沟通、人际互动等社会能力，这种社会能力才是管理者调节劳资关系、促进社会合作，进而更好地提高生产率的关键。梅奥认为，这是判断一个管理者是否成熟、一个组织是否有效的重要标志。用他的话说，就是应该培养作为"管理精英"的、人际关系-社会合作导向的新型管理者，包括开发他们理解逻辑行为和非逻辑行为的能力，培养他们倾听和沟通的能力，从而使他们具备一种在正式组织的经济效率需求与员工的情感和社会需求之间维持平衡的能力等。"通过一个组织的社会结构，员工们获得认同、满足和安全感，这使得

---

① 斯图尔特·克雷纳. 管理百年. 邱琼，钟秀斌，陈遨芳，译. 海南：海南出版社，2003：74.

他们愿意合作并贡献他们的努力，以实现组织的目标。”① 20 世纪 40 年代后开发出来的包括角色扮演、非指导性咨询、群体讨论方法、敏感性训练等在内的人际关系训练，其目的就是解决上述问题，更好地促进组织内的合作。

其次，在工业文明发展层面，梅奥把组织合作和社会能力扩展到由技术能力主导的工业文明所引发的社会问题的解决上。在他看来，“我们的社会性发明落在了技术性发明的后面”，“我们已懂得怎样在一刹那间毁灭千万的生灵，而不懂得怎样有系统地着手引导各类团队和国家在创造文明的事业上进行合作”②。而真正威胁到人类文明的并不是原子弹等技术力量，而是工业管理者和政治领导者缺乏处理人际关系-社会合作的技能，“严重忽视工业组织中的人的和社会的因素”③。“从对工业生活的这种精神病理学分析出发，梅奥和罗斯利斯伯格为人际关系运动构建了哲学的基本原理。人际关系运动的目标是有效的人际合作，其手段是通过重建一套社会规范来促进工业生活的调整。”④特别是，梅奥的霍桑实验和理论研究正处于 20 世纪 30 年代前后资本主义经济大萧条时期，当时劳资矛盾激烈，社会危机加剧，他思考工业的“社会性”问题，倡导各类领导者的社会能力和人际沟通技能，强调社会合作与团结，一个主要目的就是避免社会危机乃至战争的发生。以他和其他管理思想家为引领的霍桑实验所引发的企业人际关系运动，还推动了罗斯福新政时期的“工业民主运动”，进而推动了政府对劳工权益保护的加强。如在美国，1935 年的《劳动关系法案》支持工会和集体谈判，1938 年的《公平劳工标准法案》规定了每周工作 40 小时、最低工资和禁止使用童工等。“工业民主，在本质上意味着人际关系哲学在工会的支持下得以在工作场所获得应用。”⑤ 从这一角度看，梅奥管理理论的社会哲学意义远远大于其管理学意义，他突出关注的是如何协调好社会中的人际关系以促进社会的有效合作，将这视为工业文明时代在技术进步之外的一个重大问题，所以他的两部著作——《工业文明的人的问题》《工业文明的社会问题》，都以“工业文明”为限定前提，充分显示了其人际关系-社会合作理论的社会哲学视野。

当然，对梅奥的理论也有不同的看法。有人认为，梅奥的理论创造了一种新型的意识形态，为管理者提供了新的操控技术；也有人认为，梅奥提供了一种工业社会管理的乌托邦，意在创造一种新的社会环境，让工人们自由表达并建立新的人际关系；还有人提出，梅奥将自己看作了改变工人和雇佣者态度从而缓和工业资本主义制度冲突、重塑工厂文化的改革者。⑥ 无疑，这些看法都有自己的理论立场，可以促进对梅奥理论的更加深入的思考。同时，无论人们的评价如何不同，有一点都是可以肯定的，这就是，梅奥对社会合作、管理者社会能力的作用的思考与强调，充分体现了他作为管理哲学家的人文精神和社会情怀。

---

① 丹尼尔·A. 雷恩，阿瑟·G. 贝德安. 管理思想史：第 6 版. 孙健敏，黄小勇，李原，译. 北京：中国人民大学出版社，2012：230.

② 梅欧. 工业文明的社会问题. 费孝通，译. 北京：商务印书馆，1964：11.

③ 梅奥. 工业文明的人类问题. 陆小斌，译. 北京：电子工业出版社，2013：150.

④ 同①228.

⑤ 同①225.

⑥ 马尔科姆·沃纳. 管理思想全书. 韦福祥，译. 北京：人民邮电出版社，2009：426.

思考题

1. 如何看待梅奥对工业文明条件下工人非正常状态的分析？
2. 如何评价梅奥关于社会能力与技术能力之间关系的观点？
3. 试析梅奥对合作在组织和社会中的重要性的看法。
4. 分析梅奥人际关系-社会合作理论对现代管理思想的影响。

第十五章

巴纳德以整体视野为特征的组织管理理论

巴纳德首要的重大贡献是提出了一个全面的组织理论，这一组织理论提供了不同于法约尔模式的另一种选择。巴纳德认为组织是一个社会系统，提出了正式组织和非正式组织的独创性定义，对有效性和效率进行了重要区分，把非经济的激励纳入激励理论之中。他的伟大来自他的抽象思考能力，来自他把理论应用于职业经验的本领，来自他对于实践的敏感性和经验。

——安德鲁斯

切斯特·巴纳德（Chester I. Barnard，1886—1961），现代西方最著名的管理思想家之一，组织理论的最重要的代表之一，也被认为是管理理论的社会系统学派的创始人。巴纳德生于美国的马萨诸塞州，1906 年入哈佛大学学习经济学，到 1909 年时学完了所有经济学课程，不过因为缺少一门实验科学的成绩而不能获得学士学位。他不愿意再去获得这样的学分，于 1909 年离开学校到美国电报电话公司工作，先是到统计部门工作，1915 年做商务方面的管理工作。1926 年任美国电话电报公司所属的宾夕法尼亚电话公司的副总经理。1927 年成为美国新泽西电话公司的总裁。按照美国著名管理思想史家雷恩等人的介绍，巴纳德对组织工作充满着无限热情。除了在美国电话电报公司工作 40 年之外，他还参加过许多其他组织的工作，担任过洛克菲勒基金会会长、美国国家科学基金会会长、财政部部长助理、美国科学促进委员会的委员，以及许多公司的董事等。[1]

由于巴纳德在管理思想上的卓著和对管理实践的贡献，他在一生中获

---

① 丹尼尔·A. 雷恩. 管理思想的演变. 赵睿，等译. 北京：中国社会科学出版社，1997：347.

得了7个荣誉博士学位，这与他没有正式学位相比，是一个鲜明的对照。他的主要著作有《管理人员的职能》（1938）①、《组织与管理》（1948）。他的管理思想集中在1938年出版的《管理人员的职能》一书中。这一著作深入探讨了正式组织的协作和决策过程，提供了一种系统的组织与管理理论。他的管理思想的形成，除了利用了当时的社会学、经济学、法学、政治学、社会心理学等具体学科的发展成果以外，还在管理思想方面受到了梅奥等人对霍桑实验的研究成果的影响，在哲学上受到了怀特海有机体哲学的影响。雷恩在《管理思想的演变》一书中认为，巴纳德把帕累托的社会学、韦伯的组织理论、卢因的群体动力学和怀特海的有机体哲学应用到了对组织的分析中②，这一判断无疑是成立的。

我们认为，巴纳德的组织管理理论包含了深刻的管理哲学因素，具有突出的整体思维与社会视野方法论特征。这里按照巴纳德的理论体系从协作系统到正式组织最后到管理人员的职能的逻辑进展来分析其组织管理理论。

一、个人的地位、性质及其在组织中的存在

在巴纳德看来，组织构成的主体是个人或人们，如果要研究组织或人的行为与组织的关系，就必须首先对个人的地位、性质等问题进行清楚的阐明，以便作为理论建构的概念框架和出发点。他十分深刻地指出，“个人是什么”“人意味着什么”“人在什么程度上具有选择的力量或自由意志”，这些问题不仅是许多世纪以来哲学家和科学家激烈争论的问题，而且是组织理论研究者无法回避的问题。实际上，无论我们就人的行为谈论什么，我们都已经隐含地对这些问题做出了回答；而且，所有的人特别是领导人员，总是以对这些问题的基本假设或基本态度为依据来行动的，尽管他们很少意识到这一点。例如，一个公司的总经理在为员工提供教育和培训时，他就已经假定，如果不经过教育和培训，员工就不能完成或很好地完成某些事情。③

人们在讨论协作、组织以及它们的功能时，对“个人”这一概念的看法极其不同，更加清楚地表明了上述看法的重要性。一方面，当人们的注意力集中在组织的构成单元时，可以看到个人是具体的、特殊的、独一无二的、单个的；另一方面，当人们的注意力转移到作为整体的组织，或由协调所实现的各种努力的整合，或团体中的人们之上时，个人就失去了他的突出位置，非个人的方面就被看作主导的。我们如果在这样的情

---

① 原英文名 *The Functions of the Executive*，国内一般译作《经理人员的职能》。通观原文，这种译法大体可行，但不够准确。我们认为译为《管理人员的职能》应该更加准确。因为巴纳德所讨论的正式组织包括工业组织、商业组织、政府机关、军队组织、宗教团体、教育结构、协会、社团等所有类型的组织，The Functions of the Executive 或 The Executive Functions 存在于所有类型的正式组织中。他也明确指出，the Executive 指的是所有承担决策、控制、监督等工作的人员。另外，如果可以把所有类型组织中的管理人员称作“行政人员”，那么也可以翻译为《行政人员的职能》。费孝通先生曾经翻译为《行政的功能》，也可作为参考。

② 丹尼尔·A. 雷恩. 管理思想的演变. 赵睿，等译. 北京：中国社会科学出版社，1997：347.

③ C. I. 巴纳德. 经理人员的职能. 孙耀君，等译. 北京：中国社会科学出版社，1997：7.

况下问“个人是什么”“个人的性质是什么”“在这种情况下他参与的性质是什么”，我们所得到的答案就会是不一致的、不确定的。巴纳德甚至认为，政治领域中许多信条的冲突和利益的对立，如个人主义、集体主义、中央集权、自由放任、社会主义、国家主义、法西斯主义、自由、纪律，以及工业领域的许多失调，都是源于人们没有能力直觉地或通过其他方式调和他们对具体情况中个人的社会位置和私人位置的不同看法。①

那么，个人究竟是什么样的存在？巴纳德认为，个人是宇宙和社会中具有特定地位的存在。首先，个人既是一个特定的、个别的、物质的个体，又是属于物质宇宙的一个事物，表现着一般物质宇宙的特点。其次，个人是一个生物有机体，即具有一种维持机体平衡的能力、一种机体调节特别是根据经验进行调节的能力，这使个人能够在内外持续发生的变化中保持生存。这意味个人代表着漫长的人种发展史。最后，任何个人作为有机体，都与其他个人相互关联、相互作用。这种过程是以相互的经验与适应为基本特点的，是对相互间意图和意义的一系列反应。这就是个人存在的社会要素。这一点是一般物体与物体之间的相互作用所没有的。

总之，个人的地位在于，他是体现着过去和现在的无数力量与物质，即是体现着物质的、生物的、社会的因素的一个单独的、独特的、独立的、完整的事物，或者说，是物质的、生物的、社会的因素的独特的个人化。②

同时，所有的个人都属于人，作为人都具有如下一系列性质。其一，人能够进行活动，活动的总体叫作行为。没有行为就没有个体的人。其二，人具有心理因素，它是个人行为产生的直接原因。其三，人具有有限的选择或决定能力，在一定的范围内具有自由意志。一个能够从事正常的、健全的活动的人，必定具有选择能力。这是普遍承认的观点。同时，这种选择能力又是有限的，因为人的能力本身就是物质的、生物的、社会的因素相互结合的结果，这种结合所提供的选择的可能性是有限的，同时，人的理性能力也是有限的，这突出表现在，一个人在碰到大量机会或很多选择时会感到无法做出选择。其四，人具有目的。人们限定选择的条件以便实际地行使意志能力的这种意图，就是形成或达到一个目的。

总体说来，巴纳德力图从人的选择与被制约的统一中分析人的性质，因而得出，人的选择能力是有限的，但又十分重要，它与物质的、生物的、社会的因素是相互作用的，只要坚持一定的方向，最终后者就会发生很大变化。人的行为是选择和被制约的过程。

从是否参加协作系统或组织的角度，巴纳德提出了探讨人的行为的角度或方式。一方面，对于参加协作系统或组织的人，纯粹是从他们的职能、作为协作的侧面来看待，他们的努力只要是协作性的，就被非个人化即社会化了；另一方面，作为外在于协作系统或组织的人，则被看作物质的、生物的、社会的因素的个人化，具有有限的选择能力。进一步说，同任何特定的协作系统或组织相联系的个人都具有双重关系：职能的或内部的关系，这可能是时断时续的；个人的或外部的关系，这是连续不断的。

巴纳德认为，他对人的性质的上述论述非常重要，是《管理人员的职能》一书的基

---

① C. I. 巴纳德. 经理人员的职能. 孙耀君，等译. 北京：中国社会科学出版社，1997：8.

② 同①8-11，14.

本原理。因为要建构起协作系统或组织的理论，要对组织行为、管理人员的行为以及其他人的行为做出有意义的说明，就必须以对人的心理和行为的某种立场观点为依据。①

二、作为多种因素相互作用的协作系统

巴纳德认为，组织是有意识地协调人们的行为或力量的系统，是协调人们各种努力的结合体。这种系统又是存在于协作系统中的一种特殊系统。因此，在分析组织之前，他探讨了一般意义上的协作系统。②

协作系统是人们为了达到至少一个以上的特定目的而进行协作所形成的包括物质因素、生物因素、心理因素、社会因素在内的复合体。③ 通过分析可以看出，巴纳德的协作系统思想十分丰富，包含了协作的主体、原因、内容、限制、协作持续所需的条件等方面。协作系统的主体是人们，这一点清楚明了，而上面已经叙述了巴纳德关于人的性质特点的观点，下面主要阐述和分析其他方面。

在人们之间协作产生的原因问题上，巴纳德认为，这是由于个人总是具有自己的目的，但由于受到各种限制而难以实现，因而同时形成了对这些限制的经验。对于个人来说，达到目的的限制首先来自以下两类因素的联合作用：一类是个人的生物才能或能力，另一类是环境的物质因素。这里之所以强调联合作用，是因为从目的的角度看，限制是全部情况的函数，如果没有确定的目的，“限制”这两个字就没有意义。个人的生物能力包括体力、身体的适应力、感觉力、知觉力、记忆力、想象力、选择力。④ 与动物相比，个人改变环境中的物质因素以达到目的的能力相当大，但是，如果把环境中的物质因素看成不变的，那么，个人的生物能力的限制就成为主要的，在这种情况下，只有协作才能克服限制。

协作系统的根本内容是进行协作以实现目的。协作目的是协作的方向、灵魂、核心，而协作过程是手段。同时，两者之间又存在着相互制约、相互影响、相互促变的复杂关系。协作目的的性质和种类不同，规定了协作过程的不同，而能否实现目的以及在多大程度上实现目的，是协作系统能否存在下去的一个关键；反过来，协作过程的机制是否合理，协作的方式是否得当，是能否实现协作目的的基本前提。

协作系统或协作过程的限制来自协作系统所涉及的四个因素，即环境的物质因素、

---

① C. I. 巴纳德. 经理人员的职能. 孙耀君，等译. 北京：中国社会科学出版社，1997：11-13.

② cooperative system，有人翻译为协作系统，有人翻译为合作系统，两种翻译没有本质的差别，但考虑到这种系统的实质内容意味着协调（coordinate），本教材把它翻译为协作系统。

③ C. I. 巴纳德. 经理人员的职能. 孙耀君，等译. 北京：中国社会科学出版社，1997：53. 巴纳德所下定义的全部语句如下：协作系统是由两个以上的人为了达到至少一个以上的特定目的而进行协作所形成的包括物质的、生物的、个人的、社会的因素在内的特定的系统复合体。巴纳德力求定义的严格，但同时也显得有些学究化。

④ C. I. 巴纳德. 经理人员的职能. 孙耀君，等译. 北京：中国社会科学出版社，1997：23. 需要注意的是，我们一般把感觉力、知觉力、记忆力、想象力、选择力等看作心理因素，而巴纳德则把它们放在人的生物因素之列，同时，他对心理因素另有界定。

生物因素、心理因素、社会因素。

协作过程首先离不开环境的物质因素和个人的生物能力，但同时又受到它们的特定状况的限制。一方面，物质环境具有自身的状况、特点，而且是经常变化的，因而它必然会对协作行为形成相应的限制，这就要求对协作进行调节。这种调节旨在使各种不同类型的组织行为保持均衡，因而不同于要求于个人的调节；另一方面，个人的生物能力状况在适应物质环境时会有三个方面的限制，即生理力量的有限性、感觉知觉的有限性、理解和反应的有限性。

心理因素在协作过程中具有重要作用和特定限制。巴纳德所说的心理因素与我们所理解的心理因素不同，指的是物质因素、生物因素和社会因素的结合、结果、剩余在个体行为中的存在，主要表现为心理记忆和心理影响。这就是说，过去发生作用的各种因素综合地影响着现在人们的行为。如果心理因素的特点与人们的协作要求一致，它对人们的协作就会起到正面作用；相反，就会起到负面作用。

社会因素在协作过程中的作用最为丰富和深刻，同时，它们也会成为协作过程的最大限制因素。巴纳德提出和讨论了五个方面。

第一个方面是协作系统中个人之间的相互作用。这些相互作用构成了协作中的一组社会因素。它们常常并不是协作系统追求的目标，或参加者所期望的目的，但它们是不可避免的，是协作的必然后果。这些社会因素作用于相互关联的个人，并同其他因素一起影响到他们的精神和情感，迫使他们原有的个人动机发生变化；如果他们的这些变化朝着有利于协作系统的方向发展，就成为协作系统的有益资源，相反，就成为障碍。

第二个方面是协作系统中个人与集体之间的相互作用，即集体作为一个单位与个人之间发生的相互作用。集体作为社会行为的系统、作为一个整体，与其中每一个人相互作用，这种意义上的集体与其他因素结合在一起对个人的心理发生作用，因而同样迫使个人改变原来的心理性格和动机。这些改变也同样可能成为协作系统的资源或障碍。

第三个方面是协作系统对个人的有意图的关系。上面讨论的两组社会因素主要是作为无意识的、非逻辑的因素起作用，总体上不是有意的。然而，一个协作系统对个人的关系也存在有意识、有目的的维度。这样的关系包括两个方面：一个方面是采取特殊的行动把个人带入协作系统，其中心点是直接对个人的意志发出呼吁，或者引诱或者强迫；另一个方面是对系统中个人的行动进行控制，这完全是把个人的行动作为系统内部的行动、作为系统的一种职能来对待。这两个方面都不可避免地会对个人的思想和感情产生影响，这些影响同样可能成为协作系统的促进或阻碍因素。

第四个方面是协作系统的目的的社会性和协作效果的非个人性。协作过程产生的目的，不仅在种类和性质上都发生了变化，而且有些目的是个人行为完全没有的，协作过程改变了原来非协作状态下的个人目的的性质。这本身就是协作的产物，是社会的而非个人努力的结果。同时，目的的实现与否标志着协作有无效果。当协作的目的实现时，这种协作就是有效果的，反之就是无效果的。在多数情况下，目的的实现即协作的效果存在着程度的差别，这是由协作努力的程度、协作系统的整体决定的，而不是由个人决定的。

第五个方面是个人动机与协作效率的关系问题。协作行为的效率是个体效率的结果。协作行为的效率取决于个人动机的满足程度，因而效率的检验在于是否激励出个人参加协作的足够愿望。在协作系统中，个人各种动机的满足与不满足同样是协作参与的结果，是个人之间相互作用的结果。“个人参加协作的愿望，对个人来说是一种心理的事实，对协作系统来说是一种社会的事实。反过来，由协作产生的各种满足，对个人来说是心理的事实，对协作系统来说则是协作的社会效果。这种社会效果决定着协作本身。”①

巴纳德在概括他的上述观点时再次指出，协作本身是整个情况的社会方面，它又产生了各种社会因素，这些社会因素反过来又可能成为任何一种情况的限制因素。这无疑是非常辩证、非常深刻的。

在协作过程或协作系统持续下去所需要的条件方面，巴纳德提出需要两个条件。第一个条件是协作的有效性（effectiveness），即协作行为或协作系统的目的得到了实现。由于协作的目的是协作整体系统的目的而非个人的目的，所以，在任何一种既定情况下，协作的有效性的确定都是由作为一个整体的协作系统决定的。在这里，目的的实现或相信它可以实现，是协作得以持续的前提；也就是说，对协作的有效性的检验依据是共同目的的实现与否。第二个条件是协作的效率（efficiency），即成员个人是否愿意做贡献以及做贡献的程度。协作的效率是协作系统成员个人的效率的总和，因而同个人动机的满足有关。效率意味着一个协作系统为成员个人提供满足以维持系统的能力。效率可以通过两种方法达到：或者改变成员个人的动机；或者把生产成果分配给他们，这些成果或是物质利益方面的，或是社会利益方面的，或是两个方面兼有的。

这样，协作的持续就取决于两种相互依存的过程：一是同整个协作系统和环境的关系有关的过程，二是同满足个人需要的成果的创造和分配有关的过程。

另外，巴纳德还论述了导致协作系统不稳定的因素。除了环境的物质因素、生物因素、心理因素、社会因素的变化可能引发协作系统不稳定之外，协作系统内部调节能力的有限性、管理过程的不确定性、目的的变更等，也是造成协作系统不稳定的因素。②

在对上述问题的分析中，巴纳德突出强调了能动选择与被制约的相互关联、相互生成这一根本特点。这是由于巴纳德已经对两种对立的哲学信念即个人主义哲学与整体主义哲学进行了认真的思考，对这两种哲学信念做出了自己的独特评价，认为两者各自突出了一个极端，因而各有合理性和片面性。个人主义哲学，即选择和自由意志的哲学，其最一般的含义是目的。与其相反的哲学，即决定论哲学、行为主义哲学等，其最一般的表达是限制。③

三、正式组织及其与非正式组织的关系

正式组织是一种有意识地协调有两个以上的人参与的活动或力量的系统。正式组织

---

① C. I. 巴纳德. 经理人员的职能. 孙耀君，等译. 北京：中国社会科学出版社，1997：37.

② 同①29-30.

③ 同①19.

是协作系统中最重要的部分，可以被称为灵魂部分。任何协作系统都有物质系统、生物系统、个人系统（心理系统）、社会系统这些成分，同时，有一个动态要素对于这些成分是共同的，它把这些成分连接起来使它们成为一个具体的协作整体，这个动态要素就是正式组织。正式组织完全由协调的活动组成。由此，正式组织也是协作系统中的一种系统。

正式组织作为一种系统，与协作系统具有许多相同的特征：（1）作为一种协调人们的活动的系统，它的活动也是非个人的；（2）正式组织本身也是一个整体，其中每一个部分都以相互依存的方式关联着；（3）正式组织作为一种协调活动，创造出的事物是不同于单个人活动所创造事物之总和的新事物。

正式组织成立的条件有三个：一是人们有一个共同目的，二是这些人们愿意做出贡献，三是这些人们能够互相交流。因此，一个组织的存在就需要具有三个要素：共同目的、贡献意愿、信息交流（communication）。这些要素既是组织成立的必要条件和充分条件，也存在于所有组织的运转之中。第一个要素——共同目的是内在于组织的本质之中的。贡献意愿和信息交流，以及这三个要素一般意义上的相互依存和在特定协作系统中具体的相互依存，是可以通过经验和观察来证明的。

首先，组织必须具有共同目的，这是系统、协作、协调这些字眼所隐含的。只有具备了共同目的，协作的意愿才能发展起来，否则就不可能有协作行为。目的的被接受和协作的意愿是同时发生的。

巴纳德深刻指出了在一般情况下组织目的与个人目之间的实质差别。组织目的是非个人的、客观的，对于个人来说是外在的。个人目的则是个人的、主观的、内在的。这样，就可以说参加组织的人具有双重人格，一个是组织人格，另一个是个人人格。严格地说，组织目的对于个人来说没有直接的意义，对个人有意义的是组织同他的关系：组织加给个人的负担和给予个人的利益。组织目的与个人目的、组织人格与个人人格一般存在着差别，经常存在不一致，有时候组织目的和组织人格会压制个人目的和个人人格。在一些特殊情况中，组织目的与个人目的是相同的，组织目的的实现本身成为个人动机满足的源泉，如在家庭、爱国组织、宗教组织中。

其次，人们的贡献意愿是组织系统所不可缺少的。根据巴纳德的看法，构成组织的是人的服务、行动、行为或影响，而不是人，所以，对于组织存在具有决定意义的是人们贡献努力的意愿或必须结合的意向。描述个人愿意做贡献的词语很多，如忠诚心、团结心、团队精神、组织力量等。这种意义上的意愿意味着个人的自我克制，对自己行动控制权的放弃，即个人行为的非个人化，其结果是所有个人努力的凝聚结合。

在一个具体的正式组织中，个人贡献意愿的一个显著特点是在强度上存在差别，既有强烈的贡献意愿，也有极低的贡献意愿。个人贡献意愿的另一个显著特点是其强度是变化的。由上述两点得出的必然结论是，任何一个正式组织中有积极贡献意愿的人数以及中立的或没有贡献意愿的人数是经常变动的，可能的贡献意愿的总量是不稳定的。

最后，信息交流是组织运转所必需的条件。组织具有目的与组织成员具有为组织目目的做贡献的意愿构成协作系统的两极，而使这些可能性成为现实的是信息交流。显然，共同目的必须为人们所了解，这就需要某些交流形式。人们之间信息交流的主要形式是口头交流和书面交流，信息交流方法的中心问题是口头语言或书面语言问题。另外，动作语言和以心传心等也是重要的信息交流方法，尽管这些方法没有被普遍认识到。

信息交流技术是组织实现其目的的一个重要方面，它使组织运转获得内部的经济性。没有相应的信息交流技术，组织就难以正常运转。而且，组织的结构、广度和范围几乎全部由信息交流技术决定。由此，巴纳德说，信息交流技术在组织理论中占据中心地位。

由于巴纳德自觉地用整体思维分析问题，所以他深刻地认识到，实现组织的健康生存和正常运转，不仅需要组织内部系统的平衡即三个要素之间形成平衡合理的关系，而且需要组织系统与外部环境系统的平衡，需要组织内部三个要素的结合能够适应外部环境。也就是说，内部的各个要素必须随着外部环境的变化而变化，而且内部各个要素之间是相互依赖的，当一个要素发生变化时，其他要素必须做出补偿性的改变，这样才能维持系统的平衡。

与一般意义上的协作系统一样，组织要持续存在下去，要实现与外部环境的平衡，也需要两个条件。一个条件是组织存在的有效性，即提出和实现目的的能力。这取决于组织的恰当行动与外部环境的一致。巴纳德指出，一个组织如果不能实现它的目的，最终必然走向瓦解；同时，它如果只能实现目的而不能不断提出和采用新的目的，最终也会走向瓦解。因此，不断提出和采用新的目的也非常重要。另一个条件是组织的效率，这是组织的这样一种能力：为了实现自身的目的，它获得和维持所必需的组织成员的贡献的能力。巴纳德提醒，他所指的效率不是在产业界通常所用的特定的有限意义上使用的，也不是人们在技术过程中所限定的意义上使用的，而是指组织提供足够数量的有效激励，从而使人们做出足够的贡献，以维持系统的平衡和生命力。因此，这种效率不是物质生产意义上的效率，这在宗教组织、爱国团体、科学团体中非常明显。

巴纳德明确指出，从激励的角度看，即使在主要是物质生产的组织或纯经济企业中，为了使组织系统长期持续存在，仅仅依靠物质的或经济的激励也并不完全符合人的本性，提供非物质的、非经济的激励应该比提供物质、经济的激励更重要。实际上，在许多情况下，提供非经济的激励同提供其他激励一样困难。在不损害标准化生产作业的前提下，使个人具有职业和成就的自豪感，是获得真正的效率所需要解决的一个重要问题。

在系统分析了正式组织之后，巴纳德提出了非正式组织理论。这一理论同样突出地表明了巴纳德的辩证思维深度。他分析了非正式组织的本质、特点以及对正式组织生存的重要意义，认为非正式组织与正式组织之间存在着不可分割的关系，对正式组织的产生和发展具有重要影响。

非正式组织是人们之间没有共同目的、没有固定机构和固定形态、密度经常发生变化的集合体。在产生方式上，正式组织与非正式组织有着根本性的不同：正式组织是人们有意识地形成的，非正式组织则是由无意识的社会过程产生的。非正式组织的存在与正式组织一样，具有普遍性。在正式组织存在的地方，一般都会有非正式组织，一个社区、一个国家等都有非正式组织的存在。

非正式组织有着两类重要作用：（1）它使人们形成一定的态度、理解、习惯、道德观念、规范和理想。这些观念和规范有时会与正式组织所制定的制度和措施发生分歧乃至冲突，甚至会处于优势地位。（2）非正式组织的联系是正式组织得以形成的一个必要条件。在正式组织形成之前，要使人们接受共同的目的、产生协作的愿望、进行信息交流成为可能，必须有事先的联系和预备性的相互作用过程。更加重要的是，非正式组织的存在经常使成立正式组织成为必需，如果不成立的话，非正式组织就可能无法维持下去。这部分地是因为人们在联系中认识到了需要和利益的共同性。

正式组织与非正式组织之间存在着动态的相互依存、相互作用关系。其一，正式组织构成了社会的基本结构和过程，人们有目的的和建设性的活动主要是在正式组织中进行的，同时，非正式组织的态度、理解、习惯、道德观念、规范和理想等又影响与制约着正式组织，并且部分地通过正式组织表现出来，也会增加正式组织的活力。其二，正式组织与非正式组织相互产生、相互依存，正式组织产生于非正式组织，正式组织产生后会创造出新的非正式组织，非正式组织具有凝聚和保护个人人格、促进正式组织的信息交流的作用，是正式组织的运营所必需的；另外，两者共存共亡，其中一个失败了，另一个也随之解体。

巴纳德关于非正式组织的理论，可能受到了梅奥 1933 年对霍桑实验所做的具有人学意义的总结的启发，但他关于正式组织与非正式组织的关系的思想是建立在直接的管理实践经验基础之上的，具有突出的创造性，是组织理论发展史上的一个重大贡献。同时，他的思想又反过来明显地影响了梅奥 1945 年在新的情况下对工业文明的社会问题所做的反思。

四、组织要素正常运转所需要的关键条件

实现组织的正常运转和持续存在，从组织构成要素的角度说，就是实现组织的目的、使人们做出贡献、保证信息交流。围绕如何才能实现这三个方面，巴纳德分别探讨了组织活动的专门化、激励的重要性、权威的作用等重要问题。

在如何才能实现组织的目的即实现组织存在的有效性方面，巴纳德提出，专门化（或专业化）是一个关键方面。“协作系统的有效性的提高，几乎完全依存于专门化的革新的发明和采用。”① 因此，从这一重要方面来讲，组织与专门化是同义语，没有专门化，协作目的就不可能实现。组织行为的专门化，包括工作时间的专门化、工作场所的专门化、人的专门化即社会结合的专门化、工作目的的专门化、工作过程的专门化。这五个方面的专门化中的每一个方面都既有自己的作用，又与其他方面相互依存、不可分开。由于专门化本身就意味着协调，协调是组织的一项职能，因而，组织目的或有效性的实现需要正确协调这五个方面。分析巴纳德的论述，可以概括出一条总的协调原则，

① C. I. 巴纳德. 经理人员的职能. 孙耀君，等译. 北京：中国社会科学出版社，1997：105. 引文有改动。

这就是在正确的时间和正确的场所做正确的事情。

同时，巴纳德认为，专门化的首要方面是目的的分解或分析。专门化所包含的协调职能是，使人们的努力同整个协作情况的各项条件相适应以实现协作的目的。由于协作的目的是组织整体的目的，因此要实现它，就需要把它细化、具体化为组织的各个部门的活动和各种人员的工作，这就需要对协作的目的进行分解或分析，即把它分为部分目的或详细目的。与之相应，这也进一步要求把协作的整个情况分解为各个部分，通过组织行为把这些部分与详细目的具体地协调起来，按恰当的顺序实现这些详细目的。这样，协作的目的也即最终目的的实现就水到渠成了。

在激励的重要性方面，巴纳德认为，为组织成员提供激励是实现组织协作的重要条件。因为协作的力量依赖于成员个人愿意努力做出贡献，而这只有通过激励才能做到。在这个方面，自我保存和自我满意的利己动机，包括物质的和非物质的动机，是支配性的力量。总体来讲，组织只有满足这些动机才能存在下去，除非它能改变这些动机。因此，个人始终是组织中的基本战略因素。不管个人的来历和义务，要使个人愿意协作和做出贡献，就必须向个人提供激励。而且，组织向个人提供的激励必须恰当，这是各类组织的突出任务，否则，就可能导致组织的瓦解或失败。

巴纳德认为，可以把激励分为客观方面的激励和主观方面的激励。与我们通常对客观和主观的理解不同，巴纳德所说的客观指的是组织在客观上可以做到的事情。客观方面的激励包括特殊的、能够特地给予个人的激励，如物质诱因、非物质的机会、工作方面良好的物质条件、满足个人理想方面的能力，以及一般的、不能特地给予个人的激励，如社会结合方面的吸引力、思想感情交流的良好条件等；主观方面的激励则是改变人们的思想状况、态度和动机的激励。如果不能提供客观方面的激励，那就只能通过主观方面的激励来调动人们的积极性。主观激励的方法是广义的说服方法，包括利用强制手段进行说服、通过宣传组织或组织任务的合理性进行说服，以及最重要的说服方式——动机的灌输。巴纳德不仅指出了客观激励中物质激励作用的有限性，主观激励中动机灌输的首要意义，而且指出了把客观激励和主观激励结合起来使用对所有类型的组织存在的根本意义——不结合使用，任何组织都很难存在下去，只不过是所使用的重点存在不同。这里再次体现了巴纳德思维方式的整体性、全面性等辩证性特点。

在保证信息交流方面，巴纳德主要探讨了权威的重要作用，认为权威不仅与个人对组织的贡献有关，更是信息交流这一组织要素的一个最普遍的方面。他对权威的定义与一般的看法相反，他说："权威是正式组织中信息交流（命令）的一种性质，通过它的被接受，组织的贡献者或成员支配自己所贡献的行为，即支配或决定什么是对组织做的事，什么是不对组织做的事。"① 这样，权威就包括两个方面：主观方面，即把命令作为权威来接受；客观方面，即命令被接受的性质。

就权威的主观方面来看，一个命令是否有权威，取决于被命令的人是否服从这个命令，而不是取决于权威者或发布命令的人。这就是说，权威的基础在于被命令的人的同意。因此，权威要被接受，即要使权威对一个人发生作用，对于被命令的人来说，只有

① C. I. 巴纳德. 经理人员的职能. 孙耀君，等译. 北京：中国社会科学出版社，1997：129.

当他在主观上认识到下列四个方面时才会发生：(1) 他能够而且的确理解了命令；(2) 他在做决定执行这个命令时，认为这个命令同组织目的没有矛盾；(3) 他认为这个命令整体来看同他的个人利益是一致的；(4) 他在精神和身体上能够执行这个命令。

尽管权威的主观方面很重要，但管理人员主要关心的是权威的客观方面，这就是，权威是组织中信息交流的一种性质。这意味着，只有组织的信息交流才具有权威性，一个上级只有在执行公务时才有权威。所以，为了确定信息交流的组织性质，信息交流的时间、地点、服装、仪式等方面是极为重要的。从构成来看，权威可以分为职位的权威和领导者自身的权威即能力的权威，真正的权威是职位的权威和领导者自身的权威的结合，在这种情况下，组织成员一般会承认其权威性。

所以，从权威的主观方面与客观方面相统一的角度说，权威一方面取决于接受者的协作态度，另一方面取决于组织的信息交流体系。如果没有后者，前者也不能维持。如果信息交流体系传递出不恰当的、矛盾的、愚蠢的命令而使得人们无所适从，那么即使最忠诚的贡献者也会离开组织。这个信息交流体系或它的维持是正式组织持续存在的一个基本问题或本质问题，一切与有效性或效率有关的其他实际问题都决定于它。

要使信息交流体系成为一种客观的权威体系，就必须使下列七个因素合理有效。(1) 信息交流的渠道要清楚地为大家知道，用通常的话说，就是必须明确规定权威体系。(2) 组织中的每一个成员都有一个明确的、正式的信息交流渠道，包括上下级之间的信息交流。(3) 信息交流的线路必须尽可能直接和简捷。(4) 原则上必须运用整个信息交流线路。这意味着从组织最高层到最底层的信息必须通过权威体系的每一个层次。(5) 在信息交流中心服务的人员即职员和监督者的能力必须合格。(6) 在组织执行职能时，信息交流线路不能中断。(7) 每个信息都要被确证，即必须让人们知道传达信息的人的确在有关的权威职位上，这个职位能够发出哪些信息类型，这个信息的确是从这个职位发出的。

简言之，权威是个人服从于协作系统所要求的愿望和能力的别名。从权威产生的角度看，它一方面受到协作系统的技术条件和社会条件的制约，另一方面又受到个人状况的制约。因此，一个社会中权威的状况是衡量技术发展、社会发展和个人发展的尺度。

概括起来，围绕目的的实现，专门化、激励、权威都是组织所要协调的方面。它们之间相互依存、相互制约，只有使它们合理一致，才能实现组织整体的持续存在和发展。

五、管理人员的职能与责任

在一个协作系统中，人们各种努力的协调需要一个信息交流的组织系统，也就是管理组织这一系统。这个系统就是组织内部相互联系的中心，只有被叫作管理人员的那些人处于这个中心时，这个中心才能发挥作用。管理组织中的管理人员的职能是协调组织的所有方面，协调他人的活动，因此管理人员的职能同组织的活力和持续所必需的全部工作都有关。

因此，巴纳德强调，首先要注意的是作为整个组织的一个特殊单元的管理组织的职能，而工作在人们或各个职位之间的分派，从一般目的的角度来看完全是次要的。管理组织的存在完全是为了协调整个组织的各种努力。因此，所有管理人员的职能都是非个人的。

当然，并非在管理位置上的所有工作都同管理职能有关。如一个公司的总经理亲自从事某种生产工作或销售产品，一所大学的校长给学生讲课，就都不是管理工作。只有维持组织运转的专门化工作才是管理工作。

对应于正式组织的三项要素，巴纳德提出管理人员具有三项职能。

第一，建立和维持组织的信息交流系统，即把建立信息交流的职位与安排有相应能力的人员结合起来，或把组织构造与管理人员的服务结合起来。两者相互依存、相互补充。职位问题或组织构造问题是配置的问题，它表现为组织图表、职位说明书、分工规定等。人员问题是一般的人事工作的一个特殊领域，包括选拔合适素质特别是具有忠诚或责任心和特定能力的人员，以及给予他们相应的激励，如提升、降级、解雇等。

第二，促成个人提供必要的服务。这项职能主要包括两类工作：第一类是促使人们同组织建立协作关系，第二类是在人们同组织建立协作关系后使之提供服务。第一类工作针对的是组织以外的人，这一类工作主要是招募工作。它之所以必要，不仅由于组织处于成长变化之中，而且因为组织内部的人员数量也是动态的。这一类工作又包括宣传吸引和促成加入两个部分。第二类工作是促使人们提供恰当数量和质量的服务，这是组织的真正实体，它比前者即招募工作更重要。进行此类工作的方法包括维持士气，维持激励体系，维持监督和控制，进行检查、教育和训练。

第三，制定组织的目的或目标。巴纳德再次强调目的是由实际行动的总体规定的，而实际行动的总体是关于目的和环境的决策的结果，是逐渐接近具体的行为。同时，总体目的或一般目的要分解为各个部分、各个具体目的、各种详细行动。这项职能比其他职能更明显地表明，是整个管理组织在制定、确定、分解与决定着无数同时进行的和循序渐进的行动，这些行动构成了目的和行为的综合过程。任何一个管理人员在任何条件下都无法单独地全部执行这项职能，而只能执行与他在管理组织中的职位有关的那部分职能。这样，这项职能的关键点就在于职责的委派——客观权威的授予。巴纳德还深刻认识到了上下层决策的协调对于实现一般目的的重要意义。从一般目的的制定到各种具体目的的确定，是一项广泛的分配给许多人的职能，只有一般目的的制定是管理人员的职能。这一事实正是协作系统运营中最重要的内在困难——必须把一般目的即主要决策灌输给下层人员，使他们团结起来，做出协调一致的基层具体决策，同时，要使上层人员经常了解基层贡献者的具体情况和特殊决策；如果没有这种上下一贯的协调，一般决策和一般目的就难以变成现实。

管理人员的这三项职能是组织中许多职能专门化的基础，但它们并没有单独地存在，而是一个组织过程中的要素或部分，只有这些要素或部分在一个工作系统中的结合才能构成一个组织过程，才能形成实际的管理过程。在这一过程中，尽管管理人员所使用的手段在相当程度上是逻辑决定的具体行为，但这一过程在本质方面是对作为一个整体的组织及其有关的整个环境的了解。它超越了单纯智力方法的能力和辨别环境中各种因素的技术，与其说它是科学的，不如说它是艺术的，与其说它是逻辑的，不如说它是美学的。“整个组织行为的主要决策基础是整体感。”①

因此，从管理过程的角度看，把管理过程无论限定为实现组织的有效性的过程，还是限定为创造效率的过程，它都是一种整体的一体化过程，是一种在局部与整体、一般要求与特殊要求之间寻求平衡的过程，是一种坚持部分服从整体的过程。

在协作系统中，在组织整体的存在中，管理人员的领导能力不可缺少。物质环境和人的生物能力的制约、人们对目的的共同理解的困难、信息交流的脆弱性、个体动机的复杂性和不稳定性、个体的分散倾向、获得权威的必要性、永无休止的决策负担——所有这些因素都是道德在其中表现自身的因素，它们使得领导能力成为必要。领导能力是通过树立各种信念来鼓舞人们做出协作决定的能力。这些信念包括：共同理解的信念、能够成功的信念、个人动机能够满足的信念、客观权威正在确立的信念、共同目的比个人目的优先的信念等。这些信念的内涵主要是道德的。

然而，不能把领导能力或道德因素看作协作的唯一重要或唯一具有意义的普遍因素，因为协作是由所有做出贡献的人的力量产生的。也就是说，协作活动不是一种领导活动，而是整个组织的活动。组织的创造过程是协作活动而不是领导活动。领导活动的作用在于，它是各种协作力量的导火线，只有通过领导活动使人们树立起信念，激发人们的协作努力，协作才能持续下去，否则，协作就缺乏活力，也不可能长久。②

领导能力包括两个方面的素质。一个方面的素质是个别的、个人的、特殊的、短暂的方面，即个人在体力、技巧、技术、智力方面的优势。它随着时间、地点的变化而变化，它主要在特殊条件下具有特殊意义，因而是相对的。这个方面的素质可以经过培养、训练、教育而得到发展。另一个方面的素质是更一般、更连续不断、更具决定意义的方面，也就是主观的方面，即个人对社会的态度、理想以及社会之一般制度的反应，表现为个人在决断力、不屈精神、耐久力、勇气等方面所表现出来的优势。它决定着行动的质量，使领导行为具有可靠性，使目的具有先见性和理想性。这一方面的素质是我们通常用“责任心”这一概念来表示的素质，它最难通过培养、教育而得到发展。

在巴纳德这里，责任心与道德状况并不是同一的。责任心是一个人在自己的反面强烈愿望或冲动出现时控制自己行为的特殊的个人道德准则的力量，是一个人所秉持的任何道德原则由之变为现实行为的那种品质。③ 也就是说，一个人的责任心必然表现在他对道德责任的承担中，一个人责任心的强弱直接决定着他在困难情况下坚持自己道德准则的程度的强弱。由于在巴纳德看来，管理人员需要承担的最重要的责任是道德责任，所以他重点讨论了这一问题。

他认为，道德是人的一种内在的、普遍而稳定的力量或习性，从起源的角度看，道德是由个人之外的各种力量引起的。道德中有些部分是由超自然的力量引起的，有些部

---

① C. I. 巴纳德. 经理人员的职能. 孙耀君，等译. 北京：中国社会科学出版社，1997：184.

② Chester I. Barnard. The Functions of the Executive. Cambridge：Harvard University Press，1960：259.

③ 同②263，267.

分是由社会环境引起的，有些部分是由对物质环境的经验、生物的特性和种系发生史引起的，有些部分是由技术经验或习惯引起的。从个人道德力量形成途径的角度说，有许多道德力量是通过教育和训练而灌输给个人的，也有许多道德力量是由生活环境的限制或奖励促成的。可以把道德力量理解为一种积极或消极地指导人们行动的准则。

由于位居管理或领导职位的人员处于组织的核心和关键位置，所以他们需要承担多方面的、高度的和具有复杂性的道德责任。

第一，管理人员在遵守与他的职位无关的个人的道德准则的同时，还必须遵守组织准则，把它作为一个整体来接受。组织准则大体上是由无形力量、组织的影响力、习惯做法所产生的。各类组织由于目的、技术以及在社会中的地位等方面的不同，其准则也不同。例如，一个公司的管理负责人，既需要遵守那些适用于他的公司的政府准则，即法律、特许令等，也需要遵守公司内部的准则，包括公司的利益、总的目的和总的制度方式（如权威制度）、技术状况的要求、下属的道德伦理标准，还要遵守组织内外活动的非正式的行为准则要求（如绅士行为）。这样，管理人员需要遵守的道德准则就具有程度更高的复杂性。管理人员的职位越高，需要遵守的道德准则的复杂性程度就越高。

第二，管理人员必须具有高度的承担责任的能力，即在愿望和兴趣方面坚定地遵守道德准则，抵制可能违背道德准则的一时冲动、愿望和兴趣的能力。有关这种能力的一个方面的日常用语是“可靠性”，意思是，只要知道了一个人的道德准则，即了解了他的品德，就可以合理地预测他在各种情况下会做什么或不会做什么。

第三，管理人员承担着解决道德冲突的责任。管理人员的职位越高，可能遇到的道德冲突的情况就越多，所进行的决策过程的道德方面就越复杂。解决道德冲突的方法有两种：或者进一步分析有关的环境，更精确地判定形势中的战略因素，以便找到不违背任何一种道德准则的正确行动；或者找到一种符合各种一般目的的新的具体目的。这两种方法都是对管理人员的一般能力的考验，前者是识别和分析的能力，后者是想象、发明、创新的能力。能否运用任何一种方法去解决冲突，关键看管理人员是否具有高度的责任心。

第四，管理人员必须具有创造道德准则的责任，这是管理人员责任的最高方面。因为创造是领导的本质，是对管理人员的最高考验。这项责任最常见的方面是在组织中创造、维持、鼓舞士气。这是对组织成员灌输道德观点和基本态度的过程，培养他们对组织和权威体系的忠诚，使他们个人的准则和利益服从于组织的准则和利益。要成功地实现道德准则的创造，特别需要管理人员具有责任感即诚实和公正，具有个人准则与组织准则相一致的信念，因而能够把这种信念传达给组织中的其他成员，传达给组织中的所有非正式组织。

与此同时，巴纳德也深刻认识到组织的道德状况对领导活动的影响特别是对组织持续存在的重要意义。他指出，即使在最底层、最少道德的组织中，组织也必须具有高度的责任感。如果与责任感相关的道德水平是低下的，那么组织就是短命的，领导活动也就不能持续下去。同时，组织的道德方面又具有深刻的社会性质，因为它最终来自社会甚至整个世界，深深地植根于过去而面向永远的未来，在组织的道德方面迅速扩展或变得复杂时，组织产生的冲突会更多、更深，从而对领导人员的道德能力的要求也就更高。

可以看出，在管理人员的道德责任问题上，巴纳德认识到了道德的非个人的社会性质、道德的复杂性和冲突，这无疑是深刻的，对于我们今天的管理具有重要的启发意义。

概括起来，巴纳德的组织理论具有相当丰富、相当深刻的哲学内涵，具有广阔的社会整体视野。他明确强调社会的、伦理的和宗教的价值观比管理的科学技术具有更加根本的意义。他说，不要以为有了协作和组织的科学，或者管理技术有了进一步的发展，就可以促进各种社会力量更好地结合起来或维持现状。因为协作所依据的伦理理想不仅要求个人的责任能力，而且要求个人利益从属于个人的最终利益和公共利益。到底什么有利于个人的最终利益，什么有利于公共利益，这些都必须由个人以外的条件来决定，这就是社会的、伦理的和宗教的价值观。对于形成共同意识、形成统一感来说，重要的不是知识的接受而是情感和理想信念的认同。巴纳德认为，当时人们对世界混乱产生的疑惑和失望，并不单纯是从经济骚乱和国际对立中产生的，而更多是从协作信念的对立中产生的。有两种相互斗争的极端信念：一种是把个人自由作为重点，把个人作为社会生活的中心，无限制地宣扬极端自由、自我决定、理想的个人主义；另一种信念则把重点放在广泛联系的社会系统上，无批判地主张集体化、绝对服从、彻底协调，强调协作秩序对具体行为的决定作用，以及协作秩序的可预见性、一贯性和有效性。

富有见地的是，巴纳德指出了这两种信念对立的实质：它们无意识地集中到了自由意志和决定论的关系这一老问题上，或由这个问题产生的不同的感情问题上，归根到底这是个人主义、个人选择自由与社会国家至上、集体至上的对立，这种对立以前是哲学和神学的中心问题，近代是具有哲学思想的科学家论战的中心问题，现在成为不同社会教条派别论争的战场，而且突出地表现为人们在协作方面的瓦解和道德崩溃。巴纳德说这就是《管理人员的职能》这部书在深层所包含的故事。

巴纳德对这一对立的解决不仅抱有乐观态度，而且深刻认识到了哲学的必要：具有自由意志的人们的协作力量能够使人们自由协作；他们只有选择在一起工作，才能获得个人的充分发展；只有每个人都承担起选择的责任，他们才能实现亲密结合，并提出更高的个人行动目标和协作行动目标；从根本上讲，协作的扩展与个人的发展是相互依存的，它们之间的恰当比例或平衡是实现人类幸福的必要条件；这种比例或平衡对于整个社会和个人来说都是主观的，无法由科学确定，故而是一个哲学和宗教的问题。①

思考题

1. 如何评价巴纳德关于人的性质特点的观点？
2. 如何把握巴纳德的协作系统思想？
3. 你认为应该从哪些角度分析正式组织？
4. 试评巴纳德关于组织运转的激励的重要性的观点。
5. 你认为应该怎样确定管理人员的道德责任？

---

① C. I. 巴纳德. 经理人员的职能. 孙耀君，等译. 北京：中国社会科学出版社，1997：229-231.

第十六章

西蒙以有限理性假设为基点的决策理论

完全理性意味着行为主体必须完全了解并预期每项决策产生的结果，这在实际中是不可能达到的。事实上，每个人对于自己行动所处的环境条件只有片面的、局部的了解，对其中蕴含的规律和法则也只有粗浅的洞察，并由此大致推导未来的结果。

——西蒙

赫伯特·西蒙（Herbert A. Simon，1916—2001），西方管理决策学派的创始人之一，美国卓越的管理学家和多个领域的科学家，其学术特点是跨多个学科领域进行复合研究，堪称社会科学的通才，是至今管理学家中唯一以管理学的重要成就获得诺贝尔经济学奖的人。西蒙曾多次来中国访问和讲学，1995 年他当选为中国科学院外籍院士，是中国少数外籍院士之一，其中文名叫司马贺。

西蒙出身于美国威斯康星州的一个典型中产知识分子家庭，从小受到良好的教育。1933—1936 年，西蒙就读于芝加哥大学政治系并获得文科学士学位。其间，西蒙除修读本专业外，还学习并掌握了高等数学、符号逻辑和数理统计等方面的重要知识。由此，奠定了他运用严格的数理逻辑研究社会科学的学术方向，为他日后的科研打下了坚实的基础。

1939—1942 年，西蒙担任过地方政府研究项目的主管。在这一阶段，他初步研究了管理学的一些基本问题，并初步形成了自己独特的管理思想，这成了他后来的博士论文主题，也是他后来赖以问鼎诺贝尔经济学奖的大作《管理行为》的雏形。1943 年，西蒙在芝加哥大学获政治科学博士学位。1949 年，西蒙应邀来到卡内基-梅隆大学，1949—1955 年任该校行政学与心理学教授，后来任计算机科学与心理学教授。这对于其决策研究跨向心理学领域产生了重要影响。此后，他还参与了美国 1956 年“人工智能”的科研，成为美国人工智能的奠基人之一。1960 年，西蒙夫妇对人类解决问题的过程进行了心理学实验，取得了重要成果。20 世纪 70 年代初，西蒙提出了“决策模式理论”这一核心概念，其决策理论全面走向成熟。

1978 年，由于对经济组织内的决策过程进行的开创性研究，西蒙荣获诺贝尔经济学奖。对于他在管理研究上的影响，瑞典皇家科学院曾评价说：“现代厂商经济理论和管理研究，大多是以西蒙的思想为基础的。”① 其管理方面的代表作有《管理行为》（1947）、《组织》（1958）和《管理决策的新科学》（1960）等。

西蒙生活的那个时代，正是西方第三次科技革命已经开始、生产力发展开始新的飞跃、企业组织面临重大转型的时代。时代的这些变革性特点给管理决策提出了许多新的问题，而当时盛行的传统管理是以“经济理性人”假设为基础的，这种假设存在着根本的缺陷。西蒙批判地借鉴了以往的管理学、经济学和哲学成果，并把组织社会学、认知心理学带到管理学领域，提出了以决策为理论核心的管理思想。

一、决策中的事实要素与价值要素

管理的实质是什么？西蒙在《管理决策的新科学》中指出：决策几乎与管理是同义的。他在《管理行为》第一版前言中说：“除了几个假设的结论以外，我没有任何管理原理。如果一定要说本书包含了什么‘理论’的话，那就只有：决策行为是管理的核心，管理理论的词汇必须从人类抉择的逻辑学和心理学中导出。”② 他又在《管理行为》第四版导言中说：“《管理行为》有一个基本假定，决策制定过程是理解组织的关键所在。”③ 在众多的管理学著作对西蒙思想的解释中，这些论述被凝缩为一句名言：“管理就是决策。”

不过，西蒙所认为的决策不是我们常规意义上说的“行为方案思考设计”的意思，它还包括“决策的执行”这层意思。西蒙说，虽然任何实践活动都包含“决策”和“执行”，但是“管理理论应该两者兼顾”的观点却没有得到大家的普遍认可。这种忽视可能源于决策行为仅限于明确制定总方针的观念。但事实正好相反，确定好组织的总目标并不等于决策过程的结束。“决策”工作同“执行”工作一样，渗透到整个管理组织中，事实上，这两者紧密相连、缺一不可。④

决策过程是怎样的？西蒙提出了任何决策都存在事实要素与价值要素的理论。这一理论包含以下要点：

第一，从决策的共同结构属性来看，西蒙认为，“每一项决策都包含着两类要素，

---

① 赫伯特·西蒙. 现代决策理论的基石. 杨砾，徐立，译. 北京：北京经济学院出版社，1989：编选说明 3.
② 赫伯特·西蒙. 管理行为：原书第 4 版. 詹正茂，译. 北京：机械工业出版社，2004：第一版前言 X.
③ 同②第四版导言 VIII.
④ 同②1.

分别被称为‘事实’要素和‘价值’要素”①。

所谓“事实要素”，是指对可观察世界及其运作方式之实际状况的描述或判断。这种描述或判断是否准确，可以凭经验进行观察，或者通过实验加以验证。决策总是涉及某种事实要素。从这个角度说，决策是从事实要素中引申出来的。

所谓“价值要素”，是管理者对某种事物喜好的表示，表明重在对该事物应该如何的某种判断，即管理者根据事实要素的情况，按自己的价值标准所做出的事物应该如何的判断。因此，价值要素不以客观事实为根本出发点，不能用经验证明其正确与否或优劣与否。

从判断或命题的角度说，事实要素相当于针对“实际如何”的判断或命题，价值要素相当于针对“应该如何”的判断或命题。②

第二，从两类要素存在的原因来看，事实要素与价值要素的存在是因为人的行为总是隶属于一定层级的目的——手段链，它们之间存在着一定的对应关系。

西蒙认为，人们的大量行为，尤其是个人在管理型组织内部的行为，都是有目的的，也就是说，它们是以目标行为为导向的。这种目的或目标会导致行为模式的整合。③ 为了实现一定的目标，组织就要采取一定的手段。如果实现组织的总体目标或者最高目标是组织中最高层管理者的职责，那么为了实现这一目标所需要的手段就成了组织中下一层管理者的目标。为了实现下一层管理者的目标，又需要采取一定的手段，而这个手段又成了更下一个层管理者的目标。这样不断往下分解，直到组织的总体目标能通过现有的行动计划或其他具体方法（手段）的实施而实现为止。这样，在组织中就形成了一个不中断的目标——手段链，或者叫作目标层级系统。这个目标层级系统与组织中形成的不中断的结构等级链是吻合的。

在这个系统中，每个层级的目标（手段）既是目标又是手段。它既是上一层级目标的手段，又是下一层级手段（活动）的目标。在这个系统中，人们从事的活动实际都是一种决策活动，这种决策活动主要要解决两个问题，即目标的确定和目标的实现。西蒙把这两个问题分成价值判断问题与事实判断问题。他说：“就决策导向最终目标的选取而言，我们把决策称为‘价值判断’；就决策包含最终目标的实现而言，我们把它称作‘事实判断’。”④

正因为如此，西蒙认为，价值要素与事实要素的区分相当于目标和手段的区分，也就是说，人们行动的目的为何属于价值判断问题，而为了实现这个目的采取什么行动最恰当则属于事实要素问题，两者之间有着对应关系。

西蒙的一决策二要素理论隐含了一个十分合理的思想，这就是，对于任何决策，我们都应当看到那些作为决策前提的事实，决策就是依据这些事实找到通向目的之路的有效方法。这相当于哲学上先对事物是什么做出断定，然后再探寻使事物应该如何的途径

---

① 赫伯特·西蒙. 管理行为：原书第4版. 詹正茂，译. 北京：机械工业出版社，2004：第四版导言 XVI.

② 关于“事实”一词的注解，参见：赫伯特·西蒙. 管理行为. 杨砾，韩春立，徐立，译. 北京：北京经济学院出版社，1988：6。

③ 同①1.

④ 赫伯特·西蒙. 管理行为. 杨砾，韩春立，徐立，译. 北京：北京经济学院出版社，1988：6.

在哪里。这种思想无疑是值得肯定的。

第三，事实要素与价值要素是相互关联、交错在一起的，很难绝对区分开来，其区分只有相对意义。因此，西蒙说："最终决策将取决于我们给不同目标指定的相对重要性，也取决于我们对一定方案所能实现每个目标的程度的判断。"①

西蒙在《管理行为》一书中以市政新街道修建为例，说明决策过程中两类要素经常混在一起以及如何才能正确地把握它们。他一方面对两类要素进行了进一步的分类；另一方面认为要学会对不同的方案加以折中，而最终决策将取决于我们给不同目标指定的相对重要性。

第四，把组织中的每项决策分成事实要素与价值要素，对于管理来说是具有根本性意义的。他认为，通过区分这两类要素，首先可以"使我们懂得'正确的'管理决策究竟指什么"，其次"澄清了管理学文献中频繁出现的政策问题与管理问题之间的区别"②。

正确的决策是什么？西蒙认为，正确的决策是相对的，是相对于决策环境、相对于目的来说的，正确的决策就是找到实现目的的相对有效手段，即"管理决策的正确性只有相对意义：我们说一项决策正确，指的是它选择了达到既定目的的适当的手段"③。在西蒙看来，这个找到恰当手段的前提就是区分决策本身的事实要素与价值要素。比如，人们之所以经常把事实要素成分比较多的管理问题与价值要素成分比较多的政策问题混淆起来，就是因为没有在这两者之间划定清楚的界限，没有分清构成它们的事实要素与价值要素而引起的决策偏离。

西蒙认为，区分这两类要素的意义在于把握决策的正确性，这个正确性在于选择了适当手段，"这类有效手段的选择，是管理者的理智所关心的"④。这样，正确的决策就出于正确的理性。由此，他考察了决策中的"有限理性"。

二、决策中的"有限理性"

从一般意义上说，"理性"一词是相对于感性、非理性而言的，指判断、推理等思维活动以及一种由此控制行为的能力。在西方，自文艺复兴以来，神学没落，理性不断被推崇，而在牛顿高扬科学理性之后，人们更是认为人类具有完全的、无所不能的理性能力，一切问题似乎都可以用理性来解决。这种思想在古典经济学中的集中反映就是斯密提出的"经济人"假设的"完全理性"。这种理性具有三个特点。

其一，行为动机具有自利性。经济学家亚当·斯密在著名的《国富论》中系统地提出了人们行为动机的自利原则。他指出："每个个人都努力……使其生产物的价值能达

---

① 赫伯特·西蒙. 管理行为. 杨砾，韩春立，徐立，译. 北京：北京经济学院出版社，1988：9.

② 同①44.

③ 同①60.

④ 同①60.

到最高程度……他通常既不打算促进公共的利益，也不知道他自己是在什么程度上促进那种利益……他只是盘算他自己的安全；由于他管理产业的方式目的在于使其生产物的价值能达到最大程度，他所盘算的也只是他自己的利益。”①

其二，具有无所不知的认知能力。“这种人具备关于其所处环境各有关方面的知识，而且，这些知识即使不是绝对完备的，至少也相当丰富、相当透彻。此外，这种人还被设想为具备一个很有条理的、稳定的偏好体系，并拥有很强的计算技能；他靠这类技能就能计算出，在他的备选行动方案当中，哪个方案可以达到其偏好尺度上的最高点。”②

其三，追求效用或利益的最大化。这是“经济人”完全理性的又一突出特点。英国经济学家霍奇逊对这种理性做了批判性描述：“理性经济人的潜在假定存在于投入和产出、刺激和反应之间。他不高不矮、不肥不瘦、不曾结婚也不是单身汉。我们不知道他要干什么，他会不顾一切地以最大化的方式得到它。”③

西蒙同样反对“理性经济人”假设的完全理性观点，他批评说，在过去的几代里，这个理论已经向竞争性对策（例如博弈论）以及不确定性条件下的决策（例如理性预期）等领域扩展，目前已经达到了托马斯式的精巧状态，并且具有巨大的智慧象征和美学魅力，但是与现实中人的真实行为或可能行为几乎没有多大关系。④ 在他看来，“理性就是要用评价行为后果的某个价值体系，去选择令人满意的备选行为方案”⑤。

西蒙指出，单一个体的行为不可能达到完全理性的高度，因为他必须考虑的备选方案的数量太多，评价备选方案所需要的信息太多。在《现代决策理论的基石》中，西蒙对理性做了更为概括的定义。广义而言，理性指一种行为方式：（1）适合实现指定目标；（2）而且在给定条件和约束的限度之内。⑥ 简言之，他认为，人们的行为是基于有限理性（bounded rationality）而非完全理性。

“有限理性”是西蒙决策理论的核心概念和根本前提。为什么人类的理性是有限的？在西蒙看来，这是由于以下三个方面的原因。

首先，存在知识的不完备性的限制。西蒙指出，完全理性意味着行为主体必须完全了解并预期每项决策产生的结果，但实际决策中每个人对于自己行动所处的环境条件只有片面的、局部的了解，所以对其中蕴含的规律和规则也只有粗浅的洞察。既然人们是在这样的基础上推导未来的结果，那么行为主体对决策结果的了解就必定是不完整的。因此，可以说，管理者拥有“知识”的程度，决定着他决策和行动的合理性与满意化的程度。⑦

其次，行为主体即使了解了全部的相关知识，又会被随之而来的预期难题所困扰。

---

① 亚当·斯密．国民财富的性质和原因的研究：下卷．郭大力，王亚南，译．北京：商务印书馆，1974：27.

② 赫伯特·西蒙．现代决策理论的基石．杨砾，徐立，译．北京：北京经济学院出版社，1989：6.

③ G. M. 霍奇逊．现代制度主义经济学宣言．向以斌，等译校．北京：北京大学出版社，1993：88.

④ 赫伯特·西蒙．管理行为：原书第4版．詹正茂，译．北京：机械工业出版社，2004：80.

⑤ 赫伯特·西蒙．管理行为．杨砾，韩春立，徐立，译．北京：北京经济学院出版社，1988：74.

⑥ 同②3.

⑦ 同④84.

完全理性要求行为主体始终具有完整一致的价值偏好体系，只有这样，真实体验才能始终与预期保持一致。然而，从经验上就可以知道，“预期的快乐也许与现实的快乐相差甚远……真实的体验可能比预期的合意得多，也可能正好相反”①。西蒙认为，这种预期与实际产生差异的原因在于，我们的大脑在某一时间不可能掌握所有的结果，随着对结果偏好的转移，注意力会从某一价值要素转向另一价值要素。因此，就算我们相当完整地描述了决策的结果，这种预期带来的情感波动也几乎不如真实体验带来的情感波动效果明显。所以，这种价值偏好的转移使决策者对相同的信息做出了不同的解释和判断。

最后，还存在行为的可行性范围的限制。按照完全理性的要求，行为主体要在所有可行的备选方案中做出选择。但是，“任何时刻，我们都只能想出非常有限的几个可能动作作为备选行为方案。由于每种备选方案都有各自独特的结果，所以许多可能结果集根本无法进入评价阶段，因为人们还没有认识到它们也是备选行为方案的可能结果”②。因此，在任何时刻，行为主体都只能想出非常有限的方案作为备选方案。也就是说，行为主体只有容忍选择中的可行性局限，才能进行决策。

因此，西蒙认为，有关决策的合理性理论必须考虑人的基本生理限制以及由此而引起的认知限制、动机限制及其相互影响的限制。人们探讨的应当是有限理性，而不是全知全能理性，应当是过程合理性，而不是本质合理性；人们考虑的人类选择机制应当是有限理性的适应机制，而不是完全理性的最优机制。决策者在决策之前没有能力获得全部备选方案，同时，评价备选方案所需的信息过多，决策者不可能一开始就占有所有的信息，因而就不可能有一个基于总体上最优而又能度量的效用值，从而也不可能对效用值求极大化，事实上决策者只有一个可调节的愿望水平。这个愿望水平受决策者的理论和经验知识、搜索方案的难易、决策者的个性特征（如固执性）等因素的调节，以此来决定方案的选定和搜索过程的结束，从而获得问题的相对满意的解决。

正是基于决策主体不是全知全能的而是有限理性的，西蒙认为，“经济人”的完全理性假设是站不住脚的。在此基础上，他以“管理人”取代了“经济人”的理论预设，认为现实中的决策者应当是“管理人”，即有限理性的人，其价值取向和目标往往是多元的，不仅受到多方面因素的制约，而且处于变动中，乃至处于彼此矛盾状态。“管理人”的知识、信息、经验和能力都是有限的，他不可能也不期望达到绝对的最优解，而以找到相对满意解为满足。

从哲学上看，西蒙的有限理性理论的内核已经进入了哲学维度。因为人的现实存在基于与自然、社会、自我关系的存在结构，人的本质力量总是历史的、具体的，这里蕴含着人的个体自然存在的有限性、人作为个体在认识方面的有限性、人的自我需求满足的有限性。这就决定了人不可能是全知全能的，因而理性不可能是完全理性，而只能是有限理性。

西蒙的决策理论吸收了不少巴纳德的思想，但与巴纳德在决策的前提设定上却有着

---

① 赫伯特·西蒙. 管理行为：原书第4版. 詹正茂，译. 北京：机械工业出版社，2004：89.

② 同①89-90.

很大的区别。巴纳德认为，每个正常的、身体健康的、适合合作的人，并不像科学管理方法所讲的那样，是“机器的附属物”，也不是单纯接受命令的“被动的生产工具”，而是具有选择能力、决定能力、自由意志，但这种选择能力是有限的。这主要是因为人同时又是现在和过去的各种物质的、生物的、社会的力量的合成物①，而这些物质的、生物的、社会的要素综合起来提供的可能性是有限的。这就使得管理主体只能具有在一个有限的范围内进行自由选择的能力。这与西蒙着重从认识上强调理性的有限性是有区别的。

三、衡量管理决策的标准

任何管理决策都有是否合理、在多大程度上合理的问题。这就涉及衡量管理决策的标准问题。对此，西蒙从他所提出的有限理性的“管理人”这一观点出发，提出了以下三个方面的观点。

第一，从选择实现价值目标的手段即行动方案的角度来看，决策者的有限理性决定了进行选择的标准只能是“令人满意”，而不是“最优”。② 所谓“令人满意”，就是寻找能使决策者感到满意的决策方案，即决策者不是去探索可能实现最优效果的行动方案，而是如果有了能满足实现目标要求的行动方案，就将之确定下来，不再继续进行其他探索活动。就是说，对行动方案的搜寻，从客观上的最优转向寻求主观上的满意。西蒙认为，“满意原则”是比“最优原则”更现实合理的决策原则。

西蒙认为，决策的核心就是进行选择，而要进行正确的选择，就必须利用合理的标准对各种可行方案进行评价。西蒙认为，人们习惯上将“最优”或所谓绝对完备的“客观理性”作为决策的标准。根据这个标准进行决策需要三个前提：(1) 决策者对所供选择的方案及其执行结果“无所不知”；(2) 决策者具有无限的估算能力；(3) 决策者的大脑中对各种可能的结果有一个“完全而一贯的优先顺序”。然而，由于决策者在认识能力、时间、经费及情报来源等各个方面都受到限制，不可能具备达到“最优”决策的才智和条件，即不可能具备上述前提，所以事实上决策者不可能做出“完全合理”或“最优”的决策。因此，人们在选择行动方案时，无法坚持要求最理想的解答，而只能满足于“足够好”或“令人满意”的决策这一标准。

在西蒙看来，满意型决策只要满足两个条件即可：一是有相应的最低满意标准，二是决策选择能够超过最低满意标准。在现实决策中，“遵循满意决策可以解决如下两个问题：选定决策方案之前，不必探索所有可能的代替方案，也没有必要对所有方案一一排队，而只需找到符合或超过目标值的方案即可；对于多目标的决策，只需找到能达到

---

① C. I. 巴纳德. 经理人员的职能. 孙耀君，等译. 北京：中国社会科学出版社，1997：13.

② 赫伯特·西蒙. 管理行为：原书第4版. 詹正茂，译. 北京：机械工业出版社，2004：102.

或超过所有目标值的方案即可决策，而不必把所有目标都划为单一目标值”①。

西蒙在研究国际象棋与人工智能的关系时发现，有经验的棋手下棋时通常只考虑几步有意义并符合基本常理的少数棋路。棋手对所走的步骤，如果按照获胜的可能性步骤估计就有多种走法，从其中选择一种最优的是很难的，事实上，有经验的棋手都是根据获胜的可能性选择自己认为相对满意的走法，而不是漫无目的地瞎碰以达到最优走法。从决策的角度看，这实质就是放弃“寻求最优”而代之以“寻求满意”的决策方法。

第二，在事实要素的衡量尺度方面必须坚持效率准则。可以看出，在西蒙的决策视野中，令人满意原则在本质上应是一个价值判断，即不是从客体的角度看备选方案，看谁最优，而是从主体的角度找到“令人满意”的问题解，但这不代表“事实”方面。在事实方面，即主要就决策主体所能利用的现实资源和决策过程来说，西蒙提出了衡量决策的另一尺度——效率准则。他说：“管理者在决策制定过程的事实方面，必须以效率准则为指南。”②

不过，他提出的这一准则具有以下三层含义：（1）从管理的普遍角度来看，效率准则也是管理的原则，因而也是决策的原则。西蒙说：“所有组织形式至少有两个共同要素：第一，任何组织都有某种（或某些）平衡机制；第二，效率准则是任何组织管理决策的一个基本准则。”③ 这表明，他把效率准则上升到管理的共性规定。（2）从决策的过程角度来看，要将效率准则贯穿决策的全过程。西蒙提出，“在管理组织的设计过程中，如同管理组织的运转一样，我们必须以总体效率作为指南性的准则”④。同时，他还批判那种泛泛地搞“专业化”的所谓管理原则，认为“真正的管理问题不是泛泛地搞‘专业化’，而是要以提高管理效率为宗旨，以特定方式和具体方针去搞专业化”⑤。（3）从决策的具体操作层面来看，决策衡量的尺度是在备选方案中找到最有效率的。西蒙认为，“效率准则指的是，在所用资源一定的情况下，选择能产生最大效益的备选方案”⑥。具体方法就是：在若干费用相同的备选方案中，总应选择实现管理目标最大者；在若干成就相同的备选方案中，总应选择费用最低者。⑦ “由于这个‘效率原则’是一切试图利用稀缺资源去最佳地实现目标的理性努力之特征，所以，它既是经济理论的特点所在，也是管理理论的特点所在。”⑧ 这就是说，效率准则就是要求做到投入最低、产出最高。不过，按照这样的要求就产生了一个问题：这与“经济人”假设所包含的效用或利益最大化要求有何区别？这岂不是与有限理性的满意原则相冲突吗？为此，西蒙特别指出：“应用于管理决策的效率准则，酷似经济理论中的效用最大化概念。要注意，

---

① 申仲英. 高层管理导论. 西安：陕西人民教育出版社，1989：280.

② 赫伯特·西蒙. 管理行为. 杨砾，韩春立，徐立，译. 北京：北京经济学院出版社，1988：190.

③ 同②118.

④ 同②36.

⑤ 同②23.

⑥ 同②173.

⑦ “若干费用相同的备选方案”，西蒙指的是从方案本身实施时所关涉的成本费用的角度考虑而具有几种可供选择的方案。“若干成就相同的备选方案”，是从实现管理目标的角度看，方案若都能实现目标，就是成就相同的备选方案。

⑧ 同②38.

我们这里并没有断言效率准则总是支配着管理者，支配着决策；而是说，管理者及其决策如要具有理性，就必须受效率准则支配。”①他补充强调说，效率准则所得到的只能是“相对效率”。这种“相对效率”也是“令人满意”的效率。

第三，从诸多备选方案之重要性的不平衡角度来看，一方面要权衡它们的“相对重要性”，另一方面要对它们进行“相对折中”。西蒙认为，由于组织是一种具有多个层级的目标系统，不同部门之间会有冲突，所以决策只能是复合决策。这就决定了备选方案之间的重要性有不平衡的关系。西蒙认为，决策就要权衡这种相对重要性——在方案之间和多个价值目标之间都要权衡。他明确指出：“只有确定了彼此冲突的价值的相对重要性之后，管理决策才具有理性。”② 他又说：“从某种重要意义上讲，一切决策都是某种折中。最终选定的行动方案，绝不会尽善尽美地实现目标；它只可能是在当时条件下可以利用的最好办法。我们所处的环境，必然限制着可以为我们所用的备选方案，从而划定了目标实现程度的上限。目标实现过程中的这种相对因素——折中性，对于行为指向多个目标的情形来说，使寻求共同的衡量尺度的必要性，变得更加无法避免了。”③

显然，西蒙对管理决策的衡量是多面向的，他不仅看到了可供选择的诸多行动方案之间的不平衡关系，提倡权衡行动方案的相对重要性，分清孰轻孰重，同时还进行某种折中，达到“令人满意”的效果。无疑，他看到了决策本身的层次性、复杂性，对此做出了深入的思考。

四、组织认同的根据与意义

应当说，在西蒙的管理思维中——在他把整个管理理解为一个以决策为核心的过程时，组织认同是被作为决策的前提来看待的。按照他的理解，“我们不是把决策本身看成不可分解的基本单位，而是将人的抉择，视为‘由前提推出结论’的过程”④。但是，“每项决策均包含大量前提的组合”，“由于一项复杂决策就好像一条大河，是由构成决策的无数前提所组成的众多溪流汇合而成的”，而效率准则和组织认同就是“那些溪流中的两类极其重要的决策前提”⑤。

西蒙认为，组织中的每个人都在进行某种决策，都是通过自己的决策而确定自己的行为。组织要实现自己的各种目标，必须调动组织中所有个人的力量，这就必须通过各种有效方式影响组织中所有个人的决策前提，使他们做出符合组织行为要求的决策。西蒙把这种管理方式称作组织的影响模式（modes of organizational influence）。他把影响模式分为两大类：一类是培养培训，目的是实现个人对组织的忠诚或认同；另一类是

---

① 赫伯特·西蒙．管理行为．杨砾，韩春立，徐立，译．北京：北京经济学院出版社，1988：175.

② 同①170.

③ 同①8.

④ 同①第三版导言 4.

⑤ 同①第三版导言 4.

行使权威和提供咨询与信息服务，目的是强迫个人接受组织的决策。①

培养个人对组织的认同是组织影响个人的一种重要模式。这涉及什么是组织、组织与个人之间究竟是什么关系、个人为什么会认同组织等重要问题。西蒙对这些问题提出了自己的独特看法。

对于什么是组织，西蒙的界定是：组织是一个人类群体中的信息沟通与相互关系的复杂模式。它向每个成员提供决策所需的大量信息和决策前提、目标及态度，它还向每个成员提供一些稳定的、可以理解的预见，使他们能预料到其他成员将会做哪些事，其他人将会对自己的言行做出什么反应。社会学家将这一模式称作“角色体系”，我们大多人则将之称为“组织”。②

显然，西蒙借用了社会学中的一个概念“角色体系”来研究组织。在这一点上，他继承了社会系统学派巴纳德的思想。巴纳德曾说：“我们称之为‘组织’的体系，是由人的行为所组成的体系。”③ 可以说，他们的共同思想是立足于“人们的行为”来认识组织，把组织当成由人们的行为构成的一种体系。他们都认识到了人们的行为与组织行为的内在关联。因此，西蒙的决策理论又被称为组织行为理论。

但是，在组织这个“角色体系”中，在这个人类群体沟通的“复杂模式”里，组织与个人又是如何沟通的，组织与个人的相互关系怎样？这是管理学需要研究的一个重要问题。

现代的官僚层级管理体制把组织与个人的关系建构为组织理性对个人理性的控制关系，个人理性很难有所作为。组织理论之父马克斯·韦伯既认识到这种体制具有效率维度的必然性，也批评了它把人变成组织工具的缺陷。他说：“一想到有一天这个世界除了满是那些致力于微不足道的工作、一心想奋斗成为大人物的小人物，其他一无所有，就让人不寒而栗。”④ 组织行为学家克里斯·阿吉里斯也认为，正式组织所要求的是专业化分工、等级层次结构、集中统一领导等完全理性的纯逻辑化原则。这些原则希望能消除独立个人之间的性格差别给工作带来的影响（例如专业化分工），希望个人能够循规蹈矩，严格遵从组织的规章制度行事。因此，正式组织拒斥成人的个性，却欢迎婴儿的个性。⑤

西蒙并没有否定这类现象，但是他的看法与韦伯他们有所不同。一方面，他认为造成组织理性压制个人理性的根本因在于人们对组织的误解，他说：“忽视经理人员（或行政管理人员）行为中组织因素的这种趋势，根源在于人们对‘组织’的误解。不少人以为组织是组织图，或职位说明和正式程序的详细手册所体现的东西。组织在图表及手册中的样子不像居民住宅，而像是根据某种抽象的建筑设计出来的一排排井然有序的小隔间。”⑥ 这就是说，正是因为人们把组织当成了有职位说明书性质的“组织图”，对号

---

① 赫伯特·西蒙．管理行为：原书第4版．詹正茂，译．北京：机械工业出版社，2004：8，155.

② 赫伯特·西蒙．管理行为．杨砾，韩春立，徐立，译．北京：北京经济学院出版社，1988：第三版导言9.

③ C. I. 巴纳德．经理人员的职能．孙耀君，等译．北京：中国社会科学出版社，1997：62.

④ 丹尼尔·A. 雷恩．管理想想的演变．赵睿，等译．北京：中国社会科学出版社，1997：258.

⑤ 闻华，张亚男．个性与组织：阿吉里斯的成名主题．管理学家，2007（2）.

⑥ 同①15.

入座，从而引起了个人理性的淹没。另一方面，联系西蒙把组织定义为人群中的信息沟通与相互关系的复杂模式可知，在他看来组织是组织成员的统一行为和整体运转机制，在这里，个人理性其实可以通过信息沟通、参与决策而与组织理性良性互动。由此，他从个体认同的角度理解组织存在，从权威的角度理解组织塑造。他相信，真理不会出现在极端情形中。他以逻辑实证的方法论证了个人与组织之间能够相互认同，因而能够实现一致。由此，他阐述了组织认同问题。

组织认同是成员个人以组织目标代替个人目标。西蒙把组织目标（the organizational objectives）分为两大类：(1) 服务目标（the service goals），即组织的功能目标，例如，一个企业的服务目标是生产社会需要的特定产品；(2) 存续目标（the conservation goals），即组织的发展延续目标，例如，一个企业的存续目标是成为长久兴盛的企业。组织认同就是个人以实现组织目标为依据来进行决策。“一个人在制定决策时，对备选方案的评价如果是以对特定群体的影响后果为依据，那他就认同了该特定群体。”① 由于组织目标有两类，所以组织认同可以是对其中一类组织目标的认同。

那么，个人为什么会产生组织认同？西蒙认为，这是多类因素共同造成的结果。从实质上看，可以把他的探讨分为组织的作用和个人认同的心理机制这两大类因素。

首先，从组织的作用来看，有两个不可分割的方面对组织认同的形成具有重要作用。

一个方面是个人所依赖的各种生活条件——“诱因”② 只能在各种组织中得到满足。任何个人的生存都需要一定的物质生活资料，由此，个人总是以加入各种组织的形式来获得社会生存，这是每个人参加组织的基本动机。这种动机在组织看来便是为了获得某种诱因，而这正好构成了组织能够雇用职员实现组织目标的条件，也就是说，组织也需要各个个体行为的结合。但是，一旦达成合作，个人便成为组织的一员，成为这个系统的一个“角色”，组织也就是这样一个“角色体系”。不过，个人目标并不会完全消失，而是与组织目标相互作用，两者之间维持着某种张力。在这个影响序列中，组织变得十分重要。对此，西蒙指出：“这首先是因为，组织环境为塑造和发展个人的能力和习性，提供了很多影响力。其次，组织的重要性还在于，它给那些位居要职的人，提供了行使职权、影响他人的手段。再次，组织之所以重要，是因为它通过信息沟通结构的建立，确定了制定决策的信息环境。”③

另一方面是组织对个人的各种影响模式在个人身上“内在化”了，形成了“组织个性”。组织为了实现组织目标，必然要对个人施加影响，包括实施组织的价值观，把组织目标作为统一目标，发布信息指令，强调组织权威，组织培训和学习，等等，于是，个人不断被组织化。西蒙说，对个人在组织中的决策起指导作用的价值观和目标主要是组织目标——组织本身的服务目标和存续目标，这些价值或目标起初往往是通过行使权力施加到个人身上的，但它们逐渐在个人身上内在化了，融入每一个组织参与者的心理

---

① 赫伯特·西蒙. 管理行为：原书第4版. 詹正茂，译. 北京：机械工业出版社，2004：248.

② 在这里，西蒙主要借用了巴纳德在《管理人员的职能》中赋予“诱因”一词的含义，主要指能激励组织成员积极性的各种有利条件，如工资、奖金、福利、荣誉等。

③ 赫伯特·西蒙. 管理行为. 杨砾，韩春立，徐立，译. 北京：北京经济学院出版社，1988：第三版导言8.

和态度之中，渐渐地个人养成了对组织的依附感和忠诚心；组织的参与者就是通过服从组织决定的目标，通过逐渐将这些目标吸纳到个人的心理和态度之中，养成了一种与他作为个人的个性颇为不同的“组织个性”。

如果在生活中这些目标在本质上与个人一致，那么这种组织个性就会不断地得到深度认同，个人就会把组织作为自己实现个人目标的一个有机组织，表现出对组织的关注。这实际是组织认同的一种深化过程。

正因如此，西蒙指出：“组织目标对我们称之为‘顾客’的那些参加者的行为，固然有着极大的重要性，但与此同时，一个组织的几乎所有成员，也都在不同程度上是关注组织目标的，他们的行为是受组织目标影响的……这种对组织目标的忠诚心，是雇员对组织的忠诚心的一个组成部分，而且是一个非常重要的组成部分。如果组织目标表现出了对个人的有用性，组织成员就会通过其日常工作，连续地关注那个目标；他们会赏识那个目标的重要意义和价值（而且往往过分赏识）。这样，组织目标就能逐步得到实现，从而也给他们带来了个人价值的实现。我们在后面将看到，除了这种对组织目标的忠诚心之外，在雇员当中还可以培养一种颇为不同的忠诚心——对组织本身的忠诚心，以及对组织的生存和成长的关切。”①

其次，从认同的心理机制来看，西蒙提到了三个因素，除了第一个因素之外，其他两个因素主要是针对管理者个人来谈的。

一是个人对组织成功的关注。西蒙认为，“一个人之所以愿意做出非人格性的组织决策，是因为有大量因素（或称刺激）将他同组织联结在一起。这些因素包括薪水、声望、友情及其他许多因素”②。“许多个人价值不仅取决于个人与组织的联系，而且也由组织本身的发展、声誉和成就来决定。”③ 组织的发展会给管理者和雇员带来薪水增加、职务升迁和行使职责的机会。结果，这些动机都会导致人们对组织存续目标的认同。④西蒙的意思很显然，用中国的俗话说就是，组织与个人是一条绳上的蚂蚱，一荣俱荣，一损俱损。

二是管理者个人的管理心理视野的扩大，即管理者个人从立足于自身组织来思考问题向立足于更大范围的组织来思考问题这种心理视野的转移，这种视野转移主要会导致管理者个人对组织存续目标的认同。⑤

三是“注意力焦点”的作用。这是指管理者的注意力一般集中在最直接受到管理计划影响的那些价值和群体上，由于这直接依赖于组织服务目标的实现，所以这种注意力焦点会导致管理者对组织的服务目标发生认同。⑥ 在这一方面，西蒙没有讨论非管理

---

① 赫伯特·西蒙. 管理行为. 杨砾，韩春立，徐立，译. 北京：北京经济学院出版社，1988：112.

② 同①202.

③ 赫伯特·西蒙. 管理行为：原书第4版. 詹正茂，译. 北京：机械工业出版社，2004：250.

④ 同③251.

⑤ 这是我们对西蒙论述的提炼。西蒙说的是“私营管理心理的转移”（Transfer of Private-Management Psychology），指私营管理者趋向于从自己企业出发思考发展问题向从更大的社会范围出发充分思考企业发展问题的这种心理转移。应该指出，西蒙对此的论述没有从个别上升到一般。（赫伯特·西蒙. 管理行为：原书第4版. 詹正茂，译. 北京：机械工业出版社，2004：250）

⑥ 同③251.

者。如果进行推论的话，应该是，非管理者的注意力的一个根本方面集中在他们对组织的作用上，这会促使他们对组织的服务目标乃至存续目标产生认同。

在西蒙看来，组织认同有着十分重要的意义。首先，“认同影响决策”①。西蒙认为，组织结构就是一个决策机制，管理过程也就是决策过程，是决策的制定与执行。然而，这些决策的制定与执行能否在组织中畅通进行，就在于组织成员是否认同组织。组织结构只有通过组织行为系统中所体现的基本机制，如组织的价值选择和认同、组织的权威等，才能发挥作用。“当个人决定采取特定的行动方案时，该决策依据的前提中，有些也许是通过组织对个人行使权威强加给了个人，还有些是个人对组织忠诚的结果”②。其次，认同使个人目标与组织目标达成一致，使组织价值与个人价值减少分离。西蒙认为，“认同过程，就是个人以组织目标（服务目标或生存目标）去代替个人目的，使前者成为其制定决策时所用的价值指南的过程”③。

从组织价值与更加广阔的社会价值的关系的角度看，前者对后者的认同对后者的实现具有重要意义。“当认同没有实现时，由此导致的社会价值与组织价值的分离，将会造成社会效率的损失。”④“通过认同作用，有组织的社会便迫使个人接受了社会价值图式，以此取代个人动机。社会所造成的认同模式，可以导致社会价值与组织价值之间的一致性。”⑤

需要指出的是，西蒙所说的组织认同的社会价值与个人认同的组织价值是不同的：前者指一个组织对社会价值的认同，讲的是组织与社会之间的关系；后者指作为个体的个人对组织价值的认同，讲的是个人与组织之间的关系。通常组织是在社会中存在的，在一个具体的微观组织认同“社会”这个最大的宏观组织的价值时，组织价值就与社会价值达成一致，否则，组织价值就与社会价值发生分离。

五、西蒙管理思想的特点、历史地位与局限

西蒙成长的年代正是美国工业和科技高速发展的时期。美国大型资本主义企业正向全世界扩张，盛行于美国的科学管理遇到了挑战。泰勒时期以工时研究为基础的管理已越来越不适合日益复杂的企业。大企业组织不断国际化和加剧膨胀，组织管理和信息传递也日益成为问题。美国当时的科技已在世界处于领先地位，是世界上最早研发人工智能的国家。新的人工智能研究和科研条件使新的管理思维成为一种可能。西蒙良好的教育背景和个人跨学科研究的科研方法，以及他对管理研究的兴趣，使他成为管理决策学派的代表。

---

① 赫伯特·西蒙．管理行为．杨砾，韩春立，徐立，译．北京：北京经济学院出版社，1988：208.

② 赫伯特·西蒙．管理行为：原书第4版．詹正茂，译．北京：机械工业出版社，2004：165.

③ 同①211.

④ 同①204.

⑤ 同①211.

（一）西蒙管理思想的特点

西蒙的管理思想十分丰富，很难用极短的篇幅尽述其详，不过其管理理论研究呈现出的特点却很鲜明。

第一，西蒙关注管理的聚焦点为“决策”，而他对决策的理解又贯穿于行为的执行过程、组织过程和心理过程。西蒙对决策的理解存在着双重维度：一是结构性的维度，把决策看作“有形”的；二是动态性的维度，把决策看作一个在动态的组织中不断变化的过程。

第二，西蒙的决策思想具有复合的理论渊源。他关于组织结构的思想主要是在巴纳德组织理论的基础上发展起来的。同时，他把第二次世界大战之后发展起来的行为科学理论、系统理论、运筹学、计算机科学等综合运用于管理决策研究，形成了关于决策和决策方法的完整理论体系。相对于泰勒的科学管理理论来说，西蒙的决策理论同样重视效率准则，只不过不再是工时研究，而是通过人工智能搜索来解决决策问题，对效率的关注大大深入了一步。而对“有限理性”的揭示，则是与“完全理性”理论逆向而行的。

西蒙的决策理论在操作上是以“有限理性”的“管理人”——实实在在地面对管理问题而存在的具体的人——为出发点的，其全部问题的求解是启发式搜索，从实际出发以满意为准则来能动搜索解决问题。因此，比以“完全理性”为假设的“经济人”管理模式，大大向前推进了一步，更具有实际的可操作性。所以，其决策理论在管理学演进史上具有里程碑式的意义。

（二）西蒙管理思想的历史地位

从管理哲学的角度看，西蒙的管理思想具有重要的历史地位。

第一，有限理性论是对管理理性论的反思，同时也带来了管理方法论上的转换。在西方哲学系列中，理性在中世纪神学没落后成了令人迷信的神话，科技理性更是变本加厉。人们潜在的假设就是完全理性，西蒙的有限理性假设无疑是当头棒喝。它的意义就在于，管理主体应该意识到自身的有限性，应该具有主体性的自觉——他的能动性的发挥不是从客体的角度出发寻求客观上的最优，而是结合主体的需要，在管理主体寻求实现目的的过程中达成目标，即“满意”！这种主体性的自觉带来的是一种方法论的转换——决策不是考虑大而全，而是基于实际、基于组织的需要。这样，就回归到了现实实际，使管理决策从完全理性的理论假设回归到现实中有限理性的真实存在。在当今“信息爆炸”的生活环境中，意识到“人的理性是有限的”，我们就能更好地集中精力搜寻有效、合适、满意的信息，而不是搜寻所有的相关信息，这样更具有操作性，更富有实践价值。

第二，把决策看成管理的核心，把人性假设从“经济人”层面恢复到“管理人”层面，把管理看成一个从管理前提推出结论的过程。这个思想是很深刻的，也很有实际意义，导致了对一系列管理观念的重视：（1）决策贯穿于管理的全过程，决策的制定与执行是一个系统过程；（2）管理者对实现组织目标的影响力比实际操作人员的影响力更大；（3）传统管理理论限于对组织的职责分配和权力结构的静态描述，而西蒙的决策理论把组织的职责分配和权力结构动态化了，因为按照决策理论的理解，每个人都是一个角色，都在参与决策，都与组织发生了相互关系；（4）行政行为的效率取决于组织中每个成员决策的理性程度。正是有限理性与满意原则的提出，使人类实际的决策过程正如解题过程一样，只能在给定的条件下运用尝试性的探索法。

第三，与巴纳德的思想一脉相承，西蒙采用系统科学动态平衡的新观点来看待组织，强调只有成员对组织的贡献总和与组织为成员提供的动力因总和达到动态平衡，组织才能健康地存在和发展。把决策看作管理行为的核心，把组织看作全部成员参与的信息加工、传递、控制的决策系统，西蒙在管理行为、组织设计和决策机制等问题的研究方面开拓出一片崭新天地。

（三）西蒙管理思想的局限

当然，如同任何一种理论都不可能完美无瑕一样，西蒙的决策理论也存在着自身的局限。

第一，管理是一种复杂的社会现象，也是一个复杂的操作过程，仅仅强调决策，无法给管理者全面、有效的指导。因此，孔茨等研究者批评说："尽管决策制定对管理是重要的，但在建立管理学全面理论上是一个太狭隘的重点，而如果将它的含义加以扩展的话，则它又是一个太宽广的重点。因为决策理论既可以应用于鲁滨逊所碰到的问题方面，也可以应用于美国钢铁公司的问题上。"①

第二，对一些重要问题的分析停留在对个别现象的思考上，没有上升到对一般本质的揭示。除了本章第四部分提到的对认同心理的分析以外，他对有限理性的分析存在着类似问题。他所说的那三个原因属于实证现象的罗列，没有抓住根本性的方面，包括人的理性能够把握事物的规律，理性认知过程的有限与无限，等等。正是由于这一原因，西蒙的理论还不是管理哲学理论，而只是包含了较多的管理哲学因素。

思考题

1. 结合实际，分析决策中事实要素与价值要素的关系。
2. 如何评价西蒙所提出的管理决策的"有限理性"观点？
3. 试析西蒙衡量管理决策的标准的观点。
4. 举例说明组织认同的根据。

---

① 孔茨，奥唐奈，韦里奇．管理学．黄洁纲，范煦，等译．上海：上海人民出版社，1990：70.

第十七章

德鲁克以实践效果为导向的管理思想

德鲁克的思想总处在世界发展的最前沿。他对组织管理的发展做出了许多趋势预测，并提出和发展了许多观念。他精练的真知灼见，往往是一句话，都能给那些组织管理者新的启迪。

——雷恩

德鲁克（Peter F. Drucker，1909—2005），美国管理学家，被称为“现代管理学之父”。德鲁克出生在奥地利，1931 年获得法兰克福大学国际法和民族学博士学位，1937 年移民美国，先后在报社、大学工作，担任过许多大公司的管理顾问。德鲁克以其卓越的管理思想奠定了自己现代管理学大师的学术地位。他不仅立足于企业管理实践特别是大企业管理实践，而且善于从社会整体视角提出和阐述管理问题，把对管理的技术性、工具性理解转变为战略性、文化性、社会性理解，并将管理创新作为一项重要的社会创新来对待。他的管理思想十分丰富，涵盖了对企业使命、目标管理、有效管理、自我管理、创新创业等诸多问题的深入思考，而对管理实践效果的强调是他全部管理思想的突出特征。他还对社会问题和社会变化趋势进行了深刻思考，创造性地阐发了许多引领社会变革的新理念、新思想，因而也被认为是现代商业文明时代的管理哲学家和社会生态学家。①

德鲁克一生善于思考，勤于写作，成果卓著。他的主要著作有：《经济人的终结》（1933）、《工业人的未来》（1942）、《公司的概念》（1946）、《管理的实践》（1954）、《成果管理》（1964）、《卓有成效的管理者》

① 罗珉．德鲁克管理哲学思想述评．外国经济与管理，2007（6）：58-64.

(1966)、《管理：使命、责任、实务》(1973)、《动荡时代的管理》(1980)、《创新与创业精神》(1985)、《管理前沿》(1986)、《非营利组织管理》(1990)、《21世纪管理的挑战》(1999)以及回忆录性质的作品《旁观者》(1979)等。他还曾连续20年每月为《华尔街日报》撰写专栏文章，在《哈佛商业评论》发表38篇文章。他的著作被翻译成30多种语言，总销量超过千万。这些著作和文章使德鲁克成为20世纪最具影响力的管理思想家之一，成为“大师中的大师”。

一、现代组织化社会中管理的社会功能

“组织化社会”或“组织构成型社会”(the society of organizations)是德鲁克全部管理思想的出发点和立足点。德鲁克最早明确地指出，组织化社会在人类社会是前所未有的新事物，1900年，“每个国家的社会里，家庭仍然是绝大多数社会任务的执行者和活动器官”①。组织化社会的出现是20世纪最重要的现象，它意味着社会是由各种组织构成的，社会任务都交由一个个组织来完成，或者说，社会的运行是在各个“组织实体”之间而不是在家庭内或“个人”之间进行的。商业公司只是组织最初的完整形态，现代社会中存在多种多样的组织，包括政府、企业、学校、医院、慈善机构、社区等，因此，“组织化社会也是一个‘多元化社会’”，现代社会的成就越来越依靠这些多元组织的成就。对于社会而言，组织是手段，“每个组织都是为了执行一项社会任务的社会器官”②，每一种组织都服务于社会的一种目的，它们共同构成一个有秩序、有成效的社会。

组织是管理的基础，管理是组织实现自身社会功能的工具。德鲁克认为，组织要发挥好作为社会器官的功能，就需要有效的管理，“一个组织必须要管理”③。就是说，任何组织要正常运作，就需要进行管理，“管理是现代机构的特殊器官”，“有效的活性器官”④。在1999年1月撰写的《我认为我最重要的贡献是什么》一文中，他自认为最重要的贡献是认识到管理已经成为组织化社会的基本器官和功能，并且认识到，管理不仅是“企业管理”的器官(工商企业是最先出现的现代社会机构)，而且是所有现代社会机构的器官，甚至管理的最初应用也不在企业里，而在政府和非营利组织里。在他这里，管理不只是谋利的工具或者生产某种产品的技能，它是为了更好地实现社会公益(common good)，缔造一个健全的、自由的社会，增进人类的福祉。因此，德鲁克认为，管理或者管理学的兴起是20世纪的一个关键事件。

德鲁克认为，管理作为组织的一种客观职能，是以绩效责任为基础的。管理的三项重要而不同的任务是：(1)确定组织机构的特定目的和使命；(2)使工作富有生产力并

---

① 彼得·德鲁克. 管理：使命、责任、实务. 王永贵，译. 北京：机械工业出版社，2009：2.

② 彼得·德鲁克. 功能社会：德鲁克自选集. 曾琳，译. 北京：机械工业出版社，2009：68.

③ 同②93.

④ 同①5.

使员工有所成就；（3）承担管理组织机构的社会影响和社会责任。[①] 也就是组织的目标和使命、员工发展、社会责任这三项任务。管理者则是实践这门学科、执行这种职能并完成这种任务的职业人员，或者“应用知识并取得绩效的责任人”[②]，管理者的本质是责任。德鲁克对管理的定义总是与管理者联系在一起的，现代组织化社会意味着离不开组织中的管理者，“社会要依靠这些管理者的知识、愿景和责任心”[③]。正是管理产生的绩效决定这些特定组织的生存与发展。因此，“管理者第一位的职责就是：推动他所服务的机构完成其使命和目标，即实现该机构存在的价值”[④]。

通过对管理的本质、管理的任务和管理者的职责的阐明，德鲁克提出了一系列创造性的管理理论，由此德鲁克认为自己创立了作为一门学科意义上的管理研究，即把管理学发展为一门系统的理论，从而成为现代管理学的“塑造者”。不过，与主流的管理学明显不同，他极力反对将管理学作为一门“科学”（science），反对将自然科学或实证研究方法应用于管理学科，因为在他看来，自然科学探索的是自然界的一般规律，所获得的知识具有普遍意义上的可验证性，而管理学科研究的是组织和管理问题，它们与人及其价值观、文化背景紧密相关，所获得的知识具有特殊性。在实践上，管理是一门涉及基本原理、自我认知、智慧和领导力等多重因素的“综合艺术”或“人文艺术”。所以，管理必须综合运用各种社会科学，必须将知识集中到实践效果上。他甚至把管理学比喻为一门“诊治型的学科”，认为“对临床医学的检验不在于治疗方法是否‘科学’，而在于病人是否康复”[⑤]。所以，德鲁克把管理定义为“一种需要重新肯定‘人性’、使‘人性’发挥作用，以及为此而采取相应措施的学问和实践活动”[⑥]。

二、管理的实践本质

让管理根植于实践的沃土，让管理学回归实践，这是德鲁克矢志不渝的追求。“管理是一种实践，其本质不在于‘知’而在于‘行’，其验证不在于逻辑，而在于成果，其唯一的权威就是成就。”[⑦] 德鲁克这一直白而深刻的阐述已经成为管理学的经典名言。的确，对管理的实践本质的强调是德鲁克管理思想的灵魂和主线。按他自己的说法，1946 年出版的《公司的概念》（也包括他的所有管理学著作）中所体现的一个基本观念就是，“管理首先是一种实践，虽然它与医学一样，把很多科学研究的方法当做工具使用”[⑧]。1950 年，德鲁克在《哈佛商业评论》上发表了题为《管理学必须实践管理》的

---

① 彼得·德鲁克．管理：使命、责任、实务．王永贵，译．北京：机械工业出版社，2009：39.
② 彼得·德鲁克．个人的管理．沈国华，译．上海：上海财经大学出版社，2003：43.
③ 同①10.
④ 同①18.
⑤ 彼得·德鲁克．公司的概念．罗汉，焦艳，王锐，等译．上海：上海人民出版社，2002：246.
⑥ 彼得·德鲁克．组织的管理．王伯言，沈国华，译．上海：上海财经大学出版社，2003：23.
⑦ 彼得·德鲁克．管理——任务、责任、实践（上）．孙耀君，译．北京：中国社会科学出版社，1987：7.
⑧ 同⑤.

文章，强调管理学的实践价值。他还把自己的论文叫作“行动起动器”（action starter)，以此凸显其管理理论的实践性特征。他有意把1954年出版的自己的第一部管理学著作命名为《管理的实践》，而不是《管理学原理》；在《管理：任务、责任、实践》的序言中，德鲁克也明确地说：“本书自实践而产生，又以实践为归宿。”① 德鲁克似乎也不属于主流的管理学界，他的著作和理论通常在管理理论界不会产生积极反响，反而成为管理实践者们学习的经典和工作的标杆，因此而被誉为“美国公司CEO们的导师”。总之，德鲁克的管理理论正因其鲜明的实践品格而成为当代企业界的“管理圣经”，管理思想史家雷恩称其为“管理实践的宗师”。

德鲁克管理的实践本质观包括如下三点：（1）管理本质上是一种实践或实践的综合，必须从管理者的实践及其所面对的实际管理问题中提出并阐述具有普遍价值的管理理论。他的《管理的实践》就是由对通用汽车公司（GM）、通用电气公司（GE）、国际商用机器公司（IBM）、西尔斯公司（Sears）、切萨皮克-俄亥俄铁路公司（Chesapeake and Ohio Railroad）等管理实践的深刻总结而形成的。（2）衡量管理的唯一权威是实践效果（practice effectiveness），必须在实践中证实管理，用实践效果即“组织的成果和绩效”来检验管理的有效性。他的著作中经常出现的“成功、有效、优势、长处、未来、机会、成果”等概念，集中反映了他是用企业实践的实际成效来衡量管理的价值的。以《卓有成效的管理者》为例，从内容看有些像是当年西蒙批评古典管理理论时提出的“管理谚语”或“管理箴言”，但正是这些简单明了、便于操作的管理策略让管理理论真正回到了实践现场，给管理者追求管理的有效性或组织的绩效提供了最直接的指导，直到今天仍为各类管理者所推崇。（3）管理学是一门实践基础上的综合艺术，而不是一种自然科学意义上的科学，自然科学方法不适用于管理学研究，管理学必须扎根于企业的管理经验和具体实践。所以，德鲁克的管理理论常常被归于以问题为导向、以案例为基础的经验主义管理学派。德鲁克反复地强调，管理学是一门学科，这意味着“管理人员付诸实践的，是管理学，而不是经济学，也不是计量方法和行为科学。相对而言，后面这些都是可供管理人员利用的工具，但它们仅仅是管理者的工作或可供利用的工具的一部分。例如，管理人员付诸实践的不是经济学，这就好像医生付诸实践的并不仅仅是验血一样；类似地，管理人员付诸实践的也不是行为科学，这就好像生物学家付诸实践的并不仅仅是显微镜一样；管理人员付诸实践的也并非计量方法，这就好像律师付诸实践的并非总是判例一样。管理人员付诸实践的是管理学”②。

德鲁克之所以提出管理的本质是实践这一论点，是因为他具有多方面深厚而丰富的管理实践或现场调研经验：一是长期深入企业管理现场进行调研，如对通用汽车公司和西尔斯公司的长期现场研究，掌握来自企业管理实践的第一手资料。二是通过管理咨询活动而获得直接的实践经验，同时也通过咨询改变着企业管理。德鲁克长期主持管理咨询公司，既从客户那里了解管理经验，又从业务管理中直接积累管理经验。如在通用电气公司，他的管理咨询就引发或推进过两次管理变革，第一次是20世纪50年代第四任

① 彼得·德鲁克．管理——任务、责任、实践（上）．孙耀君，译．北京：中国社会科学出版社，1987：7.
② 彼得·德鲁克．管理：使命、责任、实务．王永贵，译．北京：机械工业出版社，2009：17.

董事长拉尔夫·科迪纳以导师名义邀请德鲁克指导实施分权改革，第二次是 20 世纪 80 年代杰克·韦尔奇以德鲁克为师而推行的“数一数二”的管理变革，都使通用电气公司名噪一时。1985 年出版的《创新与创业精神》就包含着德鲁克 35 年管理学教学和企业管理咨询的经验结晶，它将创新与创业精神转变为可以学习和实践的方法。三是德鲁克一生卓越的自我管理实践。他不仅为企业诊断管理，为管理者提供有效的方法，还把管理转化为人生智慧，以卓有成效的人生成就诠释了管理对自我实现的实践价值，甚至把生命本身也管理得健康长寿（他活了 96 岁，直到去世前仍在思考与写作）。他关于自我管理、时间管理等方面的理论不只是指引管理者前行的灯塔，也成为德鲁克一生自我管理及其卓越成效的理论结晶。

三、企业的社会责任

企业的社会责任是现代管理理论与实践中的一个重要议题。企业社会责任思想是德鲁克管理思想的重要内容，也是德鲁克管理思想中社会功能思想的自然推论和具体化，从早期《公司的概念》到成熟时期的《管理的实践》《管理：任务、责任、实践》等著作，他一直在通过不同的方式来探讨这一重要的管理议题，这一时期恰好也是当代企业社会责任理论产生与争鸣的时期①，德鲁克事实上成为企业社会责任的早期阐发者和支持者。

（一）企业必须承担社会责任的根据

德鲁克批驳了以弗里德曼为代表的认为企业的唯一目的在于利润最大化的经济责任观②，明确主张企业需要承担经济责任以外的社会责任，“每个组织必须承担所有与其有关的员工、环境、顾客和其他组织有关联的人和事的全部责任，这就是它的社会责任”③，并认为“社会责任的问题也是组织化社会所固有的”④。德鲁克认为，现代企业是一种社会的组织、一种人的组织，这决定了现代企业在组织化社会中的地位与作用，决定了现代企业必须承担的社会责任。⑤

第一，企业是社会的组织，必然承担应有的社会责任。德鲁克在各个时期的著作中都从企业作为“社会器官”的角度反复强调“企业的宗旨必须存在于社会之中”，“公司不仅仅是一种经济工具，更是一种社会机构”。在现代组织化社会里，社会任务都是通过组织完成的，类似通用汽车公司这样的大型公司是社会的“代表性机构”，是现代社会发展的风向标和指示牌，必须履行引导社会前景的社会职能，用他的话说就是“必须

---

① William C. Frederick. CSR_1 to CSR_2: The Maturing of Business-and-Society Thought. Business & Society, 1994, 33 (2): 150-164.

② 彼得·德鲁克. 管理：使命、责任、实务. 王永贵，译. 北京：机械工业出版社，2009：336.

③ 彼得·德鲁克. 功能社会：德鲁克自选集. 曾琳，译. 北京：机械工业出版社，2009：85.

④ 同③87.

⑤ 彼得·德鲁克. 管理前沿. 闾佳，译. 北京：机械工业出版社，2006：165.

实现美国社会的基本承诺和信仰”，“但是作为美国社会的代表性机构，公司除了发挥经济职能以外，还必须充当政治和社会机构；公司必须同时发挥社区和生产商的作用，两者的重要性不分上下”①。德鲁克强调，企业的目的存在于企业之外，“现代组织之所以存在，就是为了向社会提供某种特别的服务，所以它必须存在于社会之中，存在于社区之中，并与其他机构和人员相处，在一定的社会环境中展开其活动。同时，它还必须雇用人员来为其工作”②。总而言之，“公司只有在履行社会职能的同时促进生产效率的提高——反之亦然——才能成为社会的代表性机构”③。坚持企业经济责任与社会责任的统一，是德鲁克企业社会责任思想的基本点。

第二，企业是人的组织，负有塑造公民的重要责任。德鲁克认为，现代大型公司“首先是一个机构，是一个人的组织，而不是一堆死气沉沉的机器”④。与传统农业社会人们以家庭生活为主不同，现代工业社会同时也是多元化的组织化社会，组织成为每个公民安身立命、获得社会地位不可或缺的平台，“公民首先必须被企业雇用，才能成为真正的公民”⑤，“公民必须成为工厂的一员，即雇员，才能赢得社会地位，获得自我满足。在工业社会中，人们只有通过工作，才能树立自尊，实现自我”⑥。因此，员工不只是企业谋取利润的“资源”或“工具”，还通过企业谋求生活和社会地位、实现自我的发展，“社会地位、声望和权力源自你所属的组织，及你在组织中的地位、声望和权力”⑦。从美国社会基本的承诺和信仰出发，德鲁克强调公司在雇员管理方面必须满足如下基本社会要求：“保证人人享有公平的机会，并按能力大小和努力程度获取相应的报酬；确保每一个社会成员，无论多么微不足道，都享有公民应有的社会地位和尊严，都能履行公民的职责，都有机会在社会生活中实现自身价值。”⑧ 这就是企业对人即员工的社会责任。所以，德鲁克总是强调企业管理应该以人为本，用人所长，管理好时间，聚焦重点领域，让员工有所成就，帮助员工实现自我价值。

第三，企业需要平衡自身的权力与责任。企业为完成其特定的使命和任务，必须从社会获得一定的职权或权力，如组织要有权力“做出人事决定”（雇用谁、解雇谁、提拔谁）、“建立规则和纪律”（如工作和任务的分配、工时的确定）、“决定建立或关闭工厂”、“定价”等。企业的这些权力当然要受到政治权力（如法律）的制约，但也需要接受来自责任的约束。权力就意味着责任，“除非权力与责任相平衡，否则权力就会变成专制”，“没有责任，权力总是会退化为不作为”⑨。随着企业规模的不断扩大，企业获得的社会权力实际上越来越大，因而企业的社会责任边界也在不断扩展。反过来说，企

---

① 彼得·德鲁克. 公司的概念. 罗汉，焦艳，王锐，等译. 上海：上海人民出版社，2002：113.
② 彼得·德鲁克. 管理：使命、责任、实务. 王永贵译. 北京：机械工业出版社，2009：337.
③ 同①.
④ 同①166.
⑤ 同①.
⑥ 同①.
⑦ 彼得·德鲁克. 新社会. 石晓军，等译. 北京：机械工业出版社，2006：7.
⑧ 同①11-12.
⑨ 彼得·德鲁克. 功能社会：德鲁克自选集. 曾琳，译. 北京：机械工业出版社，2009：88.

业的社会责任应该“局限于它们能合法主张职权的领域”①，不能要求企业无限扩展自己的社会责任。因为要求企业承担更多的社会责任，就意味着赋予企业更大的或超出其能力范围的社会权力，这无论对于企业自身还是对于多元化社会，都是非常有害的。

第四，企业需要创新。与企业家单纯的捐款、慈善等不同，以企业为主体的社会责任不完全是一种消极的应对或额外的负担，企业可以创造性地把社会需求或社会问题转化为企业创新的机会，使履行社会责任成为企业发展的契机，“企业的职能就是通过把社会问题转化为企业的机会来满足社会的需要，同时也为本机构服务”②。这种面向社会需求或社会问题的企业创新可以把经济目标与社会目标、经营绩效与社会责任有机结合起来，是企业履行社会责任最有效、最可持续的实践形式，“把社会需求的满足转变为营利性的企业活动，是对企业的一种道德要求”③。这也是本章后面专门阐述的德鲁克企业社会创新思想的重要部分。

（二）企业社会责任的内容与限度

第一，企业社会责任是以企业为主体的社会责任。德鲁克严格区分“企业的社会责任”与“工商业者的社会责任”。在德鲁克看来，人们在讨论企业的社会责任时通常所列举的“资助艺术、博物馆、歌剧院和交响乐队，担任教育和宗教机构理事会的理事；为慈善事业和社会公益事业出钱”等，都属于“工商业者的社会责任”，是关于工商业者或高层经理人员在企业之外或业余时间“应该或能够做出什么贡献”的看法。④ 这与税法对慈善捐助的鼓励有关，也反映了社会对大型企业的期望。而“企业的社会责任”则是“企业在处理和解决社会问题方面应该或可能做些什么”这一事宜上“企业本身的行为和活动”的责任，如他列举的“企业在有关美国的种族歧视和种族结合问题，或物质环境的维护和恢复方面能做什么贡献”之类的事宜。企业社会责任的新理念要求企业对各种社会问题、社会事件、社会目标和政治目标承担起责任，并成为社会道德与伦理的维护者和各种社会问题的解决者。⑤ 从当代企业社会责任理论的角度看，就是要求企业除了承担经济责任和法律责任之外，还需要承担面向利益相关者的道德责任，并将社会责任的实践机制嵌入企业战略或企业管理——“必须对社会影响和社会责任进行管理”，以便探求实现企业经营与社会责任协同共进的有效机制。因此，“管理社会影响”就成为德鲁克确立的管理的三项主要任务之一。

第二，企业社会责任首先是经济责任。从企业的特定使命或职能定位的角度，德鲁克强调“经济效益是商业机构的首要责任”。因为一家企业如果不能获得与成本相等的收益，就是浪费了社会资源，就是不负责任。因为经济效益是企业存在和发展的基础，离开了它，企业就无法履行任何其他责任，也不可能塑造好员工、好居民和好邻居。⑥ 从企业作为社会器官的角度看，企业是“为社会创造财富的器官”，因此，“企业对社会

---

① 彼得·德鲁克．管理的实践．齐若兰，译．北京：机械工业出版社，2011：312.

② 彼得·德鲁克．管理：使命、责任、实务．王永贵，译．北京：机械工业出版社，2009：349.

③ 彼得·德鲁克．功能社会：德鲁克自选集．曾琳，译．北京：机械工业出版社，2009：77.

④ 同②324-325.

⑤ 同②326.

⑥ 同③88.

的首要责任是盈利，几乎同样重要的是成长的必要性”①，这包括充足的利润以及创造财富的持续能力，从而不断增加社会财富。他强调这是绝对的责任，是管理者不能放弃也不容推卸的责任。当然，德鲁克又强调，利润或经济效益并不是企业唯一的社会责任，就如同学校的首要责任是教育，医院的首要责任是医疗保健，除此之外它们还有其他责任一样，如“促进公众的福利、增强社会的基本信念、为社会的安定和谐及强大做出自己的贡献”②。

第三，企业的社会责任主要面向两个领域：社会影响和社会问题。德鲁克说：“第一个领域所讨论的，是一个机构对社会做了些什么事情；第二个领域所讨论的，是一个机构能够为社会做些什么事情。”③（1）就社会影响这一领域而言，作为“社会机构”，企业在向社会提供商品和服务的同时，必然会对人、社区和社会产生影响，这种影响“不可避免地会超出它的存在所做出的贡献”④。德鲁克举例说，铁合金厂的目的不是制造噪声或者排放有毒气体，而是为顾客制造高质量的金属，但为了达到此目的，必然会产生噪声、高温并排放有毒气体。这其实就是通常所说的企业的“负外部性”问题。企业必须对自己所造成的社会影响负责，哪怕是些“小的影响”甚至“看起来是有益的影响”，这是第一条规则。企业“应该把不属于机构的宗旨和使命的各种影响（对社会、经济、社区和个人所产生的影响）维持在尽可能低的程度，而且最好能予以消除”。当然，最理想的办法是把这些影响转化为对企业有利的机会；（2）就社会问题这一领域而言，它不是企业及其活动对社会的影响，而是“社会的机能失调”，是社会本身的问题，也就是作为企业生存和发展之环境的社会产生的问题。一个健全的企业，如同一所健全的大学或一家健全的医院一样，不能存在于一个病态的社会之中，作为社会的器官，企业有责任解决社会问题，建设一个健全的社会。企业对这类社会问题的责任是，通过把社会问题转化为企业机会来满足社会的需要，同时为本机构服务。这就是最早由德鲁克提出的“社会创新”⑤（social innovation）范式。他认为，在把社会问题转化为企业机会的过程中，面向社会问题的社会创新可能比面向技术或产品的技术创新更有价值。⑥这一促使企业同时“取得成效和做出贡献的机会”的企业社会创新，才是体现企业作为“社会器官”之社会责任的最有效的实践模式。在这个意义上，“企业唯有将社会责任转变成自身利益，也就是转变成商业机遇，它才能承担社会责任”⑦。问题的关键在于，企业管理者如何识别社会问题并有效组织创新，真正把这些社会问题转化为企业成长的机会。

第四，企业社会责任的限度。在现代多机构的社会里，无论企业还是政府、学校，“机构的首要社会责任是执行其职能，如果它不能认真负责地执行其职能，它就无法做

① 彼得·德鲁克. 管理的实践. 齐若兰，译. 北京：机械工业出版社，2011：310.

② 同①311.

③ 彼得·德鲁克. 管理：使命、责任、实务. 王永贵，译. 北京：机械工业出版社，2009：337.

④ 同③.

⑤ 同③39，349.

⑥ 关于社会影响和社会问题的讨论，参见：彼得·德鲁克. 管理：使命、责任、实务. 王永贵，译. 北京：机械工业出版社，2009：第25章“社会影响和社会问题”。

⑦ 彼得·德鲁克. 管理前沿. 闾佳，译. 北京：机械工业出版社，2006：244.

到任何其他事情"[1]。对于企业来说，"完成其特定任务"就是承担高度责任，这就是德鲁克所界定的企业社会责任的"限度"。反过来说，企业不能超越其特定的职能或任务去做"另外的好事"。即便在履行解决"社会影响或社会问题"这类社会责任时，"除非把它转化为取得成就的机会，否则都会造成社会间接成本"[2]。德鲁克认为，企业社会责任的限度主要取决于两个方面：一是"能力的限度"。企业必须具备对自己造成的社会影响承担责任的全部能力，但是，对"那些不是由自己造成的影响所产生的社会责任领域"，如残疾人教育、社区消防等，就超出了企业能力的范畴。所以，企业必须始终在与自己能力相适合的基础上履行社会责任，"组织对社会的责任，必须限制在其能力范围之内，不能妨碍其执行目标的能力"[3]。二是"职权的限度"，这是最重要的限度。职权与责任是对等的，超出企业职权范围的社会责任是不合理的，它意味着企业谋取自身之外本应归属于政府或其他机构的权力或职权。因此，企业应该明确拒绝超出其能力与职权范围的社会责任，"比较而言，对社会最大的不负责任，就是由于承担了超出其能力范围的责任或以社会责任的名义篡夺权力，以至于损害了这些机构的绩效潜能"[4]。德鲁克对社会责任限度的分析仍然是其多组织社会观的反映，政府、企业、学校、社区、慈善机构等各类组织都是"社会器官"，都有特定的目标与职责，都应该在特定领域或职权范围内谋求特定的绩效。只有这样，才能实现多元化社会的和谐发展。

四、目标管理与自我控制

"目标管理"（Management by Objectives，MBO）是德鲁克最具影响力，也是应用最广泛的管理思想，1954年在《管理的实践》中首次提出，后来在不同时期多次加以阐述。目标管理不仅是一种指向明确、操作方便的管理方法，而且是一套完整的组织管理体系、一种有效的管理方式，德鲁克还把目标管理视为一种管理哲学。

德鲁克认为，"组织化社会"与社会、社区、家庭存在不同，"组织是为了某种目的而存在的"，或者说，"组织是有特定目标的机构"，并且"每个组织必须专注一个目标"[5]，只有在一个明确的共同目标下，组织成员的力量才能整合起来。与此相应，对于管理工作来说，无论何种组织，目标都是工作和工作安排的基础，"目标决定着企业的结构，以及必须从事的主要活动。目标决定人员的安排以及各司其职"[6]。企业的目标是多元的，而不是唯一的，并且企业经营涉及的各个领域都需要有目标，但企业的目标又必须具有选择性，必须具有可操作性，能够通过目标把企业的各种资源和人们的

---

① 彼得·德鲁克. 管理：使命、责任、实务. 王永贵，译. 北京：机械工业出版社，2009：354.
② 同①355.
③ 彼得·德鲁克. 后资本主义社会. 傅振焜，译. 北京：东方出版社，2009：71.
④ 同①362.
⑤ 同③33-34.
⑥ 同①105.

努力“集中于正确的结果上”，即创造绩效。德鲁克反复强调，利润不是企业的目标，而是企业“正确行事的结果”。企业的目标在于“创造顾客”或者“满足和创造顾客需求”。因为企业的目标源于“我们的业务是什么、它将是什么和它应该是什么”① 的行动承诺，企业之外的顾客及其需求决定了企业的生存与发展。所以，德鲁克提出，市场营销和创新是设定目标过程的基础领域，在所有其他目标领域，“行动的目的就是使市场营销和创新这两个领域中的目标得以实现”②。换言之，企业最重要的目标是市场营销和创新。当然，不论什么层次、什么领域的目标，最根本的都是转化为行动，因为“除非转化为行动，否则目标就不能称为目标，而只能称为梦想”。因为只有行动才能产生实际成果，这就需要目标管理。

目标管理是管理者与被管理者在明确的共同目标引导下，以结果为导向，以自我控制为主导，以过程激励为特征的一种管理制度和管理方式，其核心和精髓是成就激励，它的基本逻辑是目标设定—责任担当—自我控制—达成预期。德鲁克的目标管理综合了古典管理理论以工作为中心与行为科学管理理论以人为中心的管理思想，建立起一种基于人的主动性与责任感、依靠参与管理和自我控制而达成组织目标的新的管理哲学。

目标管理的实施关键在于两点。一是相对于组织的最高决策者（如企业的董事长），各个层级的每一位管理者成为相关目标的能动制定者。也就是说，每一位管理者都既要自主制定本单位的目标，同时又要协助更高层级的管理者制定更高层级单位的目标。二是自我控制与激励。每一位管理者都应该受到本单位所要完成的目标的指挥和控制，而不是受制于上级或老板的控制。因此，目标管理必须超越外部驱动的管理方式，而实行基于内在激励的自我控制，因为激励管理者行动的不是外在的命令，而是他所承担的任务或目标。“目标管理最大的好处或许在于，管理者因此能控制自己的绩效。”③

德鲁克认为，企业需要的管理原则是，既能让个人充分发挥特长，又能凝聚共同的愿景，建立团队合作，达到个人目标与组织目标的共赢。“目标管理和自我控制是唯一能够做到这一点的管理原则，能够让追求共同福祉成为每位管理者的目标，以更严格、更精确和更有效的内部控制取代外部控制。”④ 这意味着管理者不再听命行事，而是“自己决定必须这么做，换句话说，他以自由人的身份采取行动”⑤，这也管理者的“真正的自由，合法的自由”⑥。在这个意义上，德鲁克认为，把目标管理与自我控制这一观念称为管理“哲学”是合理的。因此，目标管理适用于不同层级的、具有不同职能的每一位管理者，也适用于不同规模的所有企业和其他组织。

目标管理的关键是寻求组织目标与个人目标的结合点，而一旦找到这种结合点，员工就可以实现自我激励与自我管理。所以，与目标管理、自我控制紧密相关，德鲁克在《卓有成效的管理者》《21 世纪的管理挑战》等著作中都阐述过自我管理思想。德鲁克

---

① 彼得·德鲁克. 管理：使命、责任、实务. 王永贵，译. 北京：机械工业出版社，2009：103.

② 同①107.

③ 彼得·德鲁克. 管理的实践. 齐若兰，译. 北京：机械工业出版社，2011：106.

④ 同③110.

⑤ 同③110.

⑥ 同③110.

用自己一生的辉煌经历与成功诠释了自我管理决定人生成就以及对社会的贡献。在德鲁克看来，成为一个有效的自我管理者：第一，要为成果而工作，而不是为工作而工作。无论做什么，首先都要自问“别人会期望我做出什么成果”或者“我能做出什么贡献”，这体现着德鲁克管理思想一贯的实践特征。第二，要善于利用自己和他人的长处，做最能产生成果的事情。要善于利用自己的优势为组织、社会做出更多的贡献，要善于利用他人的长处为组织目标服务。第三，要懂得时间管理，让时间这一最稀缺的资源创造出更大的价值，包括管理好自己的人生。第四，要集中精力于少数关键领域，掌握工作的优先次序，做好重要而不紧急的事情。① 德鲁克阐述的自我管理理念和实践技巧方法，不仅为管理者的有效管理的实现提供了明确的指导，而且为人生价值的实现提供了明确的指导。

五、知识社会的知识工作者管理

德鲁克以思想家的深刻、管理学家的敏锐在 20 世纪 50 年代就预见到社会和生产力正在发生向知识、人力资本转变的趋势，并认为知识工作者成为劳动人口的主要构成是 20 世纪发生的最重要的变化，他称之为“从资本主义到知识社会”的转变，并最早提出了“知识工作者”（Knowledge Worker）这一重要概念，率先精辟地阐述了知识工作者的管理问题。②

德鲁克把近代以来的知识应用划分为三个阶段：第一个阶段，知识被应用于工具、过程与产品，产生了“工业革命”，以瓦特的蒸汽机为代表；第二个阶段，知识被应用于人的劳动或工作，带来了“生产力革命”，它始于 1880 年，以泰勒的科学管理为代表；第三个阶段，知识被应用于知识本身，即对知识的管理，德鲁克称之为“管理革命”，它从第二次世界大战之后开始，到 20 世纪 90 年代已经在世界范围内起主导作用。这就是知识社会（Knowledge Society）的到来。在这种社会中，知识成了最重要而且是唯一稀缺的核心资源，提高知识创新能力和知识工作者的生产率是对管理的最大挑战③，正如提高体力劳动者的生产率曾经是泰勒时代管理的最大挑战一样。而只要存在高效的管理，亦即把“知识运用到知识上”，就可以获得资本、土地等其他资源。④ 那些最能系统地、成功地提高知识工作者生产力的国家或行业将成为世界经济舞台上的领导者。

在德鲁克看来，“后资本主义社会既是知识社会又是组织社会，两者相辅相成”⑤。

---

① 德鲁克回顾了自己人生的七次经历，阐明了个人自我管理及观点的形成过程，参见：彼得・德鲁克．个人的管理．沈国华，译．上海：上海财经大学出版社，2003：125-192。

② 德鲁克认为，“知识工作”“知识工作者”这些概念大概由作家弗里茨・马克卢普于 1960 年最早提出，但由他最先从管理的角度阐述了知识工作者的产生及其经济学、政治学意义。（彼得・德鲁克．功能社会：德鲁克自选集．曾琳，译．北京：机械工业出版社，2009：166）

③ 彼得・德鲁克．功能社会：德鲁克自选集．曾琳，译．北京：机械工业出版社，2009：125.

④ 同③133.

⑤ 彼得・德鲁克．个人的管理．沈国华，译．上海：上海财经大学出版社，2003：274.

组织与知识工作者是相互依赖、相互促进的关系。一方面，知识工作者需要通过组织来工作或“作为组织的成员来运用自己的知识”，即需要依赖组织把自己的专业知识用于一个共同产品的生产上或创造绩效，因此，知识社会也是组织化社会；另一方面，组织越来越依赖知识工作者及其新知识、新技能，因此，组织需要将知识工作者看作重要的“协作者”和“合伙人”，通过建立与知识工作者之间“双向依赖”的、“嵌入式”的互信协作关系，激发知识工作者的潜能和创新能力，促进组织发展与知识工作者发展的双赢。这意味着需要转变传统“命令-支配型”的、集权控制的组织结构和管理方式，建立起“参与-合作型”的、分权协作的组织结构和管理方式；这意味着知识工作者的自我管理会变得越来越重要。因此，知识社会越来越需要知识工作者，越来越需要对知识工作者的有效管理和知识工作者的自我管理。

德鲁克没有给出知识工作者的严格定义与范围，他说：“知识工作者主要用来描述那些有着较多理论知识和学识的人：医生、律师、教师、会计师、化学工程师，但是最醒目的增长将是‘知识技师’：电脑技术员、软件设计师、检验科的分析员、制造业的技术员，还有律师的专职助手。”① 德鲁克也经常把管理者当作知识工作者来对待。德鲁克认为，与以往的任何劳动者相比，知识工作者具有两个显著特点：(1) 知识工作者有属于自己的生产资料（或者说，知识工作者是新的资本家），而且这种生产资料便于流动；(2) 知识工作者的工作寿命可能长于用人组织②，他们需要不断学习，并把自己的工作看成自己的生活，而不只是谋生手段。德鲁克还具体描述了“知识型员工”的三个特点：(1) 通过正规教育而获得工作、职业和社会地位；(2) 以团队的形式工作；(3) 通过组织将专业知识转化为工作绩效。这明显体现了德鲁克对管理的实践性、有效性的一贯理解。

德鲁克认为，随着知识社会的到来，提升知识工作者的生产力成为管理最重要的责任。决定知识工作者生产力的主要因素有六个方面：(1) 知识工作者要明确“任务是什么”，或者说，对组织的贡献是什么，这是与体力劳动者不同的地方；(2) 知识工作者必须自我管理，要有充分的自主性，他们是自己工作的主管，并对自己工作的成效负责；(3) 知识工作者必须不断创新，这是他们工作、任务、责任的一部分；(4) 知识工作者要不断学习与教导；(5) 知识工作者的生产力包括质量与产量两个方面，但更重视质量；(6) 知识工作者应当被视为“资本”而不是“成本”。③ 要把这些因素转化为实际的生产力，就需要有效的知识管理，也需要知识工作者的自我管理。知识工作者最重要的管理同样也是承担责任，这就是为组织也为自己创造出绩效、做出最大的贡献。当然，“知识总体现在人身上，由人携带，由人创造、丰富或完善，同时它由人应用，由人传授和学习，也由人利用或滥用”④，向知识社会的转变把人推向了中心位置。因此，知识社会的管理本质上是以人为中心的管理。

---

① 彼得·德鲁克. 功能社会：德鲁克自选集. 曾琳，译. 北京：机械工业出版社，2009：158.

② 彼得·德鲁克. 个人的管理. 沈国华，译. 上海：上海财经大学出版社，2003：5-6.

③ 同①135.

④ 同①268.

六、企业创新与社会创新

对创新的强调是贯穿德鲁克管理思想的一条主线。“不创新，就死亡”是德鲁克最流行的管理名言之一。德鲁克从20世纪60年代以来美国知识社会的兴起以及人口、劳动力、就业岗位等方面的深刻变化中敏锐地认识到，创新（innovation）与企业家精神（entrepreneurship）已经成为推动社会经济发展的根本动力。创新不只表现在企业及其管理上，也表现在从政府到非营利组织的所有服务机构中，“教育、保健、政府以及政治等方面的创新，远比商业与经济领域的创新具有更广阔的天地”①；创新既包括技术创新、管理创新，也包括社会创新，甚至社会创新比技术创新更重要，并已成为管理的新领域。

（一）创新的本质与企业创新

第一，创新是一个经济或社会范畴。德鲁克主要从管理的角度来阐述创新，他秉持熊彼特以来创新精神的致思取向，把“创新”概念引入对管理的研究，强调创新是一个“经济与社会术语”，是知识或技术的社会性应用，而不等于科学发现或技术发明。正是“管理的知识的全新应用”促成了美国创业型经济的产生，这包括：将管理知识运用到新型企业、中小型企业，运用到非营利性事业单位（如医疗、教育机构等），运用到系统化创新上，运用到对新机遇进行的研究和应用上以满足人类的需求等，一句话，就是“将管理的基本思想和技术运用到新问题和新时机上”②，让社会资源转化为社会财富。在这个方面，“能使现有资源的财富生产潜力发生改变的任何事物都足以构成创新”③。

第二，企业创新就是满足和创造顾客的要求。如前所述，德鲁克从“什么是企业”这一基本问题立论，认为企业的目的不是“利润最大化”——“利润并不是企业行为和企业决策的解释、原因或其合理性的依据，而是对其有效性的一种考验”④。因为工商企业是社会的器官，所以，企业的目的存在于企业之外，即存在于社会之中。德鲁克由此给出了最明确的企业目的或宗旨：“创造顾客”——“顾客为一种商品或服务有付款意愿，才能使经济资源转化成财富，使物品转化成商品”⑤。因此，德鲁克提出，工商企业只有两项基本职能，即市场营销和创新，而市场营销强调的“不是企业的产品或服务有这样一些效用”，而是“顾客所追求、所重视和所需要的满足”，这其实就是满足顾客的需求。当然，企业仅仅满足顾客的需求是远远不够的。“需求是创新之母”，最重要的是创造顾客的需求，如开拓新的市场或者发现潜在的需求。正是从企业的目的在于满足和创造顾客的需求的角度出发，德鲁克给企业创新下的定义是，“通过改变产品和服

---

① 彼得·德鲁克．创新与创业精神．张炜，译．上海：上海人民出版社，2002：21.

② 同①.

③ 同①37.

④ 彼得·德鲁克．管理：使命、责任、实务．王永贵，译．北京：机械工业出版社，2009：61.

⑤ 同④62.

务，为客户提供价值与满意度”①，或者更直接地说，“所谓创新，就是使人力和物质资源拥有新的、更大的财富创造能力”②。这样理解的企业创新就包括产品创新、管理创新、社会创新③等一切赋予资源新的创造财富的能力的行为，而利润只是“企业在市场营销、创新和生产率方面所实现的绩效结果”④。

第三，企业创新是企业家特有的工具。在德鲁克这里，创新本质上是创业，是管理的创造性应用，而创新的主体就是企业家，创新精神就是企业家精神。所以，德鲁克经常把创新、创新精神与企业家精神放在一起阐述。企业家正是凭借创新开创出一个个新的企业或服务社会的机会，将管理知识应用到各个领域，从而有效地增加了社会资源创造财富或满足社会需求的能力。企业家精神的本质就是有目的地、系统地创新，也就是创新实践或实践创新的精神。正是企业家有目的地寻求创新的来源、变化的机遇或重新“组合”资源，社会资源才能转变为社会价值，所以创新成为企业家特有的工具。

第四，企业创新机遇有多方面的来源。德鲁克以其注重实践与操作的一贯风格，结合当时经济、社会、科技等方面的变化，通过一个个具体案例，生动地揭示了有目的地创新的七个来源：出乎意料的情况，实际状况与预期状况的不一致，以程序为基础的创新，产业结构和市场结构的改变，人口的变化，认知、情绪和意义的改变，科学及非科学的新知。可以看出，德鲁克认识到了科学、技术等新知识创新的重要性和不确定性，但也强调来自其他领域的创新机遇，企业家要善于捕捉每一个创新机会，并将其转变为创造财富的现实。围绕创新来源与创新机会，德鲁克还具体讨论了创新过程中的技巧或方法问题，如分析机遇、善于观察和聆听、一次做好一件事、从小事做起和从小规模做起、善于发挥长处、以市场为导向等。同时，他也有针对性地提出了可能抑制创新的“禁忌”，如过于聪明、一次从事多种创新、尝试为未来而创新等。另外，他特别强调，企业家必须将创新视为企业发展的机遇而不是威胁，采取一套有效的管理政策，“使企业内每个成员都渴望创新，造就重视创业精神与创新的氛围”⑤。这些都表明，创新机遇或来源是可以认知和利用的。这就为创新行动提供了切实的指南。

（二）社会创新

社会创新思想是德鲁克创新思想的扩展和深化，也是其创新思想的独特内容和显著特征。德鲁克第一个明确提出并阐述了“社会创新”这一重要概念，认为“任何技术创新都不能与像报纸或保险之类的社会创新相抗衡”⑥，社会创新远比蒸汽机、电报等技术创新重要，当然也更困难。德鲁克的社会创新思想主要涉及如下四个方面的内容：

第一，社会创新是面向社会需求或社会问题的创新，即把管理知识或技术运用于解决社会问题。可见，德鲁克是以创新的对象和社会效果来定义社会创新的⑦，企业、政

---

① 彼得·德鲁克．创新与创业精神．张炜，译．上海：上海人民出版社，2002：30．
② 彼得·德鲁克．管理：使命、责任、实务．王永贵，译．北京：机械工业出版社，2009：68．
③ 同②111．
④ 同②73．
⑤ 同①221．
⑥ 同①37．
⑦ 纪光欣，岳琳琳．德鲁克社会创新思想及其价值探析．外国经济与管理，2012（9）：1-6．

府、非营利组织都可以进行社会创新，都可以是社会创新的主体。

第二，公共服务机构可以通过社会创新更好地解决社会问题。德鲁克认为，公共服务机构的创新是面向公共性社会问题的，因而属于社会创新。公共服务机构如政府机关、工会组织、教会、学校、医院、社区、行业协会等，实际比企业更需要创新精神，更应该成为社会创新的积极主体。因此，公共服务机构应该进一步明确自己的使命，主动拥抱变化，让不断寻求创新机遇成为自己政策与实践的一部分，把系统化的管理意识和管理方法应用于组织管理，以“创造性破坏”方式打破原有的组织或服务架构，善于运用创新性管理，赋予公共服务机构及其资源更好的解决社会问题的能力。

第三，企业社会创新是履行社会责任的新机制。当今时代日益复杂多变的社会问题与社会需求为企业创新提供了机会，而企业单纯义务付出型的社会责任实践方式（如慈善捐款）也存在明显的局限性。通过社会创新可以实现企业发展与履行社会责任的双赢，“在解决社会问题的同时，创建能够自我维系并盈利的企业”，推动企业社会责任从“赚钱行善”向“行善赚钱”的积极转变①，这也有助于企业社会责任履行的可持续性。

第四，社会创新重在实践。与对管理本质的认知一样，德鲁克认为社会创新最重要的本质也是实践、行动。发现机会并积极行动，将创新理念转变为现实，才是社会创新成功的关键。所以，德鲁克在《创新与创业精神》《管理：使命、责任、实务》等著作中集中探讨创新的策略与方法，以便为企业家创新管理提供有效指导。德鲁克还特别倡导一种全社会的创新与企业家精神，共建一个创业型社会（entrepreneurial society），激发全社会的发展活力。

正如德鲁克所说，创新或企业家精神“能够让社会、经济、产业、公共服务机构以及企业保持高度的灵活性和不断地自我更新”，“应该成为我们的机构、经济和社会赖以生存的主要活动”②。随着人类社会进入网络化、数字化、智能化的新时代，变革与创新成为所有组织应对复杂不确定性的基本工具，德鲁克的企业创新与社会创新思想依然具有鲜明的实践价值，值得每一位创新者或管理者思考和践行。

七、德鲁克管理思想的哲学意蕴

德鲁克管理思想既具有注重实践性、有效性的工具理性特征，又具有关注社会与人的发展的价值理性情怀，他的那些明确、可操作的管理理论实际上蕴含着深刻而独特的哲学思想。

（一）德鲁克管理思想的实用主义哲学特征

众所周知，以皮尔士、詹姆斯、杜威为代表的实用主义（pragmatism，也称实效主

① Peter F. Drucker. Converting Social Problems into Business Opportunities: The New Meaning of Corporate Social Responsibility. California Management Review, 1984, 26 (2): 53-63.

② 彼得·德鲁克. 创新与创业精神. 张炜，译. 上海：上海人民出版社，2002：324-325.

义）是地地道道的美国哲学，代表着追求成功、注重个人价值、推崇创新等“美国精神”和美国人的思维方式。实用主义既是一种经验主义，强调行动重于理论，推崇科学方法，又强调实践效果，坚持用效果来检验认识的真假，是一种注重开拓创新、获得成功、自我奋斗的行动哲学，反对脱离实际的、虚空宏大的无意义理论。皮尔士认为，观念思想的唯一意义就在于它所引起的行动及其产生的效果；詹姆斯也认为，“实用主义的方法，并不是指什么特别的结果，只不过是确定方向的态度。这种态度不是去看第一事物、原则、范畴和假定的必然性，而是要注意最后的事物、成果、结果和事实”①。詹姆斯把实用主义视为一种确定真理的方法，即看最后的效果，这就是所谓真理的兑换价值。杜威认为，认识的意义和真实性主要通过行动后果来确定，“后果，而不是先在条件，提供了意义和真实性”②。杜威把实用主义当作工具主义，将思想看成人应付环境的工具，而真理作为观念，只是取得效果的工具。总之，实用主义把行动、实践及实践后果或实际效果作为验证理论价值的标准。“pragmatism”一词来自“pragmatic”，这一概念既有“实践”（praxis）之义，也有“效用、效果”（effectiveness）之义，正可与德鲁克对管理的实践性和有效性的阐述相呼应。实用主义本质上可被视为一种实践哲学。

尽管德鲁克不在美国本土出生，早期教育经历也不在美国，但他的管理思想主要是基于对美国公司（通用汽车公司、西尔斯公司等）的管理实践及其卓越绩效的调研与思考而提出的，其著作都是在美国完成并出版发行的。他那些广博、深刻的管理理论，就思想内涵而言，一条贯穿始终的主线就是实用主义哲学，这具体表现在：（1）突出强调管理的实践本质。如前所述，德鲁克既坚持从实践、从成功企业的管理经验中总结和建构管理理论，又主张管理理论回到实践中指导管理实践，让管理理论始终植根于实践的沃土，这与实用主义注重行动、实践的逻辑是一致的。（2）突出管理的实践效果或具体成果。德鲁克说：“当我们检验管理政策和其他社会规律时，关键不是看它们是对是错，而要看它们是否有效。”③ 德鲁克有一部著作就叫《成果管理》，还有一部著作叫《卓有成效的管理者》，其他著作与文章也都从组织功能、管理责任、管理者角色、知识工作者发展等不同角度来阐述取得成果、成效的重要性。德鲁克指出，“直接成果始终是第一重要的，它们对组织的作用犹如卡路里对人体的作用”④。对于知识，德鲁克认为它比传统的土地、劳动和资本更能为社会创造财富，“知识就意味着效用，知识意味着获得社会和经济成果的手段”⑤。无论他所说的把知识运用于劳动过程和生产工具的“生产力革命”，还是把知识运用于知识的“管理革命”，都是如此。管理者的责任就在于让知识转变为实际绩效，“凡注重贡献，对结果负责的人，无论其职位多低，都具有高级管理者的风范”⑥。当然，德鲁克管理思想的重点是行动路线或实践策略，是如何取得

---

① 威廉·詹姆斯．实用主义．李步楼，译．北京：商务印书馆，2017：32.
② 约翰·杜威．经验与自然．傅统先，译．南京：江苏教育出版社，2005：17.
③ 彼得·德鲁克．公司的概念．罗汉，焦艳，王锐，等译．上海：上海人民出版社，2002：246.
④ 彼得·德鲁克．个人的管理．沈国华，译．上海：上海财经大学出版社，2003：112.
⑤ 同④40.
⑥ 同④110.

成功、获得效果的管理策略或方法，如注重贡献、科学决策、发挥长处、聚焦目标、时间管理等，他强调管理者的工作必须卓有成效，而且认为有效性是一种习惯，是可以学会的。

（二）德鲁克管理思想的社会哲学视域

德鲁克自称是现代社会的“旁观者”，实质是具有强烈社会责任感和人文情怀的管理学家，他一方面从现代社会发展的角度阐释组织与管理问题，另一方面又从组织与管理的视角探求社会的和谐与稳定，使其管理思想具有鲜明的社会哲学视域。

首先，德鲁克将自己定位为“社会生态学家”，关注人类创造自己生存的社会环境，关注社会生活中人与人之间的关系以及各类组织之间的关系，始终“带着问题观察社会与社区”。德鲁克自己也承认，在他的所有著作中，严格意义上的“工商管理”方面的著作只有几部，如《成果管理》《创新与企业家精神》，更多的著作不是关于管理而是关于社区、社会和政体的①，是探究现代社会问题的，如《经济人的末日》《工业人的未来》《新社会》等。德鲁克管理思想的主旨是建立一个“自由的功能社会”。在那里，无论政府还是企业或其他类型的组织，都可以有效地运转，即通过管理创造绩效、实现价值，共同维持功能社会的健康发展；在那里，社会必须赋予个人身份和功能，经由各类组织及其有效管理，个人获得社会身份的认同和价值实现。因为在德鲁克看来，现代社会是多元化的“组织社会”，多元组织的共存、互补和相互制约构成和谐稳定的社会生态系统。换句话说，多元组织是社会生态系统的器官，社会的高效有序运行是建立在各类组织的相互协同及其功能发挥之上的。任何类型的组织都需要通过管理来发挥其特定的社会功能，在一个个组织经由有效的管理而有序运行并完成其社会功能时，一个“自由的功能社会”即社会生态系统就真正形成了。这样，管理就承担着维持现代社会生态系统运行的基础性工作。

其次，德鲁克反对亚当·斯密以来的“经济人”假设和以营利为唯一目的的企业责任观，坚持认为企业不单是经济组织，也是社会组织，“一种为了满足社会需求和需要而将人们集合起来的组织”②，认为企业构成现代多元化组织社会稳定的基础。因此，企业必须履行作为功能社会基础的典型组织的责任。当然，企业在经营和创新过程中应该善于把社会需要、社会问题转化为企业发展的机会，以便在促进企业永续发展的同时更好地履行社会责任。这样，企业作为“工业社会的代表性组织”，不仅以创造经济绩效而奠定了现代社会发展的物质基础，而且以创造性解决社会问题而促进了社会的和谐与进步。

（三）德鲁克管理思想的后现代哲学意蕴

后现代主义是20世纪60年代兴起的一股当代哲学与文艺思潮，在现实层面与所谓后现代社会即人们所指称的后工业社会、信息社会、消费社会、晚期或“后”资本主义社会相呼应。后现代哲学的特征主要表现为：批判主体性、反对单一权力中心和理性权威、倡导多元和差异、推崇创造与变革等。后现代哲学也被认为是一种解构的理论，解

---

① 彼得·德鲁克．功能社会：德鲁克自选集．曾琳，译．北京：机械工业出版社．2009：自序．

② 彼得·德鲁克．公司的概念．慕凤丽，译．北京：机械工业出版社，2006：21．

构一切现代性的理论、权威、价值和普遍模式，而追求一种彻底的自由。后现代主义对现代社会科学的各个领域都产生了深远影响。

自泰勒创立科学管理理论以来，现代管理学一直致力于对组织中管理问题的“纯粹”科学研究或理性把握，如泰勒的科学管理方法、韦伯的理性官僚制组织、西蒙严格意义上的管理决策科学等，都坚持管理者作为管理主体的独立性和支配地位，推崇组织中的单一权力中心，追求效率或利润的管理目标等，这在主流价值上是“现代性”的管理理论或实践模式。

德鲁克的管理思想建立在对“后”资本主义、信息社会、知识社会以及知识工作者管理等现代社会正在发生的深刻变化的认识基础之上，在学科属性、思想主旨和基本精神上与后现代哲学多有相通之处。

首先，对主流实证管理学的背离和批判。德鲁克始终与现代管理研究日益流行的实证科学方法保持着明显的距离，坚持以企业管理经验为基础来提升管理理论，并强调管理理论的实践价值，坚持以有效性来验证管理理论的科学性。他反对将管理作为单纯的科学甚至技术手段来对待，也反对追求普遍适用的管理理论，而强调管理的综合性、艺术性和个性化。他说：“管理很像传统的人文艺术，因为它关切的是知识、自我了解、智慧和领导的根本；也是艺术，因为管理就是实行和应用。”① 可以说，德鲁克是用人文科学方法来理解和阐释管理，而主流的管理学则是用自然科学方法来研究和阐释管理。

其次，对理性主导的现代管理模式的批判。在德鲁克看来，随着信息社会、知识社会的到来和知识工作者成为管理的主要对象，传统以科层制组织中“命令-服从”为主导的管理模式正在发生根本性转变。德鲁克从管理的实践本质出发，反思传统等级制的组织结构，不承认所有组织中存在唯一、普遍的组织结构，更反对以自上而下的统一模式来管理知识工作者，而倡导构建简洁、灵活、扁平化的组织结构，强调结合不同的文化背景和管理对象的特点来寻求有效的管理模式，一切以实践效果来衡量。他说：“管理越是能够运用社会传统、价值观念和信念，它就越能取得成就。”②

最后，目标管理思想的后现代特征。这典型地体现为德鲁克目标管理思想中对管理者的能动要求与自我控制这两个方面。一方面，参与式管理体现着后现代哲学的反主体性思想，因为目标管理中真正的主体不再是处于核心地位、发号权威指令的管理者或金字塔式组织的权力中心，而是所有管理者之间围绕目标所形成的“主体间性”的互动关系；各级管理者不再是组织目标的指令者与控制者，而是变成了与“他者”（知识工作者）共同协商的参与者。另一方面，自我控制消解了传统哲学意义上管理的主体性原则，将外在的权力控制转变为内在的自我管理，将单一的组织目标转变、融合为组织目标与个人目标的共同目标，原来的管理主体（管理者）与管理客体（被管理者）都成为目标引导下的自觉行动者。“目标管理的主要贡献在于，我们能够以自我控制的管理方

① 彼得·德鲁克. 管理新现实. 黄志典，译. 北京：东方出版社，2009：197-198.

② 彼得·德鲁克. 管理：使命、责任、实务. 王永贵，译. 北京：机械工业出版社，2009：19.

式来取代强制性管理。”① 总之，德鲁克的目标管理思想将“自由”精神嵌入其中，既具有反对单一中心和独断权威、倡导管理者与被管理者之间的平等合作等“反主体性”特征，又具有推崇多元差异思维、倡导变革开放的精神②，使得这一具有鲜明工具性、操作性的管理思想具有了深层的后现代哲学意蕴，也由此具有了更加持久的生命力。

思考题

1. 德鲁克是如何阐述管理的社会功能的？
2. 如何理解管理的实践本质？
3. 德鲁克企业社会责任思想有何特点？
4. 如何理解目标管理及其哲学意义？
5. 试析德鲁克创新思想的内容特征。
6. 如何从社会哲学角度理解德鲁克的管理思想？

---

① 彼得·德鲁克. 管理：使命、责任、实务. 王永贵，译. 北京：机械工业出版社，2009：66.

② 胡国栋，王涛. 重新审视德鲁克的目标管理——一个后现代视角. 学术月刊，2013（10）：20-28.

第十八章

马斯洛以开明理念为原则的管理哲学思想

本书要讲述的不是关于如何更有效地控制别人的最新管理技巧、伎俩或表面功夫。相反，它公然以另一套更有效、更真实的价值观念与原有的正统价值观念对抗。它的观点与人性被低估这一具有真正变革意义的发现已相去不远。

——亚伯拉罕·马斯洛

亚伯拉罕·哈罗德·马斯洛（Abraham Harold Maslow，1908—1970），美国著名社会心理学家、人格理论家和比较心理学家，人本主义心理学的创始人之一。不同于弗洛伊德的精神分析理论以及华生的行为主义机械论，马斯洛认为要从人的主体层面出发，从人的动机、需要、潜能、自我实现等方面对人进行研究。他从人性论出发，强调一种新人形象，强调人性的积极向善，强调社会、环境应该允许人性潜能的实现。主张心理学研究应该给予主观研究一定的地位，并应该突出整体动力论的重要性。马斯洛又是第三势力心理学（Third Force Psychology）的代表，他不仅在心理学上开创了继弗洛伊德和华生之后的第三思潮，而且将自己的心理学理论运用到管理中，认为“工业领域也许能够成为研究心理动力、人类高层次发展及理想生态环境的试验基地”①。在一定意义上，可以说马斯洛的理论对20世纪60年代德鲁克、麦格雷戈、罗杰斯等管理大家所宣扬的工业化组织环境理论提出了挑战。

1962年，为了对管理活动进行深入研究，马斯洛到安德鲁·凯的非线性管理系统工厂进行研究调查。随后，他把在此期间写的日记进行整

① 亚伯拉罕·马斯洛. 马斯洛论管理. 邵冲，苏曼，译. 北京：机械工业出版社，2007：12.

理，1965 年以 *Eupsychian Management*（《优心管理》）为书名出版。他的管理思想主要是在这部著作中提出来的。不过，这部著作在出版后的较长时间内并没有产生太大影响。1988 年这本日记以 *Maslow on Management*（《马斯洛论管理》）为书名在美国重新出版。由于人们此时了解到马斯洛在研究中涉及很多超前的管理问题，所以，这次出版引起了广泛关注。在书中，他强调协同活动在组织中的作用，主张运用开明管理原则进行管理，努力促进员工的自我实现，达到企业利益和个人利益的融合。马斯洛的上述管理思想与现代组织理论遥相呼应，成为现代管理思想的重要构成部分。

一、自我实现与工作

马斯洛的管理学理论是以心理学理论为基础的。需要层次和自我实现是马斯洛心理学研究的主要内容。这也是他人本管理学理论的重要基底。在《动机与人格》一书中，马斯洛把人的需要分为五个层次，认为自我实现的需要是最高层次的需要。

第一个层次即基础层次的需要是生理需要（physiological need），包括食物、睡眠、饮水、身体健康等。这是人的机体的最基本的需要。对生理需要的满足是个人行动的巨大动力。同时，这一层次需要的满足会推动人们追求下一层次需要的满足。

第二个层次的需要是安全需要（safety need）。较之生理需要，安全需要是更高层次的需要。马斯洛认为人的机体存在着寻求安全的机制。安全需要包括追求生存稳定、依赖、保护，避免受到恐吓、焦躁和混乱的折磨，以及对体制的需要、对秩序的需要、对法律的需要等。

第三个层次的需要是归属与爱的需要（belongingness and love need）。当一个人的生理需要和安全需要得到满足后，归属与爱的需要就会出现，并且成为核心的需要。处于这个阶段的人渴望同人们建立一种密切关系，渴望在他的团体和家庭中有一个位置，将爱和感情看得很重。① 如果这种需要不能得到满足的话，个人就会滋生出空前强烈的孤独感、疏离感、陌生感、异化感以及无家可归的痛苦。马斯洛认为，一个社会要健全发展的话，就必须满足人们这一层次的需要。

第四个层次的需要是尊重的需要（esteem need）。马斯洛认为，一个正常的社会人都有一种获得对自己的稳定的、牢固不变的、通常较高的评价的需要，即一种对自尊、自重和来自他人的尊重的需要。② 这个层次的需要是在上述三个层次的需要满足之后出现并支配人的一种新的需要。尊重的需要的满足会使人产生自主、有价值、有能力等诸如此类的感受；反之，如果尊重的需要没有得到满足，人就会产生自卑、弱小以及无能的感觉，进而丧失信心、要求补偿或者产生神经衰弱的倾向。

第五个层次的需要是自我实现的需要（self-actualization need）。马斯洛指出，在上

---

① 亚伯拉罕·马斯洛．动机与人格：第 3 版．许金声，等译．北京：中国人民大学出版社，2013：22.

② 同①23.

述所有层次的需要都得到满足后，人的动机的发展就会进入最高的阶段——自我实现的阶段。“自我实现”这一术语是戈尔茨坦首创的，《动机与人格》这部书在一种更加特殊和有限的意义上采用了这一术语。马斯洛对这一需要的解释是：“它指的是人对于自我发挥和自我完成（self-fulfillment）的愿望，也就是一种使人的潜力得以实现的倾向。这种倾向可以说成是一个人越来越成为独特的那个人，成为他所能够成为的一切。”①换句话说，一位作曲家必须作曲，一位绘画家必须绘画，一位诗人必须写诗，否则他就无法安静。“一个人能够成为什么，他就必须成为什么，他必须忠于自己的本性，这一需要也就是自我实现的需要。”② 对于不同的个人来说，这个层次的需要是不同的。各种自我实现的共同之处是，它们通常依赖于前面所陈述的生理、安全、归属与爱、尊重的需要的满足。

不同于以往的管理模式，马斯洛根据他对人的需要特别是自我实现需要的研究，将管理的视角转移到人们的工作过程中，认为能够将个体自身的发展与其从事的工作联系起来，通过确定适合个体的工作来达到个体自我实现的目标。

首先，个体的自我实现与工作之间能够形成相互促进的关系。自我实现促使个体寻求有意义的工作，工作是个体进行自我界定的重要组成部分。③ 马斯洛提出，如果一开始就让较高素质的人们在较好的组织中工作，这样的工作定会促进他们发展；进一步讲，他们工作的完成也会促进行业的发展和进步。由于个体的性格具有多样性，他依此推理，不同性质的工作需要由追求不同的自我实现的个人来完成，而追求自我实现的个人也能在具体的实践中寻求适合自己的工作。在这种双向选择的过程中，个人不仅容易获取工作上的成就，而且能促进行业的发展和进步。

其次，个体在自我实现过程中承担的职责能够推动个体充分发挥自己的潜能。马斯洛认为，“救赎是让人获得自我实现的工作和自我实现的职责的副产品”④。个体在自我实现的过程中愿意主动肩负责任的原因是能够获得救赎。这种无法直接得到的救赎比自省式救赎更有成效，是个体自我实现的主要动力。因此，可以看出，自我实现同时需要肩负职责，工作作为承担着个人职责的活动，是自我实现的途径。因此，自我实现不仅具有内在超越的需求从而产生超越性的动力，这些动力促使个体在工作中保持忠诚、愿意奉献以及认同管理，而且“意味着艰苦工作，这种工作不只是来自内心的渴望，还包括来自外部世界和日常生活的责任和义务”⑤。

在马斯洛这里，履行工作中的职责不再是以往那种强制性的、个人必须承担的义务。在麦格雷戈所概括的传统人性假设 X 理论中，责任与工作都被无意识地看成强制责任，像是迫于外部道德压力而无奈承担的负担，与仅靠自然意愿或个人喜好、轻松愉快地做出自然选择是不一样的。⑥ 相反，人们从事能够自我实现的工作，能够倾听自己

---

① 亚伯拉罕·马斯洛．动机与人格：第3版．许金声，等译．北京：中国人民大学出版社，2013：24.
② 同①.
③ 亚伯拉罕·马斯洛．马斯洛论管理．邵冲，苏曼，译．北京：机械工业出版社，2007：1.
④ 同③7.
⑤ 同③5.
⑥ 同③9.

良性本能的呼唤而进行自由选择，承担职责也就是非常自然的事情，而原来存在的愿望与责任之间的分歧、自由意志与强制义务之间的矛盾都会得到解决。

最后，归根到底，自我实现的使命就是寻求适合自己的工作，并承担相应的责任。马斯洛认为个体对待工作应该像寻求自己的归属那样，因此，工作就是“自我实现的工作”（self-actualization work）。他引入达利·金的“天命”（paradic design）概念来解释自己的观点。“知天命就是要找到适合自己在这个世界上的适当位置和归属。”① 个人从事适合自己的工作，动力发自自己的内心需要，是自己生命的组成部分②，能够让自己追求和实现自我，使自己获得彻底体现真我的状态，从而融合内心世界与外部世界之间的关系、主体与客体之间的关系。由此可见，马斯洛试图通过个体自我实现的路径消解个体与组织之间的矛盾、个体在工作过程中产生的矛盾。

总体看来，马斯洛深刻地认识到，管理的任务不应再像泰勒时期那样仅仅聚焦于提高效率，仅仅将工人当作机器上的一颗颗螺丝钉，相反，管理的任务是确定能够使不同个体的自我实现需要获得满足的工作——“自我实现的工作”，使人们的工作不仅是一种获取生存物质的手段，还是一种实现自我价值的重要手段。

二、开明管理理论的假设与本质

马斯洛认为，当时的管理正在向高级阶段发展，旧的非民主性质的强制管理正在变得过时，人们对民主管理的要求日益凸显。他深刻地认识到，人们的职业生涯是在组织中度过的，组织管理方式直接影响着人们的心理健康和成长过程。由此，马斯洛提出了以实现人们的“优良心态”为组织目的、以民主管理为根本方式的开明管理理论。

开明管理理论强调实现人们心理的全面和谐健康，即“优良心态”，故而又可以被称为“优良心态”管理（Eupsychian Management，或翻译为“良好精神管理”）。就理论本身来看，开明管理理论以下列 36 个假设为基本支撑：

1. 假设每个人都值得信任。
2. 假设所有雇员都有进取动机。
3. 假设组织中没有弱肉强食（或独裁式）统治中的主从等级现象。
4. 假设组织成员，无论处于组织中的什么位置或层次，都有明确的、共同的最高目标。
5. 假设组织成员都用心良好，不会心怀敌意与妒忌。
6. 协同作用也是该假设的含义之一。
7. 假设组织成员的健康状况都是令人满意的。
8. 假设组织的健康状况良好，暂且不论衡量标准是什么。

① 亚伯拉罕·马斯洛．马斯洛论管理．邵冲，苏曼，译．北京：机械工业出版社，2007：11.
② 同①7.

9. 假设组织成员具有“欣赏鉴别能力”（或客观独立的判断力）。

10. 假设组织成员不会滞留在安全需要层次。

11. 假设组织成员能积极主动地向自我实现的方向发展。

12. 假设每个人都陶醉于团队工作、友谊、集体精神、和谐的团队氛围、良好的归属感及对团队的热爱之情中。

13. 假设对立情绪只是对具体事物的反应造成的，而不是由人的个性决定的。

14. 假设雇员比多数人想象的要坚定、顽强。

15. 假设人们都有改进完善的余地。

16. 假设人们都愿意自己成为受人重视、被人需要、有用、成功、自豪并受人尊敬的人，而不是无足轻重、可有可无、被人遗弃的废物。

17. 假设每个人都愿意甚至觉得有必要喜爱并尊重自己的上司（而不是憎恨或蔑视他）。

18. 假设人们不喜欢恐惧某人的感觉，但与鄙视上司相比，他们却宁可敬畏上司。

19. 假设所有人都愿意成为积极主动的主导者，而不是消极被动的随从、工具，或随波逐流的浮萍。

20. 假设人们具有改善现状的倾向，如纠正偏差、清除谬误、改进工作、提高工作效率等。

21. 假设成长是在兴奋之情与厌烦之情的交替变换中实现的。

22. 假设人们都希望自己具有完善独立的人格，而不希望成为身不由己的人、附属品、工具或别人的“胳膊”。

23. 假设人们喜欢工作，而不喜欢无所事事。

24. 假设所有人都选择从事有意义的工作，而不愿做无意义的事。

25. 假设雇员都希望维护自己的人格、独特个性及身份。

26. 必须假设雇员对实施开明管理工作制度有足够的勇气。

27. 必须明确一点假设，即雇员没有心理缺陷。

28. 假设雇员具有自行选择的智慧和能力。

29. 假设所有人都喜欢恰如其分的赞赏，尤其是在公众场合。

30. 必须假设防御与成长这对矛盾总是同时存在于上述各种积极的假设之中。

31. 假设每个人尤其是那些较成熟的人多数时候都乐意承担责任，而不愿被动地依赖别人。

32. 总的来说，假设人们会从爱中比从恨中得到更多快乐。

33. 假设心理较健全成熟之人的创造欲望强于破坏欲望。

34. 假设心理健全成熟之人总是兴致勃勃，而不是百无聊赖。

35. 最终必须假设，开明管理理论所要达到的最高境界是，人们越来越适应现实世界、领悟人生真谛、与世界融为一体或到达最高精神境界并探索宇宙的本质等。

36. 最后，应该假设人类具有寻求“B-价值”① 的原始精神与心理动力。

马斯洛对上述开明管理理论的假设逐一进行了讨论。根据他的讨论，我们可以将开明管理理论的假设概括以下六个方面。

第一，认为每个健康的人都是积极主动的主宰者，而不是随波逐流的随从。马斯洛认为，尽管个体进入组织工作并不意味着所有人都具有同样的性格、动机或者相同的经历，但进入组织工作的人本质上具有自我实现这种精神趋向，这种积极的精神状态促使个体在工作中展现自我的优势。这一假设是马斯洛开明管理理论的前提。

第二，主张消除管理组织内部的主从等级现象。马斯洛指出，开明管理理论主张，组织中的每个人都是平等的，集体是个体的归属地，个体与集体应该处于融合共通的状态，个体虽然扮演的角色不同，但都具有明确的最高目标，同时，员工与上级之间的关系应该是融洽的关系，而不是敌对的、隶属与被隶属的关系。

第三，主张人们的协同努力。开明管理理论主张，个人的行动与选择不仅要对自己有益，而且要对集体有利，良好的管理需要发挥人们的协同作用。

第四，强调组织和个体都处于良好精神状态的重要性，认为这是实现共同目标的前提和基础。组织需要创造健康的精神氛围，形成进取的组织精神品格，个体也需要处于良好的精神状态，而且组织能够有效地解决个体的精神和情绪问题。

第五，强调组织发展需要关注个体的自我实现。在这个方面，任何组织的发展水平或者健康状况都可以根据抱怨和牢骚的等级程度做出判断。抱怨并不完全是消极的，而且是一个不会终止的过程，会随着境况的改善向更高层次发展。这与人的动机理论是一致的。

第六，强调人们的创造力。具有创造力是自我实现的人的特征。马斯洛认为，富有创造力的人拥有自信和勇气，不畏惧无计划、无结构的事情，能够在没有任何保护与防御的情况下面对未知事件，能够专注于现在，解决遇到的实际问题。② 开明管理区别于专制管理的一个特点是，它具有灵活性、持续性，能够有弹性地适应规律的变化。开明管理将管理过程看成超越性过程，因而开明管理需要创造性的人（领导者或者员工），他们富有开创性、问题意识强烈，能够灵活面对变化着的未来。马斯洛认为这也是个体自我实现的表现，这样的人能够驾驭自己的生活，把自己看作主要的行动者、责任者、命运的自主决定者。

概括地说，马斯洛认为，开明管理理论在本质上是一种主张民主管理的理论，这与主张专制管理的理论在根本上是对立的。它强调把达成人们的心理全面健康和自我实现要求作为组织之根本目标的长远重要性，强调人们在组织中的共同目的、共同利益以及组织目标与个人目标的一致性，强调人们在决策上的民主、在工作地位上的平等。这是以对人潜能的价值的正确理解为基础的。

---

① B-价值的英文表达是 B-values，是马斯洛对他所说的“the values of Being”的简称。这是他的存在心理学和开明管理理论的主要概念之一，指人们的终极存在层次上的诸多价值。其他的相关概念还有 B-认识、B-领导活动、B-领导人、B-权力等。

② 亚伯拉罕·马斯洛. 马斯洛论管理. 邵冲，苏曼，译. 北京：机械工业出版社，2007：211.

总体看来，马斯洛从个体、组织、情感、价值、动机等方面对开明管理理论进行了比较全面的讨论。这一理论在很大程度上超越了他当时所处的社会现实，对当时的管理理论提出了一种挑战，开创了人本管理的先河。

三、开明管理理论的组织运用

在对开明管理理论的论述中，马斯洛详细论述了组织管理特别是企业管理涉及的各个方面的内容。他指出，在当今的企业中，经理们仍然自以为精明地把劳动力流动性小、缺勤率低、雇员积极性高作为识别成功管理与健康组织的标准①，仍然以利益为主要追求，没有真正考虑企业的目标或长远目的，这就是朝着人们的心理全面健康发展和自我实现迈进。从根本上看，在企业的每个成员都考虑这一点时，“所有其他问题都会变成考虑以适当手段实现目标的简单技术问题”②。马斯洛认为，一个企业的长远发展不是持续三五年，而是持续 50 年或者 1 个世纪。只有立足长远发展，各种有关建立优心管理、乌托邦、良好道德以及工作积极性的开明管理的建议才能发挥作用，从而真正改进管理的现状。

马斯洛指出，从组织管理实践上最能解释开明管理理论主张的，是合伙人所建立的兄弟关系意义上的合伙模式。他是这样描述的：在由一百个人组成的集体内，人们作为合伙人，将他们的积蓄投资于一项事业，他们之间的关系不是简单的雇佣与被雇佣的关系，不存在管理者与被管理者的划分，而是一种如同兄弟般的亲密关系，每个人既是员工又是老板，每个人都会做自己必须做的事情，都会主动承担责任，同时，个人的利益与组织的利益、他人的利益是共同的、融合的；他们合伙的最终目的是，达到他们的心理健康成长和自我实现。③

对于企业的生产管理活动来说，开明管理的一个基本要求是关注工人的心理健康。生产管理应该关注两种产品或两个后果：一个是经济产品，包括生产率、产品品质、利润创造等；另一个是关于人的产品，即工人的心理健康、自我实现进展，以及安全、归属、忠诚、爱的能力、自尊等的提高。

开明管理理论的这些观念都是一般性的理念。对开明管理理论的具体运用需要根据现实情况特别是社会群体的不同而做出针对性的解释。例如，对于爱国主义来说，开明管理应该是一种爱国主义；对于民主政治而言，开明管理应该是应用工作情境的民主哲学；对于宗教信仰人士而言，开明管理应该是一种严肃、深切、深刻和热切的对待宗教的方式；对于社会心理学家和社会理论家来说，开明管理如同对旧式乌托邦思想的改良；在军队中，开明管理强调人人都应该想成为将军。

---

① 亚伯拉罕·马斯洛. 马斯洛论管理. 邵冲，苏曼，译. 北京：机械工业出版社，2007：49.

② 同①53.

③ 同①83-84.

因此，在组织的政策制定方面，开明管理理论认为，只有符合客观要求的政策才是好的政策，政策的制定应当符合组织的实际情况。这是一种极其讲究实际的方式，认为最佳的思维方式、最佳的问题解决方案取决于对问题情形本身的充分认识，取决于对事情的客观观察，没有预期，没有预先推测，没有任何完全抽象意义上的先验思维。① 马斯洛认为，这是在管理中观察情形与制定解决方案的最佳方式，因为管理中要解决的问题是摆在眼前的实际问题，而不是隐匿在身后的某个角落、以过去的经验为基础的问题。

马斯洛对开明管理理论的组织运用的论述，明确把实现人们的心理健康成长也就是优心状态作为开明管理理论的最重要的目的理念，这表明他的开明管理理论植根于他的心理学理论。

四、协同思维在管理中的重要作用

协同作用源于马斯洛对“协同”概念的理解。这个概念贯穿于他的整个管理学思想，具有十分重要的作用。“协同作用”概念是人类学家露丝·本尼迪克特在 1941 年末发表的演讲稿中首次提出来的，其基本观点是：在组织中人们的共同生活会使所有人相互受益、共同受益；自私与无私的对立是文化发展不充分的结果，而具有协同作用的机构可以超越这种对立。② 马斯洛吸收、借鉴了这一概念并进一步加以发展，认为在理想的组织环境中，一个人在寻求自身利益的同时也在寻求他人的利益，在帮助他人的同时也在帮助自己。③ 可以通过协同来调和、解决个人与组织、自私与无私、利己与利他之间的矛盾。这一观点成为当今许多企业家管理实践和处理人际关系的一个基本思维原则。这应是马斯洛对组织发展理论以及有关领域的重要贡献之一。

马斯洛认为，在组织管理中，坚持协同思维具有关键作用。它不仅有助于组织中矛盾问题的解决，而且是个体自我实现不可缺少的条件。就像当初人们从完全自然的状态中寻找共同体的保护而签订契约建立了国家一样，人们的利益具有共同性而不是完全相互排斥的，在一个亲密友善、交流良好、彼此爱戴的团体或组织中尤其如此。

同时，协同作用与整体性是相互关联在一起的。协同作用会使组织变得更具整体性，反过来，更具整体性的组织也更具协同作用。一个团队的运行结构越具有整体性，相互依赖程度越高，这个团队中的所有事情就越具有协同作用。④ 以五人组成的篮球队为例，如果每个人在进球和得分时都对比自己的得分与队友的得分，那么这支球队就没有形成充分的协同，也不具有充分的整体性。在真正具有团队精神的球队里，球队利益是高于个人利益的，每个队员都为球队自豪，都为彼此自豪；如果球队内部的协同作用

---

① 亚伯拉罕·马斯洛. 马斯洛论管理. 邵冲，苏曼，译. 北京：机械工业出版社，2007：90.
② 同①105.
③ 同①24.
④ 同①114.

遭到破坏，球队就会变成一支劣质球队。

同样，组织内外的各种因素相互作用，构成一个整体，在这一更高的层次上，管理者需要确立整体思维。马斯洛认为，20 世纪二三十年代以“原子论企业”概念为基础的管理著作，把企业本身看成一种孤立的存在体，似乎与周围环境没有任何关系，似乎是以自私为根本立足点的，这一观点是不正确的。企业事实上处于一个社区，而这个社区又处于一个更大的社区，这个更大的社区在某一个地区，而这个地区又在某一个国家，某个国家又属于世界……这些之间具有明显因果关系的功能意义上的联系。企业与它内部的各个要素之间也是相互依赖的，它是“身在其中”，或者更确切地说，它是身在其中并建构在其中。① 如果将一个工厂看作一个有机体，那么它就根植于一个大的有机体，后者又根植于更大的有机体，再后者又根植于比之更大的有机体，依此类推。

总之，需要充分发挥协同思维在组织管理中的作用，将组织建构成一个有机整体，这样才能成功整合工人与管理者、工人与工人之间的各种活动，形成企业发展的强大力量，最大化地实现所有成员的共同利益。

五、B-领导活动的特征

马斯洛表示，以往的管理学著述关于领导的论述并不能使他满意，比如麦格雷戈的著作中存在着某种对民主教条的虔敬倾向，没有把环境的客观要求当作领导活动关注的中心。马斯洛探讨领导问题的方法是，从最佳情形（范式情形）或开明情形的角度出发，认为情形的客观要求（或任务要求、问题要求、群体要求）具有绝对支配地位，不存在其他的决定因素，同时，也从这一角度出发对什么样的领导人是最佳领导人这一问题提供答案。关于这个范式情形，马斯洛提出了四个前提假定：(1) 假定群体中的每个人都对自己和他人的能力、技能有非常清楚的认知；(2) 假定对问题情形的所有细节的认识都是完全率真的 B-认识；(3) 假定所有人都具有健康的特性；(4) 假定在这种最佳情形下，群体的任务、问题或目的与个人自我是完全融合的。基于这四个前提假定，马斯洛认为最佳的领导活动应该是 B-领导活动，这是他通过对印第安黑脚族（Black Foot）人的领导活动的观察而总结出来的。

黑脚族人对自己、对自己能力的使用是非常现实的，总是选择干得好的人去干相应的工作，从不感情用事，也不考虑他在其他工作上干得好不好。马斯洛把这种领导活动称为功能性领导，或 B-领导活动。它与客观情形的客观要求相符合，与总体现实、自然现实和心理现实的客观要求相符合。② 通过 B-领导活动而被选定的领导人没有被专门给予任何权力，他非常客观地认为自己是完成那项工作的最佳人选，而集体也认为他是完成那项工作的最佳人选，他与集体之间是一种相互给予、相互付出的关系。假定领

① 亚伯拉罕·马斯洛．马斯洛论管理．邵冲，苏曼，译．北京：机械工业出版社，2007：130.

② 同①148.

导人与集体具有同样的目的，那么领导人就是中枢的前卫，他只是发出信号，协调人们的活动以形成合力，实现组织的共同目的和共同利益。事实上，这样的领导人是应集体的要求出来充当集体的仆人或者得力助手，他不是为权力而追求权力，不是去发布命令、想方设法地影响与控制别人，而是完成适合自己的具体工作。

领导活动的一个重要方面是对权力的使用。B-领导对权力的使用是按照事情的客观要求进行的。B-权力就是做该做的事情、干该干的工作的权力，就是解决客观问题的权力，就是把该办的事情办成的权力，或者用更时髦的话说，B-权力是培养、保护和增强所有B-价值的权力。因此，B-权力也是建立美好世界的权力，是使世界更接近完美的权力。B-领导人就是追寻B-权力的人，就是依据B-价值的目的而行使权力的人。这样，B-领导人就可以被定义为能将工作干得最出色的人，至少是能将组织安排的各类事情干得最出色的人。① 与B-领导人相反的是运用权力统治别人的人，这种领导人的领导活动强调支配、控制，忽视任务、工作、情形的客观要求，因此不是最佳的领导人。

从价值实现的角度看，B-领导是以B-价值为指引的领导活动。马斯洛认为，在将开明管理作为发展方向的讨论中，在将优心作为任何其他社会机构发展方向的讨论中，需要放弃那种“单一大价值”类型的理论，如“一切都是爱”，“我的一切努力都是为了服务于其他人的利益”等观念，而接受关于终极价值的多元论，接受整体、圆满、完成、公正、活力、丰富、质朴、美丽、良善、独特、轻易、乐趣、真实、自足等所有B-价值。这些B-价值是人们终极存在层次的价值，真正成功的领导活动需要带领人们实现这些价值。②

概括起来说，B-领导是最佳的领导活动。这种领导活动能够按照如下四个方面的要求来进行：（1）让不同的领导者掌控不同的功能，而不是让一个领导者独揽大权；（2）选择适合的、接近自我实现的人而不是完人作为领导者；（3）通过集体选择而不是竞选来确定领导者；（4）能够发挥协同作用，融合目标、命令和目的。

六、开明管理的实现所需要的社会变革条件

马斯洛认为，要使一种理论变为现实，除了理论本身的正确和完备以外，还需要相应的社会条件。开明管理理论的实现也是如此，它的发展和普及需要以整个社会的变革为前提。

立足于整体思维，马斯洛强调社会变革应该是整体的，因为社会是一个整体，内部的每个部分都与其他部分联系在一起，仅仅单独改变其中任何一个部分都无法改变社会整体。由此，马斯洛提出了社会变革的十三个信条。

---

① 亚伯拉罕·马斯洛. 马斯洛论管理. 邵冲，苏曼，译. 北京：机械工业出版社，2007：151.

② 同①144.

第一，要全面发动社会变革，使全社会的机构及其附属机构都参与社会变革。社会各种机构的大小和范围不同，其中企业变革则是社会变革的主力，它会产生更广泛和更大的影响；同时，社会其他机构的变革是企业变革的必要条件。除非社会、经理们、主管们、工人们、政府官员们、老师们等做好了准备，否则，开明管理思想就不会充分传播，就不会在企业中形成巨大的变革力量。

第二，缓慢而不是快速进行社会变革是必要的和必然的。由于任何一个领域的变革都需要其他领域的变革，所以形成全面的社会变革是一个缓慢的过程。此外，人们认识社会变革的重要意义也需要一定的时间。

第三，由前两个信条可以推出，依靠知识、计划、科学进行变革是十分重要的。社会变革的整体推行决定了变革过程的复杂性，由此决定了只有形成对社会变革的正确认知，形成了正确的计划和科学的步骤，社会变革才能获得成功。

第四，要确定可行和适用现实的变革项目。不同社会、同一个社会的不同时代，形势是不同的，不同社会机构的情况也不同，不同领域的人们对变革的态度存在诸多差异，因此，一个社会的人们需要根据实际情况，确定能够顺利进行的变革项目。①

第五，对社会变革充满希望是进行社会变革的必要条件。需要使人们意识到，只有充满希望、全面参与，才能不断推进社会变革。②

第六，要认识到在一段时间内将全部精力和努力集中在具体的局部任务而不是广泛任务上的必要性。因为在复杂的社会问题面前，人们的能力总是有限的，同时，社会发展的程度不同，需要集中解决的问题各异，这就要求分步骤、循序渐进地进行社会改革。

第七，要明白没有任何人是无所不能的。社会改革的工作绝不是靠一己之力能够完成的，我们要放弃那种认为存在无所不知、无所不能的神或伟大先知人物的观念。领导者要做的就是，将不同领域的专家、学者等召集起来，建立一个协调良好的组织。

第八，社会变革依靠分工。整体是由部分构成的，不同机构中个体的性格、技能、才能、天赋是不同的，他们只能在不同的领域发挥作用，这是社会变革的前提。在理想的分工条件下，不存在领导者与追随者的区分，每个成员都清楚地知道目标是什么，并愿意为之奉献。

第九，每个人都有自己的独特能力，都能做其他人做不了的事情，因此，每个人能做出独一无二的贡献，也就是他最大的贡献。

第十，对亲情和友情的相互深入理解是十分重要的。只有更好地理解了这个信条，个人才能明白自己与其他组织成员的共同目标、自己与其他组织成员的差异以及在共同组织中的贡献差别。就像律师感谢医生做了他不喜欢做或者无法做的事情一样，相互深刻理解能使人们之间抛弃对抗竞争，抛弃彼此排斥、彼此轻视的念头。

第十一，每个人必须找到自己在社会中的正确位置，找到适合自己的工作。个人应该在充分了解自己的才能、能力、技能、价值观念以及责任观念的基础上，融入社会变

---

① 亚伯拉罕·马斯洛. 马斯洛论管理. 邵冲，苏曼，译. 北京：机械工业出版社，2007：269.

② 同①271.

革过程之中。

第十二，在一个人的才能和天赋最大限度地发展过程中，自我发展、自我实现、自我约束和努力工作是非常必要的。马斯洛认为有些年轻人曲解了自我实现的心理学，将其解释为等待奇迹发生或者好运降临的最高境界体验，这种想法是不正确的。那些自我实现的人都是自律性很强、努力工作、具有敬业精神的人。这也是社会变革获得成功的个体条件。

第十三，最后一个信条，它对上述所有信条都是必要的，同时也隐含在上述各个信条之中，这就是，现在所要进行的社会变革不同于传统的革命，它不是永远相同、不能变动和最终的，而是开放的、试验性的，甚至连采用的科学方法也是如此。任何关于社会变革的建议都应该被视为有待检验和证实的假设，它可能被证明是失败的或愚蠢的，同时，这种情况永远存在，即使取得了成功，也可能滋生新的问题。

马斯洛的开明管理理论以自我实现、民主管理、协同作用等为主要内容，涉及管理的不同方面和层次，反映了现代管理的发展要求。同时，他从心理学的视角出发探讨管理问题，这在很大程度上决定了他的管理理论可能具有的局限性。一个最突出的问题是，他的理论可能片面夸大了自我实现的作用，对人性的态度过于乐观。另外，他对开明管理原则的实践应用、个体的自我实现与工作的关系、优秀领导者的形成等问题的讨论，也对现实的复杂性重视不足，带有一定的理想特征。

尽管马斯洛的开明管理理论具有上述局限，但他从存在心理学出发研究管理，从个体自我实现的角度看待管理中出现的问题，在很大程度上促进了现代管理学的问题意识的改变。不同于以前过分追求效率的管理思想，他的开明管理理论高度关注个体，将管理的视角聚焦在个体的心理健康、价值观念、自我实现等问题之上，尝试解决个体与组织、管理者与一般成员之间的关系问题，力图最大限度地实现人们的潜能和价值，这是现代管理学的一个重要成果。

思考题

1. 如何评价马斯洛关于自我实现与工作的可能关系的看法？
2. 阐述协同思维在管理中的作用。
3. 试析开明管理理论假设的优势和不足。
4. 如何看待马斯洛关于B-领导活动的特征的观点？
5. 如何评价马斯洛的管理哲学思想？

第十九章

麦格雷戈管理的人性假定Y理论

最难以达到的是简单的真理——但使用起来却最为有力。道格拉斯·麦格雷戈知道如何找到工作的变化性质和工作场所中人的位置那些简单的、强有力的真理，他的意义在于把对人们如何行动的更好了解应用于商务世界。

——华伦·贝尼斯，德博拉·斯蒂芬斯

道格拉斯·麦格雷戈（Douglas McGregor，1906—1964），现代美国著名管理思想家，人性假定Y理论的提出者。麦格雷戈出生于美国底特律，1932年在美国韦恩大学获得学士学位，1933年获得文科硕士学位，之后在哈佛大学学习社会心理学，1935年获得博士学位。毕业后，他在哈佛大学任教两年，1937年到麻省理工学院任教，教授心理学和工业管理，成为当时劳资关系研究小组的创始人之一。1948年，他作为心理学教授和劳资关系研究小组的执行理事，接受了安第奥克学院的院长职务。服务了6年之后，他重返麻省理工学院，担任工业管理学教授，并于1962年成为第一个斯隆学者。1957年，在美国的《管理评论》杂志11月号上发表了《企业的人性面》一文，提出了著名的Y理论。这一论文经过较大扩充和修改后成为一部著作，1960年同名出版。这一著作奠定了麦格雷戈在现代西方管理思想史上的重要历史地位。在职业生涯的不同阶段，他担任过杜威和艾尔米化学公司的劳资关系部经理、美国国家培训所所长、心理学会会长等职务，并担任过政府和企业的顾问。

麦格雷戈在管理思想史上的最大贡献是他在《企业的人性面》一书中提出的管理的人性及人的行为的假定理论，其中包含了比较深刻的管理哲学因素，故而可以称得上是一位重要的管理思想家。

一、管理行为的理论假定

麦格雷戈指出，管理已经成为一个专业，而任何行业的进步都与专业人员预测未来的能力以及控制的能力息息相关，对于企业管理的进步来说，也是如此。企业管理的主要任务之一就是，将人的努力组织起来，以实现企业的经济目标。所以，企业管理从根本上离不开对人的行为的预测和控制，或者说，对人的行为的预测和控制是最重要的企业管理行为。企业管理的成功与否虽然涉及很多因素，但关键因素是对人的行为的预测和控制能力如何。

对人的行为的预测和控制能力的提高，依赖于对人性和人的行为的理论研究成果及其运用。因为包括管理决策与行动在内的任何一种管理行为，都以一定的假定、归纳为基础，即都以一定的理论为基础。这些假定虽然常常是隐含的、不自觉的，也可能是不充分的，甚至有时是相互冲突的，但却决定了我们的预测和行动，即如果我们做了 A 行为，则必然有 B 结果发生。一句话，实践与理论不可分割。这是一个普遍存在的事实。

例如，管理者在坚持"一切必须切合实际"时，依据的就是这样一项假定："大家接受我的理论假定吧，无须争论和验证。"在没有清楚地审视所依据的理论假定的情况下进行的管理实践，经常导致管理行为方面的惊人的不一致。例如，一位管理者在谈到他对部属的授权时被问起他依据的假定是什么，他说："每个人都需要学会承担责任"，或者，"只有最了解情况的人才能做出最好的决定"。然而，他又在实际工作中安排人不断搜集他部属的行为信息，用以监督他们的行为、揣测他们的决定。他解释说，他在履行责任的位置上，需要知道工作进展得如何。实际上，他没有看到他前后行为之间的矛盾，没有认识到他这样做所隐含的另外一项假定："人们是不能信任的"，或者，"他们并不能真正像我那样做出好的决策"①。

对于管理工作来说，对人的行为的预测和控制不仅不可缺少，而且可以做到，只不过预测和控制的正确程度有高低。就对人的行为的预测来说，其正确程度如何，主要取决于预测时所依据的理论假定的正确程度，没有理论，便根本无法做出预测。既然所有的管理决策与行动都依赖于关于人性和人的行为的理论假定，那么，自觉掌握关于人的正确知识或理论假定，对于管理行为的成功来说就具有决定意义。同时，这需要审查和检验我们已经使用的理论假定，消除它们可能包含的错误观念或者前后逻辑矛盾，使它们变得更加充分。只有这样，我们的预测能力才会提高，企业的人的方面的进步才会尽快实现。

对人性和人的行为进行理论研究，主要是社会科学及相关自然科学的任务。麦格雷戈认为，当时的社会科学知识对人性和人的行为已经有了比较深入的认识，然而，人们

① Douglas McGregor. The Human Side of Enterprise. Middlesex：Penguin Books Ltd.，1987：7.

把这些认识运用于提高对人的行为的预测和控制能力，却进展迟缓。麦格雷戈认为这是由许多原因造成的。

首先，与自然科学相比，当时社会科学的发展仍然处于初期阶段，许多成就支离破碎、散漫无序，内容和方法缺乏精确性，不少重要问题正处于争论中。

其次，每一个企业管理者都把自己看作社会科学家，认为自己从儿童长大成人，获得了接触各色人等的丰富经验，根本没必要再向别人学习有关人性和人的行为的知识，而且认为，社会科学家的知识经常过于理论化，与管理实践没有紧密联系，相反，实际经验似乎更实用。

再次，管理研究者的一种错误观点，即把管理看作一门艺术的观点，也起到了负面作用。这种观点否认了理论对于管理行为的重要性，排除了人们对支配管理行为的理论假定的批判性审查，把管理行为放到了直觉和感情的基础上。问题的关键不在于管理是不是一门科学。管理的确不是一门科学，而是一种实践，它的目的与科学不同。科学关注的是知识的进步，而管理，如同任何职业一样，注重的是实践目标的达成。因此，问题的关键在于能否利用科学知识实现这些实践目标。坚持管理是一门艺术的观点，否认了系统化的、经过验证的理论对实践的指引作用。

最后，人们对控制人的行为存在误解，认为控制就是按照自己的意愿支配或改变他人的行为，这常常直接违反了人性，违反了人的自然规律。在工程学中，控制指顺应自然规律，而不是强迫自然适合我们的要求。例如，人们只能让水从高处往低处流，而不是相反。这就是说，控制意味着选择合适的方法更好地利用对象。人的领域也存在规律，管理者在控制他人的行为时，只有适应人的自然规律，选择相应的方法，才能获得成功。但在实际中，管理者采取的控制方式或措施却常常是引水倒流、本末倒置。

例如，通常实行的奖金制度依据的逻辑仅仅是，人人都需要金钱，都愿意努力工作以获得更多金钱，由此出发确定了日平均工作任务，并制定了超过任务标准的奖金制度。显然，这样的制度忽略了人的行为的其他特性。大多数员工都期望得到同事的赞许，在必要时甚至愿意牺牲工资的增长来获得这种赞许；员工也很难相信，在他们完成的工作任务越来越多的情况下，奖金比例会保持不变。再如，在某项工作没有取得预期目标或员工对管理决策的反应不尽如人意时，管理者总是把原因归结为员工，指责员工愚蠢、懒散、思想顽固、不合作，而不是寻找管理方式（或决策）本身的问题。

麦格雷戈认为，现在要做的是消除上述误解和障碍，促进管理者自觉掌握社会科学对人的研究成果，形成正确的理论假定，以运用于管理实践。

二、人性及人的行为的片面假定：X理论

任何管理决策与行动都总是自觉或不自觉地以一定的理论为基础，而理论基础本身又包含了关于人性和人的行为的假定，这种假定的正确与否，从根本上决定了管理决策

与行动能否成功地调动组织成员的积极性。麦格雷戈提出，传统组织理论隐含了一种关于人性和人的行为的片面假定，可以称之为X理论。从讨论的主旨来说，麦格雷戈是围绕管理对人的行为的预测和控制、实现组织目标和个人目标的融合来讨论这一问题的。这是他这一理论的文本语境。也就是说，他不是一般地谈论人性问题。

传统组织理论提出了许多组织原则，如层级控制、逐级授权、统一指挥、任务分工、责任与职权统一、幕僚与直线的划分等。这些原则中包含着一条贯穿其他全部原则的根本组织原则，即权力是管理控制不可缺少的方法。这一原则以及其他原则已经对管理实践产生了深刻影响。然而，这些原则主要是基于对军队和教会的管理模式的研究，没有考虑到政治、经济、文化等社会环境因素对组织形成及管理的影响，而且更加关键的问题是，这些原则背后所隐含的关于人性和人的行为的假定只能算作部分正确，因为：

第一，人类一般天生厌恶工作，只要可能，就会逃避工作。在麦格雷戈看来，这一假定不仅根深蒂固，而且历史久远，它的源头可以追溯到《圣经》：亚当和夏娃本来不用工作，只是由于偷吃了智慧果，被逐出伊甸园，才来到一个他们必须工作才能生存的世界。在管理方面，强调生产力、强调日平均工作量、强调绩优则奖，都是以人类一般天生厌恶工作这一假定为前提的。

第二，由于人类天生不喜欢工作，所以对大多数人必须予以强制、控制、指挥，必须以惩罚相威胁，只有这样，才能使他们为实现组织目标而努力工作。这一假定认为，人们对工作的厌恶感如此强大，以至于许诺奖赏也不足以克服它，人们在接受奖赏后，会要求更高的奖赏，但仅仅依靠不断地奖赏，并不能使人们做出必要的努力。

第三，一般人志向不大，宁愿受人指导，力求规避责任，但求生活安全。这一假定在实质上把大众看作平凡或平庸之辈，尽管它没有明确表达出这一点。这意味着，大众需要推动、指挥、控制。可以说，它暗含了一种父权式或家长式统治的观念。①

按照X理论的假定，组织的所有重要管理活动，如人事升迁和调动、薪酬安排等，都应由管理层单方面做出决定，无须员工个人参与，即使这些决策直接影响到员工个人的需要和目标。然而，这样做，组织本身会受到损害。

麦格雷戈深刻地认识到了X理论根深蒂固的影响。他指出，X理论并不是一个稻草人，而是深深影响了美国大部分工业的管理战略的无形理论。一个明显的例证就是，许多管理者认为员工签订合同只是为了获得报酬，员工的职责就是努力工作、遵守命令。同时，也可以看到，大多数管理文献中讨论的各种组织原则几乎都是以X理论为基础而发展出来的。

的确，X理论为工业中人的某些行为提供了一种解释，有相当的证据支持它的假定。然而，也很容易看到，工业和其他领域存在着许多与X理论相矛盾的现象。从根本上看，也许X理论可以解释某种特殊战略产生的结果，但却不能解释和说明人性，它的那些假定是如此狭隘，以至于使人们无法看到内在于其他战略中的各种前景。

麦格雷戈认为，值得庆幸的是，1960年以来的25年，社会科学知识尤其是关于人

---

① Douglas McGregor. The Human Side of Enterprise. Middlesex: Penguin Books Ltd., 1987: 33-34.

类行为动机的研究有了长足的进步，使我们有能力提出关于人性和人的行为的新的假定，克服 X 理论的一些固有缺陷。他借鉴和发展了马斯洛的人的需要理论，把人的需要分为生理需要、安全需要、社会需要（归属、结社、友谊、爱）、自我需要（自尊与声望）、自我实现的需要。他认为，实际上，在组织中，有的成员表现消极，有的成员表现敌对，有的成员拒绝承担责任，这并不是他们的天生本质，而是被剥夺了社会需要以及自我需要所导致的结果。

麦格雷戈指出，在美国，人们的生理需要和安全需要的实现条件已经相当充分，所以员工行动的动因已经转到了社会需要、自我需要和自我实现的需要上。这样，过去那种胡萝卜加大棒的管理方式，由于只对人们追求生理需要的实现有效，故而对社会需要、自我需要的追求就没有多大价值，那种强调用权力进行控制的管理原则、强调指挥和控制的管理哲学就不够用了。不管刚性的指挥和控制，还是柔性的指挥和控制，均不足以提高对行为的激励作用。

总之，麦格雷戈的结论是，X 理论过于狭隘，无法解释和说明人性，需要提出关于人性和人的行为的新的理论假定。这就是 Y 理论。

三、人性及人的行为的积极假定：Y 理论

从本质上看，传统组织理论关于人性和人的行为的假定是片面的、消极的，需要提出关于人性和人的行为的全面的、积极的假定。麦格雷戈指出，尽管 1960 年以来的半个世纪社会科学理论方面很少有像物理科学那样的突破性成果，但许多专业领域形成的关于人性和人的行为的知识的积累有可能形成一些概括性的结论，为人力资源管理理论提供新的开端。他概括出下面一组假定，并将它称作 Y 理论：

第一，人们一般并非厌恶工作，在工作中消耗体力和智力就像游戏或休息一样，是极其自然的事情。工作究竟是一种满足的来源，还是一种惩罚的来源，要看控制的情况而定。

第二，外力控制和惩罚的威胁并不是把人们的努力指向组织目标的唯一手段，在做出承诺的情况下，人们会通过自我指挥和自我控制服务于组织目标。

第三，人们之所以会对组织目标做出承诺，是由于他们在组织目标实现后能获得与他们的成绩相联系的回报，而其中最重要的回报，如自我需要和自我实现的需要的满足等，可能是指向努力实现组织目标的直接结果。

第四，在适当的条件下，人们不仅能够学会承担责任，而且能够学会争取责任。逃避责任、缺乏进取心、强调生活安全，通常是生活经历的结果，而不是人的内在特征。

第五，以较高的想象力、智慧和创造力解决组织问题的能力，并不是少数人独有的，而是大多数人都具有的。

第六，在工业生活的许多条件下，人们的智力潜能仅有一部分得到了利用。

Y 理论的这些假定，与 X 理论的各项假定截然不同，对管理决策特别是管理战略

的制定和实施具有重要意义。这些假定是动态的，而非静止的。这有两个方面的意思：（1）它们指出了人具有成长和发展的可能；（2）它们特别强调选择性的适应，而非仅仅重视某些单纯的和绝对的控制方式，如以权力为手段的控制方式。这些假定的着眼点并不是一般的工作标准，而是员工切实具有的潜力资源。

最重要的是，Y 理论的这些假定表明了一个重要事实：在组织的舞台上，人与人之间的协调合作具有无限的空间；如果有限制，也绝不是人的本性的限制，而是由于管理层能力不足，未能了解如何充分利用人力资源。在 Y 理论看来，X 理论把员工绩效低下、表现懒惰、态度冷漠、拒绝合作、缺乏创新等归结为所谓的人的本性是不正确的，真正的原因在于管理本身，在于管理者没有采取适当的组织与控制方式。

当然，Y 理论的各项假定是否正确，还没有得到最终证实，因而还需要进一步研究，使之更精练、明确。但与 X 理论比起来，Y 理论与现有的社会科学知识更加一致，不至于被完全推翻。

表面看来，Y 理论的假定似乎不难被人们接受，然而，将这些假定运用于实践却绝非易事，因为它首先是对已经根深蒂固的管理思想和行动的挑战。

由 Y 理论可以推出一条根本组织原则——目标融合原则（the principle of integration）。具体说来，就是创造一种条件，使组织成员通过把他们的努力指向组织成功，从而最好地实现他们自己的目标，或者说，大家共同为组织成功而工作，以便大家能够共享组织的成果。这一原则与由 X 理论推出的层级原则——权力的运用是指挥和控制的最重要的方法——是完全不同的。

目标融合原则要求同时认识组织需要与个体需要、组织目标与个体目标，并尽可能地把两者结合起来。它意味着，如果能够用意义深远的方式调节成员的个体需要和目标，组织将会更加有效地取得它的经济目标。不能一般地强调组织需要优先于个体需要、组织目标优先于个体目标，关键是创造把两者结合起来的条件、方式或途径。无疑，找到组织和个体共同努力的结合点，双方的需要就能同时实现。当然，这一结合点并非总能找到。

根据目标融合原则，并不存在从上到下的、绝对的等级权力控制，存在的是个体的自我控制，因为个体目标的实现过程同时是促使组织目标实现的过程。所以，个体自然会进行自我控制，自我控制成了个体成员自觉履行的责任。因此，目标融合与自我控制是 Y 理论的两个关键点。

麦格雷戈强调指出，通过目标融合与自我控制进行管理的最重要之点在于，它是一种战略——一种管理人的方式。具体的策略则需要根据具体的情况来确定，表格和程序是次要的。①

① Douglas McGregor. The Human Side of Enterprise. Middlesex: Penguin Books Ltd., 1987: 75.

四、Y 理论对人力资源管理空间的可能开拓

麦格雷戈认为，如同自然科学的发展带来了技术的进步一样，关于人性和人的行为的各种假定时刻影响着工业人力资源管理的创新。除非理论认识提供了基础，否则，人们就不会认识到人力资源管理的新的可能空间，就不会采取创新的努力。Y 理论提供的假定，为新的管理决策与行动创造了广阔的可能性。

麦格雷戈指出，已经有实质的证据表明，人力资源的潜力远远超出了我们今天在工业中已经实现的那些方面，如果我们的假定仍然像 X 理论一样，我们甚至就不能认识到这些潜力的存在，更谈不上投入时间、努力、金钱去实现它们。如果接受 Y 理论的假定，我们就会接受挑战去创新，从而发现组织和指导人们努力的新的方式。

当然，实现组织要求与个体目标的绝对完美结合，一般并不具有现实的可行性。采用目标融合原则，追求的是这样一种融合程度，即个体能够通过为组织的成功努力工作而最好地实现自己的目标。这里的“最好”，意味着这种选择比许多其他选择，如对工作漠不关心、不负责任、持有敌对情绪、故意毁坏等更具吸引力，意味着个体将不断被鼓励去自主开发和运用自己的才能、知识、技艺、创造性，为企业的成功做出贡献。

接受 Y 理论，并不包含时下人们在管理方面所持有的那些观念，如放弃管理、柔性管理、放任管理的观念，因为那些观念仍然接受以权力作为管理控制的唯一手段，只是力图把这种方式的负面后果降到最低。而 Y 理论强调个体的自我指挥和自我控制，其实现程度取决于个体对组织目标的承诺程度。如果承诺程度低，个体的自我指挥和自我控制程度就可能很低，这就需要一种实质数量的外部影响；如果承诺程度高，许多传统的外部控制就是相对多余的，甚至在某种程度上是自毁长城。①

从实质上看，管理决策与行动直接影响着个体的承诺程度。权力并不是获得个体对组织目标做出承诺的适当手段。其他手段的影响，如有助于实现融合的那些手段，可以做到这一点。Y 理论强调人们的自我控制能力，指出了减少外部控制而同样能够获得人们对组织目标做出承诺的可能性，所以管理者应该更多依赖与 Y 理论一致的其他影响手段。②

因此，真正的创新不是对现有的管理方式修修补补，而是首先需要接受一组关于人力资源性质的更少限制的新假定，并且愿意有选择地适应包含在这些新假定中的真正含义。Y 理论正是打开了一种创新的空间。

由于 Y 理论在普遍性意义上更加合理，所以它具有重要的实践意义，可以被运用

---

① Douglas McGregor. The Human Side of Enterprise. Middlesex：Penguin Books Ltd.，1987：56.

② 道格拉斯・麦格雷戈. 企业的人性面. 乔・卡彻・格尔圣菲尔德，注释. 韩卉，译. 北京：中国人民大学出版社，2008：51-53.

到管理实践的各个基本方面，如组织目标的确定、职责或责任管理、管理战略的制定、绩效考核、薪酬管理、升迁和任职管理等。

例如，在职责或责任管理方面，要使组织成员接受和履行对组织的责任，就要按照职责或责任的履行与对目标的承诺直接相关这一观点，使员工参与组织各种目标的制定过程。因为在目标是从外部强加给员工的情况下，很难获得员工对责任的真正承诺；而使员工被动地接受目标，最有可能产生的后果是漠不关心或抵制情绪。所以，员工“以某种程度共同参与各种目标的制定，是以Y理论为依据的管理计划过程的一个必要方面”①。

再如，在升迁和任职管理方面，从Y理论的实质精神——人具有成长和发展的可能——出发，虽然不可能完全抛弃权力的运用，但却可以相应形成四个更加合理的结论：(1) 由于职位的要求是变化的、个体的资格类型存在差别等原因，人与职位的匹配并不是一个机械的过程；(2) 除了使用测评方式，仍然需要相当程度的主观判断，前者不能代替后者；(3) 在升迁和任职管理中，要求占据职位的个体发挥积极的而非被动的作用，如员工提供的个人情况能够被用来使他积极参加职位竞争等；(4) 上级对下级的判断能够建立在下级的情况和经历的基础之上，这样将会提高下级的品质。

五、领导能力的培养

成功的管理在很大程度上依赖于管理者的能力。领导能力是管理者进行管理不可缺少的能力要素。在领导能力研究领域，有一些关键问题需要做出解答：领导能力是天生的，还是后天形成的？管理者的成功依赖于某些核心才能和个性特征，还是依赖于许多特征的结合？管理所需要的领导能力是一种个体所具有的性质，还是一种用于描述人们之间关系的概念？20年后的管理工作仍然需要同样的核心才能和个性特征吗？在《企业的人性面》一书的“管理才能的开发”篇中，麦格雷戈明确讨论了这些问题。

麦格雷戈从Y理论的实质思想出发，概括了当时的研究成果，认为不存在表征所有领导者的单一类型的才能和个性特征。领导者的才能和个性特征并非不重要，但不同的情况所需要的领导才能和个性特征是不同的。如果把领导才能和个性特征概括为领导能力的话，那么：首先，不同的实践领域所要求的领导能力是不同的。政治领导过程的要求，不同于工业管理过程、军事领导过程、教育领导过程的要求。从一个组织领域转换到另一个不同性质的组织领域的管理者，失败与成功的概率一样大。其次，即使在同一领域如工业领域，不同的情况所要求的领导能力也是不同的。比较不同的历史时期、不同的文化背景、不同的工业领域甚至不同的公司中成功的工业领导者，可以明显地证明这一点。例如，一个成立不久、还在为生存奋斗的公司所要求的领导能力与一个根基深厚的大公司所要求的领导能力是非常不同的。最后，在同一个公司内部，不同的职能

---

① Douglas McGregor. The Human Side of Enterprise. Middlesex: Penguin Books Ltd., 1987: 68.

如销售、财政、生产等，需要相当不同的管理才能和技艺。在某一职能方面成功的管理者，在另一职能方面并不一定成功。对于组织的不同层级的管理来说，也是如此。一个成功的总裁并不一定能够成为一个成功的车间主任，反之亦然。

事实证明，许多领导者在才能和个性特征方面存在着显著不同，但从事同一领导工作都可以取得成功。这是因为，在相当大的范围内，在某些特征方面的弱点可以由其他特征方面的长处来弥补。所以，才能和个性特征不是区别成功的领导者与不成功的领导者的根本标志。

麦格雷戈特别指出，在人们认为的领导实践所必备的那些本质特征中，领导技艺和态度是可以通过学习而获得或改变的。这包括计划能力、创造能力、解决问题的能力、保持沟通渠道畅通的能力、接受责任的能力、社会互动的能力等。这些能力不是遗传的，获得它们不依赖于任何天生的个性特征。

立足于对最新研究结果的概括，麦格雷戈进一步提出了他关于领导能力的基本观点：领导能力是一种关系，是一种领导者与形势之间的关系，是一种由许多变量共同交织而形成的复杂关系。

领导能力至少涉及四个主要变量或因素：（1）领导者的个性特征；（2）被领导者的态度、需要以及其他的个性特征；（3）组织本身的特征，如组织的宗旨、结构、任务的性质；（4）相关的环境，包括社会环境、经济环境、政治环境。这些变量是相互作用的，是随着时间的推移而不断变化的，因此，一个领导者有效工作所需要的个性特征必然由于其他变量的不同而不同。

这样，领导能力就并非一种个体所具有的性质，并非天然属于某些人，而是上述四个变量共同交织而形成的结果。这一观点解决了过去人们关于领袖创造历史还是历史创造领袖的争论。在一定限度内，两种看法都是正确的，因为领袖与历史之间是相互创造的关系。

如果把上述四个变量中的第一个变量概括为领导者，那么就可以把其他三个变量概括为形势。领导者与形势之间的关系在本质上是一种循环互动的关系。例如，组织机构和政策是由高层管理者确定的，但在确定之后，它们又会反过来给领导方式确定限度，与此同时，更复杂的是，来自高层管理者方面的影响因素（高层管理者的变化伴随着管理哲学的变化），来自下级的影响因素（如对工会要求的承认），来自外界的影响因素（如社会立法、市场变化等），都会带来组织特征的变化，其中某些变化可能会导致对领导方式的重新界定。这意味着，鼓励管理者根据自己面临的特殊形势，按照自己的方式创造当时的领导实践所要求的能力条件，比训练他们去寻找统一的领导能力重要得多，结果也会更加有效。

麦格雷戈高度重视当时社会科学领域关于领导能力的研究发现，认为它们对管理层的领导实践具有极其重要的意义。

第一，如果承认领导能力取决于上述四个因素之间的关系及其变化，那么，一个必然结论就是，对未来几十年后的领导者究竟需要什么样的个性特征很难做出预测。因此，管理层的一个主要任务就是培养不同类型的人力资源，以便在形势发生变化的情况下选出适当的人员作为组织的领导者。因此，管理层应该建立开拓每个人的才能和潜力的多种方式，并且多渠道挖掘人才、选拔人才，不将学习成绩的好坏作为选拔人才的唯一标准，尽可能使组织的多数成员参与管理、参与发展规划的制定等。

第二，一个管理才能开发项目应该涉及组织中的许多人，而不是只涉及被挑选出来的少数人。尽管一些公司挑选出少数人进行管理培训，看上去取得了相当大的成功，但这很可能是一种假象。相反，如果原来所做的是针对更多人员进行管理才能开发，那么这些公司就早已达到目的，并已形成更加丰富、更具价值的领导能力资源。

第三，管理层应该把开发每个个体的独特才能和潜力作为目标，而不是为所有成员确立统一的才能标准。因为未来对领导能力资源的需求是无法预测的，所以我们对管理者的培训就不能采取统一的方式。麦格雷戈深刻地认识到，开发不同类型的人力资源必须是连续的过程，这一过程绝不会完结。这既是未来形势的需要，也是每个个体成长的无限性的要求。很少有人认识到人们的所有成长潜力。实际上，每个个体都是独一无二的，如果我们真正关心为未来的工业开发领导者，那么我们就会不断鼓励和培育个体的这种独一无二性。

第四，公司人事升迁政策的制定和实施，应该使不同类型的人力资源都能实际发挥作用，在管理职位出现空缺时及时把有才能的人员提拔上来，否则，对多样才能的开发就没有多少价值。

第五，如果领导能力是领导者与形势之间相互作用的结果，那么就并非每个有发展前途的人员都是最高管理层的潜在成员。有些成员能够成为优秀的领班、部门主管、专家，但不一定能够成为有效的高层管理领导者。①

麦格雷戈把领导能力看作开发和训练的过程，看作在各种关系中不断变化的过程，这与他的 Y 理论关于人是可以塑造、可以改变的观点是一致的，包含了相当深刻的辩证法内涵。

六、建立有效的管理团队

管理团队是群体的一种。正确认识群体的真正作用，是建立有效的管理团队的观念前提。然而，存在着许多漠视或否定群体作用的观点。有一种观点认为，没有必要组建群体，依靠个体或双人组合关系，组织就能有效运转。另有一种观点更是强烈反对群体活动方式。如威廉·怀特在他的《组织人》一书中提出，群体活动对个体有一种向下拉平的作用，强迫形成一致性，否定个人主义表现，毁坏创造性行为，一般情况下会阻碍和限制人的行动。麦格雷戈首先分析、批判了这些片面性观点。麦格雷戈指出，这些观点无视组织生活的现实。很多活动是无法以个体为基础或者通过双人组合关系完成的，很多问题也是个体或双人组合无法解决的。群体与个体之间绝非非此即彼的关系，有些活动适合个体担任，有些活动则适合群体担任。在适当的条件下，可以从群体努力

① Douglas McGregor. The Human Side of Enterprise. Middlesex: Penguin Books Ltd., 1987: 185-188.

中取得积极的优势。怀特提出的人们已经过度重视群体的作用、对个体的认识失去了正确方向的观点，恰恰没有抓住问题的关键。实际情况恰恰相反。

在借鉴20世纪30年代德国心理学家库尔特·勒温的群体动力学研究成果的基础上，麦格雷戈对如何建立有效的群体特别是有效的管理团队，做出了相当新颖的阐述。

他标划了有效的群体或有效的管理团队的诸多特征：(1)工作氛围轻松愉快、令人舒畅；(2)日常生活民主，人们能够畅所欲言、自由表达各种意见，批评是经常的、坦诚的和相对轻松的，反对意见能够得到足够重视；(3)组织成员与群体整体内在一致，即组织成员了解与接受群体的目标、任务和运营状况，所有成员都愿意对群体目标承担责任；(4)共识决策，即大部分决策是通过意见统一而达成的，因此所有成员都愿意共同努力；(5)任务分工明确，职责界定清晰；(6)最高领导者与其他成员的关系合理，他绝不会专横独断，其他成员也不会一味盲从；(7)群体自觉性强，对自身的运营状况具有清楚的认识，对出现的问题通过公开讨论来加以解决。

无效的群体或无效的管理团队则恰恰相反。遗憾的是，在现实中，大多数群体是无效的群体。之所以如此，原因是复杂的，其中最重要的原因是没有充分认识到群体的优势、功能以及群体有效发挥作用的条件，故而没有形成对群体目标的自觉承诺，没有形成相互信任、团结一致的群体状态，没有形成积极的态度和主动的创造精神。

从根本上说，内部的协力配合是形成有效群体的关键。通过协力配合与群体行动，许多棘手的组织协调和控制问题可以得到解决，对于管理团队来说，尤其如此。然而，这需要在观念和实践上满足以下要求：首先，必须抛弃个体的价值追求和群体的价值追求必然对立的观念，因为后者的实现并非必然以放弃前者为代价。其次，必须努力获得对那些决定群体行动之效益的因素如共识程度、合作方式等的理解，努力获得利用这些因素的技能。这主要意味着获得使群体成员通力合作的各种技能。再次，需要学会区别适合群体的活动与不适合群体的活动。只有这样，才能把精力专注于实现群体或管理团队内部的协力配合。最后，必须抛弃把管理团队看作可以在以指挥和控制为基础的管理战略中加以运用的一种技法的错误观念，坚持Y理论的实质精神，把管理团队看作以目标融合与自我控制为基础的自然关联体。

如果满足了这些要求，就会有许多意义重大的发现：其一，群体目标设定具有个体目标设定所不能取代的优势，并且两者是相互补充的，而不是相互排斥的。其二，有效的管理团队能够为个体的发展提供最好的可能环境，有助于扩大管理者对群体的功能与合作需要的理解，是训练人们获得解决问题和社会互动技能的最佳可能场所。其三，管理团队的许多目标和绩效测量方式能够得到发展，团队成员会像为了实现自己的目标一样，为了实现团体的目标而努力工作。其四，在有效的管理团队中，可以通过发展“目的的统一”，把人们之间残酷无情的竞争和这种竞争对组织的危害降到最低，同时又不会降低对个人的激励。

麦格雷戈由此进一步阐明了他关于组织的本质构成关系的论点：尽管组织包含了个体之间的关系，但最根本的是各种群体之间的关系；同时，在构成组织的各种群体中，人与人之间具有基本的合作能力。认识到上述事实对于任何类型的组织的发展都具有重要意义。然而，要使人们转变到这样的认识上来，既是一个必然的过程，也是一个长期的过程，因为有太多的东西需要学习，有太多的偏见需要克服。

总体说来，麦格雷戈的 Y 理论强调社会科学的进步对组织行为、企业管理乃至整个社会生活变革的指导意义，强调管理理论对于管理实践的不可或缺，强调充分认识和挖掘人力资源的潜力对组织发展的重要意义。他的理论的确是一种令人耳目一新的创造，对于今天的组织管理具有深刻的启示。他对自己的理论也许确信过高，但他对问题的探索却表现出值得赞叹的开放特征，他并没有把自己的理论当作终极真理，而是意在打开一扇通往未来的大门。①

因此，可以判定，麦格雷戈在管理哲学思想史上具有独特的历史地位。强调管理实践离不开管理理论，尽管并不是他的独创，但他突出强调管理行为必定有其理论假定，特别是有其关于人性和人的行为的理论假定，是他理论的创造性和新颖之所在。从泰勒科学管理理论所隐含的物质利益人，到梅奥所提出的组织成员具有社会性质，人性假设问题逐渐被提了出来，但却是麦格雷戈第一次直接明确地提出了管理决策与行动必有关于人性和人的行为的假定的观点。他的观点在一个维度上是成立的。任何管理决策与行动都有特定的目的，都包含了这种决策与行动能够实现目的的判定，包含了对组织成员的价值追求、个性特征、工作的努力程度和能力水平的判定。这一点从事实经验上无法否认，所以他的贡献值得肯定。

简言之，从正面的角度阐释人性和人的行为，由此提出一种积极向上的管理哲学，并把它努力运用到管理实践中，是麦格雷戈对现代管理哲学的最大贡献。正如贝尼斯等人所说，“最难以达到的是简单的真理”，麦格雷戈不仅在理论上解释了关于人性和人的行为的最有力也最简单的真理，而且把关于人们应该如何行动的新的社会科学知识运用到商务世界，实现了理论与实践的结合，显示了理论知识的巨大力量。②

思考题

1. 如何理解管理理论与管理行为的关系？
2. 如何评价麦格雷戈的管理的人性假定 Y 理论？
3. 试分析领导能力是一种由许多变量共同交织而形成的复杂关系的观点。
4. 结合生活实际，谈谈应该如何建立一个有效的管理团队。

---

① 道格拉斯·麦格雷戈. 企业的人性面. 乔·卡彻·格尔圣菲尔德，注释. 韩卉，译. 北京：中国人民大学出版社，2008：217.

② 加里·海尔，华伦·贝尼斯，德博拉·C. 斯蒂芬斯. 以人为本：管理大师麦格雷戈论企业中的人性. 海口：海南出版社，2003：前言 5.

第二十章

大内的组织思想Z理论

与市场和官僚机构相比，Z型组织与民族更为相似。在这种意义上，Z型组织培养了成员之间在工作上以及社交中的密切关系。

——大内

威廉·大内（William G. Ouchi，1943— ），日裔美国管理学家，加利福尼亚大学管理学院教授。威廉·大内1943年6月出生于美国檀香山，1961—1965年任职于美国通用汽车公司，1967年获得斯坦福大学工商管理硕士学位，1968年开始担任芝加哥大学商学院的讲师，1972年获得芝加哥大学工商管理博士学位，曾在斯坦福大学工商学院任教授8年，从1979年起直到现在，为加利福尼亚大学管理学院教授，担任数家《财富》杂志“500强企业”的顾问。

从第二次世界大战结束到20世纪80年代初，日本经济实现了高速增长，是美国经济增长速度的四倍，日本企业的国际竞争力迅速提高，日本的产品在世界市场上的份额迅速增大，特别是，日本企业大量进入美国市场，抢走了美国企业在本土的市场份额。这逐渐引起了全世界尤其是美国企业界和研究者的关注。

日裔美国管理学家威廉·大内从1973年开始专门研究日本企业的管理方式。随着研究的深入，日本为什么能够实现生产力的迅速发展、日本企业的管理方式能否在美国成功运用，成为企业家和学者非常关注的热门话题。在研究过程中，大内选择了日、美两国的一些典型企业进行研究，这些企业大都在本国及对方国家设有子公司或工厂，并采取了不同类型的管理方式。他的研究表明，一方面，日本企业具有独特的管理方式和文化特征，一般比美国企业的效率高，故而美国企业应该结合本国特点，借鉴日本企业的管理方式；另一方面，在美国存在的少数Z型企业也取得了巨大成功，而这些组织的管理方式与日本企业的管理方式存在相似之处。以上述研究为基础，以麦格雷戈关于Y理论和X理论的区分思路为对照，大内提出了自己的Z理论，论证了建立Z型组织的必要性、根本要求、基本步骤、重要意义，这些是他1981年出版的《Z理论——美国企业界怎样迎接日本的挑战》一书的主要内容。从现代管理思想史的角度看，大内的Z理论在组织理论和组织文化研究方面取得了重要突破。因此，这一著作出版后立即风靡全美国，并快速传播到世界各地的管理学界，得到各国管理界和管理学者的高度关注，对之后的管理实践和管理研究产生了重要影响。

一、日本大型组织的特点

大内指出，日本生产力的快速增长表明了美国企业向日本企业学习的必要性，但关键是必须了解能够向日本企业学习什么。这就需要对日本企业的管理方式，特别是日本企业的基本特征和运转方式进行调查研究，形成一个与西方企业进行比较的指南。

第一，日本的大型组织即大公司和政府部门，对员工实行的是退休前的固定雇佣制。这是一种特殊的员工雇佣制度。大公司或政府部门一般每年春季都要招聘一批新员工，员工一经正式雇用，一般就一直工作到退休年龄，除非触犯法律，员工是不会被解雇的。在大公司，除了个别担任常务董事的高层员工以外，其他所有员工到了年龄都必须退休；公司一次性付给每个退休人员一笔遣散费，一般相当于5～6年的工资，这笔费用大约可以维持他们15～20年的生活；退休人员没有养老金或“社会保障”，公司一般负责把退休人员安排到下属公司或卫星公司，让他们再工作几年。由于大公司或政府部门对职工工作的这种长期保障安排，职工一般会积极关心组织的利益和成长。

需要注意的是，固定雇佣制在日本并不普遍，尽管这种制度是员工所期望的，并且是雇主的奋斗目标。实施这种制度的主要是大企业和政府部门这类大型组织，工作人数约占日本劳动大军的35%。然而，固定雇佣制集中反映了日本社会的文化和价值观，它不只是一项政策，而是一种教义，浓缩了日本人生活与工作的方方面面。

大内认识到，固定雇佣制是日本独特的社会条件和经济结构的产物，不能照搬到美国，原因有三：(1) 日本大公司只在有盈利时才给员工发红利，而美国公司的员工则在公司收益减少时也可能增加工资；(2) 日本的每个大公司都有一大批临时员工，主要是妇女；(3) 日本的卫星企业严重受制约于大公司的摆布，多数作为大公司的供应商而存在。①

第二，日本企业采用的是缓慢的评估和升职制度，对员工的评价以及员工的晋级过程相对缓慢。日本的企业组织是极其复杂的，其纵横交错的特点之一就是缓慢的评估和升职方式。先看看新员工的情况。两名新员工同时进入一个典型的日本公司，他们在受

---

① 威廉·大内. Z理论. 朱雁斌，译. 北京：机械工业出版社，2007：12-19.

雇的前10年会得到同等程度的晋升，就连增加的薪金也是一样的。只有在他们工作10年之后，才会有人给予他们正式的评价，并在工资和晋级上显示出差别。企业对职工的考察是长期而全面的，不仅要考察职工的生产技术，而且要考察职工在社会活动方面的能力等。这种非常缓慢的评估和升职过程虽然对于有抱负的年轻经理来说似乎慢得令人厌烦，但其优点在于普遍地减少了人们追求短期利益的企图，使真正的工作表现暴露无遗；它不鼓励人们玩弄某种短期见效、哗众取宠的手法，并削弱了同伴之间相互攀比以及相互敌视的现象，促进了人们以非常坦率的态度对待合作、工作表现和评价。

再看看部门经理的情况。事实上他们所有的时间都是同他们的全体工作人员在一个大房间里一起度过的。很难想象部门经理下属的某个科长会提出一份特别的季度或年度总结来概括他所在科的成绩。因为大家都知道每个科的情况，人人都清楚谁的意见受到了重视，谁的意见被忽视了。

缓慢的评估和升职制度对于许多美国人来说似乎是完全不能接受的。这不仅因为美国人希望得到迅速的反馈和提升，而且因为这种制度似乎阻碍了最能干的人早日得到提升。但是，在日本公司里，正式职衔和实际所负的责任往往不一致。经常有这样的事例，一个资历较深的人拥有经理职衔，但实际主持业务工作的却是一个没有职衔并比他年轻好几岁的人。这使能干的人能迅速担负起更大的工作责任，但他们只有经过一定年限后才能得到正式的提升；而过去做出重大贡献的人，尽管有年轻人的威胁，在职衔和工资方面仍有保障。这种人人都能看到的事实使员工比较愿意等待自己的机会。

同时，在没有对等奖励的情况下，员工也愿意承担更多的责任和压力，这是由于日本企业的每一个员工都同时归属于8～12个工作团队，他们不断地在这些团队中发挥作用，而这些团队则反复向他们灌输对企业、对同事保持忠诚的奉献精神。在这种环境里，外界的评价和奖励不受重视，最主要的是同等级别的同事所实施的、体现密切关系的复杂评价体制。这个重要事实不仅在日本，而且在别处也是许多组织获得成功的基础。美国过去几十年的社会科学研究总结出了一个非常具有说服力的结论：人们在集体中的归属关系对人们的态度、动机和行为的影响超过了任何其他社会现象。①

第三，日本企业实行的是非专业化的职业发展模式。这是日本公司员工职业培养方面的特点。其典型的职业道路是，使员工学习适应多种职务的技能，而不是只会一种，故而员工的工作业务种类经常变换。这种制度有助于培养员工的综合业务能力和对组织的忠诚。

以一位年轻的大学毕业生为例。他毕业后进入一家银行工作，开始担任见习管理的职务，大约在一年的时间内，他会见顾客并在执行任务的过程中熟悉业务，然后他被派到一个分支机构去学习银行业务，包括与出纳员一起工作，并且管理情报、文件和人员的流动等。之后，他从那里被调回总行学习商业银行的大宗业务。再后来，他又被调到另一个分支机构，在零星贷款部学习发放汽车贷款以及针对个人的其他小笔消费贷款。在此之后，他可能又被调回总行，这次是进人事部。这是他必须熟悉的重要工作之一。这时大概已经过了10年，他将第一次获得重要的晋级，也许被升为部门经理。升职后，

---

① 威廉·大内. Z理论. 朱雁斌，译. 北京：机械工业出版社，2007：21-22.

他以这个身份又被调往另一个分支机构，也许负责新业务，需要大胆地去拜访潜在的客户，开拓生意。然后，他可能又被调回总行，这次是进国际部，协调与美国或法国有业务往来的日本企业对银行业务的需要。当他到达事业的顶峰时，他会是这样一个专家：能够胜任该银行的每个职务、每个专业以及每项职责，并能把它们紧密地结合成一个整体。

美国企业的情况则不同。有的人一生完全从事生产工作，有的人总是搞工程，有的人永远是会计师，等等。美国企业的高层领导在其职业生涯中从事过的专业一般不超过两种，有许多人只做过一种专业工作。这种人倾向于以发展该专业为目标，而不是以面向整个企业为目标。美国方式的巨大力量在于，能够组织专业人员在任何环境中发挥其专长，专业人员能够轻易地从一个城市转到另一个城市，从一个雇主换到另一个雇主。这种创新是西方企业的伟大奇迹之一，使得工业生产的广泛开展成为可能。美国方式的缺点是，工人永远不能相互紧密结合，只能形成一种松散结合的力量。

大内最后强调，固定雇佣制、绩效评估和职业发展模式只触及了鼓励日本员工创造巨大生产力的部分工作状态。每个组织的管理职能（从决策到态度再到价值观）的重要性都不亚于上述几个因素，而这些管理职能是企业高效经营的基础。①

二、日本企业的运作方式

大内认为，日本企业基本的管理控制机制是非常精妙、含蓄和深藏不露的，因此对于局外人来说，它们似乎是不存在的，但这个结论是错误的。实际上，这种机制是全面的，纪律性非常强，要求苛刻，但也非常灵活。大内在研究日本某大银行在美国的总部时发现：在这种混合型环境中，日式与美式管理方式所存在的根本性差异发生了碰撞，从而把那些更深层次的、日本本土的日本公司没有显山露水地表现出来的运作特征呈现在人们面前。

美国型的大公司和政府机构的管理者强调规定绩效目标，把大部分时间耗费在了设定具体的、可测量的绩效指标上。他们的观念是，如果没有规定要完成的具体目标，怎么知道自己干得好不好？美国的所有商学院都教导学生制定全球化的企业目标，认为这些目标等同于可测量的绩效目标。目标管理、项目规划和评估以及成本效益分析法是美国现代管理学的基本控制工具。②

日本企业的基本管理方法则十分不同，它包含着特定的管理哲学观。这种哲学观是一种隐含的企业经营理论，描述的是目标和实现目标的方法，代表着企业主、员工、客户和政府管理机构的价值观。具体说来，这种哲学观是要阐明，生意对于企业来说意味着什么——企业应该如何对待客户和员工，应该与当地的社区保持什么样的关系，应该如何处理与竞争对手的关系，以及应该在整个世界扮演什么样的角色。员工如果能深刻

---

① 威廉·大内. Z理论. 朱雁斌，译. 北京：机械工业出版社，2007：22-28.

② 同①29-30.

地领悟这些，那么就能自行决定什么样的目标适合什么样的状况；而且，管理者没有必要告诉他们，也没有必要给他们下指标。同时，实现目标的活动是由一整套关于什么样的解决方案往往会在企业或公司中发挥有效作用的观念决定的，而这套观念关心的是谁应该对企业或公司应该或不应该考虑某种新产品做出决策。

掌握了这种哲学观和信念本质的人，能够从概括的陈述中推导出无数具体的标准和目标，以适应不断变化的情况。同时，领会到上述基本理念的人在处理特定状况时会得出相同的具体标准。因此，这种理念既控制了人们对问题做出反应的方式，又实现了人们之间的协调。这种理念是看不见摸不着的，不能完全用语言记录下来。相反，传播这种理念的是一种主要管理人员普遍具有的文化，在某种程度上，也是所有员工一致认同的文化。这种文化突出表现在大型组织运作方式的突出特点之中。①

第一个特点是，决策中重视相关人员的参与态度，对于重要的决策，采取每个相关人员都要参加的集体决策方式。这与典型的美式组织中各层负责人都认为“自己说了算”，即自己承担决策的责任，十分不同。

例如，对于决定一个新厂的厂址、是否应当改变生产方法，以及其他一些重要问题，一般意味着有60～80个人直接参加决定。一个三人小组将被指定负责与这60～80个人谈话。而且在遇到重大修订时，这个三人小组要再次与全部的参与人员联系。这个三人小组将重复这个过程，直到取得真正一致的意见。用这种方法做出决定需要很长的时间。但一旦做出决定，每个相关人员就都会给予支持。因为重要的不是决定本身，而是人们对决定负责和了解到什么程度，否则，“最好的”决定也能被搞坏，就像“最坏的”决定也能搞得不错一样。

这种集体决策过程是在对哲学观、价值观和理念基本没有异议的框架内发生的。这些哲学观、价值观和理念成为大家普遍具有的决策条件的基础，而这些决策条件使得许多人参与每一项决策成为可能。如果在这60～80个人中，就像在西方组织中一样，每个人都有根本不同的目标和方法，那么这种重视参与的程序就会以失败而告终。

另外，由于强调参与，这种集体决策过程对于由谁负责做出决定有意识地保持模糊。因为他们都很明白，他们每个人对所有任务都负有完全的责任，并且共同分担这个责任。这种决策方式与日本管理体制的所有其他特点一样，牢牢地扎根于一个复杂的系统，这个系统的各个组成部分紧密地结合在一起，并依赖于通过密切的关系而形成的信任和精妙性。正因为如此，整个公司的经营方针和目标往往能为全体员工所接受。②

第二个特点是，具有强烈的集体价值观倾向，尤其是集体责任感。日本的工厂几乎从来不采用对个人施行物质刺激的方法，如计件制以及与增加工资有关的个人绩效评估。以个人为基础的合理化建议制度也行不通。一家在日本的美国公司曾建立了一种个人建议制度，但在6个月内却没有一个工人提出任何建议。经理问工人为什么，工人回答：没有人能够单独提出改进工作的意见，他们在一起工作，其中的某个人提出的任何一种意见实际都是观察别人并同别人交换意见的结果；如果把建议归功于某个人，那就

① 威廉·大内. Z理论. 朱雁斌，译. 北京：机械工业出版社，2007：31-32.

② 同①33-34.

会使他们所有人都感到难为情。于是，公司改为集体建议制度，奖金发给小组，最后取得了良好的效果。

对这些例子可以有两种截然不同的解释。第一种解释是：日本人追求集体价值观的精神是不合时宜的，与现代工业制度格格不入。集体主义似乎不激励个人做到出类拔萃，而美国所经营的事业的巨大成功却离不开对个人的激励。在完全不考虑经济影响的情况下，集体主义意味着丧失个性，丧失变得与众不同的自由，丧失持有在根本上不同于其他人的价值观的自由。第二种解释是：日本人的集体主义是节约和高效的集体主义。它促使人们在一起有效地配合，彼此鼓励在工作上更上一层楼。工业化生活要求人们相互依赖。日本人的集体主义在经济绩效上涉及责任，虽然不是显而易见的，但却影响深远。在日本人心中，集体主义既不是要力争实现的企业目标或个人目标，也不是他们追求的口号，相反，它是理所当然的，因而个人的行为不具有任何重要性。在生活中，每一件重要的事都是团队协作或集体行为的结果。因此，将个人荣誉或过失与结果联系在一起的企图是无处可寻的。

在日本公司中，由于不需要评估个人的短期绩效，所以在收集和处理所有这种信息上，公司可以节省一笔可观的计算系统费用。工业化社会在本质上是整体化的、相互依赖的。任何人都不能独自造出一辆汽车，也不能独自完成一笔银行交易。在某种意义上，日本人的集体主义价值观自然而然地与工业化环境相适应，而西方的个人主义带来的则是无休无止的冲突。现代工业化社会或者病入膏肓，甚至可能充满敌意，或者变得自然纯朴，这完全取决于文化与技术的融合程度。①

第三个特点是，强调在整体上关注人。在雇主与员工的关系方面，西方的大多数组织实行的是一种“局部关系”，即雇主与员工认识到他们之间的关系仅仅涉及与完成特定任务直接相关的那些活动。对比之下，在日本企业中，雇主与员工之间不仅有工作上的角色关系，而且存在着类似于家庭那样的“整体关系”，包括雇主组织一些与员工共同参加的娱乐活动、体育活动等，在这些情景下，员工与雇主是一种新的角色关系，员工可以与雇主交流，可以提出不同意见；而且，企业还尽可能为员工的其他社会需要提供支持。这样，企业就通过各种途径把经营与人们的社会生活融为一体，使人们之间形成了多重密切关系。这种密切关系不仅使每个人真正付出的努力和创造的绩效变得一目了然，而且使人们能够了解彼此的需要和打算。因此，对于组织的存在来说，就起到了促进成员之间相互信任、防止组织内部自私和阻断不诚实行为发生的重要作用。因此，日本人明明白白地向世人证明，整体化在工业化生活中是可以实现的。②

三、Z理论与Z型组织

大内在对日本组织的管理方式，日、美两国典型组织之间的不同特点以及各自文化

① 威廉·大内. Z理论. 朱雁斌，译. 北京：机械工业出版社，2007：36-38.

② 同①38-41.

传统的深入研究基础上，把已经在美、英等国少量出现的更具优势的组织命名为Z型组织，提出了自己的Z理论。①

Z理论的第一原则是建立相互信任，即建立一种管理制度，使一个组织的各个部门之间、上下级之间、成员之间形成一种相互信任的关系。大内认为，生产力和信任紧密相关。这种信任能够使组织作为一个整体内部协调行动，以应对组织所遇到的困难和暂时的损失，使组织整体实现利益最大化、取得长远成功。英国在20世纪期间，工会、政府、企业管理层互不信任，致使英国经济处于瘫痪状态，人们的生活水平大幅度下降，从反面证明了信任对于组织发展的头等重要性。

Z理论的第二个原则是精致配合原则，即根据组织成员的个性特征建立起最佳的工作团队。大内指出，这一原则是日式方法转变为美式方法的产物。就企业来说，就是根据各个工人的不同特点，确定他们的最佳搭配，由此建立起效率最高的工作小组。由于人与人之间的关系始终是复杂的、变化的，所以要在工人之间建立这种精妙关系，主要就必须依靠基层管理者如班长、组长对工人有充分的了解。这样建立起的精妙关系是保持企业生产力增长的重要因素，而任何官僚主义的规定都可能破坏这种关系和生产率。

Z理论的第三个原则是建立密切的社会关系，即不仅要在家庭、邻里、俱乐部和教室里培育人与人之间的亲密关系，而且要在工作单位培育这种亲密关系。因为人们的美好生活离不开人们之间的相互关爱、相互支持和坚定的无私奉献精神，而所有这些都源于密切的社会关系。说到底，密切的社会关系是一个健全社会不可缺少的组成部分；一个社会一旦失去这种密切关系，人们的公共责任感、集体感就会被严重削弱。实际上，密切的社会关系正是日本人生活的一个突出特点。②

总之，生产力问题是社会组织或管理组织的问题。要解决生产力问题，需要按照有效的方式使个人之间的行为协调一致，并从合作和长期的观点出发，向成员提供激励，鼓励他们协调自己的行为。

可以看出，大内Z理论的形成，既有对日本组织的某些本质特征的理论提升，也有对美国社会中已经出现的数量不多的Z型组织的本质特征的理论概括。大内认识到了美国社会的绝大多数组织与日本大型组织的不同，如实行短期雇佣制、专业化的职业发展模式、明确的控制机制、个人决策和个人负责等；与此同时，他也看到了美国社会中存在着Z型组织特别是Z型公司，这种组织既与日本组织存在不同，又有许多特征与日本组织相似。

首先，Z型组织实行长期雇佣制，并且常常是固定的雇佣关系，尽管这没有被正式标明。这种长期关系的需要通常是由于企业的复杂性质要求大量的在职培训，故而企业希望留住员工，以便使他们在特殊的公司环境中创造出优异成绩。

其次，在Z型组织中，职业发展模式也是非专业化的，更多表现出在不同部门和不

① 在大内这里，Z型组织（Z Organizations）是相对于A型组织（American Organizations）和J型组织（Japanese Organizations）而言的；A型组织指西方社会中的一般的组织类型，Z型组织指西方社会中数量不多的最有效的组织类型，J型组织专指日本社会中的组织类型。Z理论这一名称，是大内为了与麦格雷戈所说的X理论、Y理论相对照而确定的。

② 威廉·大内. Z理论. 朱雁斌，译. 北京：机械工业出版社，2007：5-6.

同职位之间“徘徊”的特点。而这也正是日本公司的典型特征。这种模式能够有效地培养出适合公司性质和状况的能力，有助于人们在设计、制造和销售阶段展开密切协作。

再次，在Z型组织中，典型的决策过程是体现集体意志和重视员工参与的过程，在制定重大决策时会选择许多人参与。这是一种决策和行动的平等主义。这种机制不仅有助于在组织内部广泛传播信息和价值观，而且清楚地传达出企业的合作精神。需要指出的是，与日本组织在决策方面是集体负责不同，在Z型组织中，最终负责决策的仍然是一个人。

最后，Z型组织的内部文化具有高度的统一性，十分类似于氏族组织。由于把组织成员联系在一起的是各种各样的黏合剂，因而他们之间的关系十分密切，这就与等级制度或官僚机构不同。这种文化机制非但不会约束人们的行为，反而能够最大限度地挖掘人们的潜能。①

四、Z型文化的特点

公司的文化代表的是公司的价值观，如进取心、防范心或灵活性，是规定行动、舆论和行为模式的价值观。Z型文化拥有一套独特的价值观，包括信任、集体主义以及人际关系密切等。这种文化渗透到Z型公司的方方面面，其中以人事战略首当其冲，甚至它的产品也靠这些价值观来塑造。其中，Z型文化对人即对劳动者肩负的责任是最重要的。

Z型文化认为任何劳动者的生活都是完整的，他们不具有双重性格——上午9点到下午5点是机器，在此前此后的时间里是人。Z理论提出人性化的工作条件不仅会提高公司的生产力和利润，而且会增强员工的自尊心。每个人都感到无拘无束，从而像“人”一样发挥更大的作用。迄今为止，美国的经理们认为生产力的提升取决于技术，Z理论反而呼吁人们在公司化的世界里改变他们关注的目标，重视人与人之间的关系，建立Z型文化。在当今条件下，Z型公司之所以能够取得成功，主要原因就是它们的文化带给员工一个稳定的社会环境，员工在其中能够认清自己所处的位置并获得支持，以便应付和增强自己在生活中扮演其他角色的能力。

尽管Z型文化强调建立类似氏族性质的组织关系模式，但它不是社会关系的颠覆者，而是增强和发展社会关系的积极力量。在Z型文化所塑造的和谐、相互支持的组织中工作的人们，在维持外部社会关系方面往往也做得比较成功。

在一个国家中，经济状况与社会状况是紧密相关的，Z型公司可以让它们保持均衡状态。如果社会主体无法平稳运转，那么经济主体就会受到影响。经济组织不单纯是经济的产物，同时也是社会的产物。工作组织与任何社会体系一样，需要人与人之间保持良好的协调关系。组织内部的每个人和每个集体与组织的关系，实际就像人体器官与人体

① 威廉·大内. Z理论. 朱雁斌，译. 北京：机械工业出版社，2007：52-70.

的关系一样，只有协调一致才能形成一个有力的整体，才能创造出更高的生产力。①

具体说来，Z 型文化具有以下鲜明特点：

第一，Z 型文化容纳批评，欢迎开诚布公。Z 型组织可以说是一种非宗教化的、关系密切的团体。这种关系使人们自愿地展现自己的方方面面，包括自己的渴望、担心、缺点，由此形成相互接受的宜人氛围。人们由于认识到自己什么都不需要隐藏，所以感到完全解脱，表现出开诚布公的态度；而且，由于贡献与错误一样会被人们看到，所以每个人都愿意努力工作。在某种程度上，Z 型文化就是这样发挥作用的。②

第二，Z 型文化把信任作为企业内外行为的基础。信任是一种合作的方式、一种沟通的方式，它使人们意识到他们是平等的、重要的，他们是人而不是部件。这就使决策的实施变得更容易。

第三，Z 型文化体现团队精神。Z 型公司由于高度重视合作，所以即使很少明确地提出建设团队的要求，公司内部也会有许多具有强大凝聚力、拥有一半自主权的工作团队。Z 型公司创造了一种有助于增进人与人之间良好和密切关系的文化，这有利于鼓励工作团体形成强大的凝聚力。如果人们对相互依赖习以为常，长期致力于发展他们的工作关系，而且合作得非常好，那么他们就会构成具有凝聚力的团队，并且自然而然地更加擅长解决他们大家都必须面对的问题。③

第四，Z 型文化强调“走动式管理”（management by walking around）。经理与由一般员工组成的团队之间的合作是通过“走动式管理”实现的。Z 型公司的一位经理说，他们通常把高层经理的办公桌搬到问题集中发生的地方，这样，高层经理就正好置身于冲突的中心。要在不同情况下运用管理能力管理不同类型的人，高层经理需要放下身段。

走动式管理说明，经理需要以亲身实践的方式参与管理，而不是遥远地发号施令。高层管理人员专注的显然不是给员工洗脑，而是设定目标，使每个人既能满足他们自己的个人利益，同时又能满足公司的利益。他们追求的是一种和谐的利益结构。④

第五，以顾客为本，重视产品的社会价值。Z 型文化强调立足于长远，立足于为顾客年复一年地提供他们愿意购买的产品和服务。有时候，在 Z 型公司生产的产品的价值上，效益显而易见地居于次要地位。而且，利润和效益意味着专业，而不是节约成本。Z 型文化认为，利润是顾客发给公司的奖金，而之所以如此，是因为公司解决了他们的问题。因此，决定公司是否成功的是顾客。而有些公司是从另一个不同的角度认识利润的，它们认为利润是价格与成本的差值。这说到底是要做两件事情：提高价格和降低成本。这两种方法都意味着欺骗顾客。⑤

Z 型文化的上述鲜明特点突出表现在 Z 型组织中的成员身上。以 Z 型公司为例，Z 型公司的员工与 A 型公司的员工明显不同。其一，Z 型公司的员工感觉到公司具有与众

---

① 威廉·大内. Z 理论. 朱雁斌，译. 北京：机械工业出版社，2007：149-152.

② 同①153-158.

③ 同①159-160.

④ 同①160-161.

⑤ 同①161-162.

不同的哲学和精妙含蓄的控制手段，而A型公司的员工则没有感觉到这一点。其二，Z型公司的员工比A型公司的员工明显具有更强烈的集体主义精神。虽然这两类公司的员工都具有积极进取意识和独立意识，但在对集体责任和行动的态度方面，Z型公司的员工远比A型公司的员工坚定不移。① 其三，Z型公司的员工在情绪上比A型公司的员工更快乐，不像A型公司的员工那样做出反常的行为和不友善。这与Z型公司的员工拥有比较健康的工作关系直接相关。其四，Z型公司的员工对外表现得心平气和、有条不紊和胸有成竹，而A型公司的员工对外表现得似乎有些匆匆忙忙、焦头烂额，几乎控制不了局面。②

五、Z理论发挥作用的步骤

大内深刻地认识到，在美国文化的背景下，由一般类型的组织即A型组织转变为Z型组织是一个变革过程，不可能突然实现。在具体操作层次上，大内给出了经理人员使Z理论发挥作用的13个步骤。

第一步，了解Z型组织和自己扮演的角色。开始时，要求所有参与变革的经理人员阅读他的《Z理论——美国企业界怎样迎接日本的挑战》一书，以便熟悉Z理论的基本思想。要以这样一种方式来阅读材料及其基本思想，即鼓励公开表示怀疑的态度，鼓励对这些思想进行讨论，不把怀疑、质疑看成拖后腿、缺乏协作精神等，而看作为了取得信任。在阅读和讨论阶段，要特别重视Z型组织的思想实质，但引起讨论的方法也同样重要。讨论方法必须体现平等、坦诚和参与，这三项是建立Z型组织的终极目标。领导者开诚布公地反对别人、接受坦率的批评、平等待人、鼓励大家参与，是发展基础性和普遍性信任关系的开始。③

第二步，审查企业的哲学。企业目标（企业哲学）手册让人们认识到工作和生活的价值观。它表明，人们在组织中的行为方式和组织的行为方式是对公司的理想形象的重要性、什么是达成交易的正确方式、利润对企业的意义等问题的回答，目的是满足组织的成员、客户以及组织所服务的社区的需要。企业的哲学影响着企业的各个方面，直接或间接地决定了内外部人员评价、信任和关注企业及其产品的方式，在很大程度上决定了企业的成败。因此，应该明确提出需要所有人了解的、具有激励性质的企业精神。同时，对企业哲学的审查还能暴露高层经理在言行之间的差异，以及企业战略同管理哲学是否相符。④

第三步，确定适当的管理哲学，并让公司的领导参与。归根到底，如果没有等级制度中最高领导者的直接支持，一个组织的变革是不可能获得成功的。不能指望一个人会

---

① 威廉·大内. Z理论. 朱雁斌，译. 北京：机械工业出版社，2007：165.

② 同①165-168.

③ 同①76-77.

④ 同①77-79.

支持他不赞同的管理哲学，所以必须向相关领导解释组织所期望的管理哲学。有时，相关领导思想上并没有真正接受，但没有讲出来。如果把这误解为领导已默然同意，那就错了。当认真实行时，就会导致失败。所以，必须使相关领导真正理解并积极支持。①

第四步，通过搭建结构和提供动力来贯彻组织的哲学。为了实现所期望的宗旨，绝大多数组织需要建立一定的组织机构，用来弥补人们在信息交流和协作上的偶然失误，引导人们进行协作，并在遇到困难时引导人们趋向于长期观点。在这个方面，大内强调了建立正式报告制度的重要性。对于一个由多位经理组成的领导群体来说，承认他们的弱点，建立正式的委员会，以便确立报告关系、分配人员和工作，并不是不光彩的事，这些措施可以满足他们的重要愿望，即学会如何在一起工作。②

第五步，培养人际交往能力。在大内看来，处理人际关系的技能在Z型组织中处于经营方法的核心地位。因为协作和体谅是Z型组织取得成功的关键。人际交往能力既是与委托人、顾客等打交道所需要的一种技能，也是与同事、合伙者融洽共处而必须学习的一种技能。这对于训练下级特别是一般成员参与决策尤其重要。一是训练一般成员辨别集体决策中相互作用、相互影响的方式；二是训练一般成员学会在这样一种集体中进行领导，做到这一点后，集体就能迅速地发现重要的问题，看出问题的实质，找到大家都愿意支持的高质量的、创造性的解决方法。③

第六步，对实施Z型管理方式的结果进行自我检验和系统检验。在实施一种组织上的革新时，必须进行某些试验来表明它是否达到了预期效果，以便说服那些持怀疑态度的人。这种试验不一定是复杂的，也不一定花钱很多，但必须有助于使那些怀疑革新的人相信他们的担心是没有根据的。另外，这种试验有助于那些真正支持革新的人冷静下来，使他们看见变革的缺陷。高层经理在向较低层级推行Z型管理方式以前，必须首先对自己进行测验，以便确定自己对这种宗旨的掌握程度。

检验这种管理方式在刚开始是否合时宜的唯一方式是自我检验，如每一个经理向其直接下级提供调查表，要求他们从参与的力度、平等性和其他政策、结构上的变化等方面对自己所从属的经理进行评估。另一种检验方法是邀请不参与组织变革的人到组织参观、对某些经理及其下级进行采访，并让他们写下对组织的印象。Z型组织成功的重要标志之一是，生产工人会主动获得客户提供的反馈信息，组织中的每个人在一个平等、和谐的环境中真正地参与管理。④

第七步，让工会参与Z型变革计划。在实施Z型变革计划的某个阶段，最好在讨论对工作条件实行重大改变之前，必须让工会参与。因为Z型组织的成功在很大程度上依靠权力的平等分配。这主要可以通过下列三种方法来实现。第一种方法是，成立工人委员会，法国、瑞典等国采取的就是这种方法。第二种方法是，使工会在建立组织的整体化关系方面发挥作用。第三种方法是，通过成立工会而建立权力分配中心。如果人们可以接受平等和公平的原则，那么他们就必须接受工会化的原则。

---

① 威廉·大内. Z理论. 朱雁斌，译. 北京：机械工业出版社，2007：80.

② 同①81.

③ 同①81-83.

④ 同①85-87.

在许多公司中，不公正、不负责的管理部门迫使工会处于一种敌对地位。而在一个健全的环境中，工会实际是公司的一个现成渠道，通过这个渠道，公司可以与员工沟通、把员工组织起来、向员工解释福利计划，并把教育、社交和娱乐活动结合在一起。公司需要认识到工会会员也是公司的员工，工会组织可能为公司的成功贡献力量。①

第八步，使雇佣关系稳定化。稳定的雇佣关系在很大程度上是由公司的政策直接导致的。员工由于有更好的就业机会而跳槽的情况，常常可以用以下办法来改变：使工作更具挑战性，在工作过程中更为平等，给员工提供更多参与决策的机会，等等。

强制终止雇佣关系或解雇大批员工和有针对性地解雇某些员工在很大程度上与公司的政策有关。有些公司认为，在经济疲软和销售额下滑时，或者对于一个基本上没有竞争力、即将破产的公司来说，被迫采取解雇员工的做法是一个标准的措施。然而实际上，公司的命运与稳定的员工队伍息息相关。解雇员工这种方式会让企业付出更加沉重的代价，即将来在雇用最有才干的员工上会变得更加困难，而留在企业的员工的责任心也会明显减弱。②

第九步，确定缓慢的评估和升职制度。社会在发展，但年轻人却是缺乏耐心的。然而，让员工认识到长期绩效的重要性是至关重要的。只有这样，他们才会忘记短期绩效而做那些对短期或长期绩效都有根本意义的事。有才干的人常常在外部有很多选择机会，可能不合理地离开Z型企业中更有前途的事业而加入A型企业。解决这个问题的办法很简单：同竞争的企业相比，快速提升他们，使他们不离去；但同企业内部与其同等地位的人相比，放慢对他们的提升，这样就可以使他们从长远的角度看问题。③

第十步，扩大职业发展的道路。在大内所处的时期，美国经济正在进入一个持续的缓慢增长阶段。这使得中年的、中等级别的专业人员或经理进一步提升的空间变得有限。研究结果表明，那些在一个公司内部的各种职务之间调动但级别并没有提升的经理，与那些不断变换公司而步步高升的“优秀人物”一样，具有较高的积极性、效率和满足感。相比之下，那些仍旧担任同样的职务、没有横向或纵向移动的人，很快就丧失了兴趣、积极性和责任心。所以，必须发展非专业化的职业道路，鼓励员工转移到能使他们学到新东西的相关职务上。这需要高层管理群体以身作则，树立好的榜样。④

第十一步，自上而下进行变革，为基层变革提供准备。大内指出，按照传统惯例，美国的大多数企业都是在低层员工中开始实施改革的。但是，Z理论提倡采用截然相反的方法，进行自上而下的改革。这意味着，只有上层经过改革之后，通过上层的邀请，下层的管理人员和员工才能参与改革。如果一个组织是按照严格的等级制建立的，那么渐进式的变革就必须从这种等级制的最上层开始。这一步是真正需要耐心的一步。成功的Z型公司不是匆匆忙忙地纠正以前犯的错误，而是花时间让组织内部担任高层职务的人员对参与式管理具有一定的认识，并真正坚定不移地实施这种管理方式。⑤

---

① 威廉·大内. Z理论. 朱雁斌，译. 北京：机械工业出版社，2007：87-89.

② 同①90-91.

③ 同①91-93.

④ 同①93-94.

⑤ 同①95-97.

第十二步，选择在企业的关键方面实施参与式管理。要做到这一点，就要把员工看作一个整体，向他们征求意见，而不是从几个无名无姓的意见箱里寻找建议，同时，要把员工的合理意见付诸实施。如果已经实现了平等的报酬、工作的稳定以及部门之间的协调，那么拿计时工资的员工就会承担责任和创造出更高的生产率。大内认为，经理责怪员工生产率低下，事实上在绝大多数情况下，是生产原料供应不及时、机器没有检修，以及由于互相竞争而不合作的经理们协调得不好。所以，关键是做好组织和协调工作。①

第十三步，提供发展整体化关系的机会。大内强调，整体化关系是组织成为一个整体的结果，而不是其原因。然而，如果组织为了发展整体化关系，只想到给员工发制服、为保龄球比赛与野餐提供资金支持等方法，那就大错而特错了。整体化关系的本质是团结性、内聚力，而这是在共同工作并共享归属情感的员工团体中涌现出来的。整体化关系不是随便开发出来的，但只要实行Z型改革，它就有发展的机会。同员工谈谈公司如何对付竞争者，谈谈公司的成功和问题。这些同工作有关的论题是发展整体化关系的关键，并且可以使这种关系摆脱公司的任何家长式管理方式的束缚。②

大内总结说，上述这些步骤只能作为一种大致的指南和讨论的中心，而不能作为一种管理发展的“烹调书”。尽管在从A型组织到Z型组织的过程中，人们会发现这些步骤是交织在一起的，但按顺序排列的逻辑是这些步骤的基础；同时，在改革实施过程中，要根据情况改变这些步骤的顺序。作为一种大致的指南，从开始启动这个流程直到它贯彻到各层管理人员，大约需要两年的时间，而使这种改革落实到每一个办公室和工厂中的每一个员工，也许需要十到十五年的时间。由于参与式管理方式符合所有员工的基本价值观，所以一经实施，一般可以自我维持并将保持旺盛的生命力。③

六、Z理论的哲学设计

大内认为，对于Z型公司来说，它的哲学尤其重要。它的哲学清楚地告诉人们什么重要、什么不重要，从而帮助企业保持自己的独特性；它的哲学还有助于认同这种共同文化的人们高效地制订计划和开展协作；同时，由于Z型公司立足于长远发展，所以在决策上必须认真权衡决策的利弊；还有，Z型公司的决策一般以合作和参与为基础，所以，需要所有员工对组织的目标和价值观形成一定的认识，以便统一他们的行为。在这样的情况下，哲学就是最有用的工具。哲学提出了处理问题的标准模式，说明了组织为什么如此决策，为什么某些行为会受到奖励，这些行为如何体现公司的形象等关系到组织发展的重要问题。④

---

① 威廉·大内. Z理论. 朱雁斌，译. 北京：机械工业出版社，2007：97.

② 同①98.

③ 同①99.

④ 同①100-101.

就一个企业如何形成自己的哲学来说，可以采取以下任何一种方法。一种流行的方法是调查-反馈法，即一两个人对关键部门的经理一个一个地进行访谈，然后把这些有关哲学的各种观点反馈给预先特意建立的各种小组。人们以此为出发点，接着讨论企业的战略和方向、风格和形式。这样的讨论有助于对价值观的各个要素达成共识。另一种方法是鼓励关键部门的经理总结他们认为能够使组织获得成功的原则，初步确定组织的哲学。同样，如果要使这样一种哲学作为控制和决策的基础而有效地发挥作用，就必须在整个组织中对之进行广泛的讨论并使之得到普遍的接受。

就内容构成来说，企业哲学的核心内容是基本的价值观和理念。这些价值观和理念在组织的内部彼此保持一致，而且符合组织外部的经济和社会环境。这些价值观和理念被包含在企业如何确立组织目标、如何构建组织的管理程序、如何对待经济和社会环境对组织的制约这三个关键因素之中。①

创建企业哲学的根本目的是使其发挥作用。如果企业的所有员工都认可企业的哲学，对企业文化都了解得非常清楚，他们就会有共同语言，彼此就很容易沟通，从而对企业所可能遇到的各种问题达成共识。在大内看来，自觉运用哲学在日本比在美国更普遍。这表现在日本企业一般都有哲学手册，向员工清楚地说明企业哲学的具体内容。在美国，大多数公司没有完整地提出公司的哲学，许多公司把哲学的主要部分埋藏在心里而不是体现在纸上。美国公司趋向于用正式的训练计划和非正式的口头语言相混合的方式向员工传达公司的基本价值观。这种方式的主要缺点是，如果不是用白纸黑字的方式将公司哲学写清楚，就会显得没有经过很好的考虑，故而就会有较大的不一致和缺乏对理想的注意。②

所以，大内在此强调了哲学手册的重要作用，并指出要在灵活运用的过程中不断使公司哲学获得完善。他列举了惠普公司的哲学手册的例子来说明这一点。惠普公司的管理者每隔几年就对哲学手册进行一次修订，从而确保公司能够以一种与时俱进的态度处理自己面临的新问题和新业务。惠普公司的基本价值观之一是，不要成为一个“雇用和解雇”的公司。为了始终贯彻这一基本价值观，惠普公司不得不放弃许多有利的政府合同。因为这些合同常常意味着雇用一大批员工一年或两年，然后在合同结束时就把他们解雇。③

大内指出，企业的哲学设计不存在千篇一律的模式，而是需要根据企业的业务性质、发展规模、外部环境具体而定。如英特尔公司就不同于惠普公司。作为美国最成功和最赢利的公司之一，它通过对公司内部经理们的调查-反馈过程，建立了具有独特价值观指向的哲学：更加强调自己现有的文化而不是今后的展望，更加强调手段而不是目的，更加强调行动和行为的恰当方式。在英特尔公司，人们对这种哲学具有强烈的认同感，专业人员和经理们都具有很强的使命感、紧迫感。可以看到，在这种环境中工作的每一个人在取得进步、创造出一番成就和作为团队的一部分在一起工作的同时，也收获

① 威廉·大内. Z理论. 朱雁斌，译. 北京：机械工业出版社，2007：102.

② 同①106-109.

③ 同①109-112.

了快乐。哲学在维持这种积极的氛围上发挥了非常大的作用。①

简言之，组织的哲学提出的是一个由员工组成的集体通过努力所形成的目标和行为方式。每个成功的Z型组织的哲学在某些方面都是独特的，但它们又有着某些共同的因素。它们都反映着对企业基本职能或宗旨的理解，并且都强调为了实现那个宗旨而进行内部协作的必要性。归根到底，组织的存在是为了努力使个人通过合作而实现某种整体化的活动。② 概括起来，大内整个Z理论的结论是，Z型组织和Z型文化更加合理，具有突出的软优势，能够吸引最杰出的人才，能够创造具有竞争力的产品和服务，因而最终将会成为主导的组织类型和组织文化。③

思考题

1. 试析日本企业之运作方式的文化基础。
2. 结合现实案例，说明建立正确的哲学对企业健康发展的重要性。
3. 试对Z理论做出总体评价。

---

① 威廉·大内. Z理论. 朱雁斌，译. 北京：机械工业出版社，2007：114-122.

② 同①122.

③ 姜杰，等. 西方管理思想史. 北京：北京大学出版社，2007：169.

第二十一章

沙因以基本假定为核心的组织文化理论

组织文化的“狂热”已经伴随我们五年。埃德加·沙因是反思这一重大现象并对它进行深度和辉煌分析的第一人。

——彼得斯

埃德加·H. 沙因（Edgar H. Schein，1928— ），组织文化与组织心理学领域的开创者，世界著名的心理学家与行为学家，享有国际声誉的管理咨询专家。沙因1928年出生于美国，1947年毕业于芝加哥大学教育系，1949年在斯坦福大学取得心理学硕士学位，1952年在哈佛大学取得社会心理学博士学位。1956年起，任职于麻省理工学院斯隆管理学院，1964年成为教授，1972—1982年任斯隆管理研究所组织研究小组主任，现为斯隆管理学院荣誉退休教授。他的主要著作有《强制性说服》（1961）、《过程咨询》（第1卷，1969；第2卷，1987）、《职业动力学》（1978）、《组织心理学》（第3版，1980）、《组织文化与领导》（1985，1992，2004，2010，2016）、《重新思考过程咨询》（1999）、《企业生存指南》（1999）等。

人们普遍认为是沙因发明了“组织文化”① 这一术语。他的主要研究范围涉及组织发展领域的诸多方面，包括职业培训、过程咨询、组织文化。他的最大贡献是提出了以多层次的基本假定为核心的组织文化理论。

---

① 学界在使用organizational culture（组织文化）与corporate culture（企业文化）这两个概念经常不太做区分。这是因为就广义来说，大至联合国、国家、民族、地方政府、政党、工会，小至家庭等，其实都是“组织”。但在现代管理学的大部分情况下，organizational culture这个概念用于形容企业或非营利组织的文化形象。对organizational culture的翻译，根据对象的不同，有时译成组织文化，有时译成企业文化，两者并无本质上的不同，但组织文化更具一般性，故我们取此译法。

应该指出，沙因的组织文化理论研究是一个不断成熟和完善的过程。自 1985 年以来，他的《组织文化与领导力》先后出版了五版。在此期间，他对一些问题的设定和判定发生了诸多变化。[①] 本章对沙因组织文化理论的阐述，将综合《组织文化与领导力》第一版、第三版、第四版的内容来进行。

一、人的行为的复杂性

沙因在《组织心理学》一书的开篇讲："在任何一种有组织的集体努力中有效地利用人力，一直是社会中的一个迫切问题。埃及法老王当年建造金字塔时所面临的问题，与当今公司经理或大学校长所面临的问题是基本相似的。"[②] 这些问题包括他们所努力完成的事情从根本上是什么，如何组织工作以实现所确定的目标，如何保证人力资源的招聘、培训和工作分配，如何创造出适当的工作条件与奖惩条件以使工人和管理人员高效工作，如何应对组织内外的技术与社会变化，等等。沙因说，他写作《组织心理学》的一个重要目的是，要提供一种从个人和组织这两种角度来分析上述问题的观点。

沙因概括了心理学研究领域中从工业心理学到组织心理学的转变过程，认为工业心理学对激励方式、奖酬制度、人事政策、群体关系研究的深入，最终导致了开始把组织的整体性质和社会性质作为研究重点，认识到组织是一个复杂的社会系统，要想真正了解人的行为，就必须对这一系统进行深入研究。在沙因看来，这是组织心理学得以产生和成为一门货真价实的科学的标志。从他的思路和观点可以看出，这也正是他关于人性和人的行为的研究的根本出发点。

沙因指出，纵观整个历史，人们虽然不断努力探讨人的本性问题，力图对真正激励着人的东西是什么或人性中的什么东西使得人们以某种方式行事的问题给出正确答案，但显然至今仍然没有研究清楚这一问题，而关于在人们的工作中究竟是什么起着激励作用的争论，仍然和历史上一样激烈。

沙因认为，要对人性问题做出相对正确的研究，关键是要找到根本合理的研究视野，这就是组织心理学的组织整体观以及社会学的社会论、情景论和发展观。从这样的视野出发，他首先分析了以往人性研究的主要理论，特别是管理学中存在的三种主要人性假设。

沙因批评了对人性进行生物学解释的谬见。他指出，不可否认，人性包含着与生俱来的生物因素，特别是生物性质的需要和动机，它们的确影响着人的行为。然而，它们仅仅部分地规定着人的行为，更具决定性影响的因素是人通过学习而产生的需要和动机，后者反映了人的文化、家庭境遇、社会经济政治背景，以及具体生活情景中的各种

---

① 埃德加·H. 沙因. 组织文化与领导力：第四版. 章凯，罗文豪，等译. 北京：中国人民大学出版社，2014：100-101；埃德加·H. 沙因. 企业文化与领导. 朱明伟，罗丽萍，译. 北京：中国友谊出版公司，1989：95；Edgar H. Schein. Organizational Culture and Leadership. San Francisco：Jossey-Bass Publishers，1985：86.

② 爱德加·薛恩. 组织心理学. 余凯成，李校怀，何威，译. 北京：经济管理出版社，1987：2.

因素。

沙因分析了管理学中存在的三种主要人性假设——“理性经济人”假设、“社会人”假设和“自我实现人”假设，认为三种人性假设各有一定的适用性，暗含了对组织进行管理的不同策略，同时都存在着特定的不足。

沙因认为，“理性经济人”假设是主张个人追求自身利益最大化的享乐主义哲学在经济学和管理学中的衍生品。麦格雷戈对这种人性假设进行了清楚的分析，并把它命名为X理论。这套理论的主要问题倒并不在于根本没有人符合这种假设，而在于它把人的行为过分一般化、简单化了。① 由于这种假设认为工人指望从组织那里得到的唯一东西就是薪酬，所以它暗含的管理策略就是用经济奖酬购买工人的劳务和服从，而组织则有义务通过一套权力与控制系统保护自己和工人，并要求工人服从权威职位，同时，管理的重点是高效率和工作效益。然而，很多工业心理学和工业社会学的研究结果发现，工人的许多动机、需要与期望并不符合“理性经济人”理论，而它们对工人的工作质量、数量以及工人与组织的关系等有着重大影响。这些研究便引来了一套更重视人的社交需要与动机的人性假设——“社会人”假设。②

对于“社会人”这种基本假设，沙因指出，由梅奥等人提出的这种假设把社交需要看作人的行为的基本激励因素，把人际关系看作形成人的身份感的基本条件。这种假设暗含的要求管理者实行的管理策略包括许多方面：更多地把注意力放在为完成任务而工作的人的需要上，而不是所要完成的任务上；应该关心的不是对下级的指导和控制，而是下级的心理健康、希望被他人接受的情感以及归属感、身份感等要求；组织的工作是由各种团队完成的，故而奖励应给予团队集体而不是个人。的确，在人们关于领导及激励的研究中，有许多例证都支持工作场所中社交因素的重要性，也有例子验证了在某些场合下人的社交需要的强烈程度胜过经济需要。然而，这也不能假定“社会人”假设是唯一正确的，可以当作对组织进行设计与管理的基础。由“社会人”假设所造成的一个主要后果——“自我实现人”假设表明了这一点。③

沙因指出，麦格雷戈的Y理论对“自我实现人”这种假设所做的表述最为妥切。这种假设暗含的管理策略的重点不在于满足员工的社交需要，不在于对员工的体贴和关心，而在于考虑怎样才能使工作变得更具内在意义和更富挑战性，使员工找到工作的意义，由此才能使他们获得自豪感与自尊感。同样，也有许多调查证据支持这种假设，但是可以看到，这种假设或Y理论是一种比较理想主义的观点，因为很多实际案例表明，员工虽然可能存有要实现较高层次需求的愿望，但由于这种愿望受制于较低层次需求没有得到实现这一客观因素，他们的期望被现实压低了，故而就只能顾及要实现较低层次需求的愿望了。④

沙因认为，以上三种人性假设理论都仅仅在一定程度上是正确的，因为现实中的人性或人的行为要复杂得多。因此，必须采用更全面、更合理的视野来认识组织中人的行

① 爱德加·薛恩. 组织心理学. 余凯成，李校怀，何威，译. 北京：经济管理出版社，1987：64.
② 同①66.
③ 同①83.
④ 同①88-89.

为。这需要将人性研究的系统观、发展观、社会学的情景观融为一体，形成一种综合的、具有复杂视角的认识框架。①

从这一框架出发，沙因提出，人性并不是固定不变的，而是取决于人所处的社会条件、组织情况、其他情景等，这就是他的“复杂人”假设理论，主要包括以下观点②：

第一，人的需要有许多种类，并且会随着人的发展阶段和整个生活处境的变化而变化。

第二，人的价值观、目标、动机模式由需要与动机彼此作用组合而成，是复杂多样的。例如，金钱与自我实现的需要不是截然分开的：一方面，金钱可以满足不同的需要，在一定情况下可以满足自我实现的需要；另一方面，自我实现的需要可以通过多种方式来满足。

第三，通过在组织中的经历，人们会更新原来的需要，获得新的动机。这意味着一个人在某一特定生涯或生活阶段的总的动机模式和目标，是他的原始需要与组织经历之间一连串复杂的相互作用的结果。

第四，人们在不同的组织中、在同一组织中的不同时期或不同情况下，也会有不同的需要与动机。

第五，人们可以在许多不同类型动机的基础上，全心全意地参与到组织中，成为组织中高效的一员。工作任务的性质、个人的能力经验、工作环境氛围等多种因素相互作用会产生不同的需要与动机，都会影响员工的效能。

第六，多种因素促使人们形成不尽相同的需要与动机，这就决定了人们会对不同的管理政策做出不同的反应，因此，不存在在一切时间对一切人都起作用的管理政策。③

在沙因看来，“复杂人”假设与现实情况最接近，是更加合理的人性假设。那么，它对管理有什么启示？他引出的主要结论是：对于如何管理人，既没有单一的答案，也没有唯一正确的方法；对于如何组织工作，也没有十全十美的途径。既然员工的能力、需要与动机是千差万别甚至千变万化的，管理者就应该尊重这些差异，善于对它们进行分析和诊断，确定适应差异和变化的行动路线，有区别地对待员工。要想拥有这种分析诊断的洞察力，管理者就应该保持灵活性，并掌握高超的处理人际关系的技巧。这种根据现实情况而采取灵活行为的管理方式，也正是已经变得十分普遍的权变论对管理的启示。④

沙因对人性假设的探讨具有相当的深刻性。他认识到，所有的人性假设理论，包括他的“复杂人”假设理论，探讨的都主要是激励的根源问题，然而激励并不是组织绩效的唯一决定因素；员工的能力状况、工作处境的性质、工作所使用的手段、管理部门的协调能力，都对组织绩效有直接影响，而比这些更加重要的是组织中形成的非成文的心理契约，即组织和员工对对方以及对自己的期望。“在任一组织中，每一成员与组织的

① 爱德加·薛恩. 组织心理学. 余凯成，李校怀，何威，译. 北京：经济管理出版社，1987：8，47-51，90.

② 同①4，44，91.

③ 同①116-118.

④ 同①118-119.

各种管理者及其他人之间，总是有一套非成文的期望在起作用。”①

具体说来，人们能否有效地工作，能否对组织及其目标产生责任感、忠诚心和热情，以及他们自己能否从工作中获得满足，在很大程度上取决于两个条件：（1）员工对组织会向他们提供什么和他们将给组织什么回报的期望，与组织对它将付出什么和将得到什么回报的期望相互匹配的程度；（2）组织和员工实际交换的东西的性质，如用钱交换花在工作上的时间、用自我实现的机会交换优良的工作质量或在为组织目标服务的过程中付出的创造性努力，等等。②

这就是说，个人和组织之间归根到底是相互影响、相互作用的关系，这种关系的运动必然表现为力求和反复建立一种能够起作用的心理契约的过程。这是组织运动的心理动力学规律。也就是说，个人与组织，个人激励与组织的条件、习惯方法，双方相互依赖、相互作用，构成一个系统。因此，我们只能采用理解系统的方法才能理解这种关系，而不是仅仅关注任何一个方面。

可以看出，沙因的“复杂人”假设理论包含了深刻的辩证法思想。首先，他力求从组织与社会的系统整体性出发来看问题，正是基于这一点，他在各种人性假设理论之上提出了“复杂人”假设理论；其次，他强调用动态的眼光看问题，正确认识到了人的需要与动机的变化特征；再次，他看到了具体情景对人的需要与动机的重要影响，强调人的需要与动机的具体性；最后，他认识到个人和组织之间是一种相互依赖、相互作用的关系，它对心理契约理论的运用具有突出的创新性。

二、文化的本质与层次

沙因的组织文化理论是从对一般意义上的文化的界定开始的，同时是以群体（group）为主体来进行说明的。

沙因分析了众多关于文化的定义，特别是关于组织层次上的文化的定义，包括把文化看作人们所遵循的行为规则，工作群体中逐渐形成的规范，组织所标明的支配性的价值观，指导组织政策的哲学，组织中起作用的游戏规则，组织氛围以及组织成员与顾客、其他外部成员相互作用的方式等六种定义。他认为，虽然所有这些定义都在一定程度上反映了组织文化，但它们只是反映了组织文化的表象，而没有反映组织文化的本质。

依据人们日常对“文化”这一词语的使用，沙因指出，“文化”这一词语可以指任何规模的社会单元（social unit）所习得与稳定下来的对于自身和周围环境的看法，即它的那些基本假定（basic assumptions）。在最广的层次上，文化指的是文明，如通常所说的西方文化和东方文化。在次一级层次上，文化指的是国家层次的文化，如美国文化

① 爱德加·薛恩．组织心理学．余凯成，李校怀，何威，译．北京：经济管理出版社，1987：24-27.

② 同①124.

和墨西哥文化。在一个国家之内，又有不同种族的文化。在更具体的层次上，有职业、专业或职业共同体的文化。最后，在本书重点分析的组织层次上，可以形成组织文化，以及在组织内部的次级单元——群体层次上，还可以形成群体文化（group culture）。①

除了文明意义上的文化，沙因依据从宏观到微观的层次顺序，把文化分为四类：国家社会层次的宏观文化、各种组织层次的组织文化、组织内部各种职业群体层次的亚文化、组织内外微观系统的微观文化。

沙因认为，各种层次的文化在本质上是相同的。为了研究的方便，他选择通过定义群体文化来理解各种层次的文化特别是组织文化：

> 一个群体的文化，就是一个群体在处理外部适应和内部整合问题的过程中习得的、群体成员所共同拥有的一种关于诸多基本假定的模式，这种模式在实践中运行良好，因而被认为是有效的，也因此被作为认识、思考和感受这些问题的正确方式而教授给新成员。②

沙因提出的这一群体文化的定义，也就是他所认为的组织文化的定义。他后面所说的群体文化的三个层次，也同样指组织文化的三个层次。而且，他重点讨论的是企业组织的文化。综合这些方面，他把自己的这一研究著作命名为《组织文化与领导》。

可以看出，上述沙因对群体文化的定义具有如下特征：

第一，在群体层次，文化是群体动力和群体发展的产物。也就是说，文化是群体性质的，是随着群体的变化而变化的。因此，不存在单一个体性质的文化。

第二，群体文化在本质上意味着一个群体的成员所共有的深层的基本假定，包括这个群体在处理外部适应和内部整合问题的过程中所形成的共识，以及整个社会所形成的更普遍的基本假定。通俗地说，文化是群体成员看待群体生存所涉及的各种基本问题的方式。

第三，群体文化的形成是习得的过程，是群体成员通过经验而形成共有观点的过程。一个群体的成员在解决内外问题的过程中习得了大量共同的重要经验，经过一段较长的时间，它们导致群体成员对周围世界以及他们在其中的地位形成了一些共同的观点，这些共同观点长期起作用而最终被认为是理所当然的，并处于非自觉的状态，这样就形成了群体文化。人们如果掌握了群体学习的动力学，那么就可以改变群体文化。

第四，群体文化具有突出的群体主观性特征。一个群体的文化不仅被这一群体看作认识和处理群体内外各种问题的有效的方式，而且被看作正确的方式，不管这种文化是否真的如此。

沙因进一步从群体的角度探讨了文化的构成层次。他把文化分为可见的人为事物、价值观、基本的支撑性假定三个层次。③

---

① Edgar H. Schein. Organizational Culture and Leadership. San Francisco: Jossey-Bass Publishers, 1985: 8.

② Edgar H. Schein. Organizational Culture and Leadership: 3rd edition. San Francisco: Jossey-Bass Publishers, 2004: 17.

③ Edgar H. Schein. Organizational Culture and Leadership: 3rd edition. San Francisco: Jossey-Bass Publishers, 2004: 26；埃德加·H. 沙因. 企业文化生存指南. 郝继涛，译. 北京：机械工业出版公司，2004：13.

第一，可见的人为事物（artifacts）。这是文化的表层或最明显的层次，指一个群体已经建构起来的物质环境和社会环境，包括一切可以看到、听到、感受到的人为的事物和创造物，特别是一个群体所使用的技术、艺术以及它的各种行为方式，如它的物体的空间布局、技术成果、艺术装饰、所使用的语言、穿衣举止的风格、情感表达方式、仪式庆典等。① 文化的这个层次虽然易于观察，但却难以译解。换句话说，人们可以描述他们在一个群体中的所见所感，但却难以推想出这些表象所蕴含的这个群体的文化的本质。只有和群体内部人员进行谈话，就上述所见所感的表象询问他们，才能进一步了解这些人为事物背后的深层含义，这时，就进入了文化的第二个层次。

第二，价值观（values）。所有文化知识都反映了某个人的原初价值观，即他在处理事情时所奉行的“应该如何”的意义维度。这一维度不同于“实际上是什么”的事实维度。群体的价值观主要反映在它所明确表达的群体目标、发展战略和哲学信条之中，对于群体成员处理关键问题具有重要的指导作用。群体的价值观的形成是一个过程。当群体面临一个任务、问题或麻烦时，群体中的某个成员，往往是群体的创始人或领导者，对现实问题的性质和应该怎样处理该问题具有确信的看法，并基于这些确信的看法而提出某种解决方式。也许，这一个体把他提出的解决方式看作一种基于事实的信念或原则，但他的群体成员只有在集体地分享了这种解决方式的成功之后才会产生同样的确信，从而对这种解决方式产生共识；如果这种解决方式确实正确反映了客观现实因而能够持续产生作用，这种价值观就会开始发生一种认知转变过程——逐步上升到信念以至最终上升到假定。由此可以看出，价值观并不是文化的最高层次。群体对于所遇到的各种问题都会形成价值判断，有些是群体主要信奉的价值观，而有些则看上去并不连贯一致，甚至相互矛盾。这时，只有更充分地了解“基本的支撑性假定”，才能达到更深的层次，才能真正了解一个群体的文化。②

第三，基本的支撑性假定（basic underlying assumptions）。在一个群体中，当解决某一问题的方式能够反复起作用时，对它的确信就会逐步转变成假定，它就会被人们认为是理所当然的方法。由解决群体所面对的那些终极问题的方式而形成的假定，就是基本的支撑性假定。如果一种基本的支撑性假定已为一个群体所坚决执行，那么这个群体的成员就会觉得基于其他假定的行为是不可接受的。③ 群体的基本的支撑性假定决定着群体成员的思维模式和解决问题的方式，并在群体成员的头脑中生根而成为一种无意识。这些基本的支撑性假定存在于群体成员的各种属性、人际关系与活动、现实与事实之中。它们由于已成为一种无意识，所以很难被观察到，群体成员一般也不会意识到。然而，正是由于它们的存在，群体的事件才会以特定的形式发生。也就是说，这些假定是一个群体的价值观和行为的终极根源。只有了解一个群体的基本的支撑性假定，才能真正了解群体文化模式的运行过程及其原因。

沙因认为，文化的三个层次构成由浅入深逐渐形成的过程，最深层的基本的支撑性

---

① Edgar H. Schein. Organizational Culture and Leadership: 3rd edition. San Francisco: Jossey-Bass Publishers, 2004: 25-26.

② 埃德加·H. 沙因. 企业文化与领导. 朱明伟，罗丽萍，译. 北京：中国友谊出版公司，1989：19-21.

③ 同②21，22.

假定是群体文化的本质，同时，基本的支撑性假定一旦形成，又反过来支配着人们的价值观和可见的人为事物，支配着人们的生活和行为，因此，文化的三个层次构成一个内在关联的整体。由于文化的形成是一个较长的时间过程，是群体整体的各种重要行为的产物，由于文化反映了群体的历史经验和基本特征，所以，文化是群体的一笔根本财富。

沙因对文化的层次划分可能存在概念理解问题。他把群体生存的基本的支撑性假定看作不同于价值观的更深层次，实际上，这涉及对价值观的理解问题。从对价值观的通常界定来看，沙因所说的那些基本的支撑性假定多数都包含了价值观的内容，反过来说，各种主要的价值观本身就是沙因意义上的基本的支撑性假定。

三、组织文化的形成与作用

组织文化的定义能够阐明组织文化是什么，但不能阐明一个组织为什么会形成这种文化，或者这种文化为什么能够在组织中存在下去。这一问题是组织文化的动力学问题，同样需要做出正确研究。沙因认为，归根到底，这一问题是组织文化是怎样产生、发展和变化，以及它究竟具有什么作用或功能的问题。

在组织的产生和生存中，组织文化之所以能够形成和持续存在，是因为组织的长期存在和正常运转需要解决两个方面的基本问题：（1）解决在与外部环境的关联中组织的生存问题和对外部环境的适应问题；（2）解决组织内部过程的整合以保证持续的生存和适应能力的问题。[①] 组织的长期存在和正常运转首先需要在这两个方面的主要方面形成共识，这些共识也就是这两个方面的基本假定，构成了组织文化的重要组成部分。

任何组织要在与它相关联的、不断变化的外部环境中生存下去，都必须形成对各个相关事宜的共识，这些共识一般会成为组织文化的相关要素。

第一，组织必须对使命和任务特别是核心使命和主要任务以及明显的与潜在的功能形成共识，而这些共识会成为组织文化的中心要素。每一个新的组织或群体都必须对自己的根本生存问题形成共同观念，并从中引申出核心使命即存在的理由的最基本内涵，然后完成它的核心使命和主要任务，否则，它就不可能生存下去。在大多数企业组织中，关于根本生存问题的共同观念是经济生存和增长。当然，组织往往承担着多重使命和任务，有些是众所周知的，有些则是潜在的。如学校，人人皆知的核心使命和主要任务是教育学生，但其实学校还担负着其他使命和任务：防止未成年人游手好闲，培养其工作能力或使其掌握技术以便日后进入劳动力市场，等等。然而，在各种使命和任务中，核心使命和主要任务等都是组织最优先考虑的任务，而完成核心使命和主要任务以

---

① 埃德加・H. 沙因. 企业文化与领导. 朱明伟，罗丽萍，译. 北京：中国友谊出版公司，1989：56.

及完成它们的方法，从根本上决定了组织文化的产生。①

第二，组织必须对各种运营目标形成共识。组织的各种运营目标是根据核心使命而制定的。核心使命和操作目标的一致性过程往往就是组织决策的形成过程。对于一个企业来说，必须在企业的生存和增长这一核心使命下，确定生产、销售、利润、影响力等各个方面的运营目标。无疑，对各种运营目标形成共识并不容易，一是因为运营目标经常会与核心使命和主要任务混淆起来，二是因为对核心使命的共识并不能完全保证组织成员都会有共同的运营目标，组织内部不同团体之间可能从核心使命引申出完全不同的运营目标。然而，形成对各种运营目标的共识是必需的。同时，为了使组织成员对各种操作目标形成共识，组织必须有共同的语言和对承担职责的规定。所有这些方面都有可能成为组织的潜在文化要素。②

第三，组织必须对实现目标的手段形成共识。对于各种类型的组织来说，它们在努力适应自己所处的环境时会获得与应用许多技能、技术和知识，所有这些技能、技术和知识都是实现组织目标的"手段"。组织只有对这些手段形成明确的共识，才能完成它的主要工作。而对这些手段所形成的共识又会反映在基本的工作设计、劳动分工、组织结构、报酬和奖励制度、控制系统和信息等方面，这些方面也要求组织成员形成共识。如果组织成员能够在这些方面形成共识，并将之传递给新的成员，它们也就成为组织文化的一部分。③

第四，组织必须对衡量目标完成程度的标准形成共识。这些共识会带来组织的团结一致精神，汇入组织文化之中。组织一旦开始工作，就必须对如何判断自己的业绩以及在工作出现偏差时应该采取什么样的修正措施等形成共识。如果组织成员在期待什么和怎样评价成果的认识上大相径庭，那么他们就不能众志成城、协力合作。在现实中可以看到，各级管理机构之间对判断成功的标准缺乏共识，是改进整体工作成效和提高组织成员满意度的主要困难，由此可以看出组织成员对衡量目标完成程度的标准形成共识的重要性。④

第五，组织必须对战略修正形成共识。如果战略没有实现的话，组织就必须对适当的补救或修正战略形成共识。当然，这个过程并不限于出现问题的组织去处理问题的时候。一个成功在望的组织也应该决定下一步的发展战略。对于组织来说，修正战略是经常的，因而必须在这个方面不断形成共识，这意味着组织在发展途径方面需要形成价值判断尺度的一致，这种一致也会成为组织文化的一个部分而对组织的未来发展产生影响。这里特别重要的是组织对"坏消息"或威胁组织生存的情报的反应。没有经历过周期性危机的组织就不会有应付这些危机的能力。因此，应付危机也为建设组织文化或展现组织的已有文化提供了机会。⑤

组织不仅需要处理在与外部环境的关联中组织的生存问题和对外部环境的适应问

---

① 埃德加·H. 沙因. 企业文化与领导. 朱明伟，罗丽萍，译. 北京：中国友谊出版公司，1989：59-62.

② 同①63-64.

③ 同①64-65.

④ 同①68-70.

⑤ 同①70-72.

题，而且需要处理组织内部的结合或整合问题，这也意味着组织文化相应方面的形成。

第一，组织必须形成共同的语言和概念范畴。这会作为组织文化不可缺少的形式要素而沉淀下来。对于实现任何类型的共识来说，共同的语言和概念范畴都是必要的，对基本观念和假定的共识也是必要的，因为这是沟通的前提条件。如果成员之间不能相互交流和理解，那么组织就不可能形成。组织要发挥作用，组织成员就必须首先消除语言隔阂以便确定他们所使用的抽象概念的实际含义，然后建立信息沟通系统和能够解释内部运用情况的语言。有人可能会把建立共同的概念范畴系统称为传递某种“价值观”，但实际这个过程比传递价值观更为深刻：价值观具体体现在概念范畴之中，而概念范畴系统与价值观一起体现在怎样做出反应的原则之中。特别需要注意的是，语言和概念范畴是需要随着组织的生存与发展而发展的。①

第二，组织需要对组织的界限以及吸收与排斥成员的标准形成共识。这种共识是界定组织范围、识别“内部人”和“局外人”的共识，它如果被长期坚持下去，也会成为组织的标识文化的一部分。组织要发挥作用并得以发展，很重要的一个方面就是认识谁在组织“内”、谁在组织“外”，以及判断“内”“外”的标准是什么。在组织的开始阶段，吸收成员的标准是由领导者、创始人或“召集人”制定的；但是，随着组织成员之间的相互作用，这些标准会经过不断检验而逐渐形成组织共同的标准。确定用谁、不用谁的重要原则就是首先应用区别对待原则，被认为是组织内的人，就能得到特殊利益，受到较高的信任，获得更高的基本报酬，更为重要的是，他们能从所在的组织获得一种归属感；被认为是组织外的人，他们不仅只能获得较少的各种利益和报酬，更为重要的是，他们失去了一视同仁的待遇，作为“局外人”，他们更可能被人产生偏见和受到不同的或不利的对待。

第三，组织必须对权力和地位的分层即对鉴别影响力和权力标准形成共识。这是组织的权力文化的来源。所有组织都面临着同一个关键问题，即怎样分配影响力、权力和权威，也就是如何确立它的内部等级，以及一个人如何获得、保持和失去权力的标准与原则。这对于帮助成员控制侵犯性情感是非常必要的。观察这一过程最简单的方法就是研究一个刚刚发展起来的新组织。组织的形成过程包括“谁对他人有多大的影响力”和“谁将从他人那里获得多大的权力”这样一个复杂的相互测试过程，组织的创始人会通过应用自己原定的标准和向经过选择的成员授予权力来影响这一过程。不过，组织的形成过程总要对创始人原来的意图进行大量检验，所以，最后共有的行为规范往往是谈判协商的结果，而不是当初强加的一系列原则或准则。实际上，任何时候一个新成员进入组织，为了决定新成员在分层系统中的地位，都必须重新进行某种程度的谈判协商。②

第四，组织必须对内部同事之间的关系包括密切联系、友谊和爱的标准形成共识。这是组织内部人际关系文化的来源。每一个组织都必须同时决定怎样处理权力问题和如何建立内部同事之间的关系。与权力问题所产生的根源不同，同事关系和亲密性最终是由处理喜欢、热爱和异性情感的需要而产生的。人们在组织中处理同事关系的最初模式

---

① 埃德加·H. 沙因. 企业文化与领导. 朱明伟，罗丽萍，译. 北京：中国友谊出版公司，1989：73-78.

② 同①81-82.

往往就是对待家庭成员的模式。由于组织成员的家庭出身及经历各不相同，所以他们开始时对应该建立什么样的同事关系的认识是千差万别的，从而导致彼此之间产生分歧和冲突。这样，大家对密切联系、友谊和亲密性的需要就不能在工作中获得满足。因此，组织需要在这个方面形成共识，即制定明确的密切联系、友谊关系、性别角色的原则，这有利于保证组织的稳定和谐，促进组织的创造性发展。

第五，组织必须对奖惩标准形成共识。组织为了发挥自身的应有作用，必须明确什么是英雄行为、什么是有害行为，对服从或不服从规定的行为制定奖惩制度。由于奖惩制度的背后总是隐含着特定的信念与假定，所以独特的奖惩条件以及执行办法构成了一个组织最重要的文化特征之一。当然，奖惩制度的制定是一种动态过程，通常分为短期和长期两种。很多短期奖励是为企业在确定的外部环境中完成工作任务而制定的，如扩大产品销售、减少库存、降低成本等，这些任务会具体分配给各个部门的个人，短期鼓励和奖励通常能促使他们完成最大的任务。长期奖励制度必须有“成绩记录”，包括个人“内在潜力”的发挥情况、持续高效完成工作的情况以及其他方面的贡献等。①

第六，组织必须对模糊的事情形成共识，如在宗教信仰和意识形态方面形成共识。每一个组织都必然会遇到一些从理性的角度看它所不能控制的问题，遇到一些在本质上神秘或在相当时期难以用科学解释的事件，它们对组织的生存构成威胁。在这种情况下，需要找到一种具有一定非理性或非科学特征的替代性解释，以便组织成员能够对这些问题或事件做出反应，避免产生焦虑情绪。宗教信仰就是这样的替代性解释。它能对那些似是而非、不能解释的现象给出理由，并且为人们在模糊不清、不确定和有威胁的情况下怎样采取行动提供指导准则。这些准则通常指明和强化了什么是正当的、合意的行为，什么是有害的、不合意的行为。这就创造了一种意识形态，它把关于人性的本质、人们关系的本质、社会的本质的各种各样的假定结合成一个连贯的整体。可以把意识形态看作一套支配性的价值观，它们能够规定组织在内外环境中的行为。同时，除了宗教信仰，也有其他形式的意识形态，如一个社会所信奉的主导价值观，一个企业所宣传的关于它成长过程的神话，等等。一个组织在它的历史过程中，能够以它处理的那些重大事件——特别是那些难以解释和证明、无法控制的事件——的方式为基础，形成类似宗教信仰和意识形态的共识，如组织创立和发展的传奇。② 由此看来，在宗教信仰和意识形态方面的共识本身就属于组织文化的价值观或基本的支撑性假定部分。

沙因认为，组织文化的形成表明了它在解决组织的内部整合和外部适应问题上的重要作用或功能。除此之外，它还有利于减少人们在面临认识上的不确定性、不稳定情况或困难重重时的焦虑。一旦我们学会了怎样思考我们的主要任务，有了目标、方法和信息系统，一致同意怎样沟通、相互联系以及妥善处理我们的日常工作，我们就能有条不紊地制定一系列处理问题的标准。沙因认为，我们可以把文化看作过滤器或透镜，通过文化我们能够更好地认识环境的有关部分。缺少它们，我们就会经受沉重的负担、不知

① 埃德加·H. 沙因. 企业文化与领导. 朱明伟，罗丽萍，译. 北京：中国友谊出版公司，1989：87-88.
② 同①88-92.

所措；我们一旦有了文化这种灵丹妙药，就能轻松愉快、应对自如。①

组织的中心问题就是如何同时完成它的核心使命和处理好内部整合问题。内部整合问题和外部适应问题是紧密联系、相互依存的。环境给组织的能力界定了限度，但在这个限度内，也并非所有问题都能得到有效解决——能否找到切实可行的解决方法受到组织成员特征的限制。组织成员如果能对组织文化的来源和作用具有高度的共识，那么就能一起愉快地发挥作用，倾全力解决组织可能面临的生死攸关的问题。②

四、组织文化对宏观文化的反映

沙因认为，组织文化的形成必定反映着范围更大的宏观文化——国家或社会的文化以及宗教文化、职业文化，也必定受到宏观文化的深刻影响。宏观文化是一个国家或社会的人们所形成的关于更抽象、更一般、更深层次问题的共识或基本假定。综合沙因的《组织文化与领导》第一版和第四版的论述，可以看出，在沙因这里，组织文化的形成不仅以宏观文化假定为背景框架③，而且在一定条件下会把宏观文化假定反映和内化为符合组织需要的形式，并把它们作为组织文化基本假定中最根本的部分。④ 沙因把宏观文化假定分为五个方面。

（一）对人类与自然之间关系的假定

这一基本假定是要回答这样的问题：人们是把人类与自然以及组织与环境之间的关系看作支配、服从、协调、找到合适定位的关系，抑或看作其他关系？

例如，每一个社会都会形成关于人类与自然之间关系的根深蒂固的观念：自然能够被征服和控制，这主要是西方传统的观念；人类必须与自然相协调，这是许多东方宗教和社会的假设；人类必须顺从于自然，这是一些东南亚的宗教和社会的假设。

就对组织与环境之间关系的假定来说，它不仅要回答“征服环境或屈服于环境”的问题，更要回答“把重点放在哪个方面”的问题。也就是说，组织也会就环境中最需要考虑的方面究竟是技术、政治、经济还是社会文化形成假定。组织并非会对环境中的所有方面一视同仁，而环境中那些被组织重视并由之形成各种假定的方面将决定性地塑造组织的世界观，这种世界观是组织文化的核心要素。毫无疑问，在组织与环境之间的关系方面持有什么样的假定，会影响到组织的战略方向；而且关键是，这种假定的正确程

---

① 埃德加·H. 沙因. 企业文化与领导. 朱明伟，罗丽萍，译. 北京：中国友谊出版公司，1989：92-93.

② 同①93.

③ 应该指出，沙因的组织文化理论研究是一个不断成熟和完善的过程。自1985年以来，他的《组织文化与领导力》先后出了4版。其间，他对一些问题的设定和判定发生了诸多变化。（埃德加·H. 沙因. 组织文化与领导力：第四版. 章凯，罗文豪，等译. 北京：中国人民大学出版社，2014：100-101；埃德加·H. 沙因. 企业文化与领导. 朱明伟，罗丽萍，译. 北京：中国友谊出版公司，1989：95；Edgar H. Schein. Organizational Culture and Leadership. San Francisco：Jossey-Bass Publishers，1985：86）

④ Edgar H. Schein. Organizational Culture and Leadership. San Francisco：Jossey-Bass Publishers，1985：127-136.

度关系到组织能否兴旺发达。①

（二）对现实和真理的性质以及时间、空间方面的假定

这个方面是对什么东西是真实的、如何判定或发现真实事物等问题的一系列假定，也就是说，这些假定是对社会或组织语言和行为方面的基本原则的假定，包括对什么是真的和假的、什么是“事实”、真理最终怎样被判定、真理是被“揭示的”还是被“发现的”、人们如何采取行动、人们如何判定什么样的信息是相关信息、人们何时有足够的信息来决定是否采取行动等方面的假定。

首先，在对现实的基本看法上，一个社会或其中的各种组织必定会在下列三个方面形成共识假定。(1) 在外部物质现实——在经验上可以由目标或“科学”检验进行判定的事物——方面形成共识假定。例如，如果两个管理人员正在争论采用哪种产品，他们可能会同意由市场销售量来检验和建立解决争端的准则。(2) 在社会的现实即人们共同生活的事情方面，如社会中各种集体的边界及关系、各种主要的政治主张等，形成共识假定。(3) 在个人的现实即个人从经验中学到的因而对他有绝对真实性的事物方面形成共识假定。如果个人之间在这一层次互不一致，那么他们就很难共同前进，直到人们能够明确地阐述他们的实际经验基础是什么。

人们对什么是外部物质、社会、个人的现实的理解，本身就是社会学习的产物，确切地说，是某种文化的一部分。在外部物质现实领域，文化假定并不十分重要，因为这种现实领域根据各种自然规律而运转，而这些自然规律是通过科学方法可以发现的；但在社会的现实和个人的现实领域，文化假定却是一个十分重要的问题。

其次，在对真理的假定方面，人们必须从真理是什么这一基本问题出发，对如何形成真理达成某种共识假定。在一个以科学为基础的实用主义社会，人们倾向于追求一种公开的意见表达形式和客观的标准来形成真理；如果这样不能奏效，也许会把公开的辩论和争论作为解决分歧、形成真理的方式。相反，在一个集体主义倾向强烈的社会，形成真理的过程就大为不同。例如在日本，一种观念只有在所有相关参与者都审查了它对整个集体具有意义后，才被认为是真理和有效的。②

再次，在时间假定方面，沙因认为，每一种文化都创造了有关时间本质的假定，对过去、现在和将来都有一种基本的态度。例如在美国，大多数管理人员把时间看作“单一模式的”，是一去不复返的，时间是一条可无穷分割的直线，可划分为各种期间和部分，但一段时间只能完成一件事情。在南欧的一些文化中，时间是“多元模式的”，时间变成了依据工作而划分的空间，几项工作可以同时进行。更为特殊的是亚洲的时间观念，与其说是阶段性的，不如说是循环性的，一季接一季，生生死死，世代轮回。

一般说来，单一时间模式与效率联系在一起，人们尽量有效地使用时间。这种时间假定要求有效地利用时间，尽可能减少对时间的浪费。因此，单一时间模式适用于要求高度协作行动的环境，它有利于促进行动一致，适用于大型系统的管理。多元模式的时

---

① 埃德加·H. 沙因. 企业文化与领导. 朱明伟，罗丽萍，译. 北京：中国友谊出版公司，1989：96-97.

② 埃德加·H. 沙因. 企业文化与领导. 朱明伟，罗丽萍，译. 北京：中国友谊出版公司，1989：98-101；Edgar H. Schein. Organizational Culture and Leadership. San Francisco：Jossey-Bass Publishers，1985：88-91.

间观念要求有容易访问而且令人舒适的公开场所，允许较长的联系交往时间。持有这种时间观念的管理人员会同时与大量的下属、同事以及上司打交道，对每项工作都保持关注直至完成。从组织的角度看，多元时间模式比较适用于组织早期发展阶段和较小系统的组织的管理。

当然，这不是说一种文化内绝对只有一种对时间的假定。例如，美国的一些组织中也存在着多元时间模式——一位医生可能同时为邻近几个医疗室的病人治疗，一个监工通常能管理好许多工人。所以，关键不在于组织奉行哪种时间观念，而在于组织成员必须明确在特定的时刻使用哪种时间观念比较合适，这是组织成员需要达成共识的第一个时间问题。

组织成员需要达成共识的第二个时间问题是完成具体任务的时间长短。例如，销售部门的人员和研发部门的人员之间难以沟通的原因之一就是，他们对时间的假定完全不同，他们各自的假定是基于各自的工作时间周期：对于销售人员来说，完成一次销售过程一般用天或周来衡量；而对于研发人员来说，一两年完成一项任务是很正常的。所以，尽管当销售人员说希望新产品的研发“快一点”，而研发人员也答应“快一点”的时候，他们对“快”的理解还是不一样的。

组织成员需要达成共识的第三个时间问题是对时间倾向的假定。有的社会的文化主要倾向于过去，有的倾向于现在，还有的倾向于近期的将来。如果持不同时间倾向的人在一起工作，他们之间的信息沟通就变得很重要。①

最后，沙因综合前人的研究成果，列举了空间假定的一些体现。空间具有物质和社会两层含义。这就是说，为了互相配合进行社交活动，人们既必须对物质对象布置的空间意义有共同的认识，也必须知道如何在与其他人的关系中摆正自己的位置。

个人与他人的位置体现于社交距离和成员之间的关系。例如，在美国文化中，人们共同奉行四种“标准距离”：亲密距离、私人距离、社交距离、公众距离。

在人们活动的空间安排上也有空间假定的体现，例如办公区域的位置和视野、面积大小、装潢、周边环境等。不同社会、不同公司对空间可能会有完全不同的假定。有的会把空间位置直接作为地位的标志，将位置和视野好的办公室留给地位高的人；有的则不突出地位、等级和特权，把位置较好的地方作为会议室。

还有，怎样摆放物品、怎样建造设施、所涉及的建筑的种类、所鼓励或允许的装饰和用具等，在不同社会或组织中都是不同的。除非对这些事情达成共识，否则，人们就不知道该怎样适应形势以及怎样建立相互之间的关系，而这会妨碍人们之间的信息交流和协调一致的活动。②

（三）对人性的本质的假定

对人性的本质的假定需要回答：成为“人”意味着什么？人的基本本能是什么？什么样的行为被看作非人性的？人性是善的、恶的，还是中性的？人能否成为完善的人？

---

① 埃德加·H. 沙因. 企业文化与领导. 朱明伟，罗丽萍，译. 北京：中国友谊出版公司，1989：103-106；Edgar H. Schein. Organizational Culture and Leadership. San Francisco：Jossey-Bass Publishers，1985：93-96.

② Edgar H. Schein. Organizational Culture and Leadership. San Francisco：Jossey-Bass Publishers，1985：96-98.

沙因认为，每一种文化中都有关于上述“人性”问题的核心假定，它们是群体行为的人性依据。一般说来，对人性的本质的假定分为：人性善、人性恶、人性不善不恶、人性有善有恶。与此紧密联系的是对人性完善程度的假定，需要回答：人的优良品德或不良习性是天生的，只能任其自然吗？还是能够通过刻苦努力或坚定信念来培养优良品德或克服不良习性？每一种文化对个人与集体的关系也有核心假定，这些假定基本上反映了“自我”的观念。

沙因以组织心理学中人性假定理论的发展作为例证，认为从 X 理论到 Y 理论、从“理性-经济”型假定到“复杂”型假定的变化表明，人性是复杂的、可塑的，对人性不能做出普遍性的说明。因此，组织必须认识人的可变性，由此形成在人性假定方面的共识。大多数组织的激励和控制制度都是建立在其人性假定的基础之上的。如果这些假定不为组织成员所信奉，那么就很难设计出使组织团结一致、全力以赴的制度。①

（四）对人的活动的本质的假定

基于上述对环境、现实和人性的假定，对人的活动的本质的假定需要回答：什么是人要做的“正确”的事？人应该怎样行动？是积极有为还是消极无为，是应该自我发展还是信奉宿命，或者应该以其他方式存在？什么是工作？什么是游戏？

沙因以前人的研究结果为基础，将人的活动的本质分成三种类型，认为它们反映了一种文化对人性、对人与环境的关系的假设。

第一种是行动导向型（doing orientation）。这种活动类型认为人类能够控制和操纵自然，对现实具有实用主义倾向，对人类持有完美性的信念。在美国，这种活动类型是主导类型，并且是美国管理人员的关键假定。“有志者，事竟成”这一观念是美国企业管理思想的核心。这种类型的公司强调工作、效率、发明、前进，在生存和运营中一遇到困难就努力行动，及时解决困难，不让事情恶化。

第二种是存在导向型（being orientation）。这种活动类型奉行命定论假定，认为自然和环境是威力无比的，人类只能服从于它们，逆来顺受，承认现状。持这种假定的企业具有现实主义倾向，特别重视眼前和现在，强调个人的享受和听天由命。

第三种是生成型（being-in-becoming orientation）。这种活动类型是介于前两种之间的一种类型，指的是这样一种观念：通过对那些能够被控制的事物（如自己的各种情感和身体的各种功能）的分析、思考和控制，充分发挥人的潜能，实现人的各个方面的发展。②

（五）对人际关系的本质的假定

对人际关系的本质的假定主要涉及社会或组织的本质和它所创造的内部环境等方面，需要回答：什么被认为是人们联系彼此、分配权力和爱的“正确”方式？人们的生活是协作的还是竞争的，是个人性质的还是合作性质的？人际关系是建立在传统权力等级、领袖人物的魅力之上，还是建立在其他基础之上？人们之间应该建立什么样的同事

---

① 埃德加·H. 沙因. 企业文化与领导. 朱明伟，罗丽萍，译. 北京：中国友谊出版公司，1989：109-112；Edgar H. Schein. Organizational Culture and Leadership. San Francisco：Jossey-Bass Publishers，1985：98-101.

② 埃德加·H. 沙因. 企业文化与领导. 朱明伟，罗丽萍，译. 北京：中国友谊出版公司，1989：112-115；Edgar H. Schein. Organizational Culture and Leadership. San Francisco：Jossey-Bass Publishers，1985：101-103.

关系、密切关系、友爱关系？

沙因认为，每一种文化的核心都是关于个人与他人相互联系的正确方式的假定，从而保证这种文化所处于其中的实体的安定。世界上的各种文化对人际关系的本质的假定存在显著的差异，有些文化强调个人主义和个人竞争，有些文化则强调集体主义和团队合作。在企业这一层次的组织中，不同企业的领导者对人际关系的本质往往持有不同的假定，这决定了他们的领导方式。例如，在有些企业中，领导者认为管理的唯一方法是分配工作、明确责任；而在另一些企业中，领导者则重视与下属之间的沟通、合作。再如，有些组织中的人际关系是充满感情的，而有些组织中的人际关系是非感情色彩的；有些组织通过制定统一的普遍规则来确定人们的角色定位，有些组织则根据人们的不同特点来实现这一点。

无论情况如何，一个社会或组织要健康运转，都必须使成员对人际关系的所有重要方面的假定达成共识，而这些方面的共识构成了文化的深层结构。①

考虑到组织理论的大部分内容是研究人际关系的，沙因特别强调要注意两点。（1）人际关系的假定的确是文化的一个重要部分，然而文化比人际关系的假定广泛得多。（2）在任何组织中，人们对人际关系的假定都不是孤立存在的，它与人性假定、人的活动的假定、现实和真理的假定，以及空间、时间和环境的假定是相互联系的。例如，对人际关系的假定必须解决下列问题：权力、影响和等级制度，亲密性、友爱和同事关系。显然，这些假定同时又反映了人们关于人性本质的假定。又如，如果假定人性天生具有合作精神，那么对人际关系的假定就会重视协调合作。再如，如果假定人性天生是侵犯性的，那么“要控制这种侵犯性”就会要求制定相应的人际关系准则。②

思考题

1. 如何评价沙因的“复杂人”假设？
2. 分析沙因关于组织文化的层次理论。
3. 你认为应该如何思考组织文化的作用？
4. 如何评价沙因关于组织文化的宏观假定？

---

① 埃德加·H. 沙因. 企业文化与领导. 朱明伟，罗丽萍，译. 北京：中国友谊出版公司，1989：115-120；Edgar H. Schein. Organizational Culture and Leadership. San Francisco：Jossey-Bass Publishers，1985：104-108.

② 埃德加·H. 沙因. 企业文化与领导. 朱明伟，罗丽萍，译. 北京：中国友谊出版公司，1989：115-116；Edgar H. Schein. Organizational Culture and Leadership. San Francisco：Jossey-Bass Publishers，1985：104.

第二十二章

汉迪不确定性社会视野下的组织管理思想

汉迪的思想深得我心。组织的基本模式将如何发展，工作生涯的未来将会怎样，对于这些重要问题他都给出了深入浅出的精辟回答。阅读他的著作是我生命的里程碑，他的观点深深地震撼了我。

——彼得斯

查尔斯·汉迪（Charles Handy，1932— ），欧洲著名管理思想家。汉迪1932年出身于爱尔兰的一个神职家庭。大学就读于牛津大学哲学系，毕业后就职于东南亚和伦敦的壳牌石油公司，并担任高级管理人员。之后，进入美国麻省理工学院斯隆管理学院学习，对组织管理及其运作原理产生了浓厚兴趣，并取得了突出的学术成就。由此，他获得过或被聘为13所英国大学名誉博士学位或名誉研究员，并于2000年被授予英帝国司令勋章（Commander of the Order of the British Empire，CBE）。他是过着“组合式人生”的管理大师，承担过作家、主持人、教授等多种角色，他的管理思想以“组织与个人的关系”“未来工作形态”等新观念而闻名于世，注重不同管理文化的有机融合，他自己称之为“文化合宜论”（Theory of Cultural Propriety）。他强调组织与个体并重、利润与道义共存，提倡以文化带动管理、以管理发展文化。这些思想对管理活动和生产活动具有非常大的现实指导意义。

到目前为止，汉迪已经出版了十几部在全世界都颇有影响的著作，主要包括《组织的概念》（1983）、《管理的众神》（1985）、《非理性的时代》（1989）、《觉醒的年代》（1994）、《超越确定性》（1995）、《适当的自私》（1997）等。在这些著作中，他不仅提出了管理哲学和永续生存的企业观，还论述了在变革的社会中更为广泛的工作问题、行动问题和创造问题。因此，英国《金融时报》称他是欧洲屈指可数的“最像管理哲学家”的人，并把他评为仅次于德鲁克的管理大师。

一、不确定性社会及其特征

在传统的工业化阶段，人们认为社会是具有相对确定性的。对社会的管理像对自然事物的改变那样，能够通过使用相关的科学和技术而实施控制，对包括人类行为在内的一切人类活动，都能给出基本确定的规律方面的知识。传统管理所坚持的组织理论是这种观念的有力代表。传统组织理论认为，通过对组织结构、组织体制、组织规则体系等组织技术的建构，能够控制对象活动，同时，对于某些可能出现的复杂性和不确定性因素，可以通过领导的艺术加以处理。例如，马克斯·韦伯的官僚制组织理论就是如此认为的。韦伯认为，在组织内部，可以设计出一个确定性空间作为组织运行的主导方面，同时，也可以设计出一个不确定性空间，这个不确定性空间可以激发组织成员对组织做出超常的回报。

汉迪认为，在社会活动总体复杂程度不高、确定性相对比较强的社会状态下，这种观念对社会以及人类行为的解释不仅是有效的，而且能够满足社会发展的基本需要。然而，随着科学技术以及社会发展进入新的阶段，社会的复杂性和不确定性急剧增加，人们面临的社会不再是传统的连续和确定的社会，而是一种非连续和不确定的社会，它没有任何固定模式可循。如果再以这种传统观念作为出发点和基础，就既不合适，也不会产生效力。

进入20世纪80年代以后，人类社会的变化经历着从“量变”到“质变”的加速度势态。在此变化趋势下，社会被分为公共领域、私人领域和日常生活领域三个部分。在这三个部分中，前两个领域仍然以组织为基础来实施活动，日常生活领域也只有部分活动能够脱离组织而进行。① 同时，尽管严格意义上的社会生活并没有脱离组织的控制，但社会的复杂性和不确定性使社会运行陷入一种功能性障碍状态，即社会陷入了本末倒置状态，个人成为组织实现其目的的工具，个人被雇用或遭遗弃全要看组织的“脸色”，这并不是人类构建组织的初衷。因此，汉迪说：“理性政策往往导致意想不到的后果……人类掉入了自己所设计的陷阱中，却仍然不愿承认世上没有真正的自由选择权。”②

在汉迪看来，人类正在迈向未来社会。汉迪认为，未来社会是一种不确定性社会，非连续性是这种社会的本质特征，“变化”将成为这种社会的常态，它不再像现在这样被分为三个领域，而是被分为工作领域和生活领域。在未来的不确定性社会，“组织的

① 张康之. 全球化、后工业化时代的社会特征. 河南大学学报（社会科学版），2012（5）：100.

② 查尔斯·汉迪. 超越确定性. 周旭华，译. 杭州：浙江人民出版社，2012：3.

重要性将会下降”①，人们的工作不断转移出组织，并对工作具有更大的控制权。工作和生活交织在一起，人们不分上下班，也不分公务圈子和朋友圈子。现在困扰老板和管理者的办公场所、休息时间、聊天闲谈、缺勤误工不再是令人关注的苦恼问题。传统的全职员工将成为少数派，人们更多以自我聘用、临时工或兼职的方式为社会提供产品和服务，实现自我价值，传统的全职工作标准变得没有意义，脑力劳动与体力劳动的界限不再清晰可见，人们工作的选择方式也趋于多样化。工作不再是你去的某个地方，而是你做某件事情的地方，人们可以自己控制何时做工作。人们可以通过合同的形式将工作从组织那里拿出来，实现自我雇佣；反过来，组织必须放手，不能干涉过多。组织成为一个辅助者，而不是所有者。因此，汉迪认为这是“一个巨大的非连续性变化，是一个关系重大的变化”②。面对这个不确定性时代，我们传统的通行做法不再有效，非连续性的变化需要非连续性的思维与之相适应。这种思维要求用“一种不同的方式看待事物、问题、情况和他人的能力，从别的方向出发或者是通过颠覆性思维来审视一切；把事物放在不同的角度或者不同的背景下；把它们当做机遇而不是问题，当做一个突然的间断而不是灾难”③。以这种思维来思考习以为常的事物，能够释放新的力量，使万事万物都能成为可能。比如，传统的“雇员”“雇用”等词语将不再适用，“解雇”“退休”作为“雇用”的反义词就不再具有意义④；“领导力”“愿景”“共同目标”之类的软性词语将取代“控制”“权威”等硬性词语。⑤ 同时，在不确定性时代，个人的才干和能力将与未来相适应，个人不再是“为了自己想要的而不是需要的事情工作至死”。当然在这种社会状态下，每个人也能坦然面对不确定性和怀疑，也能从个人的失败中获得经验和学习的机会。事实上，人类是从失败和错误中学习知识的。人类的改变源于探索，而不是重复成功之路。人总是带着不确定和怀疑，带着有待解决的问题开始学习的。

整个社会的变化引起工作和生活的变化，这致使组织必须要想办法适应这个变化着的世界。对此，汉迪构想了他的组织理论。

二、不确定性社会的组织形式

在《组织的概念》一书中，汉迪坦承，他进行组织研究的初衷是想获得像自然法则那样亘古不变的规律，用以引导与控制个人行为和组织行为。然而，他的努力很快就让他感到沮丧和失望，他认为自己研究所获得的成果与预期相差甚远，甚至毫无意义。⑥ 在此书中，汉迪简要回顾了七种主要的管理思想（科学管理学派、人际关系学派、层级

---

① 查尔斯·汉迪. 非理性的时代. 方海萍，等译. 杭州：浙江大学出版社，2012：193.

② 同①131.

③ 同①44.

④ 同①13.

⑤ 查尔斯·汉迪. 超越确定性. 周旭华，译. 杭州：浙江人民出版社，2012：7-8.

⑥ 查尔斯·汉迪. 组织的概念. 方海萍，等译. 北京：中国人民大学出版社，2006：3-4.

制学派、权力和决策学派、技术学派、系统学派以及学院派)[①]，认为这些思想没有哪一种被证明是彻底错误的，但每一种又不全然正确。对此，他开始考虑究竟应该如何理解组织。他吸收并继承了上述管理思想的有用部分，结合自己对组织所处环境、历史和目的的认识来阐述组织的本质。对于他的思考来说，这无疑是一个建构和完善的过程。最终，在对不确定性社会进行思考的基础上，他提出了与未来非连续性社会状态相适应的组织形式，并对它们进行了详细阐述。它们分别是“三叶草组织”(shamrock organization)、“联邦式组织”(federalism organization)、“3I 组织”(triple I organization)。

(一) 三叶草组织

三叶草是爱尔兰的象征，它的每根茎上长有三片叶子，爱尔兰人民用它代表上帝的三位一体形象。汉迪用三叶草代表组织。组织由三种不同的人员组成，他们的期望不同，适用的管理方法不同，薪酬形式不同，组织方式也不同。[②]

在三叶草组织中，第一片叶子代表核心人员。他们是组织中具有特殊才能的高级人才，对于组织来说不可或缺，组织也是靠他们才将自身与其他组织分开的。同时，如果失去这一部分人，组织就失去了一部分自我。在组织里面，他们也是最昂贵的一群人，但他们的数量却日渐减少，10 年来成功组织的营业额至少增长了 4 倍，但核心人员却减少了一半。[③] 第二片叶子代表接受外包工作的独立专业人士以及小公司。这些人员以及小公司的某些工作对于组织本身来说无关紧要，组织为了降低成本、提升质量、提高效率，就将所有不重要和可以由别人完成的工作外包给这些人员以及小公司。有组织测算，在未来社会，80%的产品或服务的价值将由组织以外的人员提供。第三片叶子代表兼职人员和临时工作人员，或者称作自雇工作者。这些人员处于组织的边缘，他们并不想要全职工作，他们兼职或临时工作只是想作为自己其他工作的补充，他们中的大多数人是女性。对于组织来说，雇用他们是为调整或扩展组织的服务、满足客户的要求。

汉迪认为，对于这些不同的人员，需要使用不同的管理方式。对于核心人员来说，他们工作是为了从工作中寻找自我和目标，他们将自己视为组织的合伙人，希望管理者将他们视为同事而不是下属；对于外包人员来说，他们根据结果收取费用，而不是按时间获得工资，这意味着对他们的管理只能根据约定的结果来进行，而不是采用传统的监督方法；对于自雇工作者来说，他们努力工作是出于兴趣和对工作的关心，他们忠诚的是工作和工作团队，而不是职业生涯或组织，在需要的时候，他们完全可以发挥他们的聪明才智和能力，付出他们的责任心。因此，组织不能将他们视为临时雇来帮忙的劳动力。

(二) 联邦式组织

联邦意味着将不同的团体联合到一起，并以某种共同的身份实施活动。尽管联邦追求的是做大，但其实现做大的途径却是保持小型化，实现自治与合作的有效协调。联邦往往与分权相联系，但又与分权不是一回事。因为分权意味着中央保持着总体控制，同时把某些任务或职责交给外围部分；而联邦则意味着各个部分联合起来比单独行动做得

---

① 查尔斯·汉迪. 组织的概念. 方海萍，等译. 北京：中国人民大学出版社，2006：10-14.

② 查尔斯·汉迪. 非理性的时代. 方海萍，等译. 杭州：浙江大学出版社，2012：65.

③ 同②66.

更好，同时也意味着中央权力由各个部分赋予，是一种与分权相反的逆向授权。

在联邦式组织中，中央并不控制一切，一方面，它处于事件的核心位置，必须在管理新成员和新资金方面行使关键职能；另一方面，决策要跟各个部分的首脑协商，这种协商是为了各个部分的利益而进行的。换言之，联邦式组织是一种逆推组织，中央的工作集中于协调、忠告、影响和建议，而不是指导或控制，它关注的是组织的未来、计划和可能、情势和选择，而组织行动的发起、推动以及能量都来自下层。然而，对联邦式组织的曲解会使组织出现无效的分权情况，结果会出现无头组织或空心组织。对此，汉迪提出了“权力补贴”原理和“甜甜圈”原理。

权力补贴指权力应该尽可能属于组织的最低一层，它意味着核心人员交出一部分权力。在联邦式组织中，中央核心人员不仅必须要放弃一些权力，而且要心甘情愿地放弃。只有如此，大家才能信任他们，相信他们能够做出正确的决策，联邦式组织才能有效运转。只有这样做，组织才能吸引到所需要的人，才能让权力补贴发挥效力。甜甜圈是一种美国圆饼，圆饼中间有一个洞。与现实中的甜甜圈相反，汉迪将圆饼中间部分视为实心，周围部分视为空的，借此来阐述他的管理思想。在汉迪看来，甜甜圈的核心是组织取得成功所必须做的核心工作，这一部分工作必须定义清楚，否则就会失败，它是组织工作的心脏。核心的周围是为更好地完成工作、充分发挥人的潜力所提供的机会，对于工作人员来说，也就是表现出来的责任心、适当的主创精神。联邦式组织不但要把甜甜圈做大，还要根据甜甜圈的基本核心来确定各个部分的边界或区域。

总之，在汉迪看来，“联邦式组织远不只是一种结构，它还是一种思维方式，关系到如何看待组织成员及其能力，如何让自己的人员工作以及如何管理人的问题”①。

（三）3I 组织

在《非理性的时代》中，汉迪阐述了成功和效率之间的关系，“成功和效率的新等式是 $I^3=AV$。I^3 代表智慧（intelligence）、信息（information）和观念（idea），AV 是金钱或任何形式的增值（added value）”②。汉迪认为，在未来竞争激烈的信息社会，组织要想获取价值，仅仅依靠智慧是不够的，还需要有价值的信息和观念；同时，它还要追求真理、学习型文化和赞同式管理。因此，汉迪说，3I 组织并不是对任何机构都适用，它只适用于知识占据关键地位的地方，它比大学更像大学。

在 3I 组织中，智慧的员工被视为个体、专家、专业人士或主管、领导，而不是工人或经理，管理这些员工的方式是争取他们的认同，而不是传统的控制或命令，不能要求他们服从。汉迪认为，3I 组织是从知识中获取增值的，因此，它需要“努力追求真理，用商业术语来说，就是要追求质量”③，把质量视为真理是一种思维态度。然而，质量并不能唾手可得。在传统社会的组织中，赚钱或追求短期利润是每个公司关注的中心，以此为目的，很容易把人作为可以最小化的成本，公司对每个需要花钱的地方都严格控制，把最便宜的东西作为最好的东西。然而，3I 组织只有保证产品和服务的质量才

---

① 查尔斯·汉迪．非理性的时代．方海萍，等译．杭州：浙江大学出版社，2012：104．引文有改动。

② 同①107.

③ 同①108.

能生存，短期的利益观会将组织置于危险境地，导致其短命，这就要求把组织中合适的设备、合适的人和合适的环境结合起来。3I组织付报酬给每个人，是为了让他们独立思考并且做事，把智能机器当作智慧的员工的辅助工具，这就给组织带来了巨大不同。同时，让每个员工担负起管理职责，成为管理者，管理不再是一种身份象征，而成为人人都在承担的共同活动。这就要求每个员工，尤其是核心人员，"不仅要具备跟自己特定角色相称的专业知识，还需要知道和理解商业，要有分析技能、人际关系技能和概念技能"[1]。然而，实现这一目标的方式是培养组织中的赞同文化。一般情况下，智慧的员工都愿意赞同，而不是服从。3I组织中的管理者不再是无所不能、通晓一切的领导者，他们的权威来源不再是能够把工作做得更好，而是能够提出问题并找到解决问题的方式，能够发挥别人的能力来解决问题、处理问题，能够跟组织的其他部分沟通，能够有效地组织工作，能够帮助员工最大限度地利用资源，激励别人并做出榜样。

三、不确定性社会的组织文化

在《组织的概念》一书中，汉迪简略地提到了适应未来不确定性社会的四种组织文化：权力文化、角色文化、任务文化和个人文化。[2] 后来，在《管理的众神》一书中，汉迪进一步深入思考了上述四种组织文化并将它们确定为俱乐部文化、角色文化、任务文化和存在主义文化，并使用古希腊众神中的四位来代表四种不同的组织文化，分别是：宙斯（Zeus）、阿波罗（Apollon）、雅典娜（Athēnē）和狄俄尼索斯（Dionysos）。[3] 在汉迪看来，宙斯是主神，代表着权力，与俱乐部文化相对应；阿波罗是太阳神，代表着秩序和理智，与角色文化相对应；雅典娜代表着智慧和技艺，与任务文化相对应；狄俄尼索斯代表着极浓的个人主义色彩，与存在主义文化相对应。

（一）俱乐部文化

文化	示意图	结构
权力或大棒		蜘蛛网

图22－1　俱乐部文化

---

① 查尔斯·汉迪．非理性的时代．方海萍，等译．杭州：浙江大学出版社，2012：116.

② 查尔斯·汉迪．组织的概念．方海萍，等译．北京：中国人民大学出版社，2006：184－193.

③ 查尔斯·汉迪．管理的众神．崔姜薇，译．上海：东方出版中心，2017：3.

这种文化的图形像一张蜘蛛网，围绕着中心点的环线代表着权力和影响力，离中心点越远，重要性越弱。在这种文化中，处于中心点的蜘蛛比任何形式的职位和头衔都重要。这种文化的代表是最高的神——宙斯。宙斯是众神之王，权力最大，生性多变。在这种文化中，领导者具有很大的权力，决策速度快。组织中的沟通通过一种基于亲密关系和信赖的“移情作用”来实现，在这种文化中，挑选人才靠朋友介绍。由于这种文化的信任成本较低，管理者不必把钱花在“移情作用”上，所以它的经营成本很低。这种文化颇有父权政治、个人崇拜和个人权力的味道。①

（二）角色文化

文化	示意图	结构
角色	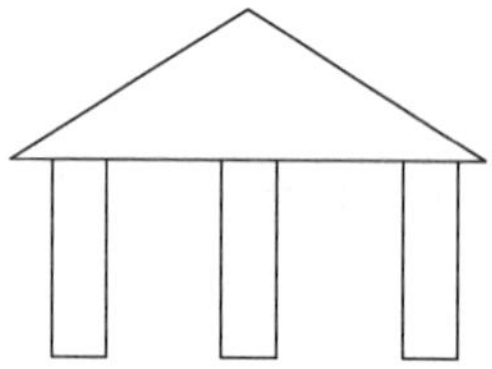	希腊神庙

图 22-2　角色文化

这种文化的图形是一座古希腊神庙，神庙的梁柱代表各种职能部门，神庙顶部的三角墙代表职能部门的领导组成的董事会、管理委员会或总裁办公室。这种文化的代表是太阳神阿波罗。阿波罗是秩序和法规之神。这种文化假定人是理性的，组织的运行界定于角色或者工作之上，而非个人之上，工作任务能够根据工作职能绘制出一张工作流程图，并用一套规则和程序将其紧紧结合起来。纯粹的角色文化将人看成机器的一部分，否定人性的存在，员工只要做了自己应该做的事就行。但是，在心理层面，它却给人一种安全感，一旦进入具有这种文化的组织，就可以一辈子安心地待在那里。

（三）任务文化

文化	示意图	结构
任务	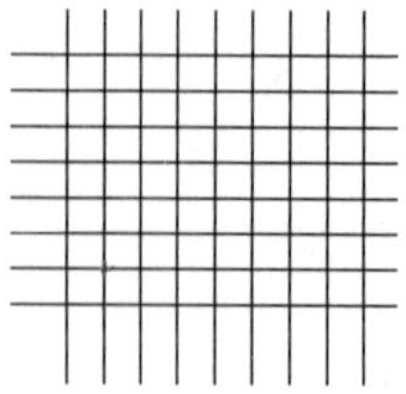	渔网

图 22-3　任务文化

① 查尔斯·汉迪. 管理的众神. 崔姜薇，译. 上海：东方出版中心，2017：4-7.

这种文化的图形是一张渔网，它与权力处于中心的宙斯型文化、权力处于顶端的阿波罗型文化不同，它的权力分布在网线的不同交叉点上。这种文化中的权力从组织系统的不同部分获取资源，以便在特定的环节或问题上将它们聚合起来。这种文化的代表是智慧之神雅典娜。雅典娜是一位善于解决问题的艺术家和航海先锋。这种文化要求找出问题之所在，然后管理者运用获取的资源，有效地协调人力、财力、物力，以解决问题。在这种文化占主导地位的组织中，一支支突击队连接成工作网，每个单位都能自给自足，但在完成整体的组织策略中又担负着特定的任务。这种文化对管理优劣成败的评价是看解决问题的实际情况。

（四）存在主义文化

文化	示意图	结构
人员	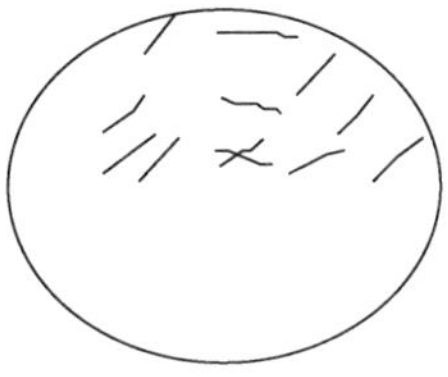	群集

图 22-4　存在主义文化

存在主义假设，我们自己塑造了这个世界和我们自己，这个世界不是某个崇高目的的一部分，我们也不是实现这个崇高目的的工具和傀儡，能够把握我们命运的只有我们自己。这种文化的保护神是酒神狄俄尼索斯。想要有酒和狂欢，必须先有人酿酒。在其他三种文化中，个人都从属于组织，个人的存在是为了完成组织的目标，并从组织中获得报酬。而狄俄尼索斯型文化恰恰相反，组织的存在是为了帮助个人完成目标。汉迪认为，在重视个人才能或技术的组织中，存在主义文化是最佳的企业文化。在这种文化中，专业人士可以保持自己的个性，拥有自由，同时能够获得组织各个方面的支持和弹性工作制，甚至还拥有就某些问题与组织交涉的权利。① 然而，在现实中，狄俄尼索斯型组织很少，至少在商业或工业组织中尚属少数。对于普通的组织或管理者来说，狄俄尼索斯型文化是个令人害怕的东西，因为它缺乏组织授权的有效控制。

汉迪认为，随着未来不确定性社会的到来，科技越来越专业化，我们都将变成狄俄尼索斯式的人。回顾组织发展史，我们会发现，任何组织都是“经过俱乐部式的宙斯文化，发展到角色式的阿波罗文化，并为了应对变化与继续发展，又加入了任务式的雅典娜文化和存在主义式的狄俄尼索斯文化”②。作为管理者，必须对这四种文化兼容并包，针对不同的情况、不同的目的，采用不同类型的文化，尊崇一个或几个神，也接受四个

① 查尔斯·汉迪. 管理的众神. 崔姜薇，译. 上海：东方出版中心，2017：20.

② 同①26.

神的同时召唤。汉迪将此称为“文化适宜论”。①

为了适应不确定性社会组织的发展，汉迪分析了当今组织管理中的主要文化危机，并指出，如果要解决这一危机，就要“改变众神之间的平衡”。这种改变会催生渐进式的“企业革命”，它有可能与工业革命带来的变革同样重要。② 在现实的组织管理中，阿波罗型组织文化面临着一个两难困境：要求大规模和高度一致性的“组织需求”与要求个人表达和选择机会的“个人需求”之间的冲突和张力。当前，有两种观念对这一困境进行了回应，它们是产业化精英制度和完全民主制度。汉迪认为，这两种观点“没有一个是恰当的，有些甚至会让问题更加复杂”③。产业化精英制度认为，社会精英负责社会财富的生产，普通民众只要学习如何休闲、如何过没有工作的生活即可。在汉迪看来，这种观点没有为整体社会效率与个人主义的融合提出长远的解决之道。完全民主制度则认为，必须平衡追求效率的压力和追求组织中个人权利的压力，将民主运用于工作中甚至更广泛的社会中，以提高效率。汉迪认为，这种观点并不是在真正关心人在工作中遭遇的两难困境的尊严问题，而只不过是在笨拙地修补过分疏远的扭曲影响。

因此，汉迪给出了自己对如何解决这一困境的思考。首先，把组织视为兼具效率和效力的社会工具，员工忍受工作中的纪律以换取隶属于社会的益处，这是一个国民的义务和责任。汉迪认为，在这里，“责任感”是关键。员工应该通过受教育弄清自己的责任与最佳的长期利益之所在，同时还要受到劳动市场的纪律约束。④ 其次，把组织中的工作变成一种特权，而不是职务。组织只雇用必须雇用的人，将组织变成人们向往的地方，其他人则成为承担外包工作的自雇工作者或者临时工作人员。最后，把组织作为一个新的共同体进行管理，成为实现有效率的社会的关键。如果把组织视为一个管理性共同体，那么组织就不再是社会的一个工具，而是社会主体的一部分，个人的合法权利就可以延展到该共同体之中。生命、自由与对正义的追求就不只在家中或竞技场上才有效率和意义，它们在社会的每一个场所都有效率和意义。遵循这条道路，在未来的不确定性社会，组织如果要存活下去，就必须成为符合个人需求、愿望与心态的地方，必须改变管理哲学，创建相应的组织文化，对组织结构和工作结构进行大幅度的重组。

四、不确定性社会中公司的目标及变革方向

在未来的不确定性社会，公司的形式将会变得截然不同，其存在的目标会随着公司本身和社会的发展、变化而变化。在《超越确定性》一书中，汉迪对此进行了讨论。他认为，在现实的商业世界，公司的实践存在着两种“迷思”。第一种“迷思”是，将利润当作公司的目的。虽然人们在谈论利润时总是说利润是实现其他目的的手段，其本身

① 查尔斯·汉迪．管理的众神．崔姜薇，译．上海：东方出版中心，2017：导论 2.

② 同①导论 5.

③ 同①189.

④ 同①193.

不是目的，但在商业生活中，人们总是颠倒手段和目的。这种情况表明了人们对自身利益的追求。用圣奥古斯丁的话说，误把手段当作目的就是"只顾自己"。第二种"迷思"是，"谁出资，谁就拥有公司"①。在这种情况下，人们都将公司视为一种财产，成立公司就是为了迎合拥有公司所有权的人，结果是没有人再关心公司的真正未来，这实际是公司的变相自杀。以上两种"迷思"限制了现实生活中公司的存在和发展。汉迪认为，在未来的不确定性社会，公司都将转变成"存在主义型公司"。存在主义型公司以自身发展为主要目的，尽可能成长、发展到最好程度，它掌握自己的命运，并且尽最大努力永续经营。它不是一份被人类占有的财产，而是一个拥有自身财产的共同体。换言之，在未来社会，公司变成了共同体。在共同体中，没有雇员，只有成员，即使真的雇用了一些人，他们也是共同体之外的人。公司作为共同体，必须为自己的命运负责，必须成长、发展，否则，就会灭亡。这就要求对公司周遭的利益相关者以及公司的未来进行投资，管理者的焦点不能仅仅会聚在公司的生存与盈利上，而要把眼光放长远，关注科技与市场、消费者的偏好、社会因素等，换言之，公司要以永续经营为目标。② 汉迪认为，在未来社会，公司之所以需要确立永续经营这种目标，主要是人类社会本身的忧患所致。在当前的人类社会生活中，金钱成为衡量一切事物的尺度，市场也受制于金钱，盈利成为人们评价公司成败的标准。然而，如果社会按照市场逻辑来运作，那些没有技术、不能借助工作赚取价值进而维持生活的人最终就会惨遭淘汰。在竞争的市场体系中，尽管竞争和效率能够回报赢家、惩罚输家，是经济的"燃料"，但是"它和它所属的经济模式却无法带领我们找到……生命的意义"③。换言之，当前的社会仅仅为人类提供了生活所需的部分内容，而没有提供生活目标，生活中的人们需要的是一种哲学，而不是一种经济制度。要拯救这个人类世界，只有靠人心、人的反省和人的责任感，这决定了个人和组织的目标以及如何追寻这种目标。

在汉迪看来，公司被视为共同体、公司以永续经营为主要目标，这必将要求人们重新理解个人生活和公司存在的意义。将公司视为共同体，原来的员工理所当然地被视为公民。这不只是用政治词汇对公司或商业词汇的改造，而是塑造一种新的生活方式。因为在民主制度的共同体中，公民都有权享受生活、自由与追求幸福，每个人都有谋求自己人生的权利。作为公民，只要符合共同利益，都能用自己的方式做事，每个人宁愿被领导也不愿被管理。公司作为共同体，不能也不应是供人交易的商品，它需要的是"治理"的规则，而不是"拥有"的规则。公司也不再是某些人拥有的财产，股东不再拥有传统社会中决定公司未来、在必要时出售或关闭公司的权利。"法律不承认以创造财富为目的的共同体。"④ 在未来的不确定性社会，作为共同体的公司想要恢复对工作场所的向心力，就必须重新调整权力，将公民的自由权利和公司的目标结合在一起。作为共同体的公司不再是一间间的办公室，而是一个网络，组织依然存在，只是我们看不见它

---

① 查尔斯·汉迪. 超越确定性. 周旭华，译. 杭州：浙江人民出版社，2012：58-59.

② 同①74.

③ 查尔斯·汉迪. 适当的自私. 赵永芬，译. 上海：东方出版中心，2017：33.

④ 同①69. 引文有改动。

了。所谓的工作，“是你做事的地方，而不是你去的某个地方”①。员工成为“组合式人员”（portfolio people）或者“准合伙人”，参与大型分红计划和入股计划，甚至享有所有权人的部分权利。这些都基于信任原则，并且证明自己值得信任。因此，汉迪认为，作为共同体的公司更尊重公民的选择；公司会与每个人订立一份契约，注明终生职位的限制和权利；制定一份章程，让大家知道信任的范围；控制结果而非控制程序，这是信任的证明与自尊的来源。这是未来公司变革的方向和存在的意义。

在未来宽松的环境中，作为共同体的公司为个人的成长提供了自我渲染和发挥的机会。在自我渲染和发挥的过程中，个人的成长没有极限，物质的追求却有限度。人的一生不在于满足需要，而在于拥有挑战自己、证明自己的机会。换言之，在未来社会，每个人都必须从自己开始寻找属于自己的意义，每个人只有对自己满意，才可能对他人有用。②

五、汉迪组织管理思想的实践意义

汉迪的组织管理思想强调组织与个体并重、利润与道义共存，提倡以文化带动管理、以管理发展文化，这是他的组织管理思想的一个重要特色。这种思想对创新现代社会管理和探索以人为本的管理路径具有重要的启示意义。

在现代社会生活中，崇尚物质财富和经济价值的工具理性占据着统治地位。这导致了人的道德沦丧和价值异化、意义和自由的丧失，人成为利益和金钱的奴隶，日益丧失个性、自我意识和批判精神，并深深地陷入生存的困惑之中。面对这种社会境况，汉迪提出“改变众神之间的平衡”，要求管理者以多向度的系统思维方式取代单向度的线性思维，以求新多变的复杂性思维方式取代静态思维方式，以开拓创新的思维方式取代因循守旧的思维方式。对于公司和社会来说，要改变重工具理性、轻价值理性的倾向，提升人的价值，为社会创造福祉，将自身建设成民主政治和自由市场的有机统一体，塑造包容性、个性化的文化。

同时，汉迪始终把组织与个体摆在同等重要的地位，他通过对个体生活的意义、个体内在的追求以及个体职业生涯的重构等方面的阐述，提出信任管理、负责任的个人主义等永续经营的企业观，为个人与组织的永续发展提供了深刻建议。在汉迪看来，当今以工具理性为导向的世界正发生着剧烈变化，市场哲学的本质不再以积聚财富为目的，而要敏锐地辨别人类的深层需求，认清市场的实际作用及局限。无论对于个体来说还是对于组织来说，如果不能超越纯粹私利，在未来都将难以发现具有最大潜力的价值和机会。因此，个体与组织都只有确定自身存在的真正意义，在变化的经济世界里重新找到自己的位置，才能实现合乎未来社会要求的永续发展。

---

① 查尔斯·汉迪．超越确定性．周旭华，译．杭州：浙江人民出版社，2012：121.

② 查尔斯·汉迪．适当的自私．赵永芬，译．上海：东方出版中心，2017：94-96.

在汉迪的组织管理思想中，企业管理不是以赚钱为目的，赚钱只是为了让企业能够做更多更好的事情。在市场活动中，尽管利润和金钱是所有企业生存与发展的必要条件，但如果将其作为企业存在的主要目的或唯一目的，那么人们就会忽视企业应该承担的社会责任。汉迪认为，企业是社会的一个重要组成部分，企业的存在目的是为民众提供所需的物品和服务。换言之，企业是社会的公仆，一个有责任感的企业关注的重心不仅是让投资者满意，更要让企业所有成员以及周围的其他利益相关者满意，因为一个和谐友善的环境更能促进企业的发展。适当地关怀社会和他人，不仅是现代文明社会的要求，也是企业应当对社会承担的责任。只有这样，企业才不至于沦落为一个工具，才有可能成为有生命而且会永续发展的共同体。

总之，汉迪的组织管理思想力求从更基本的哲学视野出发，力求在揭示未来人类社会和组织发展的不确定性特征的基础上阐明组织及个人的存在方向与存在方式。它不仅为现代管理活动提供了新颖丰富的管理哲学观念，而且对现代社会生活具有深刻的启示意义。

思考题

1. 简述汉迪所指的不确定性社会的含义。
2. 简述不确定性社会背景下的组织形式以及组织特征。
3. 简述不确定性社会背景下的组织文化类型。
4. 简述不确定性社会背景下公司的变革方向。
5. 简述汉迪的组织管理思想对现代管理的启示意义。

第二十三章

拉兹洛以系统进化论为基础的管理哲学

拉兹洛作为综合者和革新者的能力是显而易见的，因为他能找出每一个科学领域重要的未解之谜。他用引人入胜的独创性依次向我们证明，一个重要的概念如何为我们在理解心灵和宇宙时的每一个认知“黑洞”提供全面的而不是片面的答案。

——洛伊

欧文·拉兹洛（Ervin Laszlo，1932—　），美籍匈牙利哲学家，与贝塔朗菲一道发展了一般系统论①，是现代复杂性科学的主要鼓吹者。拉兹洛试图从现代自然科学的最新发展——复杂性科学中获取理论资源，进而革新哲学的范式以适应时代发展的需要。他利用系统论对困扰哲学的心物二元论问题做出了独特的回答，提出了双视角主义的方法和系统进化的本体论框架，以处理各类哲学与科学问题。特别是，他借助系统进化论的哲学范式在认知和实践两个领域更新了管理思想，形成了一种十分新颖的管理哲学理论，对于我们认识管理现象和指导管理实践具有重大的参考价值。拉兹洛的代表著作有《系统哲学引论：一种当代思想的新范式》（1972）、《进化——广义综合理论》（1986）、《决定命运的选择：21世纪的生存抉择》（1992）②、《管理的新思维：第三代管理思想》（1997）等。

---

① 闵家胤．拉兹洛系统哲学述评．国外社会科学，1985（3）：19-24.

② 拉兹洛在此书附录二中将此书的内容视作他自1972年以来关于系统哲学社会应用思考的阶段性总结。

一、管理思想革新的时代要求

拉兹洛认为，管理思想的变革是时代转变的要求，亦即企业经营管理需要适应新的现实。20 世纪发生的五次大转变浪潮导致了传统管理思想的危机。旧的管理思想已不足以指导企业管理者应对新时代的经营管理挑战。拉兹洛从两个方面探讨这一时代要求：第一个方面是对时代性质的诊断，第二个方面是对传统管理思想与这一时代性质之间关系的分析。

拉兹洛将 20 世纪末至 21 世纪初的时段判定为一次大转变的关键节点。转变的过程始于第一次世界大战结束，一共包括五次浪潮。前四次浪潮分别是以苏联建立为标志的布尔什维克浪潮、法西斯主义在意大利兴起所标志的法西斯主义浪潮、二战结束后前殖民地国家广泛独立所标志的非殖民化浪潮、1985 年戈尔巴乔夫公开性政策所标志的公开性浪潮。第五次浪潮被拉兹洛命名为全球性浪潮，以信息化和全球化为标志。可以看出，拉兹洛所谓的五次浪潮并不是五次彼此独立的事件，而是一个长时段进程中的连续产物。工业革命的技术革新是这一系列重大事件的导火索。技术革新带来的生产关系变革打破了旧的利益格局，激化了社会矛盾。新的意识形态和利益集团登上了历史舞台。非殖民化浪潮和两极格局的解体则进一步标志着世界一体化和经济全球化进程的推进。第五次浪潮则昭示着这一转变的完成。拉兹洛这样描述这一进程："今天，我们正在脱离建立于第一次工业革命之初、以国家为基础的工业社会，走向在新的技术、新的威胁和新的机遇影响下出现的，相互联系并以信息为基础的全球社会的经济体制。"[①] 简言之，拉兹洛把我们时代的基本境况确定为全球一体化的进程。前四次浪潮是这一进程的准备阶段，表现为旧秩序和过渡秩序的接连瓦解，而第五次浪潮则标志着新秩序的形成。因此，可以通过总结拉兹洛对第五次浪潮之特征、问题和影响的总结，了解这一新秩序的情况。

第五次浪潮表现出信息化和全球化这两个方面的特征。信息化表现为社会的信息化。这种社会的信息化具有两个方面的体现：从生产工具来看，人脑对信息的加工处理开始得到外部的信息处理技术系统的协助；从社会关系来看，信息化指信息对传统的权力关系和财富概念给出了新的界定，权力不再以组织权威的传统标准得到理解，而财富也由有形资产的观点向知识经济的观点转化。全球化同样具有两个方面的体现：一方面是政府的全球化，具体表现在各国政府超出传统的主权范围来参与国际合作，即在和平与安全、环境保护、金融管理等重要方面进行协作；另一方面是商业的全球化，跨国公司在二战后大量出现，利用信息化的优越条件以及不同国家和地区之间的比较优势而获利。这些公司对重要商业部门的掌握程度使得它们可以深刻地影响就业情况、财富分配、国家竞争实力与全球生态。

① 拉兹洛. 决定命运的选择：21 世纪的生存抉择. 李吟波，张武军，王志康，译. 北京：三联书店，1997：3.

第五次浪潮也带来了众多问题：人口的爆炸增长导致贫困，进而加剧了发展中国家的军备支出；生产力的高速发展带来了严重的资源浪费和环境污染问题，全球变暖威胁着各国的农业生产，并带来了各种极端灾害和气候移民；等等。这一系列问题动摇了现代人内心深处根深蒂固的价值信念。拉兹洛将这些被动摇的信念追溯到人类文明的初始阶段，他称之为“新石器时代的幻想”。所谓“新石器时代的幻想”，指自然关系变迁引起的人类思想性质的变化，过去的思想变得不合时宜。在早期人类学会应对自然环境之前，人类生活在一个封闭系统中。这个系统与外界仅有的关系是太阳能的输入和热量向太空的散逸。封闭系统运行着稳定的内部循环。在人类开始改造自然后，这些内部循环受到的外部环境压力就增大了。但外部环境压力增大起初并未带来显著的不良后果，因此人类保持了旧的思想观念，认定环境具有无限供给资源和无限吸纳废弃物的能力。这一观念进一步受到了宗教信仰的强化，希伯来-基督教的宗教传统重视神人关系而轻视人与尘世环境的关系。[①] 自然界被理解为神所规定的供人类征服和支配的对象。这就导致人类产生了运用技术征服自然、支配自然的信念。但工业革命以来的大转变打击了这一信念。技术进步引发的问题表明了征服自然观念的限度。旧的价值信念及建立于其上的管理思想必须重新得到审视和检讨。

拉兹洛将管理思想的相应变迁表述为三代商务知识的更替过程。传统的第一代商务知识基于 19 世纪的自然科学，特别是牛顿力学。牛顿力学是机械唯物主义和征服自然这一信念的科学基础。接受第一代商务知识观点的管理人员将组织理解为机械，将社会关系把握为机械的力的运动。牛顿的经典力学具有演绎的、描述的、可预测的特点，管理学家也在建构企业管理的理论上模仿这类特点。他们认为企业组织的发展像物理对象的运动一样，遵循着严格的因果规律，因此，企业组织的活动可以根据因果规律来统筹计划。因为人们凭借因果规律的演绎可以预测未来的事态。于是，企业组织被设计为等级分明、自上而下传递命令的组织。各种信息集中于组织中枢，由熟悉相应因果规律的专业管理者进行统筹安排。中层管理者和基层员工如同机械装置上的零件一般，仅仅负责传动和执行操作。管理者就像人类恣意支配自然那样支配被管理者。不同于巴纳德和梅奥等早期管理思想家的判断，拉兹洛认为两次世界大战并未暴露第一代商务知识的问题。这套机械论管理思想仍旧为大多数企业所沿用。直到 20 世纪七八十年代经济增长曲线变缓，机械论管理思想的线性增长模型才真正被放弃。第二代商务知识则在 20 世纪 80 年代信息革命开始的条件下出现。拉兹洛认为第二代商务知识是“那些与企业经营作业活动有关的软硬件技术作业知识”[②]。在拉兹洛看来，信息技术促成了人们对顾客、市场、需求、偏好等概念的深入理解，这导致了“全面质量管理”（total quality management）的兴起。这一思想确实在一定程度上认识到了传统管理思想的问题。“全面质量管理”的践行者重视顾客的需求，放弃了传统的财务报表分析范式。但拉兹洛指出，这种范式的问题是没有注意到顾客需求的

---

① 拉兹洛. 决定命运的选择：21 世纪的生存抉择. 李吟波，张武军，王志康，译. 北京：三联书店，1997：68-69.

② 拉兹洛. 管理的新思维：第三代管理思想. 2 版. 文昭，黄丽华，译. 北京：社会科学文献出版社，2004：5.

不稳定性和不可预测性。换言之，第二代商务知识并未真正克服机械论管理思想关于世界之稳定性和可预测性的旧观念。而僵化的因果关系概念归根结底不能解释经济增长的新变化。消费社会带来的产品质量需求冲击了传统企业的等级制结构。管理者的管理活动必须适应市场的变化。市场的消费者不能被视为机械论模型中固定不变的常量。大量且瞬息万变的信息需要多中心处理以便得到有效且及时的应对。所以，为了保证企业应对市场的灵活性，等级制结构需要被新体制取代，否则，企业就难免失败之虞。因此，新的管理体制应当在"全面质量管理"的基础上进一步克服机械论管理思想的不利影响。

有鉴于此，拉兹洛需要从根本上着手。这意味着重新更新哲学的认知范式以取代陈旧的机械论模型，进而在此基础上重新界定新型管理的一般原则。由此，拉兹洛提出了系统进化论的哲学范式。

二、系统进化论的哲学范式

19 世纪自然科学的机械论模型建立在关于事实与价值的二分法、决定论的因果关系思想以及相应的可预测性观点的基础之上。这一系列信念的哲学表达就是分析哲学的实证主义。拉兹洛认为，要更新管理哲学陈旧的机械论预设，首先就要清算实证主义的弊端以展现新范式的必要性。在此基础上，他指出了一般系统论的哲学方法论范式所包括的内容，并进一步提出了标志着他的理论贡献的系统进化理论。

首先，就实证主义来说，实证主义的本义是摒除关于世界的"形而上学"观点。它认为这些"形而上学"观点具有独断的特征，本身是不可证明的，是被直接设定为自明的，故而是无意义的。拉兹洛认为，分析哲学的实证主义虽然起过积极作用，摒除了"不加证实的和无法证实的推测"①，但这一历史使命已经完成，其提倡的事实与价值、综合与分析的二分法实际已经使得分析哲学放弃了两个哲学的传统阵地，伦理学被留给了传统的哲学家以及专业的伦理学家处理，而综合命题的经验真理问题被移交给了自然科学和社会科学的研究者。哲学以分析哲学的形态变得贫乏化，专注于对意义的形式条件做自我分析。因此，拉兹洛提出了反对旧的分析哲学方法、提倡新的综合哲学方法的理由。

首先是外在理由。分析哲学采用的各种二分法所根据的是专业分工的思想。专业化确实大大提升了研究的效率，但问题在于，专业化同时将整全的知识领域切割得支离破碎。在人类面前存在的是一个普遍联系的整全世界即系统，但当下的人类知识却无法如实地反映现实中的普遍联系。换言之，人类目前并不是按照系统自身的存在方式去把握和理解系统。另外，专业化分工不仅无助于解决"存在空虚"（existential vacuum）现

① 拉兹洛. 系统哲学引论：一种当代思想的新范式. 钱兆华，熊继宁，刘俊生，译. 北京：商务印书馆，1998：15.

象，反而加剧了这一现象。所谓“存在空虚”，指19世纪盛行的虚无主义。自然科学对古代目的论宇宙观的破坏瓦解了各种传统伦理的价值基础。缺乏生存理由的无意义感构成了虚无主义的核心问题。而实证主义不仅在伦理问题上是无能为力的，而且助长了还原主义的风气。而还原主义同样不解决意义和价值的问题，它不过是将这些人类现象还原为无意识的生理冲动和更深层次的物理机制。① 因此，拉兹洛认为，通过将经验重新引入哲学以建立综合理论的方式，能够解决由分工模式引发的认知问题和价值问题。

其次是内在理由。拉兹洛指出，关于经验世界的体系化理论都依赖于两个基本假定：（1）世界存在；（2）世界至少部分地具有可理解的秩序。这两个基本假定只要成立，人们就能理性地研究经验世界。然而，这两个基本假定不能说明我们这种研究可能采取的两种基本进路的差别，所以他进一步引入了两个辅助假定：（1）世界的特定部分或领域是可理解的；（2）世界作为整体是可理解的。凭借这两者，人们能够区分“专家”的理性研究和“通才”的理性研究。但人们对这两个辅助假定的评价是高度不一致的。辅助假定（1）往往被认为是自然事实，而辅助假定（2）则常常被认为是有待证明的。拉兹洛强调，两个辅助假定之间的论证责任受到了不公平的分配。换句话说，辅助假定（2）并不比辅助假定（1）更独断。“通才”完全有理由向“专家”争辩，世界在部分上的可理解性并非自明的。存在这样的可能性：只有从整体出发才能理解事物是自然事实。综合的一般系统论并不因为采用了整体的观点就无法在经验世界中适用或得到证实，而且综合的整体观点还有利于规避个人的偏见。因为强调专业领域中原理和事实的自明性，并不比分析哲学试图摆脱的那些“形而上学”具有更少的独断色彩。引入整体的视野作为参照，则可以使人更易于明白专业领域的条件和局限。

拉兹洛认为，从方法论的角度看，一般系统论所依赖的方法包括视角主义和创造性演绎两个方面的内容。②

视角主义的要点在于，将包括自身在内的各种理论均视作从不同角度观察世界的理论假设。也就是说，它并不将自身看作对世界唯一正确的、唯一可能的描述。一般系统论只在更为宏观的尺度上是较适宜的经验哲学方法。它并不否认专业化的自然科学诸学科的有效性，也不否认分析哲学的价值，只是强调这些过度“琐碎”的研究需要得到其他角度的理论补充。按照视角主义方法，物理存在与心灵存在的划分是从不同视角观察世界得出的结果。自然系统理论关乎物理事件，而认知系统理论关乎心灵事件。拉兹洛推荐人们从对物理系统、生物系统和社会系统的考察入手，因为这三类系统所代表的范式具有典型的区别。③

创造性演绎的要点在于，不是所有的理论假说都能由经验观察归纳、类比得来。理论假说的充分条件不是对事实的归纳，而是理论家的创造性想象。因为虽然观察和实验材料不可或缺，但并不是所有人都能运用科学的归纳手段从中提取出理论假说。理论家的创造性想象可以从与当前研究看似无关的其他事实中获取灵感。拉兹洛认为，这种创

---

① 拉兹洛. 系统哲学引论：一种当代思想的新范式. 钱兆华，熊继宁，刘俊生，译. 北京：商务印书馆，1998：19.

② 同①29-34.

③ 同①70.

造性想象中隐含着各类不同系统间存在的同形性质的关系。同形性质的关系暗示我们，一般的系统规律是存在并能够被认知的。而对这种一般的系统规律进行研究，就是揭示各类具体科学模型背后的一般规律。对这种一般规律的研究便将系统理论从对一级具体系统（物理系统、化学系统、生物系统、认知系统等）的研究提升到对二级秩序模型（一般系统）的研究。

上述拉兹洛对一般系统论的阐释，准确概括出了贝塔朗菲一般系统论思想的精义。① 不过，拉兹洛最重要的理论贡献是，他在借鉴物理学成果和扩展进化论的基础上提出了系统进化理论，这是他对系统哲学的一个显著发展。

首先，拉兹洛认为，世界是由各个子系统构成的整体系统，这一整体系统和它的各个子系统都不是静止不变的，而是不断变化和进化的。因为真正的静止状态是秩序的消失和绝对的混沌，所以根本谈不上系统的存在。如果要恰切地考虑系统的存在方式，就需要研究系统的运动、发展、变化过程。这就不仅超越了实证主义的狭窄视域，而且超越了经典进化论仅仅基于生物学对物种起源做出说明的这种局限。

其次，拉兹洛认为，现实世界存在三种可能形态的系统。第一种是平衡形态的系统，第二种是接近平衡的非平衡形态的系统，第三种是远离平衡、处于非线性随机状态的系统。② 拉兹洛指出，第三种形态的系统无疑是进化的系统科学最为关注的对象。因为现代宇宙学理论表明了第三种形态的系统的广泛存在。拉兹洛认为，这种形态的系统是有能力发展出高层次复杂组织的仅有系统，亦即进化的可能承担者。

最后，拉兹洛认为，各种系统的变化和进化都是存在规律的，是各种因素相互作用的结果，所以，人们一旦认识了规律，就能创造条件，通过作用于系统运动的变量来影响和控制系统。③ 可以看出，拉兹洛在这里再次强调了人类认识规律的基本能力，这是正确的，但显然他也夸大了人类的实践能动性。

三、商务管理的新范式

拉兹洛认为，他依据当下的时代需求所发展的关于世界本质和认知方法的系统进化的哲学范式具有普遍适用性，能够用来说明当今人类社会中的组织现象，可以成为将要建构的新管理思想即第三代管理思想的哲学基础，代替传统管理思想所依赖的分析哲学范式。拉兹洛从两个方面运用这种新范式对商务管理现象进行说明：第一个方面是商业组织的外部环境，第二个方面是商业组织自身。这里的任务是，明确商业组织及其从属的外部大环境作为系统具有何种性质。换言之，拉兹洛要说明这些系统的运动方式是什么。因为世界整体及其各个层次上的组织虽然都能被看作系统，但依据系统运动方式的

---

① 冯·贝塔朗菲．一般系统论：基础、发展和应用．林康义，魏宏森，等译．北京：清华大学出版社，1987：30-35.

② 拉兹洛．进化——广义综合理论．闵家胤，译．北京：社会科学文献出版社，1988：30-32.

③ 同②129.

不同还可以做出进一步的划分。新的管理哲学范式将会确认商业组织及其外部环境的进化性质。

拉兹洛首先说明了商业组织的外部环境。他认为，整个人类社会建立在进化中的地球生态系统之中。也就是说，商务组织所处的外部环境，无论是物理系统、生物系统还是社会系统，都处于进化状态。由此可知，一方面，各个系统之间存在着层次嵌套关系，它们处于普遍联系之中；另一方面，这些都属于进化的动态系统。这就要求人们用普遍联系和发展的观点来考察这些系统。拉兹洛指出，考察上述各个系统进化、发展的科是系统动力学，它“解决问题的基本思路是从整体水平出发描述系统进化发展的总体特征，它舍去了无关大局的东西，而将能够代表系统整体特征的保留下来”①。

拉兹洛接着论述了商业组织。他认为，商业组织是人类社会进化衍生的子系统，与其从属的人类社会系统具有相同的性质。当下的商业组织处于存在着大量混沌现象的阶段。这是由于拉兹洛将20世纪末21世纪初的人类社会系统状态理解为大转变的第五次浪潮。换句话说，这时的人类社会正处于由工业社会系统运行模式向后工业社会系统运行模式转变的混沌状态。企业不仅对外面临知识经济、信息化过程和消费社会的挑战，而且自身内部也可能处于不同的进化阶段（初级阶段——领导者的个人素质主导、发展阶段——规范化、系统进化阶段——范式革新）。② 企业的管理者如果不能正确认识企业的内外部状态与内外部关系，那么就不能针对当前的情况采取正确的措施。企业的管理者如果能够认识到当前大系统整体的混沌状态，同时意识到这种环境对企业的压力，那么作为系统内部的实践者，就可以通过创造某种科学、合理的方式来实现组织的适应性自稳与适应性进化。

简言之，拉兹洛认为系统进化的哲学观点避免了旧的哲学范式静止、孤立、片面的弊病。他认为按此观点更新的哲学范式顺应了时代变革的需求，统一了关于组织及其外部环境的不同认识，为管理者控制组织的进化过程创造了认识上的条件。

四、进化管理的实践原则

拉兹洛在哲学上所做的工作，归根结底服务于实践需求。系统进化的哲学观点已经为管理者在实践上控制系统进化提供了理论说明和认识工具。拉兹洛进一步在此基础上提炼出进化管理的实践原则。进化管理的实践原则共有十八条，是三个维度上的管理实践原则，即组织原则、战略原则和经营原则。

组织原则共八条：

原则一：把领导者重塑为乘务员和教师。

---

① 拉兹洛．管理的新思维：第三代管理思想．2版．文昭，黄丽华，译．北京：社会科学文献出版社，2004：26.

② 同①51.

原则二：支持企业所有层次团队间的相互交往和默契。

原则三：创造组织内部平行的处理能力。

原则四：以多层次异等级结构代替等级结构。

原则五：营造良好的工作环境。

原则六：在组织内灌输足够的持续不稳定性，造成要适应和不断学习的工作环境。

原则七：在需要进行急剧变革时，造成暂时的混沌。

原则八：通过“国际化”的协作功能和“地方化”的经营功能实现公司文化的全球化。①

以上八条组织原则可以被简要概括为四个方面：

第一个方面是领导者的身份和职能问题。在传统观念中，领导者作为权力的掌控者实施治理和管理。这一职务要求极高的个人素质和能力。因为传统的治理和管理都是目的行为，目的行为需要理性的指导，所以领导者纵使不是哲学家，也得是明智练达之士。而中层管理者和底层员工都要受领导者的意志支配。从对领导者身份和职能的传统认知可以得出旧管理体制的根据。此视角下的组织不过是自上而下传递命令的机械。而在系统进化的观点下，人们将意识到组织不同层次间复杂的相互作用关系，较低层次亦有重要作用，领导者的作用不是命令一切，而是统筹指挥。如果不这样实践，员工的积极性就会受挫，组织就不能从复杂性和协同性中受益。因此，“管理的中心任务是通过目标共享和价值共享，最大限度地发掘企业员工的个人潜力，使员工能够在和谐的工作环境中尽情地施展自己的才华”②。

第二个方面是组织的结构问题。领导者的身份和职能得到重新认识，权力的集中化受到质疑。有鉴于此，需要用系统进化的观点重新安排组织的结构。企业组织应该弱化等级制色彩，发展“多层次异等级结构”。所谓多层次异等级结构，拉兹洛解释为“职能分散的多层次结构”③。“异等级”这个拗口的说法，指的是垂直命令结构上的自主性、水平分工结构上的协同性和不同职能链条间对角方向的信息流通性三者的结合。同时，企业组织应该注重发展各种事务的平行处理能力，减少命令传递的成本，还应加强组织内部的信息交流。

第三个方面是工作环境的问题。组织成员应当享有适宜的工作环境以保证效率。但同时组织中应当维持适当的不稳定性以促进员工的创新意识，增强员工的适应能力。当巨变发生时应当主动创造组织中的混沌，以此实现适应性变革，从而抢占竞争优势。

第四个方面是全球化问题。企业应当积极地适应全球化。既可以通过国际协作的方式适应，也可以通过地方化经营的方式适应。

战略原则共五条：

原则一：为实现股东价值最大化，把公司员工放在第一位，优先于财务、经济、技术资源及目标。

---

① 拉兹洛. 管理的新思维：第三代管理思想. 2 版. 文昭，黄丽华，译. 北京：社会科学文献出版社，2004：74.

② 同①77.

③ 同①82.

原则二：持续地监控和调整公司在本行业的战略定位。

原则三：保持坚定的长期竞争焦点。

原则四：视信息为重要的战略资源，而不是普通的消耗品。

原则五：力争永保行业整体水平优势。①

五条战略原则全部围绕企业的生存和发展而展开。由于企业本质上是商业组织，所以相应的管理行为必须与一般的治理行为相区别。在系统进化的视野下，虽然企业生存和发展的终极目的在于最大化股东价值，但要实现最大化股东价值，就必须同时将员工放在首要位置。因为人是企业经营活动最宝贵的资源。商业组织如果不重视人，那么就将丧失竞争力。在实现股东价值最大化目的的指引下，企业制定自身的战略，进而满足灵活性与稳定性的要求。为了满足灵活性，企业要时刻监控并调整自身的战略定位。而出于维持稳定性以集中力量的需要，企业需要保持坚定的长期竞争焦点。重视信息的作用对于实现这些目标大有裨益，因此不能将信息作为消耗品来对待。企业通过这些战略安排力求实现并维护自身的竞争优势。做到以上这些，企业方能最大限度地实现股东价值。

经营原则共五条：

原则一：品质预测（凭借进化动力和开放系统市场经营预测品质需求）。

原则二：纳入各项成本和各项活动衔接的成本。

原则三：计算生态的约束和机遇并将其引入成本。

原则四：利用不稳定和非连续变化，保持企业的竞争优势。

原则五：推断未来以拓宽视野，勿墨守成规。②

五条经营原则涉及企业具体生产经营活动的规范。这五条原则可以被概括为两个方面，即预测和成本计算。系统进化观点强调，企业应当重视系统从原来的秩序状态进入新秩序状态的过程，尤其要注意这个过程中的非线性变化。在整个商业系统所处的秩序状态，通过预测确定市场对产品的需求。而当处于混沌状态时，企业应当主动提升或革新产品以创造需求。获得驾驭这种非线性变化的能力，关键靠企业内部贯彻执行开放信息政策，否则，管理者就难以实现与员工之间的目标共享和价值共享。更为根本的是，管理者需要提升自身和组织的弹性，以便能够具备放弃旧范式和旧习惯、随时都能面向未来需求的能力。成本计算的原则也包括两个方面。首先，企业的成本计算不仅应当包括传统的各项活动成本，也应当将企业内部各项活动衔接造成的成本纳入计算。因为经营活动的复杂性往往掩盖了价值增值过程中的间接成本。人们很难从产品上看出成本上升的原因，这常常是因为新生产方式复杂化增加了生产活动的环节，而每一环节之间的衔接都可能造成生产资料和时间的多余耗费。其次，企业的成本计算也要考虑到外部环境产生的成本。典型的例子是生态环境造成的约束和机遇。以前的企业通常不将自身生产经营导致的生态后果纳入成本考察，因为它们未被要求对这些后果带来的影响负责，

---

① 拉兹洛. 管理的新思维：第三代管理思想. 2版. 文昭，黄丽华，译. 北京：社会科学文献出版社，2004：74.

② 同①.

但当下的企业已不能不考虑政府和公众在生态问题上施加的压力。一方面，回避生态问题可能导致罚款和抵制活动，从而不能真正节约成本；另一方面，重视生态问题为企业提升自身形象和信誉提供了机会，有利于企业的长期发展。

上述三类实践原则是系统进化观点在管理活动上的一般应用。拉兹洛认为，其中最成功的一种应用与组织原则相关。系统进化观点可以有效地指导组织建构和重组的过程。他称之为进化过程重构。进化过程重构的本质是解决企业的生存问题。因为拉兹洛的系统哲学的本体论已经将系统的进化视作世界的本质存在方式，而生存则被认为是新的价值哲学的终极尺度和根本目的。《系统哲学引论：一种当代思想的新范式》中的说法就是，善被理解为自然-认知系统的最佳适应性。① 管理活动作为目的行为，同样服务于善这一终极目的。而实现这一目的的最有效方法就是根据进化信息对组织进行重构。重构分为两种：组织分叉和协同分叉。组织分叉常适用于大型企业，它通过使子部门具备半独立性（平行处理事务而非接受命令），以减少自身系统的僵化保守成分。协同分叉常适用于中小型企业，它通过与自身地位接近的企业建立共同体来避免被大型企业吞并或挤垮。但企业的规模大小不是对这两种分叉进行选择的可靠评判标准。拉兹洛在这一选择问题上提供了四项原则。原则一，要求在评判管理活动时将行业发展放在企业竞争优势之前，否则，组织分叉和协同分叉都会受到企业短视的自利考虑的阻碍。原则二，要求企业内部员工参与管理，企业自身、竞争者与合作者三方达成共识。这种共识法可以为正确抉择提供充足的信息。原则三，认为过程比结构更重要，组织结构的安排服务于历时的进化。从进化的角度出发才能恰当地确认时代需求，从而准确把握竞争优势。原则四，要求企业能够辨别小批量和定时投入的敏感区域。对经营活动中关键要素的把握，是企业重构时必须考虑的问题。只有遵循上述四项原则，企业方能稳健地执行组织的进化过程重构。

总体说来，拉兹洛以系统进化论为基础的管理哲学是对当前时代信息化、全球化趋势的理论反映。拉兹洛有意识地运用现代复杂性科学的最新成果，发展了综合性的系统进化哲学以克服旧的分析哲学的静止、孤立、片面的弊病。这一系统哲学可以在保留经验世界实际存在的心物差异的情况下，借助系统概念有效地研究那些包含了两种要素的复合体，从中发掘其共性和规律。拉兹洛又区分了系统的不同存在形式，注意到系统进化的重要意义，将人类生存的世界看作整体的和进化的动态系统。这一工作使他可以在全新的基础上建立管理哲学的范式。企业被视作进化中的系统，而管理活动即控制系统进化的活动。企业的管理者需要根据系统进化观点认知商业世界，调整企业的组织结构、战略方针与经营理念。这一管理哲学因其充分应用了科学发展的新成果而具备相当程度的可靠性和说服力。

同时，以系统进化论为基础的管理哲学也存在一定的问题。一方面，拉兹洛对分析哲学的批评不够公允。因为他基本上将分析哲学等同于经验的实证主义学说。这就使他忽视了分析哲学内部存在的复杂倾向，例如晚期维特根斯坦对语境的强调。此外，还有

---

① 拉兹洛. 系统哲学引论：一种当代思想的新范式. 钱兆华，熊继宁，刘俊生，译. 北京：商务印书馆，1998：320-321.

史蒂文森的伦理学理论倾向从方法差异而非本体论差异来看待自然主义和非自然主义的区别。史蒂文森把道德语言看作唤起态度的行为而非对事态的陈述，这样就无须设定自然世界之外的价值世界。① 在调解自然和心灵的矛盾方面，拉兹洛的视角主义就与维特根斯坦的语言游戏学说以及史蒂文森的伦理学相当接近。② 另一方面，以系统进化论为基础的管理哲学以指导实践为旨归。但拉兹洛所阐述的进化管理的实践原则本身并不能鲜明地体现系统进化观点。换言之，去中心化、人本主义、过程重构等管理原则都曾被其他管理理论家从不同的理论基础上提出。仅仅根据拉兹洛介绍的进化管理的实践原则，我们还不能充分看出以系统进化论为基础的管理哲学本身在指导实践上的优越性。拉兹洛需要回答这样的问题：综合的系统论哲学为何在指导管理实践上优越于其他哲学？为什么需要综合的系统论哲学来为当前的管理实践奠基？仅仅指明旧的分析哲学的缺陷还不足以回答这两个问题，因为还存在其他有影响力的哲学范式。当然，这不影响拉兹洛以系统进化论为基础的管理哲学具有重要的启发意义。哲学家和商业实践工作者都应当充分掌握科学的最新进展，以便使理论和实践更有效的结合成为可能。

思考题

1. 如何评价拉兹洛系统进化哲学对心物二元论的回应？
2. 你认为系统进化论的哲学范式是否适用于商业组织？
3. 试论拉兹洛以系统进化论为基础的管理哲学的理论意义和现实意义。

---

① 施太格缪勒. 当代哲学主流：上卷. 王炳文，燕宏远，张金言，等译. 北京：商务印书馆，1986：508.

② 同①507-508，554-556.

第二十四章

圣吉系统辩证的组织学习理论

圣吉一直致力于将东西方古老的智慧结晶和最新的管理科学相融合，他对老子的领导哲学尤为推崇，他所提出的以系统思考为核心的五项修炼，像是中国古圣先贤智慧的结晶，许多内容与儒、释、道思想非常接近。

——杨硕英

彼得·圣吉（Peter Senge，1947— ），1947 年生于美国芝加哥，1978 年在麻省理工学院斯隆管理学院获得管理学博士学位。在他的导师、系统动力学的创始人福瑞斯特的启发和影响下，圣吉综合了前人的管理智慧，将系统动力学运用于组织学习，发展出理念与实践有机贯通的组织学习理论。他所确立的学习型组织的发展蓝图，强调人们在工作中的整体思维，成为现代组织管理理论的一种新模式。这种模式的提出，不仅有助于各种形式和层次的组织解决所面临的各种挑战，而且有利于人们重新以系统的方式更加审慎地思考人类的未来。

在长期的理论研究与实践应用中，圣吉写有《第五项修炼——学习型组织的艺术与实务》（1990）、《第五项修炼实践篇：创建学习型组织的战略和工具》（合著，1994）、《变革之舞——学习型组织持续发展面临的挑战》（合著，1999）等著作。在这些著作中，圣吉一方面以深刻的人文关怀精神突出强调人在工作中的生命价值与意义的实现，因而深入到人之存在的根本问题；另一方面，他以结构系统和动态变化的方式分析了影响组织进行持续重大变革而谋求发展的种种心智障碍，提出了系统思考法则与组织学习的训练进阶，力图推动人们以整体的、有机的方式重新认识自己与所处世界的关系，通过不断学习而建立起能够有效应对各种挑战的新型组织管理方式。

一、组织学习的心智障碍

在西方管理思想史上，无论强调追求效率的经济因素，还是关注非逻辑的情感因素，都始终是围绕着对人的研究展开的。美国管理思想史学者丹尼尔·雷恩提出，“人是研究人类、组织和管理的基本分析单位”①。作为管理实践中唯一的能动因素，人成为管理学研究的永恒主题。圣吉提出建立学习型组织，一个重要目的是使在工作中“活出生命的意义”。就此来看，圣吉的思想延续了对人的研究这一主题，但又与以往的做法有所不同，它更加偏重于通过不断的学习即“心灵的根本转变”来克服组织发展中存在的各种心智障碍，从而增强组织抵御各种风险的能力，实现可持续发展。

在关于心智障碍的问题上，圣吉首先以总体的方式指出了人们观察和思考周围世界时普遍存在的思想缺陷，即片断而局部的思考方式。他认为，这种思考方式的特点是把整个世界分割为互不相关的片断来理解，一方面它有助于对复杂问题的理解和处理，但另一方面这种碎片化的理解方式又导致人们丧失了对整体的联属感，进而影响了人们的实际行动。

不过，在他看来，组织中造成种种心智障碍的片断而局部的思考方式并非人类与生俱来的自然缺陷，归根到底它是社会生活的产物。这是因为，在人类历史的早期，人类并未将自己与所处的世界加以区分，而是把自己看作整个世界的一部分，因此，对世界的思考和理解既是整体的，又是含糊的、笼统的，它反映了人类早期基于特定的实践方式所形成的观察世界、思考自己命运的角度和习惯。随着实践方式的演变，特别是社会分工的出现和专业化发展，人类的主体意识、自我意识开始出现并不断被强化。在这个过程中，人类逐渐学会并习惯于进行各种区分，例如对人类与自然的区分、对个体自我与社会整体的区分等。通过这些区分，人类的思考以及由此而导致的行动就造成了两个后果：(1) 如果没有这种人为的区分，人类就不能发展出现在所有的智能，不能发展出科学分析的方法，甚至不能创造出现代的科技文明；(2) 正是这种人为的区分加深了人类思想的割裂，人类的自我意识在这种人为的区分中膨胀到极点，以至于认为自然只不过是实现自己利益的资源库，而人类与自然那种天然的整体性在利益面前被彻底瓦解。与此同时，人类将自己区分为相互分离的个体，更加凸显了个体对于整体的优先地位，从而有可能过于强调独立意志、个体需求和愿望的实现。

当然，圣吉对这种片断而局部的思考方式的反思基于西方的文化背景，并由此断言，西方世界的社会组织已经由于这种分割思想的深刻影响而变得四分五裂。在这个意义上，圣吉提出，与现代管理系统有关的每一件事情都根源于这种分割思想，从而就不

① 丹尼尔·A. 雷恩. 管理思想的演变. 赵睿，等译. 北京：中国社会科学出版社，1997：8.

可避免地造成了竞争。[①] 上述状况造成的消极后果促使他转而试图在中国传统文化的整体智慧中寻求改变和突破的思想动力，而他有关于此的种种提问对于其他文化来说也不无反思意义："你们会不会步工业社会的后尘？物质愈富足，就愈唯我独尊，傲视于自然秩序之上？你们会不会牺牲社会来发展经济？你们会不会变成另外一个不择手段地剽窃自然、以非永续性及危害后代的方式发展的社会？"[②]

可以看出，在圣吉看来，人类的组织化生存所面临的种种危机和挑战并非不能解决，关键是要不断学习，克服心智障碍，形成正确的思维方式，特别是系统的思维方式，"重新观照整体"。

通过壳牌石油公司关于1970年《财富》杂志"500强企业"发展状况的调查数据，圣吉认为，他的上述想法在这些企业的组织实践中得到了实际证明。调查数据显示，这些大企业的平均寿命不到40年。究其原因在于，这些大企业在组织管理方面未能有效地应对各种可能的危机或风险，它表明"一个差劲的学习者"很难有足够的能力来实现企业的持续成长。如果进一步追问造成问题的原因，那么组织中存在的种种心智障碍就既是学习能力低下的原因，也是学习能力低下的表现。在影响的范围上，这些障碍可能出现在组织管理的各个环节和方面，例如组织的设计和管理方式、人们定义工作的方式、员工被教育与互动的方式等。从一定意义上说，人们思想中将问题或现象做分割理解的思维方式，正是通过组织中各种正式的制度设计和模式设计而在实践中被不断地巩固与强化，从而在个人与组织的互动中造成了相互的消极影响，妨碍了真正的学习。

具体而言，圣吉提出了影响组织学习的七个心智障碍："局限思考""归罪于外""缺乏整体思考的主动积极""专注于个别事件""忽视缓慢渐进的变化""从经验学习的错觉""管理团队的痼疾"。

在圣吉这里，"局限思考"主要体现为组织中人们对工作定义的狭隘理解，它直接源于人们在长期工作中形成的固守本职的观念，从而将自身跟工作相等同，而不是从组织的高度来看待自己与工作的关系。在这种工作观念的指引下，个体的思考和行动是局部的，组织的整体意义以及组织内外的有机联系遭到了某种方式的人为分割，组织成为一个僵硬地执行一定程序或职责的机械组合体。在其中，个体之间缺少了必要的相关性以及由此而形成的整体感、责任感。对于造成这种结果的原因，圣吉认为主要是组织中的大多数人认为自己对于组织整体只具有很小或者毫无影响的能力，因而他们只是尽可能做好自己的本职工作；同时，现代组织功能导向的设计将组织依功能切割分工，按照某种程序设计，不同的人对应于不同的功能或责任，更加深了这种学习智障，这就等于以制度化的方式肯定了这种学习智障存在的合理性。[③]

与"局限思考"相关，"归罪于外"指以片断的方式看待外部世界。圣吉提出，组

---

① 彼得·圣吉．第五项修炼——学习型组织的艺术与实务．2版．郭进隆，译．上海：上海三联书店，1998：中文版序2．

② 同①中文版序3．

③ 彼得·圣吉．第五项修炼——学习型组织的艺术与实务．2版．郭进隆，译．上海：上海三联书店，1998：21．我们认为，组织中利害关系的实际存在、组织化生存造成的对个体异质性（相对于组织的整体需要而言）的压抑和否定等因素也会导致狭隘的工作定义，不过圣吉并没有提到这些可能的原因。

织中的人们如果只专注于自己的工作，就无法察觉和体认自身行动所造成的内外影响，从而将问题的出现归罪于各种外部因素。其实，这种做法无非以一种消极的方式来寻求和实现与组织的一致。对于导致这种状况的原因，圣吉认为归根到底是“局限思考”方式所造成的对组织系统的人为分割。也就是说，人们在工作中把问题的产生归罪于外，就已经将系统分割了，从而永远无法认清那些存在于“内”与“外”互动关系中的许多问题及其解决之道。①

在对“缺乏整体思考的主动积极”这一学习智障的说明中，圣吉首先提出了“主动积极”的适用条件。他认为，尽管作为一种时尚，主动积极被视为被动消极的解毒剂，而且采取这种策略常常能够有效地解决问题，但它并不是解决一切问题的万能公式，尤其在面对“动态性复杂问题”时，这样做往往适得其反。这说明对于管理者而言，良好而积极的态度和行动虽然是必要的，但却并不是解决问题的充分条件，说到底它需要理性的正确指引。因此，圣吉认为真正的“主动积极”，除了正面的想法之外，还必须使用整体思考的方法与工具深思熟虑，细密量化，模拟立意极佳的构想，以察知可能出现的种种后果。②

“专注于个别事件”，是一种专注于片断和个别事件的思考与解决问题的方式。针对这种思考方式，圣吉提出了一个重要问题：究竟什么是“真实”？很显然，“真实”并不是那些在片断中存在的各种事件，而是由各种事件的关系和过程所形成的事情的长期趋势与整体特点。与此相应，我们的思考也应尽可能着眼于事情本身所具有的这些特点。这种思考尽管并不能在实际上达到完全的、绝对的程度，但至少为人们的思考提供了一种更客观因而也更有效的思想空间。他指出，专注于个别事件的思考方式对事情的理解在局部的、片断的范围内可能是真实的，但它分散了人们的注意力，使人们不能用整体的、长远的眼光来了解事件产生的深层原因。因此，人们如果过分专注于个别事件，那么最多只是加强了预测和应对个别事件的能力，而不可能学会创造性的思考和实践。

在对“忽视缓慢渐进的变化”这一学习智障的说明中，圣吉借用“温水煮青蛙”的故事，描述了重视组织发展过程中各种缓慢渐进的变化的必要性。在他看来，许多公司的失败都是由于不能体察缓慢而来的致命威胁，这就要求组织中的人们必须审慎地注意各种细节的变化，做到未雨绸缪，及时做出调整和安排。所以，在内容上学习本身就包含着在缓慢渐进的过程中把握细节。人们除非放慢认知变化的速度，以察知那些缓慢而来的威胁，否则，就无法避免被煮青蛙的命运，使组织的发展遭受挫折甚至失败。

“从经验学习的错觉”是影响组织学习的第六个智障。圣吉在此提出了我们应如何看待从经验中学习的问题。他认为，经验的确是人们能力不断提高的必要环节和源泉，对于人们思考问题以及采取行动具有重要意义，然而，经验的对象是具体的、个别的，所以经验的适用就存在着时空的界限。同时，任何行动在时空上都有有效范围，在此范围内我们能够评估行动是否有效，但若我们行动的后果超出了这个时空的有效范

① 彼得·圣吉．第五项修炼——学习型组织的艺术与实务．2版．郭进隆，译．上海：上海三联书店，1998：22.

② 同①23.

围，我们就不可能直接从经验中学习。因此，如果一味地固守现成经验，那么就不仅仅是阻碍创新性学习的问题，甚至有可能给人们的行动造成实际的消极影响，产生与目标相反的后果。①

最后，圣吉提到了“管理团队的痼疾”。管理团队通常指由不同部门的一群有智慧、经验和专业能力的人组成的团队。对于管理团队在组织中的作用，我们当然应给予充分的肯定。然而，尽管一般都认为管理团队可以承担严峻的挑战，能够解决复杂的问题，但是，多数管理团队都存在着许多内在的痼疾，包括经常把时间花在争权夺利上、为了保持面子而装作表面团结和谐、管理者惧怕团队内部的求真质疑精神所带来的威胁等，这种人为的利益分割在一定程度上导致了相互妥协、推卸责任等情况的发生。圣吉描述了这种情况，指出了它对于团队学习的危害及其表现，那就是，学习变成了相互妥协或者相互否定，它所造成的结果要么是相互之间的争权夺利，要么是表面上维持着组织的团结和谐，但这绝不是管理团队进行学习的真正目的。

对于组织学习中存在的上述七个心智障碍，圣吉把它们作为组织在发展过程中普遍面临的问题，因为归根到底它们的出现都源于人们最基本的思考方式，即局部的、静止的思考方式。因此，对管理中学习智障的探讨就必然演变为对一般哲学问题的分析，那就是人们应该如何改善思考方式从而正确地指导自己的行动。系统思考法则的确立不仅呈现出组织管理中实际存在的心智问题，而且为克服这些问题奠定了基础。

同时，心智问题的解决更需要组织与个人两个层次的主动性，它必然是自觉而不是自发的实现过程，即以修炼来克服智障，建立学习型组织的关键就在于如何修炼。总体说来，学习中出现的心智障碍问题反映了作为管理主体的个人与组织整体之间的互动关系状况。通过学习，个人不再是局限于某个局部或片断的、相互分离的主体，整个组织当然地成为个人主体性展现与发展的条件和目标，同时，在学习中个人主体的片面性在组织的整体性中得到了扬弃，组织本身也相应地成为学习型组织，个人与组织的生命时空在学习中得到了拓展。可以说，西方管理思想史上解决个体与组织整体之间互动问题的方式有很多，其中具有典型意义的是科学管理方法确立的效率原则与人际关系管理运动确立的情感原则。与它们不同，学习型组织赖以形成和发展的条件是自觉的心灵修炼，是个体生命意义和价值的自我超越，并由此使组织生命的新时空、新状态得以实现，成为一个更具创造力的有机整体。这是克服心智障碍、建立学习型组织的最深层意义。

二、系统思考法则

学习型组织的精要在于内心的修炼，它包括自我超越、改善心智模式、建立共同愿景、团队学习和系统思考等五项技能。其中，系统思考是统摄所有修炼的灵魂与核心，

---

① 彼得·圣吉. 第五项修炼——学习型组织的艺术与实务. 2版. 郭进隆，译. 上海：上海三联书店，1998：26.

是整合其他修炼、强化各项修炼之间良性互动的先决条件。圣吉认为，在组织管理中，系统思考的积极意义就在于能够以一种新的方式使人们重新认识自己与所处世界的关系，它应当演变为一种心灵的转变，那就是：从看见片断到重新观照整体，从专注于个别事件到弄清事件变化背后的结构，从静态的分析变因到把握其间的互动，从将自己看作与世界分开转变为看作与世界连接在一起，从将问题看作由“外面”某些人或事引起的转变为看到自己的行动如何造成了问题。因此，对于圣吉来说，系统思考法则及其修炼实质就是一种看见整体的修炼。

关于系统思考的定义，圣吉认为，“它是一个架构，能让我们看见相互关联而非单一的事件，看见渐渐变化的形态而非瞬间即逝的一幕。它是一套蕴含极广的原理，是从20世纪开始到现在不断精炼的成果，跨越繁多的不同领域，如物理、社会科学、工程、管理等。它也是一套特定的工具与技术，出自两个来源：控制论的‘反馈’概念与‘伺服机制’工程理论”①。可以看出，系统思考不是一种狭隘的、单调的技能，在理论与实践上都应当得到全面的展现。这种看待系统思考的方式促使圣吉力图在理论与实务两个层次实现人的心灵的转变。因此，他既着重于系统思考的一般原理，从理论上分析了人们基于自身生存方式进行系统思考的可能性和必要性，以及如何进行这项修炼，同时又强调它在行动中的可操作性，通过系统基模这种“以简驭繁”的方式，来增强人们在组织管理中进行系统思考的可行性和有效性。

那么，组织中的人们为什么需要进行系统思考？这不仅仅出于人们对完善自身思维方式的一种人为设定，也不仅仅出于管理实践领域产生的特殊需要，它从根本上源于人类的基本生存方式甚至整个世界的存在方式。这显然触及了人之存在的根本问题，即如何看待世界以及人与世界之关系的世界观问题。在圣吉看来，一个系统就是由其构成要素相互作用而形成的一个整体，这些要素之间相互影响、相互配合，并且服从于一个共同目标。例如，生物有机体、环境、工厂组织、政治实体、社团、公司、家庭等，所有的组织都是系统存在的例证。人类的存在说到底是一种系统性存在，而人类活动的多维性也造成了系统的多样性、交互性和复杂性。人们往往同时置身于不同的系统之中，与不同的事物、关系形成密切的相关性，这种复杂的相关性无疑是人们目标实现的前提。因此，系统思考不仅意味着要按照事情的本来面目进行思考并采取行动，而且关键在于要使自己的思考和行动对于实现目标来说更有效率。圣吉认为，系统思考的意义就在于它给人们的思考和行动提供了一条更有效率的途径。进一步说，由于这种复杂性，系统思考也存在着多种可行形式，圣吉等人就提出了适合于组织变革的五种系统思考。②

关于人类系统，圣吉认为关键是其错综复杂的结构。人类系统的结构本身就孕育着进行整体思维的需要，它客观上要求人们的思考和行动必须在纵向与横向这两个向度上符合这种整体性要求。只有这样，人们才能辨识系统整体运作中存在的“补偿性反馈”“时间滞延”等结构特性。从内容上说，系统结构指，随着时间的推移，影响人们行为

① 彼得·圣吉．第五项修炼——学习型组织的艺术与实务．2版．郭进隆，译．上海：上海三联书店，1998：75.

② 彼得·圣吉，夏洛特·罗伯茨，理查德·罗斯，等．变革之舞——学习型组织持续发展面临的挑战．王秋海，等译．北京：东方出版社，2001：146-158.

的一些关键性的相互关系，这些关系不是存在于人与人之间的相互关系，而是存在于关键性变量之间的关系。① 也就是说，系统结构并不是泛指系统中所有要素、部分之间的所有相关性，而是指对系统结构的性质、形式具有关键意义的要素及其相互关系。不过，这种理解并不妨碍个体在组织中的积极意义，因为在人类系统中，每一个个体都是整体结构的有效要素，人们应当相信自己能够改变置身于其中的组织的结构，从而更加积极地参与组织的运作。

通过对啤酒游戏的观察，圣吉提出了系统结构对人们的思考和行动所产生的作用。他认为，尽管人们往往把结构当作某种外在的限制，但一定的结构所蕴含的运作原则恰恰是组织中的人们诠释认知、目标、规范，并将之化为行动的基本依据。在相同的系统结构中，即使不同的人也会倾向于产生性质类似的结果。因此，组织中产生的问题和危机可能并不是外部因素或者个人原因所致，而是由于系统结构本身存在问题。它的反思意义就在于，人们对问题的观察和理解不应当只关注个别的事件、个别的疏忽或者个别的个性，而应当深入了解影响个别的行为并使这些个别的行为具有相似性的结构。圣吉认为，这种结构性的解释非常重要，因为只有它才能触及行为背后的原因并进而改变行为。换句话说，结构影响行为，因而只有改变行为背后的结构，才能产生不同的行为变化形态。因此，重新设计组织决策的方式，就必须重新设计组织的系统结构。

与其他四项修炼一样，系统思考关系着组织中人们“心灵的转换”。这种转换包括：从看部分转为看整体，从将人们看作无助的反应者转为把人们看作改变现实的主动参与者，从对现况只做反应转为创造未来。这是五项修炼在建立学习型组织上的共同目标。系统思考的修炼则主要在于实现两个方面的转变：一是观察环状因果的互动或相互反馈关系，而不是直线性的因果关系；二是观察一连串的变化过程，而非片断的、一幕一幕的个别事件。② 这是因为，在动态系统中，组织管理将面临两种复杂情况，圣吉将其称为“细节性复杂”与“动态性复杂”。尽管在企业管理方面有许多预测和分析的方法、工具，但这些方法、工具只能用来处理“细节性复杂”而无法应对“动态性复杂”，但解决管理问题的关键在于能否深入地了解“动态性复杂”而非“细节性复杂”，这也正是诸多管理方法、工具难以对解决组织发展问题做出突破性贡献的原因。

通过对“注满一杯水”的分析，圣吉提出了进行系统思考的反馈原理。他认为，反馈是指任何影响力的反复回流，是一种循环不息的“动环”。因此，在系统思考中，每一种影响既是因也是果，没有什么事情只受到一个方向的影响。换句话说，系统思考就在于摒弃那种直线性的因果观念，去把握人们的行为及其影响之间互为因果的关系。人们不应只关注自己的行为，而应进一步考虑自己的决定和行为对他人产生了哪些影响，这些影响反过来又会造成怎样的反馈。可见，管理的有效实现不是管理主体按照等级秩序或者其他程序依靠命令等手段就可以实现的，反馈原理凸显了管理的过程性、管理主体与管理对象之间的相互影响，它的意义就在于不断促使人们适时地调整自己的决定和

---

① 彼得·圣吉. 第五项修炼——学习型组织的艺术与实务. 2版. 郭进隆，译. 上海：上海三联书店，1998：47.

② 同①80.

行为。更为重要的是，反馈所确立的观念正是改变反应式思考的起点，由此，组织中的每一个成员都应认识到，他们的作用不是被动地适应形势，而是以自己的积极行动参与组织的运作，以创造新的未来。

可以看到，反馈环路或者“动环”是实现系统思考的主要方法。在此基础上，圣吉进一步指出和分析了反馈环路的两种不同类型，即不断增强的反馈和反复调节的反馈，以及所有反馈形式都存在的时间滞延。圣吉认为，这是系统思考的三个基本元件。

不断增强的反馈是组织发展的动力，反过来说，在一个组织正处于不断成长的情况下，必定是增强的反馈在起作用。不过，它的影响可能是积极的，也可能是消极的，不管是哪种影响，都会呈现为一种雪球效应而逐渐放大。例如，原本些许的下降在不断增强的反馈下会演变成急剧的下跌。因此，人们在处于一个不断增强的反馈系统中时，如果能够对系统结构的特性以及该反馈的类型形成较为清醒的认知，从而察觉到自身的行动如何能够产生巨大的影响，那么就可以在更大的程度上和更大的范围内影响组织系统的运作。当然，不断增强的反馈不会一直单独地运作下去，也就是说，组织的成长存在着极限。

一个反复调节的系统是一个寻求稳定的系统。当然，反复调节并不是单纯为了系统的稳定，通过不断调节，系统就可以进行必要的自我修正，以影响所有导向组织目标的行为，维持实现目标的各种可能条件。例如，注满一杯水是一个调节过程，目标是满满的一杯水；雇用新员工是一个调节过程，目标是预定员工人数或成长率等。组织本身是一个复杂的有机体，因而在组织中就存在着诸多调节的反馈环路。要了解组织的运作机制，就必须深入了解它的调节环路，其中包括明显环路与不明显环路两种。圣吉举例说，如果只知道人体各部分的器官，就并不能真正了解人体系统是如何运作的，只有了解了神经系统如何维护平衡、循环系统如何维持血压与氧气水平，才能察知人体系统运行的真实情形。

无论哪种反馈，都存在着时间滞延问题，即行动与结果之间的时间差距。它表明，在组织系统中一个变数对另一个变数的影响只有在一段时间后才能显现出来。时间滞延经常会使人们在遇到问题时所做的调整行为，不是矫枉过正就是有所不及。正因为如此，人们只有在行动与结果之间保持一种较为长远的视野，看清各种反馈流程中时间滞延的特定形式，并妥善加以处理，才能最大限度地降低系统的时间滞延，从而产生积极的效果。

圣吉指出，系统思考中最重要、最有用的洞察力是，能够看见一再重复发生的结构运作或结构形态，这是一种“以简驭繁”的智慧。对此，圣吉总结了当时关于系统的基础模型的研究成果，阐释了九个系统基础模型。圣吉认为，系统基模是学习如何看见个人与组织生活中系统结构的关键之所在，它揭示了复杂管理现象背后的单纯之美，通过运用系统基模可以发现各类管理问题的共通性。它涵盖了大部分的管理问题，能够统合所有领域的知识，因而有助于解决过度分工和知识片断化所造成的问题。[1] 这些基模的

---

① 彼得·圣吉. 第五项修炼——学习型组织的艺术与实务. 2版. 郭进隆，译. 上海：上海三联书店，1998：102.

对象在家庭、生态系统以及企业管理等领域普遍存在，因此，如果能够学习和熟识它们，就可以针对组织管理的诸多问题提出“高杠杆解”。这些系统基模包括反应迟缓、成长上限、舍本逐末、目标侵蚀、恶性竞争、富者愈富、共同悲剧、饮鸩止渴、成长与投资不足等。在圣吉看来，系统基模的重要意义在于，它能重新调整人们的认知，从而使人们能够更加清楚地发现系统结构的运作方式以及关键之所在（杠杆点）。组织对它们的熟练掌握，是将系统思考应用于实务的起点。对于学习型组织而言，仅仅懂得系统思考的原理是不够的，只有通过这种“以简驭繁”的方式，才能在管理实践中更有效地发挥系统思考的积极作用，使人们更好地察知组织行为之间的各种因果关系环路，自觉形成更具整体性的思考和行动。

无论从理论上看还是从实践上看，系统论思想都早已被广泛地应用于管理领域。贝塔朗菲等人的一般系统理论对管理理论与实践的变革产生了深刻的影响，这种影响涵盖了方法、工具、模型等诸多方面，直接导致了管理理论对组织看法的改变，即从把组织看作封闭的系统转变为把组织看作开放的系统，因此，系统论思想成为现代管理理论的一个重要理念和方法①，许多管理学家都主张运用系统观念、方法和模型②，这些人的思想在圣吉这里得到了不同程度的体现。不过，圣吉强调的系统思考法则并不只是方法、工具和模型，在根本上它关涉的是人的心灵的转变和提升，是人活出生命意义的基本条件，它追求的是个人与组织之间相互创生关系的生成，这使得圣吉关于系统思考的理解又与其他管理学家有所不同。

三、五项修炼的进阶与融合

建立学习型组织，除了系统思考之外，还需要另外四项修炼：自我超越、改善心智模式、建立共同愿景和团队学习。尽管这五项修炼具有各自不同的内容和发展目标，但它们都是建立学习型组织不可缺少的基本维度。这意味着，有效而持续的组织学习不仅源于五项修炼各自发展目标的实现，而且在于它们之间通过良性互动所达到的整体效果，这两个方面分别在纵向与横向这两个向度上反映了五项修炼的训练进阶。

从纵向来看，所有五项修炼发展的进阶都包含了从低到高的三个层次的学习，它们分别是演练层次、原理层次与精髓层次。

---

① 弗莱蒙特·E. 卡斯特，詹姆斯·E. 罗森茨韦克. 组织与管理：系统方法与权变方法. 傅严，李柱流，等译. 北京：中国社会科学出版社，2000：126.

② 例如玛丽·帕克·芙丽特关于“环形反应”的论述，参见：葆琳·格雷汉姆. 管理学的先知. 向桢，译. 北京：经济日报出版社，1998：3-24。巴纳德提出管理过程本质上是对作为一个整体的组织及其有关的整个环境的了解，参见：C. I. 巴纳德. 经理人员的职能. 孙耀君，等译. 北京：中国社会科学出版社，1997：184。孔茨在管理人员应具有的思想技能方面提出，这种能力是把企业看成一个整体的能力，包括识别一个组织中彼此互相依赖的各种职能，一部分的改变如何能影响所有其他部分，并进而设想个别企业与工业、社团之间，以及与国家的政治、经济等社会力量这一总体之间的关系，他说这是“能干的管理人员应具有的技能”（佚名. 哈佛管理论文集. 孟光裕，译. 北京：中国社会科学出版社，1985：6）。

演练层次的修炼指具体的练习活动，是每一项修炼中基础的和最为具体的部分。它包括了一些实现修炼目标的方法、工具、模型以及相应的实际活动。例如，自我超越需要搭配“厘清个人愿景”及“掌握创造性张力”；系统思考需要搭配系统基模的使用，以看清复杂情况背后的结构。演练是组织中个人或群体开始从事每一项修炼时需要关注的焦点。通过不断演练，自觉的修炼逐渐成为一种即时的主动反应。

原理层次的修炼指演练背后的理论支持。例如，个人愿景的力量是进行自我超越演练背后的一个重要原理，结构影响行为是进行系统思考演练背后的中心原理。演练并不是活动随意盲目地展开，它必须凭借对每一项修炼的理论自觉来明确思想和行动的方向。圣吉认为，演练背后的原理对于初学者和精熟者都非常重要。对于初学者而言，原理有助于他们了解演练的理论基础；对于精熟者而言，原理可以使他们的演练精益求精。因此，从两者之间的关联来看，演练活动需要原理对演练过程的控制和指引，而一般原理则需要从具体活动中得到进一步的验证，它们之间是一种交互的、反复的关系。

精髓层次的修炼指修炼精熟的个人或群体所自然体验到的境界。例如，自我超越能够使人提高对自我生命存在的意义的体认，发挥实现心中真正愿望的创造性能量；系统思考能够使人们对生命的一体感产生越来越强烈的体验，并且使人们的视野从看部分转变为看整体。因此，每一项修炼的精髓，对于学习者深入了解它的意义与目标来说都是至关重要的。当然，精髓层次是从努力演练到深入掌握原理而自然达到的，努力演练和深入掌握原理是达至精髓层次必须经过的两个阶段。学习每一项修炼，如果一开始就把努力的重点放在精髓层次，那就像凭空体验喜悦或宁静的感觉一般，没有什么意义。

各项修炼在精髓层次开始越来越近，人们有一种在心灵相互依存的世界中不断学习的共同体认，从而将各项修炼结合起来。各项修炼之间依然存有差异，只是差异变得越来越细微。例如，系统思考强调万物彼此联系，而自我超越也强调察觉自身不能与这个世界分开。再如，建立共同愿景强调成员对团体目的的共同感，与团队学习强调方向一致有异曲同工之妙。

具体而言，圣吉提出的五项修炼有着各自的内容、方法和发展目标，传统组织向学习型组织的转变依赖于持续学习以达到它们纵向进阶的不断实现。

第一项修炼是自我超越。自我超越是个人成长的学习修炼，它是学习型组织的精神基础，因为只有通过个人的学习，才有可能实现组织的学习。精熟自我超越的人，通过厘清和加深自己的真正愿望，能够不断扩展自己创造生命中真正心之所向的能力，不断实现自己内心最想实现的愿望。在圣吉看来，自我超越的意义在于以创造而不是反应的观点来面对自己的生活与生命，因此学习并不单纯是获取更多的资讯，更是不断地培养实现自我生命价值与意义的能力，它是一种面向未来、面向个人真正愿景的创造性学习。源于这种学习上的转变，个人与组织的关系、个人与工作的关系将被重新定义。如果说在过去工作只是个人与组织之间契约关系的具体表征，个人只不过是实现组织目标的工具或手段，那么新的定义就在于把工作看作健全个人发展、实现个人生命意义的过程，而组织也成为实现个人愿景的载体。在演练层次，自我超越的修炼要厘清个人愿景，掌握创造性张力；在原理层次，自我超越的修炼要求把握愿景发挥巨大力量的原理，辨析创造性张力与情绪性张力的不同，注重发挥人的潜意识；在精髓层次，自我超越的修炼能够使人体认生命存在的意义，活出具有创造性的生命力，认识到连属于一个更大世界的意义。①

第二项修炼是改善心智模式。心智模式是潜藏于人的内心，影响人们的认知和行为的种种假设、成见等因素。圣吉认为，心智模式的问题不在于它是否正确，而在于它只是一种假设以及它对人的影响的潜隐性。研究表明，实践中新的想法无法实施，可能并不是由于缺乏系统思考、意志力不够等，而是因为这些想法与人们心中对周围世界的那种根深蒂固的看法相抵触。心智模式会影响人们对世界的理解和判断，不同的心智模式会导致不同的认知和行为后果。其中，不良的心智模式会影响组织的学习。因此，改善心智模式就是要通过检视心中对周围世界如何运作的既有认知，运用新假设、新思考反思并完善对周围世界的认知和理解，最终在个人层次和群体层次形成一种合理的心智模式。要改善心智模式，在演练层次，就在于区别所觉察到的直接资料与由其产生的概括性看法，检验假设与推论；在原理层次，就要掌握逐步推论等原理，厘清拥护的理论与使用的理论的差距；在精髓的层次，达到的是追求真实和开放的目标。

第三项修炼是建立共同愿景。共同愿景是组织中的人们共同持有的意象或景象，它创造出众人是一体的感觉，并遍布到组织全面的活动中，从而使各种不同的活动融汇起来。② 圣吉认为，共同愿景源于组织中的人们对任务、事业或使命的共同关注，它孕育着无限的创造力，能够为组织的发展提供焦点与能量。共同愿景可以改变个人与组织之间的分离关系，使人们产生与组织一体的感觉。同时，只有在共同愿景的指引下，人们的学习才有可能凭借着对共同愿景的强烈意愿而排除各种阻力和干扰，从而沿着正确的道路向目标前进。反过来说，如果没有形成共同愿景，组织就不可能有力量改变现状，将人们引向真正想要实现的目标，也就不可能成为学习型组织。实施建立共同愿景的修炼，在演练层次，要鼓励和分享个人的愿景，聆听他人的愿景并允许自由选择，在此基础上塑造整体图像，使个人愿景相结合以创造出共同愿景；在原理层次，了解组织中人们的行为在奉献与遵从意义上的区别，理解共同愿景的真正含义；在精髓层次，要使人们体验到对目标的共同感，以及组织成员之间的关系是一种伙伴关系。从一定意义上说，共同愿景的建立并不是权力通过自上而下的等级制度来实现的，所以它意味着对传统威权组织模式的扬弃。因此，在圣吉看来，共同愿景的整合将着重于实现组织成员主动而真诚地投入与奉献，而不是被动地遵从。

第四项修炼是团队学习。团队学习是发展团队成员整体搭配与实现共同目标能力的过程，它是一项集体的修炼。在未能形成整体搭配的团队中，个人的力量有可能被相互交错的目标所抵消。圣吉认为，在现代组织中，学习的基本单位是团队而不是个人，之所以如此，是因为当前组织中几乎所有的重要决定都是直接或间接出自团队，并进一步采取行动的。进行团队学习，在演练层次，就在于学习将自己的假设“悬挂”在面前，以不断地接受探寻和观察，团队成员之间要视彼此为合作伙伴，在沟通中补足和加强各

---

① 彼得·圣吉．第五项修炼——学习型组织的艺术与实务．2版．郭进隆，译．上海：上海三联书店，1998：310.

② 同①238.

自的思维，通过反思和探询来建立更高层次的共识；在原理层次，团队成员要深入了解深度汇谈的原理，以及影响组织学习的习惯型防卫的原理，等等；在精髓层次，团队学习的目标是凝聚集体的智力，形成具有创新性且方向一致的行动。其中，有效的深度汇谈是进行团队学习修炼的起点，它强调自由与创造性。团队成员以多样性的观点探讨复杂的难题，在自由交换想法的基础上超越个人意见。它所要实现的不是消极被动的群体思考，而是真正具有创造性的群体智力。

第五项修炼是系统思考。正如前文所述，系统思考的要义是增强对整体的联属感，它联系着人的心灵的转变。在演练层次，通过模拟试验以达到对组织系统整体的体认，实现向整体思维的转变；在原理层次，它要求人们看到结构影响行为的原理，以及高效解决组织问题的杠杆点原理，等等；在精髓层次，系统思考的目标在于实现人们在组织中的整体感以及与周围世界的一体感。

可以看到，在设计上五项修炼的纵向进阶强调理论与实务的相互贯通，在提升人的心灵的基础上，实现人在组织中主体性的完善，促使人在工作中活出人之为人的生命价值与意义。

从横向来看，融合五项修炼对于建立学习型组织是非常重要的。组织学习的横向进阶就在于通过第五项修炼即系统思考的整合以达到五项修炼之间的紧密配合，建立起学习型组织的基本架构，并在此意义上实现个人与组织之间相互生成、相互促进的良性互动。横向进阶的水平越高，意味着五项修炼的融合越能实现和体现学习型组织的特性与功能，也就越能产生更大的创造性力量，推进个人与组织向终极目标趋近。

上述思路源于“融合整体大于各部分加总”的判断，系统思考成为组织学习中整合其他四项修炼为一体的理论与实务，并统摄和贯穿于其他四项修炼的整个过程。在系统思考的方式下，自我超越不再是个体意义上的主观努力或个体意志的体现，而是通过对组织系统结构的整体认知，把握结构影响行为的原理，使组织整体的发展成为个体成长的条件和动力。系统思考对于改善心智模式也同样重要，实践中两者存在着密切的逻辑关联，因为后者要求暴露一定心智模式赖以形成的各种假设，而前者则专注于重新建构假设，以说明关键性问题产生的真正原因。圣吉认为，片断式的思考方式是组织管理中影响许多重要决策的主要心智模式，而未来的学习型组织将以关注互动关系与变化的共同心智模式为基础。① 对于建立共同愿景而言，如圣吉所说，如果缺少了系统思考，那么共同愿景就只能成为空洞的“宣言”。这是因为共同愿景的实现要求管理者能够深入了解组织系统的结构特性及其对人们行为的影响，认清关键问题产生的真正原因及其高杠杆解，以便整合各方面的力量创造共同的未来。在团队学习方面，系统思考所强调的整体思维有助于管理团队解决成员相互之间的“习惯性防卫”，系统基模则为管理团队提供了一种有效处理复杂性的语言工具，它更有利于管理团队用客观、整体的观点来讨论复杂的管理问题。

当然，系统思考也需要其他四项修炼的配合，这样才能更大程度地发挥整体思维对组织管理的积极作用。例如，自我超越是不断反照个人对周遭影响的一面镜子，改善心智

---

① 彼得·圣吉. 第五项修炼——学习型组织的艺术与实务. 2版. 郭进隆，译. 上海：上海三联书店，1998：235.

模式能够使人们发现认知方面的缺失，建立共同愿景可以培养成员对团队的长期承诺，团队学习是发展团队力量、使团队力量超越个人力量加总的技术。[①]

需要说明的是，圣吉在《第五项修炼实践篇：创建学习型组织的战略和工具》中进一步指出，尽管五项修炼对于建立学习型组织非常重要，但这并不足以为其提供充分的指导和帮助。进而言之，五项修炼作为理论、方法和工具，只是建立学习型组织的战略性架构的要素之一，除此之外，还有两个要素至关重要：组织的指导思想和基本结构的创新。因此，学习型组织的建立和发展在于能否形成以上述三个要素为基础的整体架构，并实现三者之间的良性循环。[②]

总之，建立学习型组织的五项修炼强调个人或组织对修炼的自觉和需要，而不是出于外在的强制；依靠对整套原理、方法的精熟运用，而不是做出随意盲目的安排；是内在的修炼，而不是单纯资讯的获得；关注创造性力量的形成和发挥，摒弃那种被动的、反应式的思考与行动；其目标是实现组织的不断创新和持续变革，而不仅仅是缔造一个学习型组织。

四、进入学习型组织的时代

相对于人们今天因人为分割所造成的片断化的社会生活，学习型组织以其基本架构、运作机制和目标致向为人们进入一种整体平衡和谐的社会生活提供了可能。因此，建立在学习型组织基础上的时代应该是一个全新的时代。学习型组织的深刻变革意义并不仅仅在于它有助于组织面对今天的困难或危机，它所强调的整体思维即系统思考的方式将有利于个人、组织与社会联结为一个整体，它们之间的关系也将转变为一个相互生成、相互促进的创造性过程。这个过程以学习型个人为起点，经由学习型组织的建立和拓展，最终可以建立起学习型社会。

在圣吉看来，学习型组织的真谛是"活出生命的意义"。学习不仅仅是知识的获得，在更深的层次它意味着人的心灵的根本转变。这样的学习不仅是可能的，而且是必要的。它是人的发展走向全面的基础，是人参与社会生活的基本能力，也是人的主体力量不断丰富和强大的手段，并最终成为人类整体进步的源源动力。今天，片断而局部的思考方式已显现出对人类生存及其未来的消极影响，并通过人们的思想和行动被一再强化。例如，狭隘的工作观造成了个体的生活与工作的人为分割，组织中死板的文化和过时的集权式管理把人类生活分割得四分五裂，等等。与此对应的是以片断化的知识为载体和目标的学习，以及由此所造成的知识结构和心灵状态，它们相互促动、循环往复，导致了人类组织今天面临的种种危机和挑战。因此，"真正的学习"的提出，因涉及人

---

① 彼得·圣吉．第五项修炼——学习型组织的艺术与实务．2版．郭进隆，译．上海：上海三联书店，1998：13.

② Peter M. Senge, et al. The Fifth Discipline Fieldbook: Strategies and Tools for Building a Learning Organization. New York: Doubleday, 1994: 21-22.

类的整体和谐与对未来的创造而具有了关键的现实性意义。

圣吉认为，在21世纪组织管理面临着根本性变革的需要，也就是说，管理的重心需要从有效开发天然资源向培养和凝聚人的创造力转变。如果过去有效开发天然资源是一个国家经济发展的关键，因而造成了基于此种需要的传统管理系统，那么今天为了解决因人为分割而造成的各种“组织病毒”，就需要一种全新的管理系统以克服人与组织各自的片面性和狭隘性，围绕“活出生命的意义”而不断产生出创造未来的力量。因此，学习型组织的发展蓝图并不是要对传统管理方式进行修补或变通，也不是满足于对组织问题的应景式解决，在根本上它意味着对组织管理方式的深层变革。这场变革的指导原则是系统思考法则，即人们片断而局部的思维向整体思维的转变，在此基础上，它涉及新的组织观、工作观与生活观、对领导者的看法等多个方面的变革。

在组织观方面，圣吉强调改变片断而局部的思考方式，少用传统管理学的机械式观点而多从生物学角度来看待组织，将组织看作一个动态的、复杂的有机整体。其中，组织观变革的关键在于实现从传统威权型向学习型的转变，或者说必须确立起“去政治化”的组织观。在他看来，在一个政治化的组织中，权力是引导组织行为的合法依据，故而一方面威权型组织所要求的权力集中有可能导致权力滥用，另一方面也会造成组织内部的权力之争，私利成为主导个人行为与组织行为的主要动机，这些情况都会给组织的发展造成消极影响。对于组织中的大多数成员而言，由于这种政治化的环境过分强调权力在管理中的核心地位，所以不得不以被动的方式去适应这种基于权力的等级管理模式。这种管理模式减轻了学习的责任和需要，但不利于个人与组织的潜力的发挥。“绝大多数组织中的人都安于政治化的环境，因为他们无可奈何。”① 基于这种认识，圣吉提出在组织中需要营造一种非政治化的环境，即“做正确的事情远比是谁做更加重要”。建立这种环境，需要开放式的组织文化，人们在组织中可以公开而真诚地讨论问题，在互动中自由地交流思想，同时通过反观自照而不断地反思和挑战自己的思考能力。与此相应，在权力结构上学习型组织也将转变为以“地方为主”的扁平式组织，也就是说，决策权向组织结构的下层移动，使直接决策者真正成为权力与责任相统一的管理主体。它的优势就在于能够适应组织系统动态的、复杂的特点而具有更大的灵活性，同时也有利于发挥个人与组织的潜在创造力。

当然，上述所说的转变并不是要否定对组织的有效控制，圣吉肯定控制是管理的一项重要职能。不过，在他看来，在传统威权型组织中，控制往往演变为独裁主义，“它不但无法发挥所有组织成员的热忱、能量与知识，也无法使组织因应大环境的改变”②。与此不同，在学习型组织中，控制主要是通过学习实现的，它强调组织成员在思维方式上的彻底变革，通过反思与探寻来实现组织及其成员的能力提升，从而为组织的稳定与成长塑造一种可能的机制。因此，学习型组织的控制机制不是机械式的，而是一种“有机控制”。这种控制有利于组织系统的整体平衡与和谐，有利于个人自由与愿景的实现。

---

① 彼得·圣吉. 第五项修炼——学习型组织的艺术与实务. 2版. 郭进隆，译. 上海：上海三联书店，1998：318.

② 同①335.

正是在这个意义上，圣吉强调以“系统思考”为核心的五项修炼是组织从传统威权型向创造学习型转变的先决条件和必要步骤。

在工作与生活方面，圣吉认为传统组织一般都导致了工作与家庭之间的矛盾或冲突。① 造成这种情况的原因是，传统组织单纯强调其整体目标的实现，要求组织成员在思考和行动中放弃个人愿景或个性化的需求，以此来获得组织整体的一致，故而个人的目标或需求在一定程度上反而成为组织目标实现的障碍。这种将工作与家庭对立起来的看法必然会把个人目标排除在组织目标之外，而不会考虑组织目标对个人生活的影响，其中当然包括个人主体内涵的实现和丰富。传统组织的这种管理方式不仅使组织成员置身于工作时间与家庭生活时间的冲突之中，而且使他们形成了工作与家庭必然对立的价值观，似乎重视工作就必然忽视家庭，反之亦然。圣吉指出，这实际是错误的。只要人们认真反思，努力进行建立学习型组织的五项修炼，这种状况就是可以改变的。五项修炼所倡导的价值观能够化解组织成员工作与生活的矛盾甚至背离，使充实的工作生活与丰富的家庭生活之间相互生成、相得益彰。从这个角度说，建立学习型组织的五项修炼恰恰是人们转变工作观念，重新定义工作生活与家庭生活之间关系的必要手段，它能够使人们将工作、家庭等不同维度的个人愿景与组织的共同愿景联结为一个整体，组织的共同愿景成为个人愿景的延伸和实现条件，而个人愿景则成为共同愿景实现的内驱动力。

在对领导者的看法方面，圣吉批评了把领导者看作伟人、看作杰出人物的传统观点，认为这种观点源于个人化的和非系统的世界观。在这种观念下，组织把自身的成长寄托在伟人型领导者的个人能力和魅力之上，寄托在权威等级的领导模式之上。这种领导模式在实现有序的组织关系、一致的组织目标等方面具有一定的有效性，但却忽略了组织整体的学习和创新的能力，加大了组织管理和应对复杂形势的风险。因为依靠等级权威所实现的领导必然使管理成为一种自上而下的强制，这样就无法经由深度汇谈以达到个人愿景向共同愿景的延伸，同时也抑制了组织成员自我超越的需要和展开团队学习的可能。② 而且，归根到底，伟人型领导者只不过是一个神话，是深层文化偶像崇拜的一个特殊例子，正是这个神话导致了一种从上层强压下来的管理机制，它在一定程度上抑制了组织成员学习、创新的能力，并最终造成了组织整体能力低下——需要更多英雄型领导者之间的恶性循环。③

与传统组织中的领导模式不同，学习型组织强调共同参与的领导模式，领导权不再仅仅属于组织的高层，会有处于不同位置的人们共同参与其中。因此，它的组织结构就不会是以等级为基础的金字塔式结构，而只能是以学习为手段和途径来实现组织不断发展、创新的扁平式结构。领导能力不再取决于组织制度中的某个位置，它是一种塑造未来的能力，特别是引导组织持续变革、不断创新的能力。因此，在学习型组织中，“新的

① 彼得·圣吉．第五项修炼——学习型组织的艺术与实务．2版．郭进隆，译．上海：上海三联书店，1998：354.

② 同①392.

③ 彼得·圣吉，夏洛特·罗伯茨，理查德·罗斯，等．变革之舞——学习型组织持续发展面临的挑战．王秋海，等译．北京：东方出版社，2001：10-11.

领导者”是设计师、仆人和教师，他们应当负责整合愿景、系统思考以及改善心智模式等方面的设计工作，引导组织成员增强对五项修炼技能的主动和自觉，将个人愿景与组织系统的共同愿景联结起来，把自己的组织作为引导和带动社会学习与改变的工具。

可以看出，学习型组织的发展蓝图无非为了强调人如何通过组织活出人之为人的生命价值与意义，以及组织系统又如何通过人的实现不断创造自己的未来，换句话说，关键问题就在于如何创造个人与组织之间相互生成、相互实现的良性循环。其中，以五项修炼技能为基础的组织学习凸显出对人的主体性的关注，从这个意义上说，学习型组织的建立就是人的主体性从片面、狭隘、被动的状态向着更为丰富和全面、更为积极和主动、更为本真的状态飞跃。因此，上述关于非政治化的环境、新的工作观与生活观、新的领导者观的构想，实质是在组织管理的不同维度寻求人的主体性的完善。这些观点努力扬弃了对人的某种单方面假设，而试图带来人的全面实现。从现代西方管理思想史的角度看，应该说，圣吉的这一构想所涉及的主体性问题早在人际关系学说和运动出现时就成为焦点问题，通过质疑和反思传统管理所秉持的效率至上原则以及与此相关的“经济人”假设，管理理论与实践的发展开始转向以人为本，强调以人的全面实现来促成有效的管理，这种变化在梅奥、福利特等人的著作中都得到了集中体现。圣吉的思想不过是现代西方管理思想以人为本理论和运动的一种新的发展。对此，圣吉具有明确的自觉意识。正如他自己所说，他的分析植根于西方的文化背景，主要集中在片断而局部的思维方式，并以大多数西方语言的主词-动词-宾词结构去说明这种方式。① 同时也应该看到，圣吉具有一定的跨文化视野，希望能从中国古老的传统文化中找到思想上的支持。因此，对于今天的中国来说，在学习与借鉴西方管理理论和经验的同时，学习型组织蓝图所折射出的“西方问题”具有重要的反思意义。

思考题

1. 如何看待圣吉提出的组织学习的心智障碍？
2. 如何评价圣吉提出的系统思考法则？
3. 如何把握五项修炼之间的关系？
4. 如何看待圣吉学习型组织理论的意义？

---

① Peter M. Senge，et al. The Fifth Discipline Fieldbook：Strategies and Tools for Building a Learning Organization. New York：Doubleday，1994：88.

第二十五章

霍金森的人文主义管理哲学

管理实践作为一门职业，尽管不同程度地与事实和科学相关，但其核心部分与价值和哲学相关。社会历史的价值遗留物存在于传统、习俗、精神态度、道德氛围、士气、团队精神等文化因素之中，并必然传递给社会中的各种组织。

——霍金森

克利斯多弗·霍金森（Christopher Hodgkinson，1928—　），当代加拿大著名管理哲学家，维多利亚大学教育学院哲学教授，英国剑桥大学客座教授，一直关注人类社会和组织的价值观问题，并对此做出了深入独到的研究。

在面对普通生活时，我们很少有人对自身所处的组织进行价值反思和考察。在市场经济条件下，企业组织的目标就是利润最大化，而行政组织的一个主要任务就是直接或间接地为企业组织服务。然而，企业组织利益的实现并不必然导致组织成员的合理利益的实现，把蛋糕做大后并不必然保证蛋糕的公平分配。当今时代出现的资源枯竭、分配明显不公、伦理道德冲突尖锐等问题，都与市场经济的利润最大化本质直接相关。这些问题再次对当今人类的价值追求体系提出了尖锐质疑，给人类的未来发展打上了一个大大的问号。霍金森从20世纪70年代后期开始，陆续出版了三部研究著作：《走向管理的哲学》（1978）、《领导哲学》（1983）、《管理哲学》（1996）。这些著作运用哲学、语用学、心理学、运筹学等方法，集中探讨了管理的意义和管理的价值观问题，内容丰富、观点深刻，显示了他对组织和人类存在的人文主义关怀，对管理哲学的发展做出了历史性贡献。

一、管理与哲学的内在关联

不可否认，管理是和我们每个人息息相关的事情。可以想到，自从出现了人类就形成了组织，组织活动的过程形成了管理，可以说管理是我们人类存在的基本属性之一。在今天，个体对自己的计划、控制或决策也被称为“自我管理”。由此可见，管理也是个人存在的基本属性之一。如果对人的自由限度进行考察，我们就会发现控制和自控是人类生存的真实境况之一。“哲学”这个词的古希腊含义为“爱智慧”，通俗地讲就是对智慧的追求、对幸福生活的追求，而这种追求要通过思维活动来实现。这样一种追求智慧的思维活动，肯定会对人类的所有一般思想和基于思想的实践活动进行审查。如果我们把管理看作人类的一种实践活动而把哲学看作一种思想活动，那么管理就应该被哲学审查和反思过。然而，奇怪的是，没有迹象表明一直活跃在人类思想史上的哲学对管理进行过一般性的审查和反思。自近代以来，哲学领域产生了许多部门哲学，而且有的部门哲学已经取得了巨大成果，在这样的背景下，管理哲学却迟迟没有出现。

霍金森对此评价说：“管理和被管理的经验并不异乎寻常。它是人类的普遍现象。这种经验是如此普遍并且包罗一切——从母亲（她是第一位管理者）到遗嘱执行人（他是最后一位管理者），以至于人们会产生如下疑问：它为什么没有引起足够的哲学关注？这并不是说人们对管理没有进行过足够的研究。人们很容易意识到这方面的研究已经够多了。然而，在这种广泛的研究中，一些最基础性的东西可能被忽略了。这些被忽略的东西可以用康德的‘实践理性’概念来指称，或者更简单地说：关于管理艺术的智慧或者管理的哲学。非常奇怪的是，这样一种随时随地影响人类的行为竟然轻易地躲过了哲学的审视。至少在哲学领域已经产生了众多分支学科的情况下，比如法哲学、宗教哲学甚至运动哲学（更不必说科学哲学、语言哲学和经济学哲学），却还没有相对应的管理哲学或者领导哲学学科的出现，这就更加令人奇怪了。”①

对此可能有两种解释：(1) 管理虽然重要，但是太微观了，微观到触及我们每个人的每一件琐事，这一点显然与哲学擅长的整体分析与宏大叙事不符。(2) 哲学通过对一般事物的分析和批判已经间接地为管理提供了思考的路径和法则，只是我们没有觉察到而已。

然而，无论如何，管理是我们每个人都无法避开的东西。究其一生，我们都是在组织内生活，出生时是在某个家庭或者某个国家这样的组织，死亡时作为这些组织的成员而死去。在出生与死亡之间呢？我们不是管理者就是被管理者。可以毫不夸张地说，我们人类完全是依赖管理而生存的。这种依赖性意味着我们所熟知的如经营者、领导者、执行官、官员、行政人员这样一个阶层对我们整个人类的生活质量具有深远的意义。这个阶层的专业就是管理，而且紧接着的一个问题就是：如果哲学是人道主义的，那么就

---

① Christopher Hodgkinson. Administrative Philosophy. Oxford: Elsevier Science Ltd., 1996: preface VII.

永远不能让自己从管理的课题中分离开来。如果我们不严格地使用“管理职业”这个概念，那么它应该在人类第一次发现合作的功效时就产生了，并且从这一远古时刻起就形成了统治者与被统治者、管辖者与被管辖者、领导者与被领导者之间的区别和分离。这种划分其实意味着两个方面的内容：（1）存在一种实践、知识和理论，我们可以把它标示为管理；（2）存在一种对管理的反思、分析和批评，我们可以称之为管理哲学。因此，管理哲学就是对人类最古老的合作行为的反思。①

霍金森提出，实际工作者主要要求获得的是能力，理论工作者则要求获得理解力。② 所以，管理哲学可以是关于管理的哲学，也可以是经过哲学思考后的管理，前者显然是把一般事物上升到理论层面，符合理论学家的要求，后者则类似于理论指导下的实践，可以满足实际工作者的要求，而且后者的深层含义还包括“实际工作者希望了解他不懈工作的意义，特别是由于他总是一个大忙人”③。

我们可以把这个现象粗浅地解释为：大部分哲学家不一定是具体意义上的管理者（尽管他们的思想可能对管理者影响深远），但是我们可以把每一个管理者看作某种程度上的哲学家或者哲人（虽然他们的理论大部分是不成系统的）。因为每一个管理者都是在一种价值观、世界观的背景下从事着他所谓的管理工作。

霍金森认为，管理与哲学之间，因而与本体论、价值论、认识论之间存在着自觉或不自觉的关联。

就管理与本体论之间的关联来说，本体论或形而上学研究现实或存在的本性，在一般情况下，这类知识可能对管理没有直接影响，但却经常有间接的、必然的影响。例如，管理人员的行为模式总是由其自觉或不自觉持有的信仰体系决定的，进一步说，是由其自觉或不自觉的本体论假设决定的。事实上，往往正是这些假设决定了管理者的信念，而不必涉及管理者实际的、可觉察的品德。④

就管理与价值论之间的关联来说，霍金森认为，管理必然涉及对价值问题的自觉或不自觉的思考和实践，这些问题包括组织生存目标的终极意义问题，组织中个体的尊严与价值问题，管理决策的价值归属问题，管理制度的价值承担问题，等等。这意味着，“管理的技术形式的真正本质就是价值。……一般说来，价值的出现，通过合作行动的价值实现，管理过程中价值冲突的消除，以及在组织机构的政治舞台上关于价值之间的争论和相互牵制——所有这些都是每日每时管理所经历的一部分”⑤。

就管理与认识论之间的关联来说，认识论的分支逻辑学对经营和管理的主要方面都有影响，人们甚至可以认为逻辑和理性构成了管理与组织的元价值。这是一种毋庸置疑的价值假设，它无须考察便可不知不觉地进入整个价值过程。换句话说，人们都不会不按理性或不合逻辑地进行经营。⑥ 而且，我们如果意识到逻辑仅仅是认识论的一个分

---

① Christopher Hodgkinson. Administrative Philosophy. Oxford: Elsevier Science Ltd., 1996: 3.
② 克里斯托弗·霍金森. 领导哲学. 刘林平，等译. 昆明：云南人民出版社，1987：2.
③ 同②1.
④ 同②4.
⑤ 同②5.
⑥ 同②5.

支，那么就可以想象，人类在面对问题时，还有更多更符合事件真相的认识方式或处理方法。霍金森认为，近来格林菲尔德、吉登斯、费耶阿本德等学者关于“组织”概念的一般性质的研究和学界就此表现出来的浓厚兴趣，就反映了人类在认识论角度所做的不懈努力。①

从把哲学分为逻辑与价值这两个知识领域来看，前者研究事实、结构、一致性与连贯性、因果关系、解释系统等，后者则借助于价值考察，研究从伦理道德到各类复杂动机中的所有价值问题。因此，后者就包括了对人类精神进行深入分析所揭示的前理性与超理性因素。把逻辑与价值这两个知识领域合二为一，就囊括了对全部组织行为的思考。基于对哲学如此理解之上的信念便是：管理艺术上富有成就的实际工作者必须尽可能对这两个知识领域有所了解，在这里，行动哲学就意味着把价值转变为一个价值与事实相结合的世界。②

霍金森还力图在哲学“爱智慧”的本源含义上发现它与管理之间的联系。我们应该意识到，在古希腊时期，哲学的源出并不是今天学院式的哲学思考方式或者哲学范式，哲学本来不是或者至少不仅仅是理论层面的东西，我们毋宁把它当作一种生活态度，一种对生活发问的态度，对习以为常的东西进行审视的态度。在这个方面，苏格拉底是我们的楷模，他以自问的方式归结出“自己因为知道自己无知所以是世界上最聪明的人”，并提出“未经审视的生活是不值得过的”这一著名命题。霍金森由此推出，“未经审视的价值不值得追求”，“未经审视的管理不值得实施”③。我们对日常管理的审视和批评不仅是正常的，而且是应该的，这是人类特有的内省精神的表现，这是人类在否定之否定中不断进步的动力之源。霍金森认为，英、美、日等发达国家管理学科的预备课程中都安排了与哲学相关的课程，这一情况表明了对管理需要哲学这一原则的一定程度的承认。他说：“在此意义上，行动哲学便完全意味着实践的智慧或智慧的管理。”④

我们知道决策在管理中具有重要意义，在决策学派看来，管理就是决策的过程。那么为什么管理与哲学思考的价值论问题密切相关？霍金森分析道：“‘毫无偏见’就像‘科学客观性’一样，只是一种神话。任何决策都包含价值成分，任何决策者都是一种价值综合体的象征。在政策形成过程中，这样的事情是常常可见的：真实的联系大致是以逻辑的一贯性和决策者-管理者的经验准确性来加以描述的。在这种描述中，明确或隐含着一种推测，即一种使实际事态特点呈现出来的引申，这种描述和重建其实是出于某种价值的考虑。例如，管理人员通过对话与辩论，决定其组织目标就该如此。那么，这就成为一种世俗的、普通的哲学，这种哲学依靠经营与组织行为转化为日常世界的现实和事件。”⑤ 由此，我们就可以理解管理决策作为一种行动哲学的意义。

既然哲学对于管理过程和管理行为来说是核心之所在，那么现代以来有关管理哲学的著作为何如此缺乏？霍金森认为，这是逻辑实证主义和一般实证态度的影响所致。科

① 克里斯托弗·霍金森．领导哲学．刘林平，等译．昆明：云南人民出版社，1987：5-6.
② 同①6.
③ 同①7.
④ 同①7.
⑤ 同①7-8.

学技术理论与现实社会基础结构的发展，例如计算机技术、控制论、合理合法的科层制（官僚制）、一般系统论和实证主义的意识形态等，从整体上说，可能使哲学激情和与此相关的人道主义敏感陷入麻木。① 然而，问题在于，人类的一切活动不可能长期仅仅按照规律、技巧、逻辑、理性这样的科学标准来进行，人文科学的引导不可缺少。实际上，有的学者如迪莫克已经深刻地认识到了这一点：除非每个人努力形成把人的尊严与人的意义作为基本尺度的这样一种哲学，否则，我们的职业生涯就会毫无意义；过去我们一直按照科学指引的方向前进，但现在我们认识到，管理本质上是一门人文科学，这对于我们是有益的，也就是说，管理不仅仅是工程、财政、组织一类的学科，还是或者至少应当是和哲学、文学、历史、艺术一类的学科紧密相联的；管理与人文学科相结合的需要早已存在，虽然直到许多大公司做出决定，我们才明显意识到这一点。贝尔系统近来已和一些大型的教育机构如宾夕法尼亚大学进行通力合作，在教学设备方面给予后者资助。在那里，成熟的管理人员要学习以文学、艺术和哲学为核心的管理发展课程。这是值得充分肯定的。管理就是管理者的事业。当管理者逐渐变得富有人性和具有哲学视野时，他们就能制定满足人类需要与希望的现行方案。②

一些理论家如西蒙、斯金纳等把管理过程看作对手段与目的的协调；另一些理论家和实际工作者则强调管理的具体事务性质，把对管理的哲学反思作为娱乐消遣；还有，反理智主义者易于依附于实际工作者的实用主义，使人们很快陷入对哲学的不信任情绪中。③ 在这些观点中，哲学被看作多余的、无关的、无用的东西。

霍金森认为，上述观点从根本上误解了管理过程。人们设想，价值可以以某种方式与事实分离，但实际上两者总是不可避免地纠缠在一起。管理作为一门职业，尽管不同程度地与事实和科学相关，但其核心部分与价值和哲学相关。管理哲学的功能就在于在组织和管理实践层次探究组织生存与管理实践的根本意义之所在。它一定会追问如下这些重要问题：组织究竟先天具有什么样的性质？在真正人性的基础上建立的组织系统应该是什么样的？应该怎样处理组织与个人之间的关系？怎样才能做到人尽其才？究竟应当怎样看待组织的社会责任？

二、组织的文化属性与道德属性

社会是由各种类型、各种层次的组织构成的，人生下来就在家庭这种组织中生活，而家庭又存在于更大的组织之中，比如社区、城市乃至国家。从时间上看，人们在一生中会有意或无意地参加各种各样的组织。对于组织研究来说，一个极其重要的问题是组织的文化属性与道德属性的问题。一个社会中各种组织的文化属性是如何形成的，是由

---

① 克里斯托弗·霍金森. 领导哲学. 刘林平，等译. 昆明：云南人民出版社，1987：8.
② 同①8-9.
③ 同①11.

哪些因素决定的，组织的道德属性是不是每一个成员的道德意识的汇总，在对外部环境的关系上，应该由组织担负道德责任还是应该由构成组织的成员尤其是领导成员担负道德责任，这些都是霍金森探讨的问题。

社会中的任何组织，对于构成它的个体来说，都不仅是一个系统，而且是一种文化存在。进一步说，每一个组织成员都是一个社会存在，存在并参与到一个更大的文化系统以及该文化系统的许多子文化系统之中，而组织就是他参与其中的一个子文化系统，尽管它对于个体成员来说可能占据重要的、支配性的地位。

霍金森借鉴了当代管理学、社会学等领域的研究成果，以价值取向为分析维度，从文化精神、亚文化、组织、群体、个体等五个层次探讨了一个社会中各种组织的文化属性。

文化精神是一个社会的主导精神，是一个社会持续存在的灵魂和动力。霍金森认为，在一定的历史条件下，文化精神具有浓厚的意识形态特征。文化精神是在组织层次之上的最高层次的价值观念。然而，文化精神一般并不直接对社会中的各种组织产生影响，而是通过亚文化这一中介对组织产生影响。①

亚文化是相对于一个社会的文化精神而言的，是处于组织层次之上的第二层次的价值观念。每一种亚文化都有特定的价值观，即社会习俗和道德规范，而不论这个社会的文化精神是什么。具体说来，亚文化是一个组织处于于其中的由人口、民族、地域、地理等因素构成的环境统一体具有的文化。例如，一家总公司在许多重要方面会不同于其在各地的分公司，正如加利福尼亚不同于纽约一样。再如，像麦当劳公司的汉堡食品配料的特许权，尽管是一种常规运作，但对于世界上的不同城市却是不同的，即必须根据不同城市的不同文化进行某种调整。

在亚文化层次以下，是组织文化的建构层次。在组织文化的建构层次之下，还有两个层次的主体的观念：各种正式和非正式群体的行为规范，以及组织中个体的行为态度。

文化精神、亚文化、群体的行为规范、个体的行为态度与组织文化的形成，是相互作用、相互影响的过程，进一步说，是从高层次到低层次和从低层次到高层次的相互作用过程。文化精神作为一个社会的主导精神，要经过亚文化而影响组织文化的建构，而亚文化则直接对组织文化的形成产生影响。同时，个体的行为态度通过群体而对组织文化的建构产生影响，而群体的行为规范不仅影响到组织中个体的行为态度，影响到管理人员对个体的管理，而且直接对组织文化的建构产生影响。最后，组织自身的因素（包括它的性质、规模、发展阶段等）在与上述因素的相互关联中，导致了组织的特定文化属性的形成。

霍金森认为，组织文化属性的主要方面是它的道德价值属性。他同意当时教育管理研究者格林菲尔德的观点：组织在本性上不是物体，而是由人们的选择和意志发明并维持的一种道德秩序，虽然对这种秩序品质的理解是微妙和复杂的。不管怎么说，个人的生活大部分是组织性的，或者在功能上依靠诸多组织，而道德会浸入组织过程的方方面

① Christopher Hodgkinson. Administrative Philosophy. Oxford: Elsevier Science Ltd., 1996: 46.

面。事实上，不存在道德中立或者免于道德的组织。例如，就官僚制组织来说，公正无私的官僚制不是神话，而是对理性和客观性的准道德性的同意，也就是说，公正无私本身来自人类存在的理性和客观性本质，因此，建立公正无私的官僚制本身就具有道德意义。

由此看来，科学管理观点所暗含的组织是道德中立的、组织不应承担任何责任的观点是不正确的。组织的存在过程是一种必须坚持道德良心和承担道德责任的过程。如果德国空军轰炸考文垂或者英国皇家空军轰炸德累斯顿而它们所属的政府没有感到道德不安的话，那么这恰恰就是失去了道德良心和道德责任的表现。①

就作为组织的道德核心的价值观来说，它就像语言一样，是一种主体间性，而且像语言一样归属于某种文化，而文化自身具有自己的历史。也就是说，社会文化比它的成员更长寿，它影响着组织的精神，流通于组织的结构就像血液流通于有机体一样。社会历史的价值遗留物存在于传统、习俗、精神态度、道德氛围、士气、团队精神等文化因素之中，并且必然传递给社会中的各种组织。②

在现实中，组织总是力求实现组织利益，力求有效率地实现组织的各种目标，力求实现生存和发展，这些活动在本质上都具有道德内涵，因此可以说，组织是原始性的道德存在物。很明显，许多组织在其日常行为中都违犯了康德所提出的那些道德准则，例如，应当总是把人当作目的而不仅仅是手段，应当绝不撒谎，应当总是根据道德律令而行动，等等。③ 这从反面表明，组织总是处于某种道德状态之中。

三、权力、权威与领导

既然有组织，那么就有组织者与被组织者、领导者与被领导者、管理者与被管理者，即总会形成等级性质的权力结构。

从实际的或社会学的角度看，管理的权力是通过他人而实现组织目标的能力，或者是根据自己的意志影响他人行为而实现组织目标的能力，即使此行为意味着对他人意志的支配、强迫或者操纵。由于对权力的需要基于组织必须实现自身的目标这一现实，所以没有权力的管理的确是软弱无力的。管理者的权力越大，管理范围就越大，职业优势就越大，任务的完成就越有可能。同时，由于管理决策总是管理者对他人做出的，所以要有效发挥管理的作用，管理者就需要首先关注权力的确立、维持和增强，就是不断地通过组织目标概念和组织责任感而使权力合法化。④

因此，权力对于管理来说是根本性的。权力是管理运作的前提和先决条件，是管理

① Christopher Hodgkinson. Administrative Philosophy. Oxford: Elsevier Science Ltd., 1996: 165.

② 同①180.

③ 同①172，179.

④ Christopher Hodgkinson. Administrative Philosophy. Oxford: Elsevier Science Ltd., 1996: 69；克里斯托弗·霍金森. 领导哲学. 刘林平，等译. 昆明：云南人民出版社，1987：27.

的血液，而且常常就是自身运作的目的。人们可以说历史就是关于权力冲突的记录。这种冲突不仅存在于经济管理和行政管理领域，而且存在于思想领域，存在于观念形态的王国。可以假设管理者们对权力的追逐是一种自然趋势。这就是为什么从柏拉图的《理想国》到马基雅维利的《君主论》，再到当代的某些政治哲学著作，总是承认权力现实的原因之所在。①

同时，管理的权力对被支配者的负面作用也是明显的。管理的权力总是为了集体目标的完成，因而总是遮蔽个体目标，从领导的野心到最低层次跟随者的个人利益都难以逃脱。更加本质的问题是，它意味着对被支配者的权力的悬置、减弱、颠覆。也就是说，一个人的权力是另一个人的无力，后者的意志被前者削弱了。正是由于权力是组织存在的必要前提，所以权力是管理哲学关注的一个基本和中心问题。

应当注意的是，在现实中，权力的本来面目经常是被隐藏起来的。社会的精神状况、道德观念以及大众文化经常联合起来编织了某个面纱。权力的使用有时被精心设计的语言遮蔽了，铁腕手段戴上了手套，所以我们必须对其进行解蔽。②

霍金森认为，虽然我们这个时代的组织正在日益扩大，并变得越来越复杂化和网络化，但它们所要求的基本管理功能并没有发生改变，管理所处理的基本问题即组织规则与个性发展、组织内部活动与外部环境的冲突关系没有发生改变。他分析到，自远古以来，人们就为了某些目的而自我组织起来，现在的不同之处在于人类组织的规模、大小、复杂程度和技术都在爆炸性地发展，有关管理技术包括组织自身的科层制形式的知识在增长。我们的社会比以往任何时代都更加组织化，这意味着管理更重要、更具权威性和更容易渗透到整个社会之中。于是，管理成为有权力的人的事业，而权力带来了威望以及不断腐败的可能性。

领导者在运用权力、行使领导职能的过程中会形成权威。权威就是合法化的、正当的权力。权威的地位源于组织中或显或隐的语言使用规则、组织的目的和利益、支撑组织和组织目标的复杂价值观。最明显的例子是战争，如果国家决定它的利益必须通过强制性的战争来实现，那么强行在市民中征兵甚至采取暴力都是合法化的，而且组织中的管理者不仅有权力而且有权威任由流血、牺牲甚至死亡发生。③

那么，权力是如何转化为权威的？霍金森认为，渗透着社会精神气质和道德状况的“社会-政治”文化，在背景层次对这一转化过程具有决定性的影响，而在组织层次受到社会文化制约的组织意志则对此起到了直接的推动转化作用，它将领导的权力转化为耀眼夺目的权威。这种意志很容易通过媒体沟通的控制而被操纵。熟练的管理者和领导者知道如何使用这些媒体以及如何规避这些媒体。当然，这种控制的潜力不是无限的。

霍金森指出，尽管权威是合法化的权力，但在复杂的组织结构和社会结构现实中，它的来源同组织目的一样，并不总是清晰可见的。的确存在着巴纳德所说的“无关心区域”，在这一区域，一般员工会无反思地接受组织目的，无反思地服从或接受管理者的

---

① Christopher Hodgkinson. Administrative Philosophy. Oxford: Elsevier Science Ltd., 1996: 69.

② 同①69-71.

③ 同①72.

权威。同时，权威总是通过上下级之间的信息交流显示出来，巴纳德提出的权威是组织内部信息交流的一种性质的观点在很大程度上是合理的。

然而，巴纳德及其继承者西蒙的观点也还存在问题。这就是，他们没有认识到权威是否合理与组织目的之间有可能存在着复杂关系。组织目的往往是一般性的，并不像我们想象的那样清晰。而组织目的越一般，对于管理者来说，对权威或合法性的操纵就越容易。例如，在一种政策已经宣称是为了“国家利益”和“教育的优秀、完善和改革”时，谁敢挑战管理者的权威？

霍金森认为，管理的权力和权威就是领导的权力和权威。因为管理就是领导，领导就是管理。也许由于人们在语言表达上把领导理解为管理的可有可无的现象，所以隐蔽了管理与领导是相同的这一事实。实际上，不管领导还是管理，都是通过某个组织系统朝着某个目标而对人的驱动，这个过程可能完成得好，也可能完成得糟，还可能使成员毫不关心地完成了，但就是不可能不完成。任何一个组织中都不可能同时存在这样的事实：它的领导活动是好的但它的管理活动是坏的，或者它的管理活动是好的但它的领导活动是坏的。因此，管理的哲学也是并且总是领导的哲学。

在现实世界中，任何人都可以从事管理活动，因而任何人都可以从事领导活动，因为任何人都离哲学不远。在一般的语言使用中，或者从语义学角度看，管理和领导这两个概念存在着细微的差别，管理的含义更接近于中性或负面，而领导的含义更接近于正面。但是，对于我们更多的技术目的来说，管理和领导这两个概念的含义已经结合在一起了，两者成了同义词。

四、组织与个人的冲突及管理的任务

组织生活是人类生活的基本形式，但这种形式中存在着一种天然的矛盾：组织统一与个性自由、组织成长与个人成长的矛盾。这也是管理实践面临的一个主要矛盾：管理的权力越大，成员个人就越受束缚；组织规则越统一，成员的个性就越受压抑。因此，管理的主要任务之一就是协调这两者之间的矛盾。①

人类的各种组织都是实体，其充分和必要的条件是目的、人员、过程。这些条件都不可能是价值中立的。而且，从生存的角度说，组织集体必须是有效的，组织管理者必定是崇尚权力的，因而组织整体的意志和组织成员个体的意志必然经常发生冲突。在组织意志和组织权力进入实施阶级时，组织的每个成员都会感受到压迫。

霍金森认为，个人与组织之间的对立，从精神和价值的源头上可以追溯到人类的自然本性所代表的混乱与人类理智所代表的秩序之间的对立。在西方文化中，典型的代表是酒神与太阳神的对立。所有的个人本能都可以被理解为酒神精神，所有的组织都可以被理解为太阳神所代表的合法秩序系统，而这些组织的设计就是为了获得预期的利益，

① 克里斯托弗·霍金森. 领导哲学. 刘林平，等译. 昆明：云南人民出版社，1987：3.

个人必须屈服于组织体系、组织的权力，因而个人的酒神精神就受到了压制。在某种程度上，个人主义总是酒神精神，而管理则是它的天敌。层级管理和权力结构就是被设计出来控制这种矛盾的，而领导本身就是为了避免个人自然本性的不确定性而存在的。

对于人类的组织制度和文明来说，组织高于个人的观念成了一种合法性假设。这种合法性假设的实践意义在于，使人们易于接受权威，易于设计权威的外部标志，易于服从而不是反抗，易于形成责任感，更易于逐步从被动和宽恕而滑向最小的反抗、滑向理性和对原则的妥协。因为，组织是权力的中心，是权力、财产和地位的贮藏地。因此，与组织相比，个人只能显得渺小、不合理、软弱。①

回顾资本主义社会迄今为止的发展现实可以看到，尽管它的“政治-宗教”精神所体现的价值观正在式微，但它已经让世界发生了巨大变化，特别突出的是，它的经济、政治、技术的因素正在日益发展为明显的权力支配。规模宏大且往往超越国界的私营公司和复杂的、触角伸向每一个角落的国家官僚机构的巨大发展，在供不应求的市场情况下少数厂家对市场的控制，进行调节和控制的资本主义，普遍的技术协定，日益组织化的社会，这些因素使当代社会日益转变为一种新的“封建社会”。在这个社会中，对于个人来说，居支配地位的关系基本上是对组织的隶属关系。不仅个人的生计，甚至个人的身份，都被纳入了这种隶属关系。当然，这不是说个人主义已经绝迹，那些代表个人主义的企业家、艺术家、激进分子、发明家和流浪者，在新的“封建主义”安全网的保护伞下可能更易得势，但与此同时，他们也许只能在遗留于组织结构之间的缝隙和缺口中存在，而在组织本身中则很少甚至毫无地位。②

现代社会中组织成员的个体经验表明，即使最好的组织中也会存在自主性的丧失。新成员自愿加入任何组织的行动都意味着把自己托付给某种契约。为了获得预先假定的利益，个人同意放弃一些权利和自由，比如对时间以及自己生活方式的完全支配。组织不断把它的价值印刻在新成员身上。在巴纳德所说的“无关心区域”或西蒙所说的“可接受区域”，组织成员毫无疑问地接受命令，因而不再是具有有效自由的道德主体。因此，试图通过站在组织成员个体的立场对此做出批判性反思而恢复成员个体的道德自主性的做法，就没有把握到组织性强权的整个要害：消除无效率、无效益、功能失调和对权威的威胁。

在日益官僚化的体制下，无论组织的成员还是组织的委托人，都会由于组织缺乏对他们自我的考虑而产生挫折感，也就是官僚体制的非个性化和对个人的疏远感。当然，从客观角度看，集体一般是正确的，个人较少是正确的，因而这种基于组织整体的公平感比腐败和罪恶要好得多，但随之而来的问题是管理的无情和组织同情心的缺失。任何组织都是无意识的，它不可能有感受，它是有力的，又是隐而不显的。这会导致个体对组织的神经质反映，导致个体的一系列功能失调，包括怠工、毁坏和侵犯。组织压力的现实再一次被经验和解释为压迫性的，即使从规则的角度看是具有合法性的。③ 实际

---

① 克里斯托弗·霍金森. 领导哲学. 刘林平，等译. 昆明：云南人民出版社，1987：64-65.

② 同①14-15.

③ Christopher Hodgkinson. Administrative Philosophy. Oxford：Elsevier Science Ltd.，1996：137.

上，组织压迫作为组织生活的一个方面，比技术文献所谈到的还要普遍。

简言之，在当今时代，尽管组织对成员个体的优先性质没有什么变化——个体必须服从组织的统一行动，因而个人的愿望总是受到压抑，但是，由于官僚体制的膨胀和技术手段的迅速发展，组织结构急剧复杂化，人在组织内外的异化程度大大增强。这就是具有现代特点的心理疏远之所以可能的原因之所在。由技术手段提供的过量信息仅仅只能使现代人更加认识到自己对于变更组织行为的无能为力。

这一切都表明，组织的弊病自觉或不自觉地发展到这一阶段，核心的管理问题随即成为价值意义或哲学意义的问题，而且可以被简单归结为这样一个问题：人们彼此怎样从事管理才能使组织所带来的不利降到最低限度？正是从这一角度出发，霍金森提出，管理哲学是对现代组织事物中的权力的一种理性理解并使之文明的企图，是对现代组织把效率和效益作为元价值而丧失了人的意义的彻底反思。①

从价值的角度看，组织与个人之间的冲突在本质上是组织利益与个人利益之间的冲突、一与多的冲突。一方面，组织本身是利益即权力、财产、地位的聚集和中心，组织成员经常通过组织手段或对组织利益的解释来追求这些东西；另一方面，在这种追求中可能被忽略的是，组织利益具有自动地或者无意识地推翻或者扭转个人目的的能力。②也就是说，组织利益与个人利益之间总会发生矛盾或冲突。

因此，为了实现组织的共同利益，管理者永远的中心任务就是协调组织利益与个人利益。当然，协调还可以划分为静态的与动态的、创造性的与非创造性的、融洽的与不融洽的、合作的与退化的等。从这一角度说，管理哲学是一种协调组织利益与个人利益之间的冲突的哲学。③

思考题

1. 你认为应该如何思考管理与哲学之间的关系？
2. 如何评价霍金森分析组织的文化属性的社会思路？
3. 如何评价霍金森关于权力对于管理和领导来说是根本性的观点？
4. 试析现代社会中组织与个人之间发生冲突的根源。

---

① 克里斯托弗·霍金森．领导哲学．刘林平，等译．昆明：云南人民出版社，1987：13.

② Christopher Hodgkison. Administrative Philosophy. Oxford：Elsevier Science Ltd.，1996：140.

③ 同①21.

第二十六章

科克比彻底规范视角下的管理哲学思想

把管理作为科学研究的领域，必定是最不确定的。任何关于管理现象的反思，任何关于管理主题的元讨论，都必须是彻底规范性的。

——科克比

奥尔·福格·科克比（Ole Fogh Kirkeby，1947—　），丹麦人，哥本哈根商学院管理、政治与哲学系教授。1974 年，科克比在丹麦奥尔胡斯大学获得观念史方面的文科硕士学位。1975 年，他的硕士论文以《资本与历史的逻辑》为题出版。自此直至 20 世纪 90 年代，他先后研究了马克思的经济理论和新古典经济学家的经济学、自动化和信息化技术的后果、马克思关于技术及其在社会发展中的作用的思想、人工智能和认知科学等。1986 年，科克比任哥本哈根商学院管理、政治与哲学系副教授。从 1990 年开始，他致力于开创现象学哲学的一个新的研究方向："身心与事件"。由此研究，他于 1996 年在奥尔胡斯大学获得博士学位。此后，他的主要研究领域是哲学与现象学、管理哲学、组织哲学、管理与领导、公共治理、艺术与领导等，出版了大量研究成果。1998 年，科克比出版了《管理哲学——从彻底的规范视角》一书。1999 年，他被聘为哥本哈根商学院管理哲学教授。2000 年，他的《管理哲学——从彻底的规范视角》一书出版英文版，在西方管理学领域获得高度关注，人们认为他提出的超越的、彻底的规范视角对使管理学研究向更深的领域转变具有重要意义。

当今世界全球化日益发展，管理和领导受到了越来越多的关注，成为管理学的重点，成为企业经济学研究的重要内容。每年有无数的研究著作和大量文章问世，产生了很多理论，也引发了许多争论，同时，自 20 世纪 80 年代以来，管理咨询行业迅速发展，咨询公司如雨后春笋般涌现，已发展为一个资本雄厚的产业。因此，不管从哪个角度说，对管理的研究都成了当今的显学。

科克比认为，这些研究，特别是企业经济学的研究，在讨论管理和领导时缺乏彻底的规范视野，因而远不够深入。当然，这不是说在这些管理研究中规范问题被回避掉了，相反，它们探讨了“基于价值的管理”（value-based management），各种“企业伦理战略”“会计职业道德”，作为企业行为规则的“责任”与“信任”等。但是，这些研究仅仅从经济学、操作或战略等角度研究规范的可能性，把规范看作能够被管理的价值，而把价值看作可以测量的实体，因而看作决策系统的一种可能参项；把道德价值看作能够转换的，以便与作为管理战略及其固有理论之根据的三个重大价值——生存、利润、发展——一致。

针对这些缺失，在批判以及借鉴后现代哲学思想的基础上，科克比建立了自己的管理哲学：我们不应该仅仅赞同或仅仅批评管理行为，或者在一个很不彻底的基础上为管理学做出规约，而应该从彻底的规范视角、从一种本体论视角研究一个管理者怎样才能做得更好。

一、管理与哲学

在许多人看来，管理与哲学是两个完全不相干的领域。管理被看作一个组织在处理目的与手段之间的实际关系时所采取的方式。管理以及领导，似乎总是被看作拥有权力以及保持权力的能力，被看作统治和治理的活动以及在一定条件下进行决策的能力。管理的主题被认为是使一个群体、机构、组织、民族成为最强大的这样一种目标，是关于胜利、征服、扩大力量、生存的战略思想与行动。从事管理几乎被认为是关于获得声望的活动，经常被看作关于创造金钱的活动。

哲学似乎与管理完全相反，它并不必然指向实践。可以看到，在现代化的过程中，理论哲学产生了越来越大的影响。尽管自柏拉图和亚里士多德以来的伟大哲学家的确提出了他们关于美好社会和美好人类的展望，但哲学坚持对现实的非战略（非实用）关系。哲学家很少想直接领导他人，更不用说管理他人，大部分哲学家没有多少商业或创造金钱的天赋。

那两者到底是如何联系在一起的？科克比认为，“管理哲学”这个概念可以将思维和行为联系起来。“管理哲学”（management philosophy）不只是“管理的哲学”（philosophy of management），即不只是将哲学理论运用于管理理论与实践，也不只是从哲学上对管理进行简单反思，甚至肯定不是建立与管理相关的作为元科学的哲学。建构管理哲学的关键是在概念上实现哲学与管理的融合，这意味着管理者需要像哲学地思考和行动那样思考和行动。①

① Ole Fogh Kirkeby. Management Philosophy: A Radical-Normative Perspective. Berlin: Springer-Verlag, 2000: 4-5.

现在，我们正面对着一种广阔的哲学领域，包括科学哲学、音乐哲学、艺术哲学、历史哲学、社会哲学、经济学哲学、技术哲学、语言哲学等，几乎每一个科学领域都有自己的哲学。科克比认为，这只是意味着每一门科学都需要或者被迫通过反思它的基础而使自己的存在合法化。随着交叉科学研究的发展，各个科学领域之间会发生重叠，因而需要更强的能力来识别所要研究的现象。对于管理的研究来说，也是如此。我们需要更强的能力来反思管理的基础，确定它应该从属的哲学。这一点对于管理实践极其重要。

在科克比看来，这意味着仅仅从科学的角度理解管理是不够的。例如，现在对管理有多种研究方法，如统计方法、案例研究方法等，不过总体还是科学研究方法。但把管理作为科学研究的领域，必定是最不确定的，因为：(1) 仅仅通过观察因而仅仅通过假设-演绎方法，不能对管理现象做出真正深入的分析。因为管理现象与管理者对自己实践的理解密切相关，所以科学行为的典范标准所要求的客观性在这里似乎难以实现。科克比的意思是，科学研究方式并不完全适合于研究管理现象。(2) 管理行为是一种一般的人类行为，研究的对象是人。任何技术的原因都不能使这种行为免于一般规范原则的制约。从研究的角度说，任何技术的解释都不能把握管理行为的本质。(3) 管理行为似乎具有由心理学、社会学、历史学、实践哲学所描述的社会行为的一般特性，然而却不存在包含这些学科的统一理论。(4) 由于在管理的研究方面，许多新产生的学科形成了对经典学科的补充，因而对管理的研究除了社会学、政治学、社会心理学、心理分析学等经典学科以外，还有企业经济学领域中更加狭窄的学科，如战略管理学、符号管理学、组织理论、后勤学等，这些分散的学科在范式基础、理论的与方法的惯例方面常常发生重叠，故而几乎总是产生相当任意的分析。①

实际上，我们在可以从不同视角研究管理现象时，往往忽略了我们缺少根本合理的视野。在科克比看来，我们只有通过彻底规范的视角，才能对管理进行彻底且完整的分析，突破各个科学领域可能具有的分析的任意性。这是科克比《管理哲学——从彻底的规范视角》一书的根本研究方法。“本书采取一种明确立场：任何关于管理现象的反思，任何关于管理主题的元讨论，都必须是彻底规范性的。”②

确立这一立场的前提是，每一种合法的社会实践，如果人们使之存在的话，都会延续一种关于现实的观念，并使之永久存在，故而由此创造出未来的基础。实践产生它，实践束缚它，通过实践旧的事物被转变为新的事物。而就规范性的视野来说，它首先由两个方面构成：其一，只存在管理的规范标准，不存在其他标准。客观存在的东西必须被理解为一种无法持存的建构。任何经济的、技术的或社会的视角都能被还原为价值观。管理者的行为中存在着一种隐含的规范，包括善与恶在内——不管管理者自己是否意识到这一点。其二，一个管理者或领导者首先是一个人、一个个体，故而是由许多人构成的共同体中的一员，这个共同体框定了他的所有决定和所有职业行为。管理者的每

---

① Ole Fogh Kirkeby. Management Philosophy：A Radical-Normative Perspective. Berlin：Springer-Verlag，2000：6.

② 同①7.

一种特定行为都将在一种具有明确特征的沟通关系中创造——并永远地持续这种创造——被管理者和管理者。这种行为面对的价值要么是权力，要么不是。[①]

科克比提出，他的观点及其所有视角的基础都是从现象学范式中浮现出来的，而经由海德格尔的思想所实现的现象学与后现代主义的合流所形成的后现代现象学范式，可以称之为彻底的现象学范式，是他的彻底规范视角的基础。在这个方面，他把后现代主义所说的“非确定性”（contingency）概念作为彻底规范视角的关键概念，并从词源学角度指出，“非确定性”这一概念的深层意思或隐喻是“关联”，就像一个链条中一个环节与另一个环节相连接一样。这一概念具体包含两重含义：其一，“某种事情已经发生”这样一种事实；其二，“一种非决定论意义的必然性”，即“事件”世界中的一种必然性——这种必然性并没有排除未发生事件的可能性。用这一概念来解释人类社会历史过程就是：人类自觉或不自觉地创造了自己的历史，因而，任何一个社会历史事件，都一方面是人类不能不做的行动的结果，另一方面也并没有排除其他行动选择或未发生事件的可能性。

归根到底，“非确定性”概念表明了为发生的事件提供一种解释在理论和经验上的不可能性，甚至显示了缺乏预测它以及缺乏预测它的结果框架的能力。这一概念强调这样一种事实：不存在任何绝对客观的现实，是人类创造了这个世界，并通过语言把这个世界感知为现实的世界，但语言所描绘的现实可能是一种并不属于人类的现实。因此，人类在理论和经验上没有能力对历史“事件”的涌现及其后果做出解释与预见。这实际是人类历史本身的悖论：一方面，历史处于混沌无序之中；另一方面，历史又被人类经验为有意义的。

科克比认为，彻底的现象学范式把非确定性作为经验的轴心，故而管理哲学如果要把自身理解为这种范式的遗产，就必须认真对待“非确定性”这一概念。这样一种要求对管理的思维提出了四种重要的限制：（1）不可能对社会现实进行程式化分析；（2）反思能力对建立个体身份，如模式、计划、交流、角色、对话、争论、慎重决策等，效用甚微；（3）对事情不可能进行运筹分析，不可能进行科学预期；（4）因为分析前提要假定分析员不被牵涉在内，这就决定了不能对形势进行精确、彻底、安全的分析。

尽管如此，这种要求对于管理的思维仍有正面的意义：（1）可以恢复对隐蔽的、未知的、未加分析的事件的信心；（2）可以重建知识的视野，即非确定性是认识的基本领域；（3）最重要的是，它强调意志是认知和行为的最重要的工具。[②]

总之，科克比认为后现代主义哲学的非确定性观念非常重要。它批判了长期以来盛行的理性哲学的决定论观念，认为人们的生存总是处于历史事件的关联之中，故而人们会在对历史事件的反应方式中创造一种必然性，这意味着人们具有相应的自由。非确定性观念也摧毁了任何按照科学的一般原则来建立社会科学的企图，可以将我们的管理哲学研究推向深入。

---

① Ole Fogh Kirkeby. Management Philosophy：A Radical-Normative Perspective. Berlin：Springer-Verlag，2000：7.

② 同①13-14.

二、管理与领导的理想类型

科克比认为，管理行为是一种普遍的人类现象和社会活动，管理现象包含众多功能，从自然产生的领导者到精挑细选、正式任命的领导者，从短期管理到组织制度完善的长期管理过程，从涉及不重要的细微工作到事关国家命运、国际社会存亡的任务和使命的安排等，都是如此。

管理者是能够解决矛盾和复杂问题的人，是公众人物，在现代社会肩负的责任越来越大。就企业管理来说，高层管理者必须保证规模经济，建立良好的产品形象，释放员工的创造性，确保生态环境不受破坏，致力于可持续发展策略，让分包商感受到安全保障，让每一位消费者感受到自身的重要性，要雇用聪明的员工，解雇不合格的员工，还要重视女性员工，关注股票交易，要承担责任但又不能失去权力。①

我们可以发现，规模经济、企业成功、项目完成、提高可持续发展能力甚至生活质量等，对管理的依赖性逐渐增强。经济对管理者之风格、个性、目的、人格完整性的依赖使我们追求管理的理想模式。

科克比认为，评价什么是好的管理并没有统一的标准。对于企业管理来说，尤其如此，因为：管理涉及许多几乎没有明确目标和规定程序，并且几乎没有组织框架加以规范的任务；管理行为由它必须完成的各种工作的内容规定；公司的性质、产品不同，对管理方式和战略的要求就不同；对包含不同文化和民族群体的公司的管理，比对包含单一文化和民族群体的公司的管理要求更高；与受制于政治决策的公共事业相比，承担来自股东的而不是董事会的压力的企业，要求更多的管理策略和才能。②

为了更加彻底地研究管理，科克比首先区分了管理与领导这两个概念，认为两者在指称现实方面具有维特根斯坦“家族相似”理论意义上的相似之处，甚至在一些重要的地方存在重合，在实践中的功能也存在相似之处。从管理者与领导者的角度看，管理者经常作为领导者而发挥作用，领导者也经常作为管理者而发挥作用。比如，管理者可以是教练，可以是跨国公司的执行官，可以是联合国的秘书长，可以是小商贩，而教练和联合国的秘书长有能力，也应该成为领导者。科克比认为，关键在于管理者与领导者指的不是单一的身份，我们可以在马丁·路德·金身上找到管理者的身影，也可以在洛克菲勒身上找到领导者的身影。③

同时，管理与领导又存在着不同的特性，主要是技术性的与非技术性的不同。管理更多与技术性的活动如生产、市场营销等相关，领导则主要与非技术性的活动如交流形式、人际关系等相关，在政治与军事领域尤其如此。归根到底，它们表征的是人们之间

---

① Ole Fogh Kirkeby. Management Philosophy：A Radical-Normative Perspective. Berlin：Springer-Verlag，2000：32.

② 同①34-35.

③ 同①36.

的不同关系。为了更好地对比管理与领导的各自特点，科克比在吸收柏拉图和黑格尔思想的基础上，提出了管理与领导各自的理想类型：

科克比详细描绘了这两种理想类型。管理的理想类型是一种主客对立的、以手段-目的为基础的不对称关系，客体不能变为主体，主体也不能变为客体，两者之间联系很紧密，但绝不相同，主体确定了一个限定时间和空间格局，或者通过知识特权，或者通过他的职位，或者通过他的能力，或者通过对信息的了解，使他的行动安排合法化①，或者使用策略、控标、指示、要求、命令、威胁等方式，让客体处于服从状态。

管理中的主客关系在官僚阶层组织中相当明显，从上到下表现为一种严格的控制与指导关系。这种管理关系的最突出事例就是战争中的管理，它要求人们绝对遵守上级的指示，努力完成任务，为了集体而尽力做到最好，为了更高的目的而奉献自己。20 世纪 70 年代以来，日本管理的成功在很大程度上就归功于此，但日本管理更强调主客之间的互惠。

主客关系最突出的表现形式就是泰勒的科学管理原则以及当今流行的全面质量管理。它们突出强调计划的重要作用，将计划与执行分开，设定具体标准，进行全面控制，将科学规划与控制贯穿于生产过程中的每一个细节，时间被严格规划，行动步骤完全按照科学规则进行，并根据一定的数据模型来确定生产。在现代社会，随着科技的发展、认知科学的进步、电脑系统的广泛运用，形成了科学控制的生产过程，雇员们被当作“人力资本”或者“知识资本”用于生产。②

领导的理想类型是一种平等的主-主关系，领导者不是支配者，员工不是被支配的对象，双方以共同体的要求和一般的社会美德为基本准则，因而双方之间的关系是一种被共同体和社会美德所引导的关系。③ 领导者使用的工具不是管理类型中的策略、支配、控制、指示、要求、命令、威胁、服从、接受、权威、不平等，而是对话、请求、呼吁、承诺、将心比心、认同、理解、互惠、团结，他们希望看到的不是员工对权威的简单服从和接受，而是员工的主动创造和自由发挥，领导者处罚员工的手段不是降职、开除，而是劝诫、警告以及不可避免时的责备。

这样，领导者与员工之间的关系作为一种主-主关系，就是一种友谊关系，就像福山在《信任》中所说的“诚实、可信赖、合作以及对别人的责任感”一样。因此，员工不仅仅为工作而存在，他们被授权和领导者一起实现目标或者承受损失。生产过程主要不是被某种科学的理性和技术过程所决定，组织存在的动力也不仅仅是追求利润，更是由人们之间的社会互动所形成的一种具有魔力般的力量。

科克比认为，管理的理想类型与领导的理想类型在本质上存在不同，在当今时代，由于组织状况以及社会状况与以往相比已经发生了重大变化，所以领导活动比管理活动更适合当今各种组织的特点和要求。

第一，企业和公共事务都存在着共同的复杂问题，这些问题也存在于工业和贸易领

---

① Ole Fogh Kirkeby. Management Philosophy: A Radical-Normative Perspective. Berlin: Springer-Verlag, 2000: 39.

② 同①43.

③ 同①44.

域。产品生产过程和技术的特殊性不再是形成管理差异的因素。领导能力正在变得比管理技术原理更加重要。

第二，工作的实质特点是授权，是权威的委托，这不仅要通过联合所有权来实现，也要通过工作环境的民主化来实现。对于企业的成长与失败、盈利与损失，给予员工共同的责任和参与权。

第三，运作良好的企业日益增多，它们具有以下突出特点：不仅企业内部存在成功交流，而且企业与股东之间存在成功交流，员工乐意运用知识与创造知识，具有高度的独立性和热情。领导活动就是将抱负转变成热情、承诺和团结的活动。

第四，基于治理规则的管理战略正在让位于基于目的、范围和形势的治理，以标准、固定程序、层级为基础的管理实践和组织结构将会消失，无论工作任务还是顾客的态度，都在迅速变化。因此，理想类型的领导能够更好地处理这些新的情况。

第五，所有企业都面临着在技术快速发展的全球竞争中越来越平等的市场条件，通过因特网获得完全信息的可能性增大，对传统商品的需求越来越饱和。资源和员工承诺变得更加重要，人力资源在更大程度上成为竞争的指标。为了迎接知识和智能带来的挑战，领导活动变得比管理活动更必要。

第六，企业中纯粹的技术因素不再构成为竞争的充分基础条件，产品销售之后是咨询服务和顾客规模构建，因为顾客购买的是过程和知识，而不是具体之物，因此，交流能力即人的因素成为关键因素。领导活动要更多关注交流而不是管理，这里最重要的是真诚和信任。

第七，技术的、经济的现实与人的、人性的现实的区分逐渐变得失去意义，管理者和员工都进入了一种不可逆转的过程，每个人都要考虑个人的学习目标战略、个人价值基础、行为连贯性。领导活动及其准则比管理更接近人文领域和人类事务。

第八，公司正在获得一种近乎社群主义的特征，公司整体和它的构成部分之间处于对话之中。完善的公司越来越多，在这种公司中，员工相信自己的使命和视野，是公司整体的创造者，他们认识到自己对公司整体的责任。因此，从领导活动的特点来看，它比管理更加适合社群主义性质的公司。

第九，组织工作环境的特点是自由和自主。员工为了工作而存在，工作也为了员工而存在。员工不仅要享受权利，也要承担职责。一个领导者如果言行不一，那么即使在短期内也无法维持自身的地位，他必须有能力对自己做出的承诺给予回应。

第十，与智力水平、专业资格、劳动技能等知识要素同等重要的是热情，知识要素的作用离不开热情，只有在人们有热情去追求知识时，知识的作用才会实现。从总体上看，领导活动比管理活动更加强调对热情的发挥和引导。

第十一，对于独一无二的产品的理想在增长。产品的质量、产品的专门性、全心全意的服务，成为企业生产的关键，同时，成功的标准也变为美学标准，无瑕、精致、昂贵、稀少，特别是新潮和漂亮，超过了任何实用功能的考虑。这需要发挥高度的想象力，而这正是领导活动的重要内容。

第十二，企业生活中最具决定意义的变化也许是收益和利润的重要性正在减弱，企业需要回到对“良好企业实践”的传统承诺，使利润追求从属于正当尺度，认真处理人力资源、物力资源、社会责任等事项。[①] 领导活动由于比管理活动更加注重公正和整体，所以更加适合企业的这种新的特征。

组织及其所处环境的这些新变化，要求从对组织的管理转向对组织的领导，要求管理者转变为优秀的领导者。也正是根据上述新的形势、特点，科克比提出了现代企业成功的四个新标准：(1) 满意的员工，即获得个人发展的员工，他们有安全感，相信同事，也信任管理层；(2) 满意的顾客和良好的环境；(3) 经济自主，比如从发展的角度定位风险，而且风险由本企业承担；(4) 金钱和责任收获的平衡。[②] 通过以领导代替管理，就可以达到以上四个标准，成为成功企业。

可以看出，由于科克比对管理与领导做了具有本质意义的区分，因此，在他这里，所谓管理的理想类型与领导的理想类型，是分别相对于不同条件下的或一个社会发展的不同历史阶段的组织来说的。例如，现代社会之前的组织主要适合以管理的方式即主体支配客体的方式存在和运转，这样的管理方式就是管理的理想类型；相反，当今时代的组织则更适合以领导的方式即主-主关系的方式生存和发展，这样的领导方式就是领导的理想类型。

三、彻底规范视角下的企业与领导者

在科克比的理论中，彻底规范视角是以第四者 (the Fourth) 来表示的。对此，科克比是以隐喻的方式通过对柏拉图阐述思想的典型场景——对话场景——的解释来进行说明的。他认为，在柏拉图所设定的对话场景中，在场的不仅有对话的双方，还有作为评判者的第三者 (the Third)，而应该在场但却不在场、对于对话具有最终裁决作用的人，即彻底规范的代表者，就是第四者。

科克比认为，对于企业的存在来说，也是如此。他通过对企业经济学普遍使用的"利益相关者模型"的分析提出：彻底的规范性是企业存在的根本要求，以彻底的规范性尺度领导企业，处理企业与利益相关者的关系是企业领导者的根本作用之所在。

利益相关者模型中的利益相关者，指企业内外的所有相关者，包括企业的管理者和员工、企业商品和服务的购买者、企业的所有者或股东、企业联盟、立法机构和服务于公共部门的人们，以及无声的、囊括有机和无机资源的自然界。在全球化和网络化迅速发展的今天，利益相关者的空间范围在不断扩大。

由于经济生活领域是通过商品交换构成的，所以，从本质上看，企业的存在过程归根到底是企业与利益相关者之间的商品交换过程。这样，以企业为一方，以利益相关者或任何一类利益相关者为另一方，构成经济生活中的两极主体，即不可分割、相互关联

---

① Ole Fogh Kirkeby. Management Philosophy: A Radical-Normative Perspective. Berlin: Springer-Verlag, 2000: 53-55.

② 同①56.

的两者，或可以互换位置的第一者和第二者。它们共同存在于同一场境，相互交换产品和服务，相互制约、相互作用。① 因此 ，企业与利益相关者的关系是企业生存和发展中企业领导必须正确处理的根本关系。

同时，双方相互关联活动的进行，总是存在于一个特定社会共同体之中，因而必然自觉或不自觉地受到一个不同于它们两者的社会规范即价值观和伦理标准的规约或评价。比如，世界上大多数社会倡导的相互尊重、平等交换、诚实诚信、欠债还钱、忠于国家、尊重每一个生命、坚定的承诺等都是社会规范，它们在一般情况下都对人们的行为起着规约或评价作用。② 科克比提出，社会规范是不同于企业与利益相关者的第三者。

在企业界，第三者即社会规范对企业行为发生规约的一个突出表现是一些企业管理者力图成为“社会企业家”的实践。这种实践力图把资本主义与利他主义、利润与伦理、私人创造与社会良心结合起来。实际上，这正是国家整体高于企业这一社会实践对企业管理者所造成的有形或无形的影响。

科克比认为，作为社会规范或作为价值观和道德标准的第三者，对于正确引导企业与利益相关者之间的互换共存活动无疑具有重要作用，它与前两者形成了共生共在的关系。但作为第三者，它总是存在着不完善之处，总是处于动态的、变化的过程中，随着时间的推移，它与前两者之间的共生共在关系也会被摧毁；而且，在不同的生活世界、不同的文化条件下，第三者的性质是不同的甚至对立的。这些都表明，第三者自身不能创造自己的合法性基础。因此，必须找到更加彻底的尺度，这就是第四者。只有第四者的视角才是彻底规范视角。

第四者是沉默无声的、不可见的，是任何概念、形象、名称都无法表达的，但又召唤着人们；人们不能清楚地说出它到底是什么，但它隐匿地属于所有人，人们在一定条件下可以感受到它。因此，人们对第四者的感受的获得具有不确定性。科克比用图来说明第四者与前三者之间的关系③：

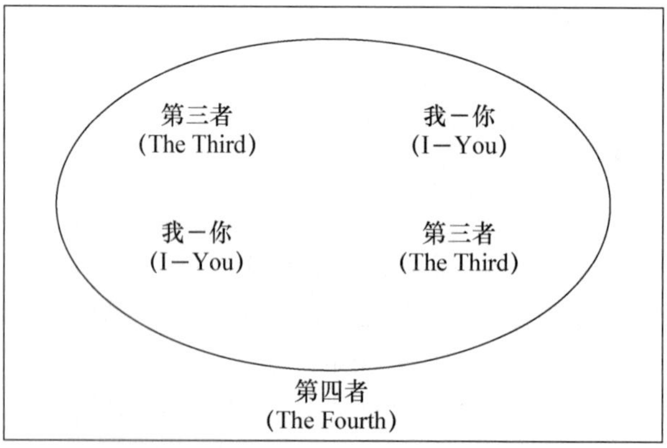

图 26－1　主体交往、社会规范、彻底规范

① Ole Fogh Kirkeby. Management Philosophy：A Radical-Normative Perspective. Berlin：Springer-Verlag，2000：59－66.

② 同①66，151.

③ 同①68－69.

可以设想，在一个椭圆形场地中两个正在对话的人处于关联之中，而第三者作为一种普遍判断者，处于两个对话者之外，试图为两个对话者的思想、行动和共识提供尺度，但仍然处于椭圆形场地之中。相反，第四者则位于对话、规范、价值、知识、权力和欲望的椭圆形场地之外，是人类社会生活的源泉之所在，是一个社会之为一个社会的最高原则。例如，在一定条件下只有采取特定方向的行动才是正确的，这种行动可能需要冲破社会的原有规范或习惯。因此，第四者对社会内部的各种组织来说是一种最高要求。它不仅高于第一者和第二者，而且高于第三者，是衡量企业与利益相关者之关系行为的绝对尺度。[①]

这样，企业领导者的作用就是感受第四者，遵循第四者，或者说扮演第四者的角色。对于企业领导者来说，首先和最重要的是成为一个真正的、本真的人，这就是放弃狭隘的自我，放弃自己想要的，超越功利主义，超越成功型意识形态的诱惑，甚至超越伦理的承诺，走向真正的诚实，获得真正的自由。因此，企业领导者领导活动的关键，既不在于关注股东的资金，也不在于保证员工的安全，而在于实现领导者自己的本真存在，创造企业的真正未来。[②] 由此，他才有可能获得第四者的视角——彻底规范视角，才能真正领导好一个企业。

科克比阐发第四者的方式是隐喻的方式，这实际是后现代主义哲学的一个显著特征。20 世纪 60 年代以来，西方后现代主义作为一股新兴的文化思潮开始登上历史舞台，并很快成为西方学界的热点。我们知道，传统哲学家相信知识是人类和“实在”之间的一种关系，认为实在世界上存在着真实的本质，而我们有义务去发现这些本质，只要以适当的方式追问，即通过适当运用理性认识能力，我们就能做到这一点。相反，后现代主义者尽管承认理性能力的存在，但反对理性认识的普遍性，认为根本不存在固定的本质、事情的中心，世界上存在的只是差异性和不确定性。他们也从这一立场出发，反对理性主义的管理理论，认为这种理论所假定的普遍主义原则是虚拟的宏观话语，类似于管理普遍性这样的宏观历史叙事已经完成了使命。[③]

科克比继承后现代主义的视角，高举反传统、反权威的旗帜，力图颠覆和解构现代管理学的理性主义根基，使人们从现代理性范式的束缚中解放出来，对理性教条有清醒的认识。这无疑从一个更深的角度揭示了管理现象，大大开阔了我们的视野。

四、领导人员需要具备的美德

科克比之所以提出第四者，是要表明领导人员在企业中应该起到决定性作用。领导人员要起到这样的作用，就必须首先具备对于领导人员来说最为重要的特定美德。因此，科克比在继承亚里士多德的美德思想以及柏拉图的学习理论的基础上，建立了关于

---

① 科克比并没有对第四者究竟是什么进行明确的界定，这里根据他的论述做了一定的阐发。

② Ole Fogh Kirkeby. Management Philosophy：A Radical-Normative Perspective. Berlin：Springer-Verlag，2000：70.

③ 罗珉. 后现代管理理论辨析. 管理科学，2005，18（2）：11.

领导人员的美德理论。

他首先探究了美德到底是什么。说到底，这需要探讨美德究竟是怎样形成的。他认为，亚里士多德对 praxis 和 hexis 的分析表明了这一点。praxi 指人的行动或实践，hexis 指人的品德或习惯。品德是人在生活实践中经过学习和反思而形成的，优良的品德即美德也是如此，因而美德是人的行动的一种特别情况。① 科克比赞同亚里士多德关于一个人做出行动选择的动因解释，指出一个人的行动选择不外乎是思想与欲望的两种结合方式之一：或者思想支配欲望，或者欲望支配思想。同时，激情处于思想与欲望之间，它既可能受思想的支配，也可能受欲望的引导，一个人只有让激情从属于思想，按照思想的指导实现自己的欲望，他的行动选择才变成美德。如果缺乏思想的指导，欲望就会为所欲为，激情就会为欲望所用，人就会成为自己激情和欲望的奴隶。

科克比通过分析柏拉图的学习理论进一步认为，对于任何个人来说，美德的形成都是学习、反思和行动之间相互作用的过程，而学习的最终目的是培养把握善的洞察力，培养优秀的美德。也就是说，学习不仅是掌握一般知识的过程，而且是处理自己与他人、社会、宇宙之间关系的行动过程，是对自己的行动经验不断进行反思的过程。这样，一个人的学习从根本上就是完善自我、获得终极智慧、生成自己的真正本质的过程，也就是重新发现和创造自己的真正存在的过程，其中，最重要的是建立对他人、对共同体、对社会的正确责任关系。

由于行动本身不仅离不开思想，而且离不开激情，所以美德的形成也是思想与激情的统一。例如，人们履行责任的行动总是需要发挥激情，使履行责任的行动变为奉献，因此，没有激情也就没有责任。同样，作为思想的反思也总是伴随着激情的支撑，而不是空洞的智力技术。在这一点上，必须拒绝自启蒙运动以来所形成的理性观，它把关注的重点放在人们的权利上，而实际对于现代社会来说，具有决定意义的是人们的责任。从源头上看，“责任”这个概念最开始来自斯多葛主义。在现代，康德曾重点论述过“责任”这个概念，但康德的“责任”观强调要服从于一系列普遍的理性原则，突出强调了理性方面，在一定程度上忽视了情感方面。②

总之，美德是人的行动的一种形式，是一种思想智慧性的行动，是一种行动的激情。需要注意的是，现实组织的“组织者”的行动中总是存在着不同层次的美德。最低层次的美德存在于带有明确操作目的的“管理行动”中；中间层次的美德存在于努力平衡手段与目的的“管理-领导”行动中，现实组织中存在的大多数美德都是这一层次的美德；最高层次的美德存在于使企业和个人得到圆满实现的“领导行动”中。带有最高层次美德的行动，在本质上是绝对的善。因此，拥有最高层次的美德，在本质上就意味着在思想和行动上与第四者处于绝对关系之中。当然，这是最高或理想层次的美德，它不仅能够形成手段与目的之间的平衡关系，而且能够防止用目的来证明手段的正当性。③

---

① Ole Fogh Kirkeby. Management Philosophy：A Radical-Normative Perspective. Berlin：Springer-Verlag，2000：163.

② 同①171.

③ 可以看到，科克比对美德的层次所进行的区分，同样以他关于管理与领导的区分为前提。Ole Fogh Kirkeby. Management Philosophy：A Radical-Normative Perspective. Berlin：Springer-Verlag，2000：176.

科克比认为，确定究竟哪些美德是普遍性的美德是非常难以做到的，但柏拉图基于古希腊社会个体对城邦共同体的忠诚、责任等义务而提出的节制、勇敢、智慧、正义这四种美德，对于今天的管理者和领导者仍然适用，因为它们是人之为人的一般要求，而且对于管理者和领导者来说更加重要。另外，任何管理和领导活动都必须在一定程度上关注技术，同时只有找到彻底规范视角，才能真正引导组织实现具有根本意义的发展，所以需要大致确定那些把管理的技术要求与彻底规范结合起来的美德。对此，科克比以开放的态度提出了六种美德。

（一）深思明辨

从概念的角度看，柏拉图首先提出了“深思明辨”这一概念，指在处理私人生活和公共生活的实际事务时深思熟虑、做出正确判断的能力，也表示参与社会现实的能力。深思明辨是社会美德的精华之所在，它在认知能力中处于顶端层级。

柏拉图在《理想国》中强调，深思明辨是他理想国中的哲学精英应当具有的美德，他们的职责就是为国家事务做宏观判断，而不是单单为国家的政治、法律事务提供建议。柏拉图认为，深思明辨作为认知，一定非常接近关于永恒理念的知识形式即智慧，非常接近实践的智慧即智谋。

深思明辨作为一种美德，既在于对事物整体进行反复思考的能力，也在于对作为一种过程的认识进行再思考的能力；另外，它还包括在新的背景下看问题的能力和在旧的事物中寻找源头的能力。由此，它激发了视界、限度、区别、界定等概念，强调认识的非完成性质和对权威知识的证实，强调在不受权威真理左右的情况下对任何意图、观点做出判断的勇气和义务。因此，对于领导活动来说，深思明辨既是对最终决策做出明智延迟的美德，同时也是一种就采取正确和恰当的行动而进行对话的公开安排，因此，是对那些奉献于组织、奉献于社会的声音表达的最周到的安排。

深思明辨需要运用理性，但不以理性为基础。它并不实践任何“元反思”的理想，它强调的是“对可能事物的辨别力”。像其他美德一样，深思明辨要求一种特殊的感知能力、一种特定的心境、一种难以定义的自我和谐。

深思明辨并不是直觉，它虽然需要大量经验，但与专业技术无关。它是一种远比直觉更加复杂的涉及奉献的态度，强调奉献于共同体，为了共同体而团结一致，把公共利益置于个人利益之上。这种承诺可以被称为“世俗的虔诚”，一种超越个人得失的对共同利益的虔诚。①

一个真正的领导者不会让自己受到股东或者董事会评判的左右，而应当实践深思明辨这一美德，关注公众、关注员工、关注消费者、关注企业的未来。一个真正的领导者不应当让自己屈从于数据评估的对象，而应当首先认识到企业是一个共同空间，是员工共同拥有的事业。换句话说，领导者应当敢于随时冒着失去自身管理地位的风险来从事并献身于组织的活动。

（二）热情和愉悦

热情这一美德指奉献的热情，是对最高境界事业的投入。这种美德明确地降低了自

---

① Ole Fogh Kirkeby. Management Philosophy: A Radical-Normative Perspective. Berlin: Springer-Verlag, 2000: 185-186.

我和个性特点的重要性，是一种类似疯狂而又理智的心灵状态。这样的领导者如纳尔逊·曼德拉、马丁·路德·金，愿意让自己处于这样的状态，都是由于充满这种热情而成为一项事业的象征者。

“愉悦”一词的本义是“以平静的心情对待不悦之事”，这使得聚焦人心灵的力量去改变现实成为可能，使得重新创造现实的意志成为可能。因此，愉悦指这样一种精神状态：热情奉献的力量如此巨大，以至于力图去创造现实。它是一种对现实的特殊感知能力，它改变了我们对“现实”这一概念之实际内涵的评判标准。

热情和愉悦是相邻的两种美德。热情应当能够带来愉悦，而不是相反。从管理哲学的角度看，热情这种美德是一种超验的精神状态，它总是关系到比群体、公司、商业甚至民族和人民还要重大的事务，是一种与人类的普遍视角相关的美德，它与暂时的需求无关，而是关系到过去和未来。

一个真正的领导者必须对企业的各种重要事务保持热情。他必须认真关心产品的质量，即对产品的近期和未来后果负责：这种产品作为一种终端产品或者中间产品将如何影响市场发展？它将对自然界以及人们爱护自然的习惯产生何种影响？这种产品的生产将如何影响工作条件以及原材料的生产？他还要考虑到热情的限制：他必须认识到产品对构建社会现实的影响方式。领导者还必须是开拓者，但同时必须对潮流的表面逻辑抱有彻底的怀疑态度。领导者不能仅仅关注员工的技能、团队的教育、组织学习和企业知识，还必须考虑其产品的消费者将会是何种群体。①

（三）耐力

耐力指领导者保持耐心的能力，是一种积极主动的耐心，是一种勇气和耐性。耐力也包括影响他人保持耐性的能力。

耐力是机会主义的对立面。它就是坚定，包含了一种精神超脱、一种精神自由、一种心灵自我包容的态度。耐力也意味着一种平衡，为透视世间事物及其间关系的微妙变化做好思想准备。耐力是一种等待做出正确决策和正确选择的美德。

耐力是自我管理的核心，也是通过自我节制引导自己走向正确的目的。这种美德意味着领导不只管理人和事，还包括探寻管理背后的真正原因。②

（四）预见

预见作为一种美德，指一种通过个人经验来丰富一般知识的能力，是一种通过把握个别性与一般性之间的动态关系而获得新的重要知识的能力。预见是一种使事物形象化的能力，它能够打破常规观念和个人思维习惯之间的隔阂，能够增强对个人经验的信心。同时，预见作为一种美德，也表示不管它能够揭示多少新的可能性，产生多少新的观点，我们都要维护传统、坚持已有的价值观念和忠于社会责任。③

（五）直觉

直觉和推论的认识相反，是一种不循规蹈矩、不受理智逻辑控制的认知形式，它经

---

① Ole Fogh Kirkeby. Management Philosophy：A Radical-Normative Perspective. Berlin：Springer-Verlag，2000：187-190.

② 同①191.

③ 同①192-193.

常表现为一种内在的官能，并伴随着不确定性。它不能通过教导而获得，而与“干中学”紧密相关。然而，直觉并非一定是无理性的、反理性的，在直觉中有另一种因果关系、另一种逻辑在起作用。

作为领导人员应该具有的一种美德，直觉与在高度复杂形势下创造解决问题的方式有关。领导人员的直觉应当建立在共同管理、相互信任的基础之上。直觉必须具有信服力，必须与确定性一起呈现。

直觉是形势的催化剂，它可以预见事件。由于领导人员是形势的一部分，与他的员工休戚相关，所以他应当让每个人在特定形势中以同样的方式获得跟他同样的经历感受。

一个真正的领导者必须能够感知“即将发生的事件”，但他不能成为机会主义直觉的牺牲品，而应当时常问自己，他是否真正希望他感到即将发生的事情真正发生。[①]

（六）助力

助力是第六种美德。这种美德是一种激发他人探求真理的能力，是一种鼓励他人发掘自己的道德品性和寻找自我的能力。一个懂得提供助力的领导者会激励合作者发现自己在何种职位上通过何种任务能使自己的才能得到最大限度的发挥。

助力是一个真正的领导者的领导方式或领导能力：让合作者依靠个人能力在自己的思想中为他们往常所做的和即将要做的事情找到动力，让他们按照个人意愿就领导决策做出赞同或者反对的回应。领导者的助力可以使合作者获得对自己心灵的认真审视。合作者不仅获得了形式上的参与权，还拥有了共同创造企业的现实责任。[②]

领导者管理员工的首要能力是：使基于各项个人责任的观点形成和谐统一，为员工创造一系列个人机会和主观上可接受的选择，通过这种方式，使员工从履行义务转向承诺奉献。因此，领导者提供的助力可以被看作员工“认同”的结果。

科克比认为，不要从表面上看待上述六种美德。它们的实际存在就是人们的精神状态、情感态度。每一种美德都只能通过个体而发生。

美德必须是实践性的，而不是分析性的。所有这些美德都统一在斯多葛派的基本美德——智慧之人终极的善的行动方式之中。说到底，这是一种和第四者处于紧密关系之中的生活，也就是根据自己的适当本性而行动。这些美德将现代工业社会的管理技术和规范要求很好地结合在了一起。[③] 不仅领导者应该践履这些美德，员工也应该践履这些美德，甚至所有的利益相关者都应该践履这些美德。当然最重要的还是领导者率先垂范。

值得肯定的是，科克比并不认为他提出的这些美德就是绝对的、完全的标准美德，而是把这些美德看作主要的假设，看作人们如何阅读自己经历的提示。也就是说，这些美德并不是管理所需要的最低限度或最高限度的美德，可能有其他美德代替它们，也可能有更多的美德被人们选择。

---

① Ole Fogh Kirkeby. Management Philosophy：A Radical-Normative Perspective. Berlin：Springer-Verlag，2000：196.

② 同①197.

③ 同①198.

科克比立足于对现代伦理思想的批判性继承而提出的六种美德思想，是其管理哲学思想的一个重要内容。我们知道，在现代道德哲学发展中，规范伦理学的内部存在功利主义与义务论的争论，两者的争论看起来无法终结。功利主义认为道德只是达到终极善的手段，我们评判行为是否道德，要看它是否达到了一定的效果，要根据效果的计算来确定。相反，继承了康德伦理学的现代义务论者关注的是义务、责任，号召要从先天原则来制定道德法则。对于义务论者来说，不是根据事情最终能产生什么样的效果而行动，而是用理性原则来指导人们的行为。在现代社会，由于日常的道德规范之间存在各种冲突，统一的规范理论很难建立起来。针对规范伦理学的缺点，20 世纪下半叶起兴起了美德伦理学思潮，美德伦理学认为当代道德危机源于缺少真正的道德权威。自启蒙运动以来，各种道德理论层出不穷，但却争论不休，谁也无法成为道德领域的权威。面对如此困境，我们需要做的就是回到古希腊的美德传统，我们要认识到现代伦理学的缺失根源于对美德传统的遗忘。没有内在高尚的美德，人们就不过是被动地遵守道德，只是生活在一片僵硬的道德法则的囚笼中。正是有了以古希腊“节制、勇敢、智慧、正义”四主德为代表的美德，人们才能发自内心地而不是机械地遵守规范。

可以说，科克比正是因为看到了各种规范伦理学的缺陷，才转而运用彻底规范视角研究管理美德问题。他列出的那些美德，在本质上指向管理者所面临的根本问题：我应该成为什么样的人？这样，就把对管理者的评价建立在了管理者的行为美德之上。正是在这个意义上，我们说科克比进一步扩展了管理哲学的研究视角，引起了管理哲学的进一步反思。

思考题

1. 如何看待科克比的“只存在管理的规范标准”的观点？
2. 试分析科克比划分管理与领导的理想类型的理论依据。
3. 你认为企业应该以什么样的尺度来处理与利益相关者的关系？
4. 结合实际，分析领导人员需要具备哪些基本美德。

参考文献

[古希腊] 色诺芬. 经济论 雅典的收入. 张伯健，陆大年，译. 北京：商务印书馆，1961.

[古希腊] 柏拉图. 理想国. 郭斌和，张竹明，译. 北京：商务印书馆，1986.

[古希腊] 柏拉图. 法律篇. 张智仁，何勤华，译. 上海：上海人民出版社，2001.

[古希腊] 亚里士多德. 亚里士多德选集：政治学卷. 颜一，编. 北京：中国人民大学出版社，1999.

[古希腊] 亚里士多德. 亚里士多德选集：伦理学卷. 苗力田，编. 北京：中国人民大学出版社，1999.

[意] 阿奎那. 神学大全：第1册. 高旭东，陈家华，译. 台南：碧岳学社，2008.

[意] 阿奎那. 神学大全：第3册. 刘俊馀，译. 台南：碧岳学社，2008.

[意] 阿奎那. 神学大全：第6册. 刘俊馀，译. 台南：碧岳学社，2008.

[意] 阿奎那. 神学大全：第9册. 胡安德，译. 台南：碧岳学社，2008.

[意] 阿奎那. 阿奎那政治著作选. 马清槐，译. 北京：商务印书馆，1963.

[意] 尼科洛·马基雅维里. 君主论. 潘汉典，译. 北京：商务印书馆，1985.

［意］尼科洛·马基雅维里．论李维．冯克利，译．上海：上海人民出版社，2005．

［德］卡尔·马克思．资本论：第 1 卷．2 版．中共中央马克思恩格斯列宁斯大林著作编译局，译．北京：人民出版社，2004．

［德］卡尔·马克思．资本论：第 3 卷．2 版．中共中央马克思恩格斯列宁斯大林著作编译局，译．北京：人民出版社，2004．

［联邦德国］施太格缪勒．当代哲学主流：上卷．王炳文，燕宏远，张金言，等译．北京：商务印书馆，1986．

［德］马克斯·韦伯．经济与社会：上、下卷．林荣远，译．北京：商务印书馆，1997．

［法］菲斯泰尔·德·古朗士．古代城市：希腊罗马宗教、法律及制度研究．吴晓群，译．上海：上海人民出版社，2006．

［法］H．法约尔．工业管理与一般管理．周安华，林宗锦，展学仲，等译．北京：中国社会科学出版社，1998．

［英］简·克斯霍姆，莉莎·迈勒斯，斯特鲁恩·里德．探索·古希腊．魏凤莲，译．北京：光明日报出版社，2005．

［英］马尔科姆·沃纳．管理思想全书．韦福祥，译．北京：人民邮电出版社，2009．

［英］斯图尔特·克雷纳．管理百年．邱琼，钟秀斌，陈遨芳，译．海口：海南出版社，2003．

［英］约翰·麦克里兰．西方政治思想史．彭淮栋，译．海南：海南出版社，2003．

［英］摩根·威策尔．管理的历史．孔京京，张炳南，译．北京：中信出版社，2002．

［英］亚当·斯密．国民财富的性质和原因的研究：上卷．郭大力，王亚南，译．北京：商务印书馆，1972．

［英］亚当·斯密．国民财富的性质和原因的研究：下卷．郭大力，王亚南，译．北京：商务印书馆，1974．

［英］亚当·斯密．道德情操论．蒋自强，钦北愚，朱钟棣，等译．北京：商务印书馆，1997．

［英］约翰·穆勒．政治经济学原理：上卷．赵荣潜，桑炳彦，朱泱，等译．北京：商务印书馆，1991．

［英］约翰·穆勒．政治经济学原理：下卷．胡企林，朱泱，译．北京：商务印书馆，1991．

［英］约翰·穆勒．约翰·穆勒自传．郑晓岚，陈宝国，译．北京：华夏出版社，2007．

［英］玛格丽特·柯尔．欧文传．何世鲁，马爱农，译．北京：商务印书馆，1995．

［英］欧文选集：第 1 卷．柯象峰，何光来，秦果显，译．北京：商务印书馆，1997．

［英］欧文选集：第 2 卷．柯象峰，何光来，秦果显，译．北京：商务印书馆，1997．

［英］葆琳·格雷汉姆. 管理学的先知. 向桢，译. 北京：经济日报出版社，1998.
［英］查尔斯·汉迪. 适当的自私. 赵永芬，译. 上海：东方出版中心，2017.
［英］查尔斯·汉迪. 组织的概念. 方海萍，等译. 北京：中国人民大学出版社，2006.
［英］查尔斯·汉迪. 觉醒的年代. 周旭华，译. 北京：中国人民大学出版社，2007.
［英］查尔斯·汉迪. 超越确定性. 周旭华，译. 杭州：浙江人民出版社，2012.
［英］查尔斯·汉迪. 非理性的时代. 方海萍，等译. 杭州：浙江大学出版社，2012.
［英］查尔斯·汉迪. 管理的众神. 崔姜薇，译. 上海：东方出版中心，2017.
［英］查尔斯·汉迪. 大师论大师. 汪芸，译. 北京：中国人民大学出版社，2007.
［英］查尔斯·汉迪. 思想者. 闾佳，译. 北京：中国人民大学出版社，2007.
［英］查尔斯·汉迪. 非权力领导. 时光，译. 北京：九州出版社，2006.
［英］查尔斯·汉迪. 大象与跳蚤. 潘东杰，译. 海口：海南出版社，三环出版社，2006.
［美］乔治·霍兰·萨拜因. 政治学说史：上册. 托马斯·兰敦·索尔森，修订. 盛葵阳，崔妙因，译. 北京：商务印书馆，1986.
［美］列奥·施特劳斯. 自然权利与历史. 彭刚，译. 北京：三联书店，2003.
［美］列奥·施特劳斯，约瑟夫·克罗波西. 政治哲学史. 李天然，等译. 河北：河北人民出版社，1998.
［美］玛丽·福列特. 福列特论管理. 吴晓波，郭京京，詹也，译. 北京：机械工业出版社，2007.
［美］F. W. 泰罗. 科学管理原理. 胡隆昶，冼子恩，曹丽顺，译. 北京：中国社会科学出版社，1984.
［美］梅欧. 工业文明的社会问题. 费孝通，译. 北京：商务印书馆，1964.
［美］C. I. 巴纳德. 经理人员的职能. 孙耀君，等译. 北京：中国社会科学出版社，1997.
［美］赫伯特·西蒙. 管理行为：原书第 4 版. 詹正茂，译. 北京：机械工业出版社，2004.
［美］赫伯特·西蒙. 管理行为. 杨砾，韩春立，徐立，译. 北京：北京经济学院出版社，1988.
［美］赫伯特·西蒙. 现代决策理论的基石. 杨砾，徐立，译. 北京：北京经济学院出版社，1989.
［美］赫伯特·西蒙. 西蒙选集. 黄涛，译. 北京：首都经济贸易大学出版社，2002.
［美］彼得·德鲁克. 公司的概念. 慕凤丽，译. 北京：机械工业出版社，2006.
［美］彼得·德鲁克. 管理的实践. 齐若兰，译. 北京：机械工业出版社，2011.
［美］彼得·德鲁克. 管理：使命、责任、实务. 王永贵，译. 北京：机械工业出

版社，2009.

［美］彼得·德鲁克．创新与创业精神．张炜，译．上海：上海人民出版社，2002.

［美］彼得·德鲁克．管理前沿．闾佳，译．北京：机械工业出版社，2006.

［美］彼得·德鲁克．管理新现实．黄志典，译．北京：东方出版社，2009.

［美］彼得·德鲁克．后资本主义社会．傅振焜，译．北京：东方出版社，2009.

［美］彼得·德鲁克．个人的管理．沈国华，译．上海：上海财经大学出版社，2003.

［美］彼得·德鲁克．功能社会：德鲁克自选集．曾琳，译．北京：机械工业出版社，2009.

［美］彼得·德鲁克．组织的管理．王伯言，沈国华，译．上海：上海财经大学出版社，2003.

［美］约翰·杜威．经验与自然．傅统先，译．南京：江苏教育出版社，2005.

［美］丹尼尔·A．雷恩，阿瑟·G．贝德安．管理思想史：第6版．孙健敏，黄小勇，李原，译．北京：中国人民大学出版社，2012.

［美］威廉·詹姆斯．实用主义．李步楼，译．北京：商务印书馆，2017.

［美］亚伯拉罕·马斯洛．动机与人格：第3版．许金声，等译．北京：中国人民大学出版社，2013.

［美］亚伯拉罕·哈罗德·马斯洛．人性能达到的境界．马良诚，等译．西安：陕西师范大学出版社，2010.

［美］亚伯拉罕·马斯洛．马斯洛论管理．邵冲，苏曼，译．北京：机械工业出版社，2007.

［美］道格拉斯·麦格雷戈．企业的人性面．乔·卡彻·格尔圣菲尔德，注释．韩卉，译．北京：中国人民大学出版社，2008.

［美］威廉·大内．Z理论．朱雁斌，译．北京：机械工业出版社，2007.

［美］威廉·大内．Z理论——美国企业界怎样迎接日本的挑战．孙耀君，王祖融，译．北京：中国社会科学出版社，1984.

［美］威廉·大内．M型社会．黄宏义，译．北京：中国友谊出版公司，1985.

［美］爱德加·薛恩．组织心理学．余凯成，李校怀，何威，译．北京：经济管理出版社，1987.

［美］埃德加·H．沙因．企业文化与领导．朱明伟，罗丽萍，译．北京：中国友谊出版公司，1989.

［美］冯·贝塔朗菲．一般系统论：基础、发展和应用．林康义，魏宏森，等译．北京：清华大学出版社，1987.

［美］拉兹洛．决定命运的选择：21世纪的生存抉择．李吟波，张武军，王志康，译．北京：三联书店，1997.

［美］拉兹洛．系统哲学引论：一种当代思想的新范式．钱兆华，熊继宁，刘俊生，译．北京：商务印书馆，1998.

［美］拉兹洛．进化——广义综合理论．闵家胤，译．北京：社会科学文献出版

社，1988.

［美］拉兹洛. 管理的新思维：第三代管理思想. 2 版. 文昭，黄丽华，译. 北京：社会科学文献出版社，2004.

［美］彼得·圣吉. 第五项修炼——学习型组织的艺术与实务. 2 版. 郭进隆，译. 上海：上海三联书店，1998.

［美］彼得·圣吉，夏洛特·罗伯茨，理查德·罗斯，等. 变革之舞——学习型组织持续发展面临的挑战. 王秋海，等译. 北京：东方出版社，2001.

顾准. 希腊城邦制度. 北京：中国社会科学出版社，1982.

苗力田. 古希腊哲学. 北京：中国人民大学出版社，1989.

Robert Nozick. Anarchy，State and Utopia. Oxford：Blackwell Publisher，1974.

Oliver Sheldon. The Philosophy of Management. London：Routledge，2003.

Mary Parker Follett. Creative Experience. Bristol：Thoemmes Press，2001.

Mary Parker Follett. Freedom and Co-ordination. London：Management Publications Trust Ltd.，1949.

Henry C. Metcalf，L. Urwick. Dynamic Administration. New York：Harper & Brothers Publisher，1942.

Elton Mayo. The Human Problems of an Industrial Civilization. New York：The Macmillan Company，1933.

Elton Mayo. The Social Problems of an Industrial Civilization：With an Appendix on the Political Problem. London：Routledge & K. Paul，1975.

Chester I. Barnard. The Functions of the Executive. Cambridge：Harvard University Press，1960.

Douglas McGregor. The Human Side of Enterprise. Middlesex：Penguin Books Ltd.，1987.

Edgar H. Schein. Organizational Culture and Leadership. San Francisco：Jossey-Bass Publishers，1985.

Edgar H. Schein. Organizational Culture and Leadership：3rd edition. San Francisco：Jossey-Bass Publishers，2004.

Charles B. Handy. The Hungry Spirit：Beyond Capitalism：A Quest for Purpose in the Modern World. London：Hutchinson，1997.

Christopher Hodgkinson. Administrative Philosophy. Oxford：Elsevier Science Ltd.，1996.

Ole Fogh Kirkeby. Management Philosophy：A Radical-Normative Perspective. Berlin：Springer-Verlag，2000.

再版后记

本教材是2007年北京市高等教育精品教材立项项目，2010年由人民出版社出版，2011年被评为北京市高等教育精品教材，2017年入选中国人民大学“十三五”本科规划教材系列。出版13年来，本教材在推进管理哲学学科建设方面发挥了重要作用，为全国相关高校的管理哲学教学和学生们系统了解西方管理哲学提供了基本参考。

这次修订主要有以下三个方面。一是基于对西方管理哲学史上更多代表人物思想的判定，增加了七章，即第四、五、七、十七、十八、二十二、二十三章，分别阐明了阿奎那、马基雅维利、欧文、德鲁克、马斯洛、汉迪、拉兹洛的管理哲学思想。这使本教材的人物思想设定基本达于全面。二是补充和修改了一些人物的思想内容，包括对它们的评价，这主要涉及斯密、泰勒、韦伯、谢尔登、西蒙、沙因、科克比等的思想，由此对他们理论内容的论述更加丰富、更加客观。三是修改了个别表述不够清楚、不够准确恰当的地方。

这次修订的圆满完成，仍然是集体合作、反复交流的结晶。初版时的编写人员虽然基本没有参与这次修订，但他们原来所做的贡献十分重要。这次新加入的五位编写成员，纪光欣、彭光灿、王建斌、高继鑫、郭相茹，同样出色地完成了任务。其中，纪光欣不仅撰写了“德鲁克以实践效果为导向的管理思想”一章，而且为“梅奥以社会合作观念为主导的管理理论”一章增加了第四节，使之臻于完备。

各位编写人员承担的任务大体如下：

刘敬鲁：导论，第一、二、三、六、十、十一、十二、十三、十四、十五、十九章

高继鑫：第四、二十三章
王建斌：第五章
郭相茹：第七、十八章
刘仁营：第八、九章
邓济乾：第十六章
纪光欣：第十七章
裴广一：第二十章
林　帆：第二十一章
彭光灿：第二十二章
张玉新：第二十四章
胡永嘉：第二十五章
宋作宇：第二十六章

本教材的修订和出版，得到了中国人民大学“十三五”本科规划教材项目的大力支持和资助。无论是本教材的初版还是修订版，都得益于中国人民大学哲学院特别是管理哲学教研室各位同人的大力帮助。同时，这次修订版转由中国人民大学出版社出版，张杰编辑为本教材的出版做了认真的策划，责任编辑罗晶为本教材的出版付出了大量高质量的辛勤劳动。另外，在修订过程中，许多毕业和未毕业的学生，特别是李安、蒋显荣、纪光欣、彭光灿、王宝国、王建斌、叶源辉、杨志勇、李仲泽、乔欢、高继鑫、贺小芸、毕铭玉、叶庆革、杨子臣等，提出了许多宝贵建议和意见，特别是纪光欣，多次对一些章节标题的准确、完善提出修改意见。另外，我的2019级硕士研究生符仁祥认真承担了引文、脚注、参考文献等格式的统一和修改工作，2019级硕士研究生刘柯兵承担了部分修改工作，2019级博士研究生叶庆革、2020级硕士研究生钟家渝分别承担了多章清样的校对任务。在此，我谨向他们表示衷心的感谢。

刘敬鲁

2020年9月26日

图书在版编目（CIP）数据

西方管理哲学/刘敬鲁等著. --增订本. --北京：中国人民大学出版社，2021.1
新编21世纪哲学系列教材
ISBN 978-7-300-28936-6

Ⅰ. ①西… Ⅱ. ①刘… Ⅲ. ①管理哲学-西方国家-高等学校-教材 Ⅳ. ①C93-02

中国版本图书馆CIP数据核字（2021）第013963号

北京市高等教育精品教材
中国人民大学"十三五"本科规划教材-特色教材
新编21世纪哲学系列教材
西方管理哲学（修订版）
刘敬鲁　等 著
Xifang Guanli Zhexue

出版发行	中国人民大学出版社		
社　　址	北京中关村大街31号	**邮政编码**	100080
电　　话	010－62511242（总编室）		010－62511770（质管部）
	010－82501766（邮购部）		010－62514148（门市部）
	010－62515195（发行公司）		010－62515275（盗版举报）
网　　址	http://www.crup.com.cn		
经　　销	新华书店		
印　　刷	北京玺诚印务有限公司		
规　　格	185 mm×260 mm　16开本	**版　　次**	2021年1月第1版
印　　张	22.5	**印　　次**	2021年1月第1次印刷
字　　数	503 000	**定　　价**	58.00元